科学识别"谎言"

——心理测试技术广角

范海鹰　付有志　王学博　**编著**

中国人民公安大学出版社
·北京·

图书在版编目(CIP)数据

科学识别"谎言":心理测试技术广角 / 范海鹰,付有志,王学博编著. —北京:中国人民公安大学出版社,2013.10
ISBN 978-7-5653-1526-8

Ⅰ.①科… Ⅱ.①范…②付…③王… Ⅲ.①测谎—研究 Ⅳ.①D918

中国版本图书馆 CIP 数据核字(2013)第 248081 号

科学识别"谎言"——心理测试技术广角
范海鹰 付有志 王学博 编著

出版发行	中国人民公安大学出版社
地　　址	北京市西城区木樨地南里
邮政编码	100038
经　　销	新华书店
印　　刷	北京泰锐印刷有限责任公司
版　　次	2013 年 10 月第 1 版
印　　次	2019 年 7 月第 3 次
印　　张	12.75
开　　本	880 毫米×1230 毫米　1/32
字　　数	354 千字
书　　号	ISBN 978-7-5653-1526-8
定　　价	35.00 元

网　　址:www.cppsup.com.cn　www.porclub.com.cn
电子邮箱:zbs@cppsup.com　zbs@cppsu.edu.cn

营销中心电话:010-83903254
读者服务部电话(门市):010-83903257
警官读者俱乐部电话(网购、邮购):010-83903253
法律图书分社电话:(010)83905637

本社图书出现印装质量问题,由本社负责退换
版权所有　侵权必究

目 录

前言 ·· 1

第一篇 多道仪"测谎"解析

引言 ·· 3

第一编 多道仪"测谎"概述 ·· 4

第一章 多道仪测试的含义 ·· 4
  第一节 "测谎"术 ··· 5
  第二节 "测真"术 ··· 13
  第三节 "测心"术 ··· 17

第二章 多道仪测试的发展 ·· 28
  第一节 多道仪测试的百年演变 ··· 28
  第二节 多道仪测试功能的变化 ··· 33
  第三节 多道仪测试的本土发展 ··· 47
  第四节 多道仪测试的前景展望 ··· 58

第三章 多道仪测试的原理 ·· 61
  第一节 心理刺激 生理反应——"身心作用"机制 ············· 61
  第二节 不同问题 不同反应——自我比较原理 ·················· 71
  第三节 相同问题 不同反应——区分比较原理 ·················· 73
  第四节 不同测试理念的原理解释 ····································· 75

第四章 多道仪测试的应用 ·· 77
  第一节 多道仪测试的基本作用 ··· 77
  第二节 多道仪测试的应用实践 ··· 81
  第三节 多道仪测试的法律地位 ··· 90

第二编 多道仪"测谎"要素 ·· 99

第一章 多道仪测试的主体 ·· 99

第一节　测试机构 …………………………………… 99
　　第二节　测试人 ……………………………………… 101
　　第三节　被测人 ……………………………………… 107
第二章　多道仪测试的仪器 ………………………………… 109
　　第一节　测试仪器的研究发展 ……………………… 109
　　第二节　测试仪器的主要构件 ……………………… 116
　　第三节　测试仪的应用规范 ………………………… 120
第三章　多道仪测试的指标 ………………………………… 122
　　第一节　呼吸反应 …………………………………… 122
　　第二节　皮电反应 …………………………………… 134
　　第三节　心动反应 …………………………………… 143
第四章　多道仪测试的条件 ………………………………… 159
　　第一节　测试环境 …………………………………… 159
　　第二节　案件条件 …………………………………… 165
　　第三节　被测人条件 ………………………………… 167
　　第四节　反测试情形 ………………………………… 171
第五章　多道仪测试的过程 ………………………………… 174
　　第一节　测试受理 …………………………………… 175
　　第二节　测试准备 …………………………………… 175
　　第三节　正式测试 …………………………………… 177
　　第四节　测后谈话 …………………………………… 191
第六章　多道仪测试的编题 ………………………………… 193
　　第一节　准绳问题测试法 …………………………… 193
　　第二节　隐蔽信息测试法 …………………………… 200
　　第三节　系统化测试方法 …………………………… 210
　　第四节　其他测试方法 ……………………………… 221
第七章　多道仪测试的评图 ………………………………… 224
　　第一节　评图要求 …………………………………… 224

    第二节 准绳问题测试单元图谱分析 ………………… 225
    第三节 隐蔽信息测试单元图谱分析 ………………… 235
  第八章 多道仪测试的结论 …………………………………… 242
    第一节 主题测试结论 ……………………………………… 242
    第二节 系统测试结论 ……………………………………… 246
    第三节 测试结论的信度与效度 …………………………… 252
    第四节 测试结论的形式及应用 …………………………… 256

第二篇 微表情"测谎"解析

引 言 ……………………………………………………………… 263
第一编 微表情"测谎"概述 ………………………………………… 265
  第一章 微表情"测谎"的国外研究成果 …………………… 265
    第一节 微表情"测谎"研究 ……………………………… 265
    第二节 多道仪测试中的微表情应用 …………………… 270
  第二章 微表情"测谎"的国内研究概况 …………………… 273
    第一节 多道仪测试中的微表情应用 …………………… 273
    第二节 微表情"测谎"研究 ……………………………… 275
  第三章 微表情"测谎"的内涵及其应用 …………………… 285
    第一节 表情及其意义 …………………………………… 285
    第二节 微表情及其应用 ………………………………… 288

第二编 微表情"测谎"要素 ……………………………………… 293
  第一章 微表情的形态意义 ………………………………… 293
    第一节 面部微表情 ……………………………………… 293
    第二节 身体微反应 ……………………………………… 302
    第三节 非言语行为 ……………………………………… 305
  第二章 微表情识别要点 …………………………………… 311
    第一节 激发情绪 ………………………………………… 311
    第二节 辨析情绪 ………………………………………… 314
  第三章 微表情识别训练 …………………………………… 318

第一节　基础训练 ………………………………… 318
第二节　情境应用 ………………………………… 318

第三篇　走近科学"测谎"人

引　言 …………………………………………………… 325
　入门蒙师 …………………………………………… 325
　天作搭档 …………………………………………… 330
　高徒名师 …………………………………………… 340
　学府心匠 …………………………………………… 348
　公安群星 …………………………………………… 358
　检察群星 …………………………………………… 378
　传奇人物 …………………………………………… 385
主要参考文献 …………………………………………… 389
后　记 …………………………………………………… 391

前　言

2009年，为给上海政法学院的学生开设选修课程提供一本入门教材，在通俗易懂、深入浅出的思想指导下，笔者编著出版了《解析"测谎"的奥秘——心理测试技术导读》一书。

全书共分上、中、下三篇。

上篇理论篇，分两编介绍心理测试技术的概述与要素。概述编分四章介绍心理测试技术的基本含义、由来、发展、基本原理、功能应用；要素编分八章介绍心理测试技术的主体、仪器、指标、条件、过程、编题、评图、结论等八大要素。以概要心理测试技术纵向发展与横向要素的理论框架。

中篇实训篇，分两编介绍心理测试技术的实战与训练。实案揭秘编，介绍了心理测试技术在凶杀、投毒、诈骗、债务纠纷等刑事、民事案件的调查中的应用实践，并结合案例对技术的相关理论要点作了分析和探讨。模拟训练编，就爆炸、抢劫、盗窃、交通肇事、债务纠纷等案件中心理测试技术的操作应用，提供了模拟测案训练。训练从了解案情、测前分析入手，侧重于测试方案制定、测试主题的筛选及测试结构形成等方面的训练。

下篇研究篇，分别从心理测试技术的称谓变化、法律问题、拓展技术等方面介绍了心理测试技术在我国的研究和发展动态。

这样的写作体例旨在使教学者能顺着简明的脉络，将心理测试技术在世界演变百余年、中国发展30余年的进程作一梳理；让初学者能够从中外众多学者的研究成果中执简驭繁、对技术有个简明的认识和了解；同时也希望能为在司法实践中从事实务的工作者提供理论帮助。

欣慰的是，本书于2009年7月出版后，经过校内外多年教学实践的检验，使用后反馈良好，在校学生能够循着从理论到实践的轨迹，提纲挈领地学习领会理论框架及应用要点;实战一线的测试人则能沿着实践到理论的轨迹,有针对性地总结、反思应用原理及成败关键。许多测试人表示,这样的理论梳理一目了然,我们看得懂,并能帮助提高理论认识。

2013年,教学亟待教材,原书已告售罄,5年来教学内容有许多新的需求,修订再版已成为必然。

修订构思新书内容时,以下几个问题作为调整的方向:1. 在多年的教学过程中,作为多道仪心理测试技术的拓展技术——非言语行为观察分析(即后称"微表情"识别)的应用一直是教学内容的一部分,但这部分内容在原书里缺失。2. 多年来与国内多道仪测试及其微表情识别技术的研究者、应用者有着广泛的交流与协作,走近过很多科学"测谎"人,他们的测试理念、测试故事,以及人格魅力,曾以不同的亮点打动过我。将这些"测谎"人及其"测谎"故事写进教材里,这些来自一线的鲜活素材能够极其有效地激励莘莘学子。3. 由于书稿篇幅限制,增加新的内容势必要删减原稿内容。

几经思考,终于拟定这样的新书体例:

新书以《科学识别"谎言"——心理测试技术广角》冠名,全书仍分三篇。

第一篇,多道仪"测谎"解析,保留原书上篇的基本内容,即分两编介绍多道仪测试的概述与要素。概述编分四章介绍多道仪测试的含义、发展、原理、应用;要素编分八章介绍多道仪测试的主体、仪器、指标、条件、过程、编题、评图、结论等八大要素。旨在概要多道仪测试纵向发展与横向应用要素的理论框架。

第二篇,微表情"测谎"解析,分两编介绍微表情"测谎"的概述与要素。概述编分三章介绍微表情"测谎"的国外研究成果、国内研究概况、内涵及其应用;要素编分三章介绍:微表情形态意义、微表情识别要点、微表情识别训练等微表情"测谎"的要素。旨在概要微表情"测谎"纵向发展与横向应用要素的理论框架。

第三篇,走近科学"测谎"人,讲述曾经走近过的国内部分科学"测谎"

人及其"测谎"故事,旨在以身边的鲜活素材激励莘莘学子。

受编者拥有资料的限制及认识水平的影响,本书的内容尚有许多不足之处,希望借此为教材的业界同仁,以及认真学习钻研学问的学子们发现问题后能及时提出宝贵意见。

本书的出版得到中国人民公安大学出版社的大力帮助。在此深表谢意!

编 者

2013年10月

第一篇 多道仪"测谎"解析

引 言

早年国产电影《寂静的山林》中有这样一个片段:"你认识这个吗?这是人类最高的发明,科学最后的成果,心理测验器,它是专门揭露说谎话的人?"由此,让不少人知道了测谎仪与测谎术。

而测谎仪测谎到底有没有科学性,却是很多人至今都会问的问题。

以下我们将循着国内外的研究足迹,来解析多道仪"测谎"的奥秘。

第一编　多道仪"测谎"概述

多道仪"测谎",现称"多道仪测试",指的是使用多道仪进行的心理测试行为,是心理测试技术的一种。[①]

综合国内外多道仪测试的应用及其研究成果发现,其功能从最早的谎言识别,到现今的心理信息探查;其应用从早期的犯罪调查,拓展到现今的案件审理、人员筛查、监管督查;多道仪测试走过一条百年不衰的科学识别"谎言"之路。

探寻多道仪"测谎"的基本含义、由来、发展、基本原理、功能应用以及多道仪"测谎"的基本要素(测试主体、测试仪器、测试指标、测试条件、测试过程、测试编题、测试评图、测试结论),可窥多道仪测试科学识别"谎言"独具的特色。

第一章　多道仪测试的含义

多道仪测试作为心理测试技术的一种,它的含义,随着心理测试技术的发展,而具时代特征。

曾经被人们所广泛熟知的"测谎",现今在我国专业领域已被规范定义为心理测试。相关的技术也由"测谎"技术而被规范地称为心理测试技术。

[①] 中国刑事科学技术协会心理测试技术专业委员会:《多道仪测试技术指南》(2013年6月版)。

从1895年"测谎"技术诞生,到如今心理测试技术的广为应用,世界范围内的心理测试技术历经了百余年的演化,我国的心理测试技术也经历了30余年的发展。

在这个发展过程中,随着人们对此项技术的功能解释、使用目的、应用的核心方法及其理论认识的不断深入探究,技术的称谓及其内涵也发生了相应的变化。"测谎"技术、"测真"技术、心理测试技术就代表了不同发展时期,不同测试理念对这项技术含义的不同诠释。

称谓,是指事物的名称。定义,则是指对于一种事物的本质特征或一个概念的内涵和外延的确切而简要的说明。内涵,是指一个概念所反映的事物的本质属性的总和,也就是概念的内容。外延,是指一个概念所确指的对象的范围。就像"人"这个概念的内涵是指"能制造工具并使用工具进行劳动的高等动物";外延是指"古今中外一切的人"[①]一样,心理测试技术作为一门应用技术,其不同称谓的基本定义中的内涵应当包括哪些本质属性?它的外延又应当包括哪些对象范围?多道仪测试作为一种心理测试技术应该怎样定位?试从历史发展角度作一探寻。

第一节 "测谎"术

一、称谓含义

(一)称谓由来

有人说,"测谎"这一称谓实际上最早来源于一则广告。[②] 1938年10月8日,美国《星期六邮报》(Saturday Evening Post)第一次用"测谎仪"(Lie Detector)为仪器做商业广告,广告的内容主要以心理测试专家马斯顿(Marston)博士的工作为背景,同时附有马斯顿(Marston)博士的工作照片。从此以后,"测谎"这种说法才开始盛行。

也有人说,"测谎"一词,由"测谎仪"(Lie Detector)而来,"测谎"则是

---

① 中国社会科学院语言研究所词典编辑室:《现代汉语词典》,商务印书馆1993年版。
② 许宏伟:《心理测试技术与测谎》,载《吉林公安高等专科学校学报》2003年第5期,第32~35页。

由美国人基勒于 1962 年首次提出。① 其原文应为 Polygraph，直译为"多项记录仪"（Poly 表示"多"；graph 字尾则表示"书写、描绘、记录等用之器具"）。本系一种记录多项生理反应的仪器，由于在科学的犯罪侦查中，可用来协助侦讯，以了解受讯问的涉嫌人内心心理状况，并进而判定其是否涉及刑案（此时，真正的犯罪嫌疑人大多会否认涉案而说谎），故通称为"测谎仪"。

（二）基本含义

"测谎"的基本含义与"Lie Detector"及"Polygraph"两个词语有关。探究"Lie Detector"及"Polygraph"两词与"测谎"的关系，我们看到，在美国劳动法第 22 章《雇员心理测试保护条例》中对这两个概念有明确的解释：

"Lie Detector"这一术语包括多通道生理记录仪、谎言记录仪、声音压力分析仪、心理压力测评仪，或者其他类似的仪器（无论是机械的还是电子的），这些仪器测试的结果主要用于说明个体是否诚实的诊断性评价。

"Polygraph"这个术语指的是这样一种仪器——（A）它最基本的功能是连续、真实、永久、同步地记录血压、呼吸、皮电图形的变化，并且（B）被用于或者是它的结果被用作一个鉴定结论，来判断个体是否诚实或不诚实。

可见"Polygraph"（多道生理记录仪）是"Lie Detector"（测谎仪）中的一种，其功能都被认为最终是用来判断被测人诚实与否，也就是俗称的"测谎"。

若据此对"测谎"及技术作一定义，则可谓：

"测谎"，是利用仪器记录人体生理指标，并根据记录结果，形成诊断性评价或鉴定结论，以判定被测人诚实与否。相关技术则称为测试技术。

我国有学者对"测谎"、"测谎技术"作如下表述：②

"测谎"，是对谎言的鉴别活动。实验和研究表明，说谎时，一个人的多种生理指标（如脉搏、血压、呼吸、皮肤电阻等）会发生变化，这种变化用

---

① 宋立波著：《心理测试技术讲义》，中国科学院自动化研究所心理测试工程中心 2006 年印制，第 3 页。

② 陈兴乐：《测谎技术的心理生理机制探讨》，载《刑事技术》2000 年第 4 期，第 47~48 页。

灵敏的仪器可以检测到。

"测谎技术",就是使用一种有效的仪器,通过提问对被测人有控制地实施刺激,激发被测人的生理反应,根据对仪器采集到的生理指标进行分析比较,确定被测人是否说谎的一种技术。

考察技术的实践应用情况,笔者认为,"测谎技术"的内涵应当包括以下三个方面:

1. 原理:运用能识别谎言的编题提问方法;激发恐惧心理而产生相应的生理反应;

2. 方法:使用能检测和记录个体生理指标的仪器设备;记录被测人听到测试提问后的生理反应;分析记录的结果并形成评价结论;

3. 功能:判定被测人在回答问题时诚实与否。

据此,可这样定义"测谎技术":使用能检测和记录个体生理指标的仪器设备,记录下被测人听到测试问题后所激发的生理反应,并根据仪器记录到的生理指标,来分析被测人是否说谎的技术。

根据此基本定义,心理测试技术发展过程中的"谎言测试"、"欺骗检验"等都应归入"测谎技术"的范围。

二、功能应用

谎言识别,是"测谎技术"的主要功能,也是犯罪调查中技术应用的直接目的。

(一)最早的心理测试技术的实践

可以认为,现代心理测试技术实践的起源是谎言识别。这要追溯到1895年意大利犯罪学家朗伯罗梭最先在司法实践中利用科学仪器通过记录人体生理变化的情况来识别谎言的尝试。[①]

1895年,朗伯罗梭受一个警察朋友的委托,对米兰铁路局的一起盗窃案的嫌疑人进行调查。就是在这次调查中,他利用当时最先进的脉搏记录设备——"水力脉搏记录仪"对嫌疑人在接受问话时的脉搏变化情况进

---

① 陈云林等著:《现代心理测试技术导论》,知识出版社2005年版,第2页。

行观察记录。水力脉搏记录仪是在一个特制容器内装满了水,被测人手里握住一根小棒,把胳膊浸入水中。用橡胶薄膜封住顶部的管子缠绕在胳膊上。由于紧握拳头后,心脏的跳动随着水位在玻璃管中明显而有节奏的升降显现在容器里。将这些水位的变化转变成等同空气柱的变化,然后,依次将这些记录空气柱的变化传送到机械记录装置。朗伯罗梭利用观察记录的结果成功地破获了这起案件。受此启发他又连续破获了几起案件,由此声名大震。朗伯罗梭就此成为利用科学仪器成功识破"谎言"的第一人,因而1895年成为公认的心理测试技术发展的转折点,而朗伯罗梭则成为最早成功应用心理测试技术进行犯罪侦查的人。

(二)世界第一台专用测试仪的应用

世界公认的第一台专用测试仪发明伊始即用于刑案调查,通过"谎言测试"而识别出嫌疑人。1921年,在美国加利福尼亚州伯克利市警察局局长沃尔默的帮助下,美国加州大学医学博士拉尔森研制出一种"测谎"装置,它由呼吸描记仪和心动描记仪两部分组成,可以持续记录呼吸变化和心动变化,同时还标记刺激事件。拉尔森的仪器开发完成不久就发挥了作用,在一起盗窃案中成功地从38名被测人中识别出一名嫌疑人。有一个女大学生在当地商场盗窃,商场员工只知道她住在哪个宿舍,却不能进一步认定。拉尔森使用后来被称作相关—不相关问题交叉测试法(Relevent-Inrelevent Test,R/I),问遍了整个宿舍的38名女生。其中一名女生对相关问题比对无关问题的反应强烈,且超过了其他37名女生的反应。这名女生后来的供述证实了拉尔森讯问的结论。由此,该装置被认为是第一个真正用于刑事侦查的两导测试仪。[①] 1938年,拉尔森的助手基勒将皮肤电测试引入拉尔森的仪器,开发出了三导测试仪,即出现了专业的"测谎仪",并由此引发了"测谎"技术质的变化,对"测谎"技术的发展起到了重大的推进作用。

(三)代表技术的功能及研究

"谎言测试"、"欺骗检验"是"测谎"技术不同发展阶段的主要代表。

---

① J. A. Larson: Lying and Its Detection, Chicago: University of Chicago Press, 1932.

1. 谎言测试

"谎言测试",是对始于1895年朗伯罗梭的谎言辨别实践,到专门"测谎"仪器的发明,再到里德推出准绳问题测试方法等这一时期(自1895年至1947年,约52年间)的心理测试技术的概称。

在这段时期内,从贝努西"说谎特异反应"(呼吸变化)的研究(1914年);到马斯顿"心脏收缩血压欺骗测试"的发现及应用(1915年);到拉尔森组装成功第一台专门"测谎"的仪器并成功用于盗窃案调查(1921年);再到里德有关心理测试三个新思想的提出(即"有罪情结"问题、"控制"问题和"行为征候"问题),研究的核心是对"说谎特异反应"的识别。但是,里德提倡的将"行为征候"作为评价接受讯问人员的回答的辅助标准,将对"说谎特异反应"的追求延伸到了测试之外。

2. 欺骗检验

欺骗检验(detection of deception),是对"谎言测试"功能作出重大修改后,形成的具有一整套心理测试技术的理论和实践标准的心理测试技术的基本模型。始于(自1947年)里德的学生贝克斯特。

贝克斯特提出的"对照区域"测试格式、使用"数字计分"技术及其摒弃"行为征候"在测试中的作用等,使得"谎言测试"基本合乎了心理测试应当具有的四个核心特性,即标准的实施方法、直接的行为记录、客观的计分技术、外在的效度标准,奠定了现代心理测试技术的基本模型,增加了准绳问题测试方法的标准化程度。但从形式上,贝克斯特自己并没有彻底摆脱"谎言测试"的局限,例如,他的学校仍叫"测谎学校",他的评判标准"欺骗指示"与"无欺骗指示"在一定程度上仍可以视为"说谎特异反应"的翻版。

三、方法理论

心理测试技术的主要问题是编题方法。测试问题的编题方法,解决的是测试时对被测人提什么问题? 所提的问题怎样排列组合? 它是测试时对被测人呈现问题的方式。现代心理测试技术又称其为测试结构,是测试技术的核心部分。

科学识别"谎言"
——心理测试技术广角

"测谎"技术的编题提问方法,从拉尔森和基勒最早采用"相关—不相关问题交叉测试法"(R/I),到里德推出准绳问题测试法(CQT),再到贝克斯特提出"区域比较技术"(ZCT),以里德的准绳问题测试法(CQT)为代表。

拉尔森和基勒最早采用的测试提问模式叫"相关—不相关问题交叉测试法"(R/I)。相关问题,是指那些和犯罪事件有关的问题,罪犯回答这些问题时会形成一定的心理压力。不相关问题,是指那些和犯罪事件无关的问题,无辜被测人回答这类问题所形成的心理压力比较小。比较被测人在回答问题时的反应强弱,可以区别被测人是否涉案。这种方法现在还在使用。

里德推出的准绳问题测试法(CQT),多年来一直是测谎领域中应用最为广泛的方法。这种方法把所提问题按与本案相关的程度分为四类:①主题问题,是指那些涉及案情的问题,也就是测试所要甄别的问题。这是测试中的核心、要害问题。问这类问题是为了弄清被测人是否参与该案;是否知情;是否为该案主犯等。②准绳问题,是指被测人有较大可能撒谎的问题。这类问题应和正在测试的主题问题无关,但与其类似。使用准绳问题是用来触发一个应激反应,以便和本次测谎的主题问题进行比较。如果在准绳问题上的反应等于或强于主题问题上的反应,则说明被测人在主题问题上没有说谎。反之,如果在主题问题上的反应更为强烈,则是被测人说谎的强有力的指标。③中性问题,这类问题与案情无关,同时被测人考虑回答时,不会对其造成什么负担,也不会引起任何情绪反应。这类问题是用来测定被测人在测试过程中的正常反应水平。④题外问题,与本次测谎的主题无关,但也属于违法、犯罪的问题,用来测试被测人是否还有其他违法行为。在测试时,把这四类问题按照一定的次序搭配在一起。测试后,比较不同类型问题上的反应的强弱,以此来分析判断被测人在回答某一特定的主题问题上是否说谎。这种方法的难点和成败的关键在于准绳问题的正确选定(测试示例如表1.1.1-1所示)。

其后,贝克斯特提出了"对照区域"测试格式,使每个相关问题诱导的相关反应只和同一对照区域的对照问题诱导的相关反应进行比较,以减少由于时间变化而出现的误差,提高了测试的标准化程度(测试示例如表 1.1.1-2 所示)。

表 1.1.1-1 多主题与单主题 CQT 测试示例

序号	问题属性	问题内容	
		多主题	单主题
1	中性 I_1	你是叫张三吗?	你是叫张三吗?
2	牺牲性相关 S_r	有关银行被盗的问题你愿意如实回答吗?	有关银行被盗的问题你愿意如实回答吗?
3	准绳 C_1	你曾经抢劫过一个商店吗?	你偷过老板的东西吗?
4	相关 R_1	你在×时间凿过银行的墙吗?	银行的钱是被你拿走的吗?
5	中性 I_2	你是汉族人吗?	你是汉族人吗?
6	准绳 C_2	你偷过老板的东西吗?	你欺骗过你的父母吗?
7	相关 R_2	你拿走了银行的钱吗?	你拿走了银行的钱吗?
8	中性 I_3	你是山东人吗?	你是山东人吗?
9	准绳 C_3	你给别人处理过赃物吗?	两年前,你干过什么坏事吗?
10	相关 R_3	你知道银行的钱现在在哪里吗?	拿走银行钱的人是你吗?
11	题外 Sy	除刚才问的,你担心问你别的问题吗?	除刚才问的,你担心问你别的问题吗?

表 1.1.1-2 有三个相关问题的区域比较测试法示例

区域	序号	问题属性		问题内容
	1	无关问题	I_1	你是叫张三吗?
	2	中性	I_2	你是山东省人吗?
	3	牺牲性相关	S_r	关于这起案件,你愿意如实回答我的问题吗?
1区	4	准绳	C_1	除了你告诉过我的以外,你以前是不是偷过东西?
	5	相关	R_1	是不是你拿走了那 10000 块钱?
2区	6	准绳	C_2	你是不是从一个信任你的人那里偷过东西?
	7	相关	R_2	拿走那 10000 块钱的人是不是你?
	8	中性	I_3	你是汉族人吗?

续表

区域	序号	问题属性		问题内容
3区	9	准绳	C₃	你是不是从你的领导（老板、上级）那儿拿过值钱的东西？
	10	相关	R₃	那10000块钱是不是你拿走的？
	11	征兆性问题	Sy	除了刚才问的,你担心问你别的问题吗？

就像许多从基本测谎编题模式派生出的其他测谎方法,如:怀疑—知情—参与测试（SKY）和缄默测试法（SAT）[①]一样,这些方法一般不单独使用,而是作为CQT测试的辅助方法或附加部分使用。

但准绳问题测试方法都基于同样的测试原理认识,犯罪人在接受心理测试时,基于犯罪活动被发现后应遭受的刑罚及谎言会被揭穿的意识,而产生一种恐惧心理。[②] 这种恐惧心理产生于低级中枢,通过植物神经系统转化成生理反应。恐惧是心理测试检测到的生理变化的主要激发者,是与检测欺骗可能直接相关的一种情绪。

四、评述

这种以"欺骗检验"和"谎言测试"的功能为主导的"测谎"技术目前在美国等国家还有体现,究其原因,可能与它们的诉讼制度紧密相关。由于美国采用判例法和陪审团制度,所以,仅仅通过心理测试说明一个人是不是"说谎"便可以起到说服陪审团和法官的作用,这样"欺骗检验"或"谎言测试"就成为心理测试技术的一种主要功能,得以广泛应用和发展。

但是,对"测谎"技术的质疑,在我国的测试界一直存在。问题主要集中在:

[①] SAT：一种测试方法,它在测试时告诉被测人思考正确的答案而不要出声回答问题,检测被测人聆听提问时的反应。里德发明的这种技术在测试中可以得到和其他测试方法一样的效果。有研究者认为,这样可避免被测人发声时引起的图谱干扰;还有人认为这样能够更容易识别反测试。还有一种方式是尽管不让被测人出声,但是要求被测人用点头或摇头的方式回答问题,称为"缄默点"（SAT Nod）。

[②] J. E. Reid：A revised questioning technique in lie detection tests. Journal of Criminal Law, Criminology and Police Science, 1947, 37, pp. 542–547.

1."测谎"的功能解释能不能涵盖技术的实质？心理测试技术检测的内容是不是仅仅是口供的真伪？如果是,那么缄默测试情况下,允许被测人不回答问题而观测其生理反应,那将怎样实现测试功能呢？

2."恐惧"触发生理反应的解释能否全面阐明技术的测试原理？

3."测谎"的方法能否适应我国的国情？美国测试理论提出的15道题的测试结构框架是否可以满足实际测试的需要？

第二节 "测真"术

一、称谓含义

"测真"技术,又称作信息检测技术,是一类心理生理测试技术的称谓。它不像欺骗检测那样直接评估被测人否认或断言的可信性,而是测量对具体信息项目的生理反应的相对强度,进而确定被测人对那些信息是否有真正、直接的了解。① 所以被命名为"测真"技术。

二、功能应用

20世纪30年代末至40年代初,基勒开发出的紧张峰测试法(POT),用来确定被测人是否知道那些仅有案件相关人员才可能知道的信息,可视为心理测试技术用作信息检测的起源。

1959年,莱克肯在对紧张峰测试加以修订的基础上开发出的更标准化、更有效的测试方法——犯罪情景测试法(GKT),②用来把对犯罪景象"知情"的罪犯从无辜者中间挑出来,对心理测试技术摆脱谎言测试的局限产生了极大的影响。

无论是基勒的紧张峰测试法(POT),还是莱克肯的犯罪情景测试法(GKT),它们的测试目的不在于被测人是否说谎,而更重于被测人是否知

---

① David T. Lykken: A Tremor in the blood: Uses and abuses of the lie detector. New York: McGraw - Hill, 1981; David C. Raskin: The scientific basis of polygraph techniques and their uses in the judicial process. In: A. Trankell (ed.) Reconstructing the Past: The Role of Psychologists in Criminal Trials. Stockholm: Norstedt and Sconers, 1982, pp. 317 - 371.

② David T. Lykken: The GSR in the detection of guilt. Journal of Applied Psychology, 1959, 45, 6, pp. 385 - 388.

情。其实质就是我们现在所说的信息检测。

三、方法理论

(一)紧张峰测试法(POT)

紧张峰测试法(POT),是20世纪30年代末至40年代初由美国的基勒首创的。它由一组内容相似的问题组成,但是其中只有一个问题是真正同案情相关的(测试结构示例如表1.1.1-3所示)。

这种测试方法的基本思想是:该案的某个特定要素只有犯罪者本人和侦查员知道,通过测试弄清楚被测人对这个要素确实知道或毫无所知。有时还可以进一步确认该人是否是罪犯或确属无辜。

这种测试方法有两种不同类型:①已知结果测试——结果已知,测试被测人是否知道此事。②寻找测试——结果未知,但可在某一范围之内寻找结果。

对这种方法原理的认识,早期也是建立在恐惧心理的基础上的,但实践中许多现象单纯用恐惧心理难以解释清楚,如常用的"扑克试验"、"猜数试验"等所触发的生理反应是难以单纯用恐惧心理解释清楚的。于是人们开始用"条件反射"理论来解释,使许多问题迎刃而解。

表1.1.1-3 紧张峰测试(POT)示例

	序号	问题属性	问 题
	1	首题	你知道凶器是怎么处理的吗?
第一遍	2	备选项	是埋在地里了吗?
	3	备选项	是扔到垃圾堆里了吗?
	4	备选项	是扔到河里了吗?
	5	备选项	是藏在自己家里了吗?
	6	备选项	是藏在单位了吗?
第二遍	7	备选项	是扔到垃圾堆里了吗?
	8	备选项	是埋在地里了吗?
	9	备选项	是扔到河里了吗?
	10	备选项	是藏在单位了吗?
	11	备选项	是藏在自己家里了吗?

续表

序号		问题属性	问 题
第三遍	12	备选项	是藏在单位了吗?
	13	备选项	是藏在自己家里了吗?
	14	备选项	是扔到河里了吗?
	15	备选项	是埋在地里了吗?
	16	备选项	是扔到垃圾堆里了吗?

(二)犯罪情景测试法(GKT)

犯罪情景测试法(GKT),是1959年由美国的莱克肯提出的,这种方法是紧张峰测试法的延伸和扩展(测试结构示例如表1.1.1-4所示)。这种测试方法的基本思想是:罪犯与无辜者的重要差异在于罪犯知悉犯罪现场的情景,而无辜者不知。据此测试人员能把罪犯从无辜者中识别出来。

这种方法对测谎技术的原理认识,是建立在认知心理的基础之上。认为专门针对该具体犯罪行为的细节材料,会使有罪者产生一种自主的唤醒反应,[1]唤起其对特殊事件的认知,从而在相应的生理指标上产生异常。

表1.1.1-4 犯罪情景测试(GKT)示例

序号		问题属性	问 题
第一遍	1	首题	你知道犯罪分子用的是什么工具吗?
	2	陪衬	是用菜刀杀的吗?
	3	陪衬	是用斧头杀的吗?
	4	目标	是用匕首杀的吗?
	5	陪衬	是用三角刮刀杀的吗?
	6	陪衬	是用手术刀杀的吗?

---

[1] Kleinmuntz B, Szucko J J. Lie detection in anciemtand modern times: A call for contemporary scientific study [J]. American Psychologist, 1984, 39, pp. 766 – 776.

续表

	序号	问题属性	问题
第二遍	7	陪衬	是用斧头杀的吗？
	8	陪衬	是用手术刀杀的吗？
	9	目标	是用匕首杀的吗？
	10	陪衬	是用菜刀杀的吗？
	11	陪衬	是用三角刮刀杀的吗？
第三遍	12	陪衬	是用斧头杀的吗？
	13	陪衬	是用手术刀杀的吗？
	14	目标	是用匕首杀的吗？
	15	陪衬	是用三角刮刀杀的吗？
	16	陪衬	是用菜刀杀的吗？

莱克肯的这种方法的实验结果是令人满意的，但提出后30多年也未能在美国得以推广。

四、评述

以犯罪情景测试法(GKT)为代表的"测真"技术，无论是在理论基础上还是在应用上都具有极大的优势。从理论上说，它不仅心理生理学基础坚固、扎实(建立在对人类定向反应(OR)和适应过程的广泛研究和理论的基础之上)；又是建立在标准化程序基础上的一种测试技术。而且在使用中，若控制问题适当，可以充分保护无辜被测人；可以避免非生理信息的污染。

但是，这种信息检测的心理测试方法在美国没有得到很好的发展。主要是因为成功地使用GKT必须依赖于足够的适当的GKT问题，但实际应用中存在一定的困难。例如，1.编制适当的GKT问题有困难。2. GKT项目容易泄露(详见上篇第一编第二章)。这和美国的司法制度有关。美国密歇根州警察局测谎室主任帕尔曼米特尔认为，"因为使用这种方法的前提条件是对现场情况的严格保密，这在美国是很难做到的"[①]。来华访

[①] 王补编译：《犯罪情景测试》，中国人民公安大学出版社1997年版，第10页。

问的美国测谎协会主席富兰克·豪沃斯博士也介绍了,除了出于保护人权方面的原因,主要是由于他们的新闻记者无孔不入,警察还在勘查现场时,案件现场情况就连续不断地通过电视、电台、报纸公布出去了,无法保密,不具备使用犯罪情景测试条件,因此在案件中很少使用。①美国测谎协会前主席霍华茨的看法则是,美国发案很多,警力有限,用 POT 或 GKT 法测试,事先的准备工作需要很长时间。而 CQT 法有现成的编题模式,测谎员听取侦查人员介绍后,同被测人谈谈话,就可以进行测试。②这说的也是实情。美国警察机关无预审机构,一般案件均由侦查人员自己讯问,较复杂案件才交给测谎部门,测谎员实际上是比较高级的预审员,他们掌握、操作仪器,负责从测前编题到测后审讯的全过程。以帕尔曼米特尔所在的密歇根州为例:面积 15 万多平方公里,人口 900 多万,有 100 万以上人口的大城市 1 个,10 万~25 万人口的中等城市 6 个,2.5 万~10 万人口的小城市 18 个,测谎员 18 人,约占警力总数的 2%,可见其工作负荷是相当重的,因此美国把 CQT 法作为首选方法是可以理解的。

第三节 "测心"术

一、称谓含义

(一)称谓由来

"测谎"技术于 20 世纪 80 年代被引入我国后,经过早期的模仿学习,测试界的研究者们就开始了对"测谎"与"测真"两种技术在我国的应用分析比较,发现无论是"测谎"技术,还是"测真"技术,虽然各自在一定的情形下,能体现测试技术功能的一个方面,但对于实际应用的需要来说,都不能涵盖测试技术的全部。因此,"测谎"技术或"测真"技术,都不能全面概括测试技术的含义。因此,探索总结出一套适合我国国情的、本土化的心理测试技术理论体系和应用规程,并赋以恰当的称谓,是我国测试界同

---

① 武伯欣、张泽民著:《心理学家武教授疑案测真纪实》,群众出版社 2004 年版,第 39 页。

② J. E. Reid: A revised questioning technique in lie detection tests. Journal of Criminal Law, Criminology and Police Science, 1947, 37, pp. 542–547.

仁的共同努力和愿望。

2004年7月,公安部成立心理测试技术专业委员会时正式将"测谎"及"测真"技术统一称为"心理测试"技术,并对技术的基本含义、主要功能、应用规程等作出了初步的规范。

(二) 基本含义

1. 有关表述

宋立波认为,心理测试技术,是指由专业技术人员借助个体心理生理活动记录仪器设备,记录、测量、分析被测人对相应问题刺激触发的心理生理反应,并结合对被测人心理行为观察分析,对被测人与被调查事件关系作出综合判断的一门应用技术。

陈云林等认为,心理测试技术,是一种利用被测人的心理生理反应规律,依照其在回答一些特定问题时的生理变化,推断其心理信息的技术。含义有三:一是使用能检测个体生理指标状况的仪器设备;二是有特定事件或特定目的;三是对个体的心理信息进行探查、推断。凡能检测个体生理指标状况的仪器设备用于或其结果被用于对个体(被测人)就特定事件或特定目的进行的相关心理信息探查、推断行为,即为心理测试,相关技术则称为心理测试技术。并强调,这里所述的心理测试,是指狭义的心理测试,指的是个体"案(事)件相关心理信息的测试技术",与广义的心理测试的概念不同。因为广义的心理测试是对大脑高级神经活动所引起的感知觉、注意和记忆等心理活动所进行的测试,内容从简单反应时的测定,到复杂的大脑认知加工过程等电位变化的测量。这里所说的"心理信息",是指个体在受到外来刺激源的作用后对刺激作出认知、判断并形成某种意识或记忆的刺激源信息。例如,犯罪活动中整个犯罪过程对相关个体而言就是一种外来刺激源,强调的是心理信息的狭义性概念,与心理信息的广义性概念(个体所有心理活动所产生的反应)不同。还指出定义中包含的技术要素为:(1)使用能检测个体生理指标状况的仪器设备;(2)有特定事件或特定目的;(3)对个体的心理信息进行探查、推断。

定义中包含的技术特点为:(1)不对测试对象言辞表述(或口供)的可

信性进行直接评估;(2)依照现代认知心理学的理论构筑测试方法,突出对测试对象心理信息的探查功能;(3)是一种用来获取测试对象心理信息的技术工具和手段。

2. 定义分析

综合上述观点,考察测试技术的本质属性,笔者认为,心理测试技术的内涵应当包括以下三个方面:

(1)原理:是利用心理刺激生理反应的规律,给以特定问题的刺激,诱发相应的生理反应。

(2)方法:使用能检测和记录个体生理指标的仪器设备,记录被测人听到测试提问后的生理反应;分析记录的生理反应结果,探查被测人对相关问题所具有的心理信息的不同,进而推断其与被调查事件相关与否及相关程度。

(3)功能:获取被测人案(事)件特定信息;或探测被测人案(事)件相关心理信息。

据此分析,对心理测试技术定义,则可为:

心理测试技术,是一种根据心理刺激生理反应的规律,就特定事件信息向被测人呈现刺激问题,使用能检测并记录生理反应的仪器设备记录所诱发的生理反应,依据现代认知心理学的理论,由生理反应的结果探测生理指标变化所反映的心理信息内容,进而推断被测人与所调查事件的相关状况的技术。其包括多道生理记录仪测试技术、"事件相关电位"(简称ERPs)为基础的现代脑纹技术等。

根据这个定义的内涵和外延界定,即可以明确心理测试技术的内容和范围。例如,根据给以特定问题的刺激而诱发相应的生理反应,则可区别于医学上的不施以特定问题刺激的物理检查;根据使用能检测和记录个体生理指标的仪器设备,记录被测人听到测试提问后的生理反应,则可区别于一般的不记录生理反应的心理测评;根据对记录的生理反应分析的结果,探查被测人对相关问题所具有的心理信息的不同,进而推断其与被调查事件的相关与否及相关程度,即可区别于单纯的"测谎"

与"测真"技术。将心理测试理解为"案(事)件相关心理信息的测试",这样就能把以"事件相关电位"为基础的现代脑纹技术涵盖到心理测试技术范畴之内。

二、功能应用

信息探查应该是心理测试技术功能的最重要体现。心理测试绝不能局限于简单的"欺骗检验"或"谎言测试",其更重要的效能体现是信息探查即发现事实。就是不仅要"测谎"与"辨谎",更重要的是"识谎"和"拆谎",尽可能找出谎言背后的内容。这也是信息探查的意义所在。在我国的法律体系中,心理测试技术目前尚不能作为法庭证据使用,而是以一种刑事技术(司法技术)或侦查手段(调查手段)出现,因而如果简单用心理测试技术去检测被测人是否"欺骗"或"说谎",对案件的调查几乎没有实质意义。因此,心理测试技术在司法调查中的作用就是尽量提供更多的心理信息,并通过对提取和收集到的心理信息进行分析判断,为侦查破案提供有价值的线索、目标、思路和范围等,帮助判断被测人与案件的关系,发挥直接、准确、高效的作用。

各类刑事案件侦查工作,各类司法调查中需要就特定案件或特定目的对个体进行相关心理信息探查、推断的,均可以应用心理测试技术。

三、方法理论

(一)心理测试方法

关于心理测试技术的编题方法,许多学者在集合"测谎"和"测真"技术方法的基础上,总结出了不少适合我国国情的测试编题方法,如犯罪心理平衡称重测试法[①]、改进紧张峰测试法(YZ - POY)[②]、全面综合推断法[③]等,最具代表性的要算符合"最小测试量"原则的系统调查测试方法。

---

① 王振宇、蔺彬涛、沈靖:《犯罪心理平衡称重测试法的应用》,载《法律与医学杂志》2004年11月第11卷增刊,第28~29页。

② 董庆东:《改进紧张峰测试法(YZ - POY)的研究与应用》,载《法律与医学杂志》2004年11月第11卷增刊,第150~151页。

③ 宋立波、董庆东:《浅析适合我国测谎的测试方法模式》,载《法律与医学杂志》2004年11月第11卷增刊,第256~257页。

首先将"系统"这一术语和心理测试联系起来的是北京市公安局刑事科学技术研究所的研究人员,他们率先使用了"系统调查测试"这一术语。后经中国人民公安大学付有志教授和公安部铁道警官高等专科学校刘猜副教授的进一步归纳总结,目前已经形成以单元测试结构为基础,结合我国心理测试的实践,洋为中用,古为今用,系统化、实用化心理测试技术应用的一个显著成果,并由此确立了一个新旧结合、中外结合的全新的心理测试技术理念——系统化测试结构。

1. 系统化测试结构基本构成

系统化测试结构是围绕系统化测试主题构建的测试结构,由基本测试结构和精细测试结构两个部分组成。

(1)基本测试结构。系统化测试的基本测试结构旨在确定被测人与正在调查的刑事案件之间是否存在关系。如果被测人通过了基本测试,表明其与正在调查的刑事案件无关,也就不再对被测人进行精细测试,并不再将其作为重点调查对象;如果被测人没有通过基本测试(或无法明确是否通过基本测试),表明其与正在调查的刑事案件相关(或不能确定其与正在调查的刑事案件是否相关),就要对被测人进行精细测试,进行深入调查,确定其与正在调查的刑事案件之间的真实关系。

(2)精细测试结构。系统化测试的精细测试结构用于检测那些没有通过基本心理测试需要进一步进行检测的被测人,即那些被基本测试确定其与正在调查的刑事案件存在相关关系的被测人,其主要目的在于确定其与正在调查的刑事案件之间的相关程度。为了实现这一测试目标,心理测试人经常进行验证性测试、区别性测试、搜索性测试和扩展性测试。

2. 系统化测试结构主要形式

系统化测试结构的不同测试结构之间相互照应,不仅避免了单主题或非系统化多主题检测的弊端,而且提高了心理测试的效度。因此,建立系统化测试结构开展心理测试工作,是我国心理测试工作者经验的总结。

国内的系统化心理测试结构的主要形式分为两类,即准绳问题测试

主导型和隐蔽信息测试主导型。虽然它们各有侧重,但是基本理念却是相通的,各自的结构特点分别如下:

(1)准绳问题测试主导型。准绳问题测试主导型的基本测试通常包括两个单元的准绳问题测试和一个单元的隐蔽信息测试,其包含测试相关测试点(主题)不少于 7 个。其中,两个单元的准绳问题测试通常使用的是多主题测试,一个单元的隐蔽信息测试有时可以用一组单主题准绳问题测试替代。

由于精细测试的主要目的是提取被测人与特定案(事)件紧密相关的具体心理信息,所以在准绳问题测试主导型的系统调查测试中,其精细测试的题目结构通常由一系列隐蔽信息测试或单主题准绳问题测试及与基本测试不同内容的多主题准绳问题测试组成。

(2)隐蔽信息测试主导型。隐蔽信息测试主导型的基本测试通常包括一组 SKY 测试结构和 5 个主题的隐蔽信息测试结构。这 5 个主题包括案发的时间、地点、作案人数、作案动机及其作案方式。根据掌握的案件信息,有时候使用已知隐蔽信息测试结构,有时候使用未知隐蔽信息测试结构。

在隐蔽信息测试主导型的精细测试中,虽然测试的目的在于验证、探索、扩展相应测试主题,但使用的测试结构和基本测试基本相同。

3. 系统化测试结构示例

(1)准绳问题测试主导型系统化测试结构示例(如表 1.1.1－5、表 1.1.1－6、表 1.1.1－7、表 1.1.1－8)

表 1.1.1－5　CQT1

1	中性问题	I_1	你是叫×××吗?
2	准相关问题	S_{r1}	关于你告×××骗你钱的事,你愿意如实回答我的问题吗?
3	准相关问题	K1	你确切知道这件事是怎么发生的吗?
4	相关问题	R_1	这件事是你一手制造的吗?
5	准绳问题	C_1	你还向我们隐瞒了其他严重违法犯罪行为吗?
6	相关问题	R_2	这件事是你和别人联手制造的吗?
7	中性问题	I_2	你现在是在北京吗?

续表

1	中性问题	I_1	你是叫×××吗？
8	相关问题	R_3	你说×××拿走了你的钱,这是骗我们的吗？
9	准绳问题	C_2	你经常在别人的背后说别人的坏话吗？
10	相关问题	R_4	你确切知道这件事是为什么会发生的吗？
11	准绳问题	C_3	你经常骗人吗？
12	中性问题	I_3	你的回答都是实话吗？

表 1.1.1-6 CQT2

1	中性问题	I_1	你是叫×××吗？
2	准相关问题	S_{r1}	你愿意如实回答我的问题吗？
3	准相关问题	S_{r2}	你还清楚地记得12月15日你的一些活动情况吗？
4	相关问题	R_1	你说×××主动对你说还能给你开100吨油这是假话吗？
5	准绳问题	C_1	你经常做一些非法的交易吗？
6	相关问题	R_2	你说×××12月15日打电话让你付100吨的油款这是假话吗？
7	中性问题	I_2	你喜欢逛街吗？
8	相关问题	R_3	你说×××12月15日约你在街上交油款这是假话吗？
9	准绳问题	C_2	你贩卖过毒品吗？
10	相关问题	R_4	你说12月15日这天×××拿走了你的100万油款这是假话吗？
11	准绳问题	C_3	你还有重大隐瞒吗？
12	中性问题	I_3	你的回答都是实话吗？

表 1.1.1-7 CIT 时间

次数	序号	问题属性		问题内容
	1	中性	I_1	你是叫×××吗？
	2	中性	I_2	你愿意如实回答我的问题吗？

续表

次数	序号	问题属性		问题内容
第一遍	3	中性	I_3	你还确切记得你与×××最后一次交接现金的时间吗？
	4	陪衬	N_1	是12月10号吗？
	5	陪衬	N_2	是12月13号吗？
	6	陪衬	N_3	是12月12号吗？
	7	相关	R_2	是12月15号吗？
	8	陪衬	N_4	是12月11号吗？
第二遍	9—13			$N_2\ N_3\ R_2\ N_4\ N_1$
第三遍	14—18			$N_3\ R_2\ N_1\ N_2\ N_4$
	19	中性	I_4	你回答的都是实话吗？

表1.1.1-8　CIT金额

次数	序号	问题属性		问题内容
	1	中性	I_1	你是叫×××吗？
	2	中性	I_2	你愿意如实回答我的问题吗？
	3	中性	I_3	你还确切记得你与×××最后一次交接现金的数额是多少吗？
第一遍	4	陪衬	N_1	是20多万吗？
	5	陪衬	N_2	是30多万吗？
	6	陪衬	N_3	是50多万吗？
	7	相关	R_2	是105万吗？
	8	陪衬	N_4	是150万吗？
第二遍	9—13			$N_2\ N_3\ R_2\ N_4\ N_1$
第三遍	14—18			$N_3\ R_2\ N_1\ N_2\ N_4$
	19	中性	I_4	你回答的都是实话吗？

(2)隐蔽信息测试主导型系统化测试结构示例(如表1.1.1-9、表1.1.1-10)

表 1.1.1-9　一组 CQT(包含 SKY)

序号	问题属性		问题内容
1	中性问题	I_1	你是叫刘××吗？
2	中性问题	I_2	你是北京人吗？
3	准相关问题	S_{r1}	关于周××被杀这件事,你愿意如实回答我们的问题吗？
4	怀疑问题	S_{r2}	你知道她大年初二被害的事儿吗？
5	准绳问题	S	你怀疑这件事是谁干的吗？
6	知道问题	K	你知道这件事是谁干的吗？
7	是否问题	Y	这件事是你干的吗？
8	题外问题	S_y	除了刚才问的,你害怕我问你别的问题吗？
9	中性问题	I_3	今天是晴天吗？

表 1.1.1-10　七组 CIT 问题(其中带"＊"的为相关问题)

测试主题	题干	问题					
		1	2	3	4	5	6
CIT1 时间1	你知道周××是在什么时候被害的吗？	是上午吗？	是中午吗？	是晚上吗？＊	是下午吗？	是半夜吗？	
CIT2 地点	你知道周××是在什么地方被杀的吗？	是在屋里吗？	是在猪圈里吗？	是在厕所里吗？＊	是在街上吗？	是在院子里吗？	是在河滩里吗？
CIT3 时间2	你知道她是在晚上几点被杀的吗？	是6点多吗？	是7点多吗？	是9点多吗？＊	是10点多吗？	是8点多吗？	是11点多吗？
CIT4 人数	你知道是几个人把周××给弄死的吗？	是2个人吗？	是3个人吗？	是1个人吗？＊	是4个人吗？	是5个人吗？	
CIT 方式1	你知道周××是怎么被害的吗？	用砖头砸过她？	用胳膊勒过她？	用刀割过她吗？＊	用锤子砸过她吗？	用手捂过她吗？	用棍子敲过她吗？

续表

测试主题	题干	问题					
		1	2	3	4	5	6
CIT方式2	你知道作案人害了周××以后是怎样离开现场的吗?	是从大门那儿出去的?	是从房顶那儿出去的?	是从猪圈那儿出去的?*	是从东墙那儿出去的?	是从南墙那儿出去的?	
CIT动机	你知道她为什么被杀吗?	是因为钱的事吗?	是因为强奸的事吗?	是为了报复吗?*	是为了宅基地的事吗?	是因为其他的事吗?	

(二)理论认识

心理测试技术对原理的认识,整合了欺骗检验和信息探查的理论认识,并对"心理痕迹辨析"、"记忆提取"、"信息耦合"等认识加以探索和总结。把信息探查作为其功能的最重要体现,围绕情绪理论、以现代认知心理学原理、信息耦合原理为主要理论基石,来阐释心理测试的心理刺激、生理反应的机制。

四、评述

"测谎"技术在经历早期的引进和模仿之后,我国的心理测试专家对其技术功能和方法提出了质疑和探索。经过不懈的努力,终于形成了符合中国国情的心理测试技术的理论认识、功能解释及编题、评图、结论的独到方法和应用操作规程。用"心理测试"技术取代"测谎"技术,综合了国内外的实践和研究成果,符合技术功能的解释及应用,凸显了技术实施的系统化要求,规范了学科的称谓及其体系,确立了心理学理论的主导地位,拓展了心理测试技术的发展空间,适应心理测试技术本土化发展的要求,为心理测试技术发展成为一门独立的边缘学科起到促进作用,是为心理测试技术在我国的应用和研究步入专业化、规范化的发展道路的开端。

当然,作为一门新兴的学科,随着心理测试技术在我国司法领域越来越广泛地应用,对心理测试人的资质水平,心理测试的操作程序规范化标准,心理测试技术的准确度及科学性等的要求都在不断提高;明确心理测试技术的法律属性及心理测试结论的证据效力,建立符合我国实际的有关心理测试技术和心理测试结论运用的法律规范应是目前心理测试研究者与法律界的共同努力方向。

总之,用"心理测试"技术替代"测谎"技术,体现了技术的进步和人们认识水平的深入,以及传统"测谎"在我国本土化发展的成果。相信随着学科的进一步发展,更为先进合理的称谓也会适时出现,而那时必将意味着心理测试技术的应用又进入了一个全新的时代。

第二章 多道仪测试的发展

从"测谎"到"心理测试",心理测试技术虽然只有百余年的短暂历史,但其思想萌芽却可以追溯到中古甚至上古时代。

传统心理测试技术的自然起源,是被用来识别谎言,由于受到当时科学技术发展水平的限制,采用的方法为"神示"、"诈术",或"嚼米"、"称重"等。

现代心理测试技术进入科学发展阶段后,被用作犯罪(事件)调查,由于借助了科学仪器和相关学科的成果,逐步开始了"谎言测试"、"欺骗检验"、"知情检测"和"心理信息探查"的研究和应用。

考察传统心理测试技术的发展,虽然不乏有关文献资料的记载,但就如何划分发展阶段尚没有统一的标准。有按时间顺序记述,有按功能发展区分,有按仪器应用方式划分,各有侧重。笔者认为,顺着时间的脉络,把握技术的核心要素的变化,去探寻技术的发展之路,不失为一个客观的方法。

第一节 多道仪测试的百年演变

心理测试技术依照时间顺序划分发展阶段,有人将其分为:古代萌芽时期(B.C.1000—A.D.1800);近代创立时期(1870's—1920's);现代发展时期(1930's—1960's);当代创新时期(1970's—2003's)。[①] 也有人将其分为:仪器讯问时期和仪器测试时期。[②] 还有学者以1895年为界,将其分为自然发展、科学发展两大阶段[③](如表1.1.2-1所示)。

---

① 李文石:《测谎学研究百年进程:趋向SOC》,载《中国集成电路》2003年第55期,第39~43页。

② 付有志、刘猜著:《破解"测谎"的密码——心理生理检测在探案中的应用》,中国人民公安大学出版社2006年版,第209页。

③ 陈云林、孙力斌等著:《现代心理测试技术导论》,知识出版社2005年版,第3页。

表 1.1.2－1 心理测试技术发展简况

时间顺序		代表人物、事件	功能发展	说明
自然发展	1895 年前		天平称重 嚼米讯问	自然探索
科学发展	探索 1895—1921 年	1895 年	意大利犯罪学家朗伯罗梭首次成功运用心理测试技术	谎言测试	尽管拉尔森反对"说谎特异"反应,但是里德等人一直坚持"说谎特异"反应存在
		1908 年	心理测试技术进入美国		
		1917 年	美国人马斯顿将此技术引入美国军队		
	专业化 1921—1986 年	1921 年	美国人拉尔森发明心理测试技术专业设备		
		1938 年	拉尔森的学生基勒将测试仪器成型		
		1942 年	基勒组建专业培训学校,系统整理测试方法,主要是 POT		
		1947 年	里德总结完成准绳问题测试技术		
		1959 年	贝克斯特提出 ZCT,莱克肯提出 GKT	欺骗检验 求实检验 信息探查	欺骗检验是影响最大的功能解释
		1961 年	美国军队提出改进的 ZCT		
		1966 年	美国心理测试技术协会(APA)成立		
		1970 年	拉斯金系统改进 ZCT		
		1977 年	AAPP 成立		
		1978 年	拉斯金开始测试技术计算机化		
		1980 年	心理测试技术进入中国		
		1981 年	莱克肯出版《血液的颤抖》		
		1986 年	计算机化仪器设备商品化		
	规范化 1986 年以后	1986 年	美国国防部心理测试技术学院(DoDPI)成立		
		1988 年	美国《雇员心理测试保护法》(EPPA)颁布		
		1991 年	中国国产仪器开发成功		
		1992 年	杨克提出 PPD 概念		
		1996 年	迈特提出"求实测试"概念		
		2004 年	中国国内心理测试技术专业委员会成立	心理信息探测	

科学识别"谎言"
——心理测试技术广角

一、自然发展阶段（1895年以前）

这一时期，人们对自然和科学的认识有限，早期的部落文化利用原始而朴素有效的"工具"进行"测谎"，大致又有以下几种情形。

（一）原始的神示与诈术

1."炮烙检验真理"。传说公元前600年，波斯人相信红热的烙铁可以检验真理——嫌疑人被迫用他们的舌头在红热的烙铁上舔几下，以没有被烫伤来证明自己的清白。我国古代的酷刑之一"炮烙"，也借助了热烫的威力来获取口供。

2."神前显露真言"。在中世纪的欧洲，神灵的力量可以左右人们的思想，在神灵面前不敢说谎就成为共识。由于真正犯罪人自身"罪恶感"的驱使，也使得其在"神"的面前时常会忏悔或道出实情，所以"神示"的方法经常被使用。现在西方国家许多重大事件场合仍会出现摸着《圣经》宣誓的场面，可以说就是"神示"力量的继续。

3."神驴鉴别谎言"。在古印度，他们用"神驴"来判断是否说谎，声称有罪的人拽住"神驴"的尾巴时，它就会嘶叫。所有犯罪嫌疑人都被带入内有"神驴"的黑暗帐篷里，并让他们轻轻地拉住"神驴"的尾巴。由于无辜者不害怕"神驴"会叫，于是进到里面就拉住"神驴"的尾巴。有罪的人（当然也将进入其中）由于害怕，进去后并没碰驴的尾巴就出来了。其实，"神驴"的尾巴上涂有乌黑的颜料，而嫌疑人却不知道自己已被实施了测试。当这个有罪的嫌疑人从帐篷出来后，双手会是干净的，上面并没有一点黑颜料，从而断定他就是犯罪的人。这种使用"诈术"的例子，在我国古代的记载中更是多如牛毛。例如，广为流传的寇准"阴间断案"、阿凡提"审驴"等都是佐证。

（二）朴素的科学萌芽

1."天平称重"判别真伪。在古代印度，犯罪嫌疑人可以通过称体重来判断他们是不是在说实话。做法是，嫌疑人坐在大天平的一端，平衡锤放在另一端进行精细地调节。通过横梁上沟槽里流动的水来显示平衡的精确性。被告人先暂时离开，听取法官发表关于平衡的讲解。然后，被告再回到天平上来重新检验平衡。如果发现他比原来轻了,那便宣告无罪。现代新陈代谢研究表明,人的身体在两顿饭间重量的衰减是一个定量,嫌疑人离开期间体内代谢是不是正常,似乎可以通过这样的方法进行检测。

2. "嚼米咽麦"区分虚实。据说,古印度有一种"米刑",在不能确定谁是真正的犯罪人时,法官便让犯罪嫌疑人咀嚼"神圣"的稻米。咀嚼一阵之后,要求他们将口中的稻米吐到无花果的叶子上。如果犯罪嫌疑人能够轻易地吐出稻米,则此人不是犯罪人;如果稻米黏到舌头和上颚上,则此人被认定为犯罪人。

有说,在宗教裁判所时代,罗马教廷也采用类似技术检测神职人员的诚实。他们不用稻米,而是将大麦面包和奶酪放在被指控的牧师面前,并宣称如果他犯了被指控的罪行,上帝会派遣天使加百利堵住他的喉咙。然后,牧师开始吃面包和奶酪。据Mackay的《超常流行错觉》记载,"没有任何因这样的方式窒息的牧师的记载"。①

还有,对长期在心理测试界流传的"嚼米讯问",一般有两种说法。第一种是让嫌疑人吃用稻米做的蛋糕,观察他在强大精神压力下咽下蛋糕的形象。如果嫌疑人被蛋糕噎住,那么这个人则被认为供述不实。第二种是让嫌疑人咀嚼一把干米,过一段时间再吐出来。查看嚼过的米,如果吐出来的是热的且呈团状,则嫌疑人说的是实话;如果吐出来的米呈散状,那么嫌疑人即被认为是说了假话。还有记载则说数清楚米粒的个数让嫌疑人含在嘴里,然后让他一下吐出来,检查吐出米粒与原来米粒的个数是否一样。这其实是将唾液分泌作为判断依据。

3. "把脉测速"鉴定忠逆。据Trovillo1939年出版的《测谎史》介绍,中世纪有一位贵族怀疑妻子不忠,便请人用把脉的方法进行测定。结果发现,当听到情人的名字时,她的脉搏加速;当听到丈夫的名字时,其脉搏正常。这位妻子最终承认确实曾经红杏出墙。② 这是脉搏用于心理测试的先例。

---

① David T. Lykken: A Tremor in the Blood: Uses and Abuses of the Lie Detector. New York: Plenum Trade, 1998, p. 24.
② 李新旺编著:《生理心理学》,科学出版社2001年版,第142页。

毋庸置疑,心理测试技术在自然探索发展时期的代表就是"天平称重"和"嚼米讯问"。作为以刑讯逼供和用欺骗对付隐瞒为两大特征的调查方式,虽然显得幼稚和粗糙,却亦有一定的科学依据,它为这个时期的调查过程增加了些许亮色。

与现代心理生理测试相比,古代心理测试的一个重要特征就是没有使用测试仪,但二者的原理是一脉相通的。古代朴素的心理测试思想和实践为现代心理测试的发展提供了丰富的营养。

二、科学发展阶段(1895年后)

1895年意大利犯罪学家朗伯罗梭的工作被视为现代心理测试技术起源的标志性事件,是心理测试技术进入科学发展阶段的起源。通常认为科学发展阶段又分为探索时期、专业化时期和规范化时期,现在我们处在规范化时期。

(一)探索发展时期(1895—1921年)

这个时期自朗伯罗梭的测谎实践到拉尔森发明专业测试仪器以前,是一个百花齐放的时期。由于第一次世界大战的影响,传统心理测试技术的中心从欧洲转移到美国,在美国这块新大陆上,心理测试技术的萌芽似乎遇到了更加适宜的土壤,为日后成长为参天大树提供了意外的保障。

(二)专业化发展时期(1921—1986年)

1921年拉尔森发明了专用测试仪,是心理测试技术发展史上的重大事件。自从专用设备出现后,测试活动才得到了基本保证,加上基勒建立起专业培训学校,专业设备和专业人才相结合,为心理测试的全面发展奠定了基础。

里德和贝克斯特等人对测试技术和测试理论的贡献,使心理测试技术变成了独立的学科,专业化发展极大地促进了技术普及,所以对技术的规范化管理势在必行。

(三)规范化发展时期(1986年以后)

美国1986年DoDPI成立及1988年颁布EPPA,是心理测试技术走上规范化发展的标志,由此传统心理测试技术进入了成熟发展期。

第二节　多道仪测试功能的变化

如果以功能发展变化的顺序,可分为直观探索、谎言测试、欺骗检验和信息探查等阶段,现在处在欺骗检验和信息探查时期。而科学发展阶段的测试功能变化构成心理测试技术发展的核心动力。

一、谎言测试——对"说谎特异反应"的追求

谎言测试,也称"测谎"(Lie detection),是以追求"说谎特异反应"为目的的一种传统心理测试技术。始于1895年朗伯罗梭的谎言辨别实践(详见上篇第一编第一章),经过20世纪初的演变,发明了专门"测谎"的仪器,并在20世纪中期由里德将这种理解和功能推演到极致。

(一)"谎言测试"的发展

1. 心理学方法传入。朗伯罗梭的成功似乎为辨别谎言找到了客观依据,一时间实验心理学研究多聚集在这个方向。1904年,德国心理学家M.韦特海默(Max Wertheimer)和克莱因(Klein)发表了有关"词汇联想"实验的论文,指出当一个人实施犯罪后,其产生的复杂心理过程在适当的条件下可以检测出来。此后数十名德国、奥地利和瑞士的心理学家,以及后来的美国心理学家,纷纷介入此事,尝试用心理学的方法进行犯罪调查。

2. "说谎特异反应"研究开始。1914年,贝努西在德国发表了《呼吸变化在测谎中的影响》的研究报告。他发现一般情况下,吸气深度与呼气深度相比,若前者比后者大则讲实话的程度大,反之若后者比前者大,则说谎的程度大。首先开始了"说谎特异反应"的研究。

3. 马斯顿的贡献。1915年,美国人马斯顿发现心脏的收缩压改变与有意欺骗行为有关,宣称自己发现了"说谎特异反应"。他自己评价道,这是"人类长期无效寻求区分诚实陈述和撒谎手段的终结"。他还开发了心脏收缩血压欺骗测试,在被测人接受讯问时断断续续地测量其心脏收缩血压。他曾经使用这套理论和仪器在1917—1918年帮助美国军队破解过几宗间谍案的调查。

不仅如此,马斯顿还首先看到了其商业价值。美国《瞭望》(Look)杂

志的一篇文章曾经描述了他将犯罪的仪器讯问应用于婚姻咨询的经历：马斯顿比较了妻子分别和丈夫与迷人的陌生人接吻的生理反应。马斯顿和他的仪器还为吉利刀片做广告，表明吉利刮胡刀片的可靠性。他还发挥丰富的想象，用 Charles Moulton 的名义创造了一个滑稽角色——名字叫 Wonder 的女人，她有一个魔力圈，被魔力圈套住的人只能讲真话。由于过分的夸张和放荡不羁的言行，马斯顿受到研究犯罪的仪器讯问学者的谴责。在严厉批评马斯顿 1938 年出版的《测谎仪测试》时，Fred Inbau 指出，"只能带来对相关主题的嘲笑及对作者的不敬"。然而，由于 1921 年之前对其工作的正面报道，以及美国加利福尼亚州伯克利警察局局长沃尔默和警官拉尔森深受其影响，马斯顿可以被称作多导仪测试之父。①

4. 第一台测试仪问世。对"谎言测试"的着迷，使得美国加州伯克利警察局局长指示拉尔森研究一种专门"测谎"的仪器。1921 年拉尔森组装成功第一台可以连续记录的仪器装置，它可以同时测量记录呼吸和心跳两个参数，并在测案实践中大获成功（详见上篇第一编第一章）。这样的成功激励着拉尔森同他的学生基勒一起将"谎言测试"推到一个应用高峰。

5. 基勒的贡献。1938 年，基勒将皮肤电测试引入拉尔森的仪器，后开发出了基勒多导仪。1942 年后，他为警察机关培训了许多专业人员，并组建起美国第一所心理测试技术学校，为普及多导仪对犯罪的仪器讯问方面作出了重要贡献，而且在发展犯罪的仪器讯问技术方面也颇有成绩。他发明了纸牌测试，意在强化被测人对犯罪的仪器讯问的信心；他开发出的紧张峰测试法（POT）成为一种很有影响的心理测试技术；他操作多导仪讯问嫌疑人的场面还成为电影《北边 777》中的镜头。②

6. 里德的贡献。里德是一位对心理测试技术有着更大贡献的人。他的贡献涉及测试人的培训、测试理念的创新、"准绳问题测试技术"（CQT）

---

① J. G. Linehan: Lie detection pioneer profiles. Polygraph, 1978, 7, pp. 95 – 100.

② David T. Lykken: A Tremor in the Blood: Uses and Abuses of the Lie Detector. New York: Plenum Trade, 1998, pp. 29 – 30.

这一测试技术核心方法的提出。

里德是律师出身,但是他非常热衷于使用仪器对嫌疑人进行问讯。1930年前后他与基勒相识,后来创办了自己的培训学校——里德心理测试技术学院,该学院有权授予美国伊利诺伊州承认的硕士学位。他的私人公司遍布几个城市,他和Inbau合编的教材成了这一领域的标准。更为重要的是,他提出了有关心理测试的三个新思想,即"有罪情结"问题、"控制"问题和"行为征候"。

1947年,里德在论文中首次描述了所谓的"对照反应"问题。随后,他将其精细化,并在教材中将其重新命名为"控制"问题。这是基于对相关—不相关测试格式的不足而提出来的。经过30多年的实践,心理测试人发现,与犯罪相关的问题不仅可以刺激有罪的人产生生理反应,而且可以刺激无辜者产生生理反应。为了甄别无辜和有罪,里德提出讯问时加上与案件不直接相关,却能诱导情绪反应的控制问题。具体说来,"控制"问题应该是那些接受讯问的人员可能作否认回答,而且肯定是欺骗性回答的问题。以被测人对控制问题的生理反应作为标准测量其对相关问题的反应,提高了测量的效度。这一思想被贝克斯特细化,成为许多现代测试人处理具体主题的主要方法。

里德的"有罪情结"问题比"控制"问题思想更合理,却难以使用,也没有真正流行起来,即使里德和Inbau在其教材中也只将其作为特殊情形下的辅助技术。其基本思想是,如果要讯问被测人是否牵扯进案件X,那么讯问还要假装对案件Y感兴趣。由于案件Y是虚构的,接受讯问的人员对案件Y相关问题的反应可以预测无辜者对案件X的相关问题作诚实回答的反应,同样也可以用于比较有罪者的相应反应。因此,"有罪情结"问题是学术意义上的真正控制问题,而"控制"问题测试(CQT)中使用的所谓控制问题却不是真正的控制问题。

里德提倡的将"行为征候"作为评价接受讯问人员的回答的辅助标准颇有争议,也遭到现代许多心理生理检测人员的诟病。1953年,里德和阿瑟发表了行为征候的研究报告。[①] 研究报告声称,接受犯罪的仪器讯问的人员会表现出特异的行为征候。有的征候属于撒谎的人所特有,有的则属于诚实的人所特有。

但总的来说,里德的贡献不仅在于推动着"测谎"的普及,而且在于他总结形成了现代心理测试技术仍在使用的基础测试方法之一——"准绳问题测试技术"(CQT)。里德将"谎言测试"与传统心理测试技术紧紧地捆绑在一起,从而将"谎言测试"应用推到一个更高的水平。

但是,由于里德的工作目标是讯问,所以他在对"说谎特异反应"的追求过程中,将"特异反应"大大地延伸到了测试之外,他和他的学生阿瑟提出的"说谎征候"概念,有淡化测试功能,转而去依靠测试外因素决定被测人测试结果的强烈倾向,这种舍本求末的做法,也把传统心理测试技术推向了一个危险的境地。

7. 拉斯的贡献。大卫·拉斯是盐湖城犹他大学的心理学教授,是一个年轻的实验心理学家。20 世纪 70 年代,他将贝克斯特的心理测试培训课程引进了圣地亚哥的学校。从圣地亚哥回到盐湖城后,拉斯的兴趣发生了重大变化,他开始指导几个研究生进行心理测试研究。在他的指导下,犹他大学很快形成了心理测试的研究团队,为心理测试的发展作出了重大贡献。

(1) 发展并细化了对照问题测试。1970 年,拉斯及其同事评估了对照问题测试,并完善了相关概念,提高了对照问题经验效度。这一努力刺激了许多相关研究。一些大学和政府部门的实验室开展了相应的研究。拉斯及其同事在犹他和博伊西州立大学继续类似的研究,陆续开发出或许欺骗测试(PLT)和指导欺骗测试(DLT)。

或许欺骗测试和指导欺骗测试都是对对照问题测试的发展和完善。二者都考虑到被测人对对照问题可能不撒谎的问题。前者筛选的对照问题是被测人大概可能撒谎,即或许欺骗的问题;后者的对照问题则是被测

[①] John E. Reid and R. O. Arther: Behavior symptoms of lie detector subjects. Journal of Criminal Law and Criminology, 1953, 44, pp. 104 – 108.

人必须撒谎的问题,即在测试人指导下进行欺骗回答的问题。这些改进意在提高对照问题的效度,避免对照问题成为无关问题,丧失对照问题测试的科学性。

(2)实现了对照问题测试的计算机化。Podlesny 和拉斯是通过探讨使用计算机进行统计分析而数字化、定量化心理测试信号的第一人。他们开发了心动、手指血容量、手指脉搏振幅等生理反应图谱变化的计算机运算规则。1978 年,Kircher 和拉斯设计了系列研究,以评估计算机收集和储存犯罪心理测试图谱、定量化测试问题的生理反应、鉴定被测人欺骗概率的可行性。

(二)"谎言测试"的评述

回顾历史不难发现,"谎言测试"是推动传统心理测试技术向前发展的一个巨大动力,也是传统心理测试技术着力描绘的一幅美景。但是里德等人的工作,不仅将传统心理测试技术的"谎言测试"应用推向了高峰,也将其推向了悬崖。

1."谎言测试"的功绩

贝克斯特进入 CIA 被任命为安全部主任,着手对心理测试技术进行研究应用。1950 年,在基勒意外身亡后,贝克斯特被任命为基勒心理测试学院院长。1951 年,他在华盛顿开设了自己的心理测试事务所。1959 年,贝克斯特提出"对照区域"测试格式,与人合作在纽约建立了心理测试培训中心。

贝克斯特对心理测试的主要贡献包括提出"对照区域"测试格式、使用"数字计分"技术及其摒弃"行为征候"在测试中的作用等。

在实际测试中我们可以发现,被测人的基础生理反应水平并非恒定不变,而是在一定范围内波动。同样的道理,如果心理测试过程中对照问题过少,以至于数个相关问题都与这个问题进行比较,必然会掩盖生理反应本身的变化,导致相应的比较失去意义。贝克斯特同样看到了这一问题,于是提出了"对照区域"格式弥补心理测试的相应缺陷。他认为,如果每个相关问题诱导的反应都能与其临近的对照问题诱导的反应进行比较,则可以减少由于时间变化而出现的误差。用他自己的话说就是,每个相关问题诱导的相关反应只同同一对照区域的对照问题诱导的对照反应进行比较。这在一定程度上保证了心理测试的标准化。

更为重要的是,贝克斯特身体力行地试验"数字计分"技术。他按照相当具体的规则,依据相当具体的标准对临近的对照反应和相关反应进行比较计分。他使用的计分规则是,如果对照反应更强,则分值为+1到+3;如果相关反应更强,则分值为-1到-3。而且对多导仪每个频道的反应都要计分,并把每次测试的分数总和起来,作为测试的最终得分。如果总分为负值,被测人则被认定为欺骗;如果总分为正值,而且足够大,被测人则被认定为诚实;如果总分在零分附近,则为存疑结论。

整个测试的解释过程中,既不考虑"行为征候",也不考虑案件事实及其他任何测试之外的东西,仅仅依靠心理生理反应所反映出来的东西。更为重要的是,系统数字计分程序降低了测试人对被测人的主观印象对解释测得的心理生理反应的影响。研究表明,训练有素的不同的测试人对同一组心理生理反应独立评分的结果相当一致。

贝克斯特的这些努力实现了心理测试的标准化,合乎了心理测试的基本标准。一般来说,心理测试具有四个核心特性,贝克斯特的心理测试基本具备了这些特性,即标准的实施方法、直接的行为记录、客观的计分技术、外在的效度标准,奠定了现代心理测试技术的基本模型。因此,现代许多专业的心理测试人使用贝克斯特的这些技术,及其由此演化出来的技术。

2. 各界对"欺骗检验"的认可

1961年,贝克斯特的技术被美国军方的心理测试技术学校改进后接受,于是贝克斯特的影响遍及世界。1970年,美国犹他大学的拉斯对ZCT进行系统评估,进一步完善了有关概念,并在20世纪70年代末开始计算机化,使得"欺骗检验"更加成熟。

虽然从形式上,贝克斯特自己并没有彻底摆脱"谎言测试"的局限,如他的学校仍叫"贝克斯特 School of Lie Detection",他的评判标准 DI(欺骗指示,deception indicated)与 NDI(无欺骗指示,no deception indicated)在一定程度上仍可以视为"说谎特异反应"的翻版。由于他工作的实质内涵已经与里德的"谎言测试"截然不同,所以 ZCT 技术成为现代心理测试技术的基础。

1986 年美国国防部心理测试技术学院(Department of Defense Polygraph Institute,缩写为 DoDPI,又译为"国防部心理测试技术研究所")成立后,其首任校长扬基博士提出使用"心理生理学对欺骗的检验(psychophysiological detection of deception,简称 PDD)"替代"Lie detection"。1988 年 6 月 27 日由 R. W. 里根总统签署的《雇员心理测试保护法》(Employee Polygraph Protection Act,缩写 EPPA)里已定义"Polygraph"是用来进行"Detection of Deception"的。此后心理测试技术的"欺骗检验"功能占据了绝对主导地位。

（三）欺骗检验的评述

1."欺骗检验"的功绩

如前所述,欺骗检验的最大功绩就是为形成现代心理测试技术开辟了一条通道,贝克斯特工作的实质内涵与传统的"谎言测试"有明显差异,所以他的 ZCT 技术能成为现代心理测试技术的基础。

2."欺骗检验"的局限

欺骗检验的局限性也十分明显。首先,从形式上看,贝克斯特并没有彻底摆脱"谎言测试"的局限,如学校名称、评判标准 DI 与 NDI,一定程度上仍可以视为"说谎特异反应"的翻版。其次,"欺骗检验"的直接目标还是"言",即检验被测人的言辞表述。这在实施"欺骗检验"技术时表现特别突出,只不过从"谎言测试"手段的"威胁"、"吓唬"改成了"欺骗",是一种新型的"欺骗对付欺骗"手法。

从 20 世纪 70 年代起,在犯罪调查中,这种"欺骗检验"作用就日渐式微,所以,传统心理测试技术从 1923 年首次递交法庭以来,一直徘徊在现代诉讼活动证据体系的边缘。2004 年美国新墨西哥州的法官 R. J. 诺里思尖锐地指出:(1)欺骗检验的心理测试(Polygraph)的可信程度仍然停留在假说(hypothesis)阶段,该假说尚不是以实践探索为条件,现有的实验室研究也不足以支持在真正的法庭实践中采纳其为证据;(2)欺骗检验可能的错误率也处于模糊和不确定状态,即便以支持者认可的基本率,通过实际比例折射的信度也代表不了测试的置信度水平;(3)欺骗检验有一套标准约束测试行为和结果;(4)欺骗检验不是基于公认的科学原理,也不是基于合理的概率观点,依靠的是推论和臆测;(5)欺骗检验的心理测试结果揭示事实的可能性仍然具有争论。但是如果从艺术角度定位心理测试,它有限的实验性价值又有可能被过分高估,从而使主题混淆、使审讯延长或使时间浪费。

总之,欺骗检验虽然比将心理测试仪的功能表述为"测谎"更为准确,但仍容易使人误解,尽管这种近义替代是进步,却还未能在传统心理测试技术领域内有所突破。尤其是随着认识水平的提高和口供证据地位的改变,这种传统理论的缺陷更加明显。

二、知情(信息)检测——心理测试走出"测谎"的局限

心理测试技术,不仅仅像谎言测试欺骗检验那样来直接评估被测人否认或断言的可信性,而是测量对其具体信息项目的生理反应的相对强度,进而确定被测人对那些信息是否有真正、直接的了解,[①]这就是后来被有些学者称作"测真"的技术。对它的探索,使得心理测试技术走出了"测谎"和"欺骗检验"的局限。

(一)"知情(信息)检测"的发展

1. 基勒的贡献

20世纪30—40年代基勒开发出的紧张峰测试法(POT)可以确定被测人是否知道那些仅有案件相关人员才可能知道的信息,可视为心理测试技术用作知情(信息)检测的起源。

[①] David T. Lykken: A Tremor in the blood: Uses and abuses of the lie detector. New York: McGraw-Hill, 1981; David C. Raskin: The scientific basis of polygraph techniques and their uses in the judicial process. In: A. Trankell (ed.) Reconstructing the Past: The Role of Psychologists in Criminal Trials. Stockholm: Norstedt and Sconers, 1982, pp. 317-371.

2. 莱克肯的贡献

1959年,美国明尼苏达州立医学院的心理学教授莱克肯,在对紧张峰测试法加以修订的基础上开发出了更标准化、更有效的测试方法——犯罪情景测试法(GKT),[①]对心理测试技术摆脱谎言测试的局限产生了极大的影响。

莱克肯认为,测谎员对被测人是否知情,比之他是否说谎更有兴趣。测谎员的任务是把罪犯从无辜者中间挑出来。两者之间心理上的重要差异仅仅在于当犯罪发生时,他在现场,他知道那里发生了什么事,在他的心里装着当时、当地的景象,而一个无辜者却一无所知。所谓"知情",就是罪犯能识别与犯罪有关的人、物、事,而无辜者则不能识别。

"怎么能测出某人是否知情？现在还没有直接观察识别的办法,还没有与众不同的'识别反应',如同没有特殊的'说谎反应'一样。但是,当把与犯罪有关的人、物、事的实物或照片给被测人看,或用言词讲给他听时,可以预期,如系罪犯,能够触发一个较强的生理反应。而把与犯罪无关的人、物、事的实物或照片给罪犯看,或用言词讲给他听时,触发出来的生理反应,肯定比较弱。如凶杀案中,我们可以把被害人的照片混杂在其他四张无关人员的照片之中,依次一一向凶犯出示,在出示被害人的照片时,反应肯定强烈。而一个无辜者,这五个人对他来说,都是陌生的,不会有这种差异。"[②]

可见,犯罪认知测试的基本思想是这样的:如果一个人做过什么事情,那么这个人会知道这件事情的有关情节。测试的目的是要根据被测人能否识别与案件有关的人、物、事等情节而把罪犯从无辜者中挑出来。测试的做法是根据案情先搜集一定的与案件发生相关的情节,并针对这些情节设计相应的选择题,而且每个选择题的备选项中只有一项是与案件有关的相关项目,其余的都是似是而非的备选项。如果被测人与正在

[①] David T. Lykken: The GSR in the detection of guilt. Journal of Applied Psychology, 1959, 45, 6, pp. 385 – 388.

[②] 王补编译:《犯罪情景测试》,中国人民公安大学出版社1997年版,第15~16页。

测试的案件相关,在测试时相关项目就能触发一个较强的生理反应,而案件无关的被测人则不能。反过来说,只要有关事件的信息没被公开,相关项目就不能引起无关被测人的任何生理反应。

试想,如果每个多项选择题有6个备选项,而且忽略第一个备选项,那么不知道正确答案的无辜者有20%的概率能撞上正确答案。要同时撞上2个多项选择题的正确答案,其概率只有$(20\%)^2$;要撞上3个,其概率为$(20\%)^3$;依此类推,撞上n个的概率为$(20\%)^n$。如果被测人对n个相关问题的正确答案都有强烈的生理反应,那么他头脑中没有相应犯罪记忆的概率为$(20\%)^n$,有犯罪记忆的概率为$1-(20\%)^n$。[①]换句话说,设想有6组测试,每组有5个背景,那么每组出现特定反应的简单概率是1/6,6组联合,设想组与组之间不相关,那么6组均出现特定反应的概率为$(1/6)\times(1/6)\times(1/6)\times(1/6)\times(1/6)\times(1/6)=2.14\times10(-5)$,接近五万分之一。就是说如果出现这种情况,那么被测人的假阳性的可能或者被冤枉的可能约为五万分之一。[②]

因为这一测试格式不仅适用于刑事诉讼,也适用于民事诉讼和行政诉讼,即不仅可以用于检测犯罪信息,也可以用于检测其他事件信息,所以,一般称其为隐蔽信息测试(concealed information test, CIT)。

(二)"犯罪情景测试"的评述

1."犯罪情景测试"的优势

(1)理论优势

首先从理论上讲,犯罪认知测试是一种具有扎实的心理生理学理论基础、标准化程度很高的测试格式。体现在:

① GKT的心理生理学基础坚固、扎实。它建立在对人类定向反应(OR)和适应过程的广泛研究和理论的基础之上。强调个体知道某些事物的事实,而非个人的情绪、关注、惧怕、条件反应或者欺骗,而是以认知理

[①] 付有志著:《犯罪记忆检测技术——揭示刑事测谎技术的实质》,中国人民公安大学出版社2004年版,第29页。
[②] 陈云林、孙力斌著:《如何运用心理测试技术》,九州出版社2007年版,第51页。

论为原理。①

② GKT 测试是建立在标准化程序基础上的一种测试技术。与其他心理生理学检测方法不同,GKT 选择的相关和控制项目不受预测面谈、测试人与被测人相互作用的影响;可以在犯罪心理调查之前编制测试问题,在一个案件中使用一套试题测试所有嫌疑人;最后,GKT 可以轻而易举地实施"双盲"测试,即测试人不知道关键项目。因为标准化保证不同被测人经历同样的过程,这是 GKT 基于科学的技术测试的另一个重要特征。测试只有建立在标准化程序之上,其得分(或评价)结果才具有一致性意义,才允许在不同的人之间进行比较。一旦认定了事件的突出特征,就可以对 GKT 进行标准化设计,编制相关和控制问题也变得十分容易。而且,检查对每一问题所编制的选择项目是否相当也变得相当容易。②

(2)使用优势

在实际测试中,犯罪认知测试具备以下优势:

① 控制问题适当,可以充分保护无辜被测人。如上所述,相关信息没有泄露的情况下才能编制 GKT 问题,无辜被测人不能区别关键项目、中性项目和控制项目。因此,只要使用足够多的问题,无辜(不知晓)被测人对相关项目显示的生理反应大于对中性项目、控制项目的生理反应的概率最大限度地被降低。GKT 的相关问题和控制问题在多个方面存在差异,这是其他心理生理学测试方法所不具备的特征。

② 可以避免非生理信息的污染。执法机构实施的心理测试调查具有

---

① G. Ben-Shakhar and J. J. Furedy: Theories and Applications in the Detection of Deception: A Psychophysiological and International Perspective. New York: Springer-Verlag, 1990.

② D. T. Lykken: A Tremor in the Blood: Uses and Abuses of the Lie Detector: New York: Plenum Trade, 1998; G. Ben-Shakhar: Clinical judgment and decision making in CQT polygraph: A comparison with other pseudoscientific applications in psychology. Integrative Physiological and Behavioral Science, 1991, 26, pp. 232-240; G. Ben-Shakhar, M. Bar-Hillel and I. Lieblich: Trial by polygraph: Scientific and juridical issues in lie detection. Behavioral Science and the Law, 1986, 4, pp. 459-479; E. Elaad, A. Ginton and G. Ben-Shakhar: The effects of prior expectations and outcome knowledge on polygraph examiners' decisions. Journal of Behavioral Decision Making, 1994, 7, pp. 279-292.

"污染"的特征。① 受多种因素影响的测试人所作的判断很可能来源于对问题的生理反应以外的因素(例如,测试人预测面谈期间形成的看法,在测试前听到的传闻),这成为反对心理生理检测作为法律程序的辅助手段的主要理由之一。但是,GKT 没有必要进行 CQT 那样的预测面谈,而且可以由不熟悉案情和嫌疑人的专家设计和实施测试,完全可以避免 CQT 难以消除的污染。而且,也可以让对正在被调查的案件一无所知的人提前录制提问的录音。另外,GKT 生理数据的解释、量化和综合可以使用机械化、计算机化规则,使其更加客观化。因此,GKT 得出的测试结论将不受先前知识、侦查人员主观印象的影响。

2. "犯罪情景测试"的局限

成功地使用 GKT 必须依赖于足够的适当的 GKT 问题,但在实际应用中存在一定的困难。

(1)编制适当 GKT 问题的困难。确认足够数量的、可以用来编制适当 GKT 问题的突出特征是比较困难的。适当的 GKT 问题指的是,有罪的嫌疑人很有可能注意到的事件的具体特征。而且,它是如此至关紧要,以至于有罪的个体在事件发生很长时间之后进行心理生理检测时能够回忆起来。Podlesny 估计,在美国联邦调查局使用心理测试的案件中,使用 GKT 的可能仅仅占到 13.1%。② 这一估计的基础是,GKT 至少需要编制四组不同的问题。

(2)GKT 项目容易泄露。事件的突出特征一旦被认定,保证它们不被泄露给无辜被测人是十分困难的。因为对事件不同程度的认识会产生对这些项目的不同反应,所以关键项目的泄露可能将无辜被测人置于十分危险的境地之中。因为这一技术的主要优势是为无辜被测人提供保护,所以避免关键项目的泄露对成功执行 GKT 至关紧要。而且应该记住,与

---

① E. Elaad, A. Ginton and G. Ben-Shakhar: The role of prior expectations in polygraph examiners' decisions. Psychology, Crime and Law, 1998, 4, pp. 1–16.

② J. A. Podlesny: Is the guilty knowledge polygraph technique applicable in criminal investigations? A review of FBI case records. Crime Laboratory Digest, 1993, 20, pp. 57–61.

其他心理生理学检测方法不同,GKT 的目的旨在检测认知而非欺骗。如果一些关键项目被泄露,没有通过测试的无辜被测人可以解释他们是怎么知道关键信息的(例如,他们可以援引报纸对罪行的描述)。在这方面,GKT 结果类似于经常在刑事审判中呈现的、视情况而定的证据。另一方面,CQT 表明的是嫌疑人对被指控的罪行所做的否认的真伪,CQT 在法官和陪审团中所扮演的角色是认定嫌疑人的陈述是否可信。因此,如果没有强有力的相反证据,嫌疑人不能保护他们免受 CQT 所作虚假肯定错误的影响。

(3)干扰问题。许多实验(Ben - Shakhar 和 Dolev、①Elaad 和 Ben - Shakhar、②Honts 和 Raskin 等、③Honts 和 Kircher 等、④Kubis⑤)已经表明,确实可以十分容易地训练有罪的嫌疑人干扰心理测试(CQT 或 GKT)。如果按照他们的方式接受测试,被认定为诚实的可能性很高。使用相当简单的技术(付出些许努力),便能对控制问题产生十分强烈的影响。例如,在每次呈现控制问题时使用物理学手段(诸如咬住舌头),或者使用心理学手段(回忆令人激动或惊吓的事件,或从事要求集中注意力的精神活动)。Honts 及其同事实施的一系列实验显示,使用这样的干扰措施十分有效。

---

① G. Ben - Shakhar and K. Dolev: Psychophysiological detection through the guilty knowledge technique: the effects of mental countermeasures. Journal of Applied Psychology, 1996, 81, pp. 273 - 281.

② E. Elaad and G. Ben - Shakhar: Effects of mental countermeasures on psychophysiological detection in the guilty knowledge test. International Journal of Psychophysiology, 1991, 11, pp. 99 - 108.

③ C. R. Honts, D. C., Raskin and J. C. Kircher: Effects of physical countermeasures and their electromyographic detection during polygraph tests for deception. Journal of Psychophysiology, 1987, 1, pp. 241 - 247; C. R. Honts, D. C., Raskin and J. C. Kircher: Mental and physical countermeasures reduce the accuracy of polygraph tests. Journal of Applied Psychology, 1994, 79, pp. 252 - 259.

④ C. R. Honts, M. K. Devitt, M. Winbush and J. C. Kircher: Mental and physical countermeasures reduce the accuracy of the concealed knowledge test. Psychophysiology, 1996, 33, pp. 84 - 92.

⑤ J. F. Kubis: Studies in Lie Detection: Computer Feasibility Considerations. Technical Report prepared for the Air Force System Command. Fordham University, 1962.

不同的实验显示,使用干扰技术的有罪被测人的测试错误率在50%到70%之间。显然,干扰可能提高虚假否定结果(有罪的嫌疑人被认定为无辜),但他们对无辜被测人不产生影响。

显然,使GKT能够成为一种切实可行的法庭技术需要更深入的研究。尤其需要更多的现场研究来检测GKT及其各种修订方法能否在实案测试中发挥作用。但是我们相信,GKT作为心理生理学在法庭中的应用具有极大的潜力。我们确信这样的努力将结出累累硕果。

无论如何,作为创新心理测试技术并且潜心研究心理测试技术的第一位心理学家,从莱克肯提出"犯罪情景测试"开始,心理测试检测的对象开始由谎言转变为信息,对心理测试原理的认识日臻完善,心理测试技术的方法得到扩展。

进入20世纪60年代,心理测试开始走出法庭,冲向社会。许多企业开始使用心理测试进行人事筛选。到70年代,心理测试已经应用于重要的产业,每年接受测试的人数高达200万。与此相适应,心理测试技术也有了长足的发展。

第二次世界大战后,随着美国势力在全球的扩张,测谎技术开始在各国尤其是受美国影响较大的国家逐步推广,20世纪80年代扩展迅速,目前已有30—50个国家的人研究测谎技术,应用较多的除美国外,还有加拿大、日本、土耳其、韩国和以色列五国。这些国家所用的主要编制测试提问的模式是不同的,日本是以紧张峰测试法为主,测试结果可以作为法庭证据使用;加拿大、土耳其、以色列三国,测谎员在美国培训,因此都是以CQT为主要方法。韩国的测谎员分别由美国和日本培训,因此两种方法都是常用方法。①

通过上述记录我们可以发现,科学的心理测试虽然来源于19世纪末的欧洲大陆的意大利、德国、奥地利和瑞士等国,其源头在意大利;但现代心理测试的形成、发展与完善则主要归功于美国。就像火药发明于我国,

---

① 王补编译:《犯罪情景测试》,中国人民公安大学出版社1997年版,第6页。

其有效的利用却出现在欧美国家一样,尽管我国古代就出现了心理测试的萌芽,却没有发育成长为大树。当然,在进入20世纪90年代后,我国的相关人员还是为心理测试作出了一定贡献。

第三节　多道仪测试的本土发展

一般认为,心理测试技术是1980年进入中国的。回顾心理测试技术在我国走过的20多年的历程可见,这门舶来的技术在我国历经了从简单模仿到自主研究和发展创新的轨迹,正逐步从探索发展阶段,走向专业化、规范化的发展阶段。

在此,笔者试从心理测试技术的引进和探索、仪器的研究和开发、人员的培训和教育、理论的研究和探讨、学科的专业化及规范化发展等视角着眼,对我国的心理测试技术的应用和发展作脉络性的概要。

一、技术的引进和实践

1943年,心理测试技术由美国进入中国,在臭名昭著的"中美技术合作所"使用,但由于其使用目的的反动性和有限性,极大地妨碍了该技术的进一步发展。

1980年,时任公安部五局局长的刘文率领刑事技术考察团赴日本考察后认为,心理测试"是有科学根据的",这为科学的心理测试技术进入中国创造了条件。1981年9月,公安部引进了美国制造的MARK-Ⅱ型声音分析(测谎)仪一台,在北京市公安局试用,由高级工程师王补主持,随机附有FELDMAN等人所编著的《测谎手册》,王补对其进行了编译,作为短期培训的教材,把当时世界先进的"测谎"技术带入了我国,无论是在专业领域,还是在社会公众层面都产生了很大的影响。

王补于1981年开始办案,20世纪80年代在试用美国测谎技术阶段,对美国测谎界使用过的"准绳问题测试法"、"紧张峰测试法"、"相关—不相关问题测试法"、"缄默测试法"、"SKY测试法"等多种测试方法,都曾经使用过。1987年,在读到美国明尼苏达医学院心理学教授莱克肯在20世纪60年代倡导采用的"犯罪情景测试法(GKI)"时,深感自己探索的许多做法与莱克肯的设想"不谋而合",甚叹"相见恨晚"。1991年在全国第一届"测谎技术"培训班上,王补重点介绍了这种方法。并在随后的几年间,携机在北京、广州等许多地方试用探索。1997年把几年来陆续翻译的GKT、POT资料,加上自己试用过程中的点滴感受,汇编成《犯罪情景测试》一书,成为国内许多心理测试人的入门读物。王补因此也被誉为国内"司法心理测试第一人"。

1992年4月,经批准中国人民公安大学首先成立了全国第一家心理测试中心,正式在我国公安系统开展犯罪心理测试技术的理论研究与实际应用工作。武伯欣教授于此开始了长达十余年的犯罪心理测试技术的应用及研究工作。这期间实测案件九百余起、测试人数1.1万之多,[1]并对美国的测谎理论及方法提出了质疑。

1993年,沈阳市中级人民法院正式成立了"测谎室",1994年派专人赴美系统学习心理测试技术,并将该院引进的"美国贝克斯特测谎系统"率先用于审判办案之中,在1994—1997年之间,所测刑事案件包括杀人、抢劫、盗窃、伤害、强奸、诈骗、贪污受贿和其他等多种类型,案件数计74件,被测人数达106人,准确率为95%,被采用率为95%;所测民事案件包括离婚、借贷、欠款、财产、合同、债务及其他等类型,案件数计88件,被测人数达156人,准确率为92.5%,被采用率为90%。这一具有良好效果的应用开创了我国法院系统应用"测谎"之先例,也可以视为国内司法系统心理测试人走向专业化的开端。[2]

2000年北京市公安局组建北京市刑事科学技术研究所心理测试室,该专业建制部门就是心理测试技术在国内规范化、正规化的一个标志,自此结束了测试没有专职测试人的历史。陈云林、孙力斌等成为公安系统首批专职心理测试技术专业人员。

心理测试技术在我国的引进和实践(概要)(如表1.1.2-2所示)。

---

[1] 武伯欣、张泽民著:《心理学家武教授疑案测真纪实》,群众出版社2004年版,第447页。
[2] 潘军、李焰:《美国贝克斯特测谎系统在我国法庭科学中的应用》,载《心理学报》2001年第3期,第276~283页。

表 1.1.2-2　心理测试技术在我国的引进和实践(概要)

领域	时间	代表事件、人物	说明
技术的引进和实践	1943年	心理测试技术由美国进入中国	在"中美技术合作所"使用
	1980年	公安部刑事技术考察团赴日本考察	心理测试"是有科学根据的"
	1981年	公安部引进了美国制造的声音分析(测谎)仪一台	北京市公安局王补高工主持试用,开始用于办案,试用 CQT 等"测谎"方法
	1991年	王补向全国第一届"测谎技术"培训班重点介绍 GKI 测试法；1997年,编译《犯罪情景测试》	被誉为国内"司法心理测试第一人"
	1992年	全国第一家心理测试中心在中国人民公安大学成立	心理测试技术在公安系统开展应用武伯欣、付有志相继任中心主任
	1993年	沈阳市中级人民法院正式成立了"测谎室"	开创了我国法院系统应用"测谎"之先例,为国内司法系统心理测试人走向专业化的开端
	1994年	派专人赴美系统学习心理测试技术,并将该院引进的"美国贝克斯特测谎系统"率先用于审判办案之中	
	2000年	北京市公安局组建北京市刑事科学技术研究所心理测试室,结束了测试没有专职测试人的历史	心理测试技术在国内规范化的一个标志是陈云林、孙力斌等人成为公安系统首批专职心理测试技术专业人员
	2004年	上海市二中院首开根据心理测试鉴定判案,全国部分法院也相继开始委托司法心理测试	心理测试技术在审判活动中得以应用

二、仪器的研究和开发

有学者对我国测试仪器的研发历程作了翔实的回顾(详见上篇第一

编第二章)。

笔者试对此作一概要表述(如表1.1.2-3所示)。

表1.1.2-3　心理测试技术国内仪器研究和开发(概要)

领域	时间	代表事件、人物	说明
仪器的研究和开发	1964年前后	中国科学院心理研究所成立课题组开始研制测试仪	曹平以首次自主研制中国自己的"测谎仪",成为中国"测谎仪"研制第一人
	1991年此后十余年	公安部正式立项,由公安部科技情报所、中科院自动化所等单位的技术人员组成课题组研制PG—Ⅰ型测试仪 以杨成勋、董松樵为代表的技术专家研制PG系列测试仪	我国自己研制的第一台"测谎仪"——PG-Ⅰ型多道心理测试仪诞生(由杨成勋、张祖丰、王补等人为主研制) 经过十余年不懈的努力,发展研制出了PG-7、10、12、15型多道心理测试仪
	1992年之后的十余年间	张祖丰等一批年轻专家学者开发PGA型测试仪	在PG-Ⅰ型心理测试仪的基础上逐步升级完善成PGA(91—99)、PGA2000型智能化多媒体心理测试系统
	1997年	济南铁路公安局犯罪心理测试中心根据实战需要与张祖丰一道开发研制了"心理测试四分割画面语音同步记录装置"	从以往的测试单纯打印图谱分析与结论的文字化,发展过渡到了视频动态图像化、语音同步化,是心理测试技术的一次飞跃
	1995年始	以黄兰友博士为代表的一批国内外专家致力于美国原装"测谎仪"和测试方法在中国的推广应用	与清华同方合作研究开发了LY型"测谎仪"
	此外	清华同方殷涛等人研发的SPS系列"测谎仪"	在公检法部门得到了广泛使用

三、人员的培训和教育

1991年9月,第一届"测谎技术"培训班在北京举办,①历时半个月,参加培训的有40多人。随后,不同主题、不同时间的关于心理测试技术理论及技术研讨的讲习班、高级研修班以及各类短期培训班在全国相继进行。亦有机构选派专业人员出国学习培训。

正规专业课程教育,是20世纪90年代中期从中国人民公安大学开始的。

1995年,武伯欣教授在从事了近二十年犯罪心理学研究和广泛收集国外心理测试技术资料,在实践研究测试各类疑难案件100余例的基础上,首先在中国人民公安大学研究生部为刑侦物证及有关专业的研究生开设了《犯罪心理测试技术理论与实践》课程。② 并在此后的十余年间一直为公安大学、政法大学、甘肃政法学院等院校的硕士研究生开设这门课程。

1998年,国务院学位委员会正式批准中国人民公安大学设立"犯罪心理测试技术"硕士点,武伯欣、付有志为导师,③首次制定了中国该专业的研究生培养方案和培养课程。

20年来,一批又一批研究生在此接受了犯罪心理测试专业及相关课程的系统学习,以及实案操作的训练,课程参考教材有《犯罪心理测试技术研究》(付有志)、《犯罪心理分析与画像研究》(李玫瑾)、《犯罪心理测试实案分析》(陈云林)、《犯罪心理测试技术的生理学基础》(刘洪广)等,使学生在犯罪心理测试技术的理论及技能方面打下了扎实的基础,成为我国独立自主培养的犯罪心理测试技术的高级人才。

目前,在全国的不少公安高等警官学校及政法学院,也有不少研究者

---

① 王补编译:《犯罪情景测试》,中国人民公安大学出版社1997年版,第1页。
② 武伯欣:《中国犯罪心理测试技术研究应用现状与展望》,载《江西公安专科学校学报》2006年第4期,第56~58页。
③ 常青山、苏剑君:《我国犯罪心理测试技术的历史沿革与发展综述》,载《铁道警官高等专科学校学报》2004年第1期,第90~93页。

和实践者,在为各类学历、不同专业的学生开设《犯罪心理测试技术及应用》的专业或选修课程,为心理测试技术的应用普及,为专业人才的培养默默地耕耘。

心理测试技术国内人员培训和教育发展(概要)(如表1.1.2-4所示)。

表1.1.2-4　心理测试技术国内人员培训和教育发展(概要)

时间		代表事件、人物	说明
1991年	在职培训	全国第一届"测谎技术"培训班在北京举办,历时半个月,参加培训的有40多人	随后,不同主题、不同时间讲习班、高级研修班以及各类短期培训班在全国相继进行。亦有机构选派专业人员出国学习培训
1995年	正规专业课程教育	武伯欣教授首先在中国人民公安大学研究生部为刑侦物证及有关专业的研究生,开设了犯罪心理测试技术理论与实践课程	公安大学、政法大学、甘肃政法学院等院校的硕士研究生接受了该专业课程学习
1998年	学历学位教育	国务院学位委员会正式批准中国人民公安大学设立"犯罪心理测试技术"硕士点,武伯欣、付有志为导师	10年来,一批又一批研究生,在此接受了专业理论及技能的系统教育,成为我国独立自主培养的犯罪心理测试技术的高级人才
目前	专业基础教育	全国不少公安高等警官学校及政法学院在为各类学历、不同专业的学生开设犯罪心理测试技术及应用的专业或选修课程	许多犯罪学、刑事司法学、法律及其他专业的研究生、本科生及高职生得到心理测试技术学习机会

四、理论的研究和探索

1998年以后,有关心理测试技术的研究也纷纷结出硕果,对心理测试技术的认识也在不断加深。有关心理测试技术的理论研究也扩展到技术体系的各个环节。

关于技术的名称,从对"测谎"的肯定[①]与否定[②]之争,到刑事测谎[③]、心理生理测谎[④]、犯罪心理测试[⑤]、犯罪记忆检测[⑥]等不同的主张,再到2004年7月公安部成立心理测试技术专业委员会时正式将技术统一称为"心理测试"技术。

关于技术含义的表述,有从操作方法的角度[⑦]、有从多学科综合应用的角度[⑧⑨]、有从生理指标变化的角度[⑩]、还有人从实施过程及步骤的角度[⑪]来简述。2004年公安技术规程也对心理测试技术的基本定义表述作出了初步的规范。

对于测试原理的理解,有记忆唤醒之"记忆提取"说[⑫]、有心理痕迹恢复之"心理痕迹辨析"说、还有信息耦合之"心理信息探测"说等。

对技术功能的定位,认为"信息探查"应该是心理测试技术功能的最重要体现。心理测试绝不能局限于简单的"欺骗检验"或"谎言测试",应

---

① 何家弘:《测谎结论与证据的"有限采用规则"》,载《中国法学》2002年第2期,第140~151页。
② 杨润凯、苏轶峰:《犯罪心理测试技术研究与应用简述》,载《预审探索》2000年第1期,第24~26页。
③ 付有志、刘烁:《刑事测谎技术》,载《刑事技术》1997年第6期,第42~45页。
④ 郭晓娟、苏彦捷:《心理生理测谎技术的研究与应用》,载《心理科学》2000年第6期,第752~753页。
⑤ 武伯欣:《中国犯罪心理测试技术与应用概览》,载《中国人民公安大学学报》1998年第2期,第102~105页。
⑥ 付有志著:《犯罪记忆检测技术——揭示刑事测谎技术的实质》,中国人民公安大学出版社2004年版,第13~16页。
⑦ 于志光、马长山:《我国测谎技术的现状和发展前景之研究》,载《辽宁警官高等专科学校学报》1996年第3期。
⑧ 刘晓宇:《我国测谎技术的发展与应用现状》,载《警察技术》2000年第3期,第9页。
⑨ 武伯欣:《中国犯罪心理测试技术理论论纲》,载《中国人民公安大学学报》2003年第2期,第141~142页。
⑩ 陈兴乐:《测谎技术的心理与生理机制》,载《犯罪研究》2000年第3期,第36~39页。
⑪ 武伯欣:《犯罪心理测试技术及其应用》,载《人民公安报》1999年11月26日第3版。
⑫ 付有志、刘猜著:《破解"测谎"的密码——心理生理检测在探案中的应用》,中国人民公安大学出版社2006年版,第171页。

当包括"知情检测",其更重要的效能体现是信息探查即发现事实。

对心理测试的操作程序,有四个阶段六个步骤说①、六大阶段说②、六大基本程序说③、七个阶段说④等。

就心理测试技术核心方法之一的编题方法上,相继总结出适合我国国情的综合测试法⑤、国内适用的准绳问题库⑥及国内适用的准绳问题测试题目结构和隐蔽信息测试题目结构⑦、准绳问题测试主导型及隐蔽信息测试主导型系统测试化测试结构⑧以及犯罪心理平衡称重测试法⑨、改进紧张峰测试法(YZ-POY)⑩、全面综合推断法⑪等。

在心理测试技术另一核心方法——评图方法上,从"心理测试评判的客观性标准"(即同步测试评判与对人外显心理行为特征的观察相结合)的提出及"可排除"和"可认定"等分析报告结论模式的制定,⑫到"检测到/没有

---

① 常青山、苏剑君:《我国犯罪心理测试技术的历史沿革与发展综述》,载《铁道警官高等专科学校学报》2004年第1期。

② 武伯欣:《中国犯罪心理测试技术理论论纲》,载《中国人民公安大学学报》2003年第2期,第141~143页。

③ 陈兴乐:《司法心理测试技术应用研究成果综述》,载《政法学刊》2004年6月第3期,第80~83页。

④ 付有志:《犯罪记忆检测技术——揭示刑事测谎的实质》,中国人民公安大学出版社2004年版,第33页。

⑤ 武伯欣:《中国犯罪心理测试技术研究应用现状与展望》,载《江西公安专科学校学报》2006年第4期,第56~58页。

⑥ 陈云林、孙力斌著:《如何运用心理测试技术》,九州出版社2001年版,第7页。

⑦ 陈云林、孙力斌著:《如何运用心理测试技术》,九州出版社2001年版,第26~46页。

⑧ 付有志、刘猜著:《破解"测谎"的密码——心理生理检测在探案中的应用》,中国人民公安大学出版社2006年版,第73页。

⑨ 王振宇、蔺彬涛、沈靖:《犯罪心理平衡称重测试法的应用》,载《法律与医学杂志》2004年11月第11卷增刊,第28~29页。

⑩ 董庆东:《改进紧张峰测试法(YZ-POY)的研究与应用》,载《法律与医学杂志》2004年11月第11卷增刊,第150~151页。

⑪ 宋立波、董庆东:《浅析适合我国测谎的测试方法模式》,载《法律与医学杂志》2004年11月第11卷增刊,第256~257页。

⑫ 武伯欣:《中国犯罪心理测试技术研究应用现状与展望》,载《江西公安专科学校学报》2006年第4期,第56~58页。

检测到/不能确定是否检测到被测人 xxx(姓名)对 yyy(测试主题内容)的特异性心理生理反应"等测试结论报告形式的采用,①再到 Sun2000 等心理测试技术数据分析方法的提出和应用,②呈现了自主创新的特色。

对心理测试技术的法律属性有属于辅助侦查手段③、鉴定技术④等不同认识;对心理测试结论的法律地位更有是否属于鉴定结论和应不应当具有法定证据效力的探讨。⑤

此外,对心理测试的应用原则,提出了最小测试量原则⑥、系统调查测试原则等新的概念;对心理测试的应用条件,针对被测人"污染"与"漂白"两种情形而提出了"有偏测试"的概念。

虽然受到美国的影响,国内许多人也认为心理测试技术就是"测谎"或"欺骗检验",但是,从该项技术正式进入中国的那一天起,它就开始了和国内具体犯罪调查实践结合的积极探索。正是在这样的探索基础上,国内的心理测试技术基本理念逐渐成形,并初显本土化的学科体系雏形。

心理测试技术国内理论的研究和探索(概要)(如表1.1.2-5所示)。

表1.1.2-5 心理测试技术国内理论的研究和探索(概要)

领域	代表观点
技术称谓	从"测谎"的肯定与否定之争,到刑事测谎、心理生理测谎、犯罪心理测试、犯罪记忆检测等不同的主张,再到2004年7月公安部成立心理测试技术专业委员会时正式将技术统一称为"心理测试"技术

---

① 付有志、刘猜著:《破解"测谎"的密码——心理生理检测在探案中的应用》,中国人民公安大学出版社2006年版,第196页。

② 陈云林等著:《犯罪心路探微——心理测试技术的理论、研究与实践》,中国大百科全书出版社2004年版,第29页。

③ 张桂霞:《心理测试技术的法制化构建》,载《科苑论谈》2004年第3期,第88~91页。

④ 武伯欣:《中国犯罪心理测试技术理论论纲》,载《中国人民公安大学学报》2003年第2期,第141~143页。

⑤ 范海鹰、王学博:《心理测试技术的法律问题》,载《上海政法学院学报》2008年第4期,第94~101页。

⑥ 陈云林等著:《犯罪心路探微——心理测试技术的理论、研究与实践》,中国大百科全书出版社2004年版,第73页。

续表

领域	代表观点
含义表述	从操作方法、多学科综合应用、生理指标变化、实施过程及步骤等不同角度
原理认识	"记忆唤醒"说、"心理痕迹恢复"说、"心理信息耦合"说等
功能定位	"记忆提取"、"心理痕迹辨析"、"信息探查"等
操作程序	四个阶段六个步骤说、六大阶段说、六大基本程序说、七个阶段说等
编题方法	准绳问题测试主导型及隐蔽信息测试主导型系统测试化测试结构、综合测试法、国内适用的准绳问题库、犯罪心理平衡称重测试法、改进紧张峰测试法、全面综合推断法等
评图结论	提出"心理测试评判的客观性标准",(即同步测试评判与对外显心理行为特征的观察相结合)制定"可排除"和"可认定"等分析报告结论模式 采用"检测到/没有检测到/不能确定是否检测到被测人 xxx(姓名)对 yyy(测试主题内容)的特异性心理生理反应"等测试结论报告形式 创立Sun2000等心理测试技术数据分析方法的提出和应用,呈现了自主创新的特色
法律问题	从技术属性属辅助侦查手段或鉴定技术的讨论,到测试结论法律地位是否属于鉴定结论并是否具有法定证据效力的探讨
应用原则	提出了最小测试量原则、系统调查测试原则等新的概念;对心理测试的应用条件,针对被测人"污染"与"漂白"两种情形而提出了"有偏测试"的概念

五、学科的规范化发展

2001年3月,北京市公安局颁布了《心理测试技术应用规程(暂行)》,标志着心理测试技术在北京市的应用全面进入规范化。即将由公安部颁布的《公安机关心理测试技术应用规程》会彻底结束心理测试技术在国内应用无章可循的历史。

2004年7月13日,经公安部和民政部批准,"中国刑事科学技术协会心理测试技术专业委员会"正式成立,该专业委员会首届委员有120人,分布在全国各地公、检、法、安全部门及部队、大专院校与科研机构,委员会的成立是对心理测试技术在国内20多年发展的一次全面总结和肯定,会议通过的章程和工作计划对国内心理测试技术在今后一个时期的发展具有重要的指导作用。尤其是在该专业委员会筹备成立的过程中,大家经过广泛讨论达成共识,认为心理测试技术要发展,就必须彻底摒弃传统的"谎言测试"和"欺骗检验"功能中反科学的部分,研究并建立科学的现代心理测试技术的理论,且在国内付诸实践。并且决定将技术统一称为"心理测试"技术。

2004年,人事部、公安部"国人部发[2004]67号"文件"刑事科学技术队伍专业技术职位工作内容"规定:"心理测试专业技术职位工作内容主要包括:利用有关仪器设备探查、推断人的个体心理信息。"该文件的发布,标志着心理测试技术在国内正式进入了刑事科学技术专业行列,是对国内心理测试技术的一个全新定位,为心理测试技术专业在我国的进一步全面发展奠定了坚实基础。

心理测试技术国内学科的规范化发展(概要)(如表1.1.2-6所示)。

表1.1.2-6 心理测试技术国内学科的规范化发展(概要)

领域	代表事件	说明
2001年3月	北京市公安局颁布了《心理测试技术应用规程(暂行)》公安部(将)颁布《公安机关心理测试技术应用规程》	标志着心理测试技术在北京市的应用全面进入规范化,彻底结束了心理测试技术在国内应用无章可循的历史
2004年7月13日	经公安部和民政部批准"中国刑事科学技术协会心理测试技术专业委员会"正式成立	决定将技术统一称为"心理测试"技术
2004年	人事部、公安部发文:将心理测试技术在国内正式列入了刑事科学技术专业行列	

第四节　多道仪测试的前景展望

一、测试技术不断进步

（一）可供采用的生理指标范围在逐步扩大

包括脑纹（含脑电、脑磁等）、声音微颤、肤温、虹膜等可选择的生理特征在不断增加，以事件相关电位（event-related potentials, ERPs）为基础的脑纹技术正在逐步成熟。这种技术通过在头皮表面以电位（压）变化的形式对刺激产生的特定脑电活动反应进行记录分析，形成了大脑特殊过程的一个基本标志。已经有几种 ERPs 的表现形式，如 P300 和 N400 等（其中数字是当刺激呈现后出现反应的时间），以"毫秒（ms）"为单位，"N"和"P"是电位信号极性的标志，分别代表"负极"和"正极"被用于测试实验。目前公认 P300 的稳定性最好。脑磁（又称脑磁图）则是通过检测脑部特定区域的磁场变化，进而分析脑活动内容和过程的技术，也有用于相关临床检测的一些报道。这些脑部活动之所以受到心理测试技术的关注，是因为如果将其用于实际测试，至少能够为解决传统多导仪测试所面临的反测试挑战带来的一些问题的思路，甚至直接提供一些选择，或者在特定的犯罪调查中为某些犯罪事件相关的"刺激—反应"判断提供某种相关分析和比较的依据。

（二）仪器检测的灵敏度和准确性在不断改进

随着计算机水平发展以及个体生理信号检（监）测技术的发展，仪器检测的灵敏度和准确性也在不断改进中。如，早期心理测试仪器的采样率一般只有几到几十赫兹，如今很容易就可以实现几百甚至上千赫兹的采样率，这样就为图谱的进一步细部特征分析提供了可能，也为开辟新的刺激模式（如动态刺激）创造了条件。

二、测试方法不断改进

（一）图谱微处理技术不断完善

随着计算机软件的不断改进，图谱微区变化的细微处理技术也不断完善。目前的微区处理技术已经开始对各类图谱特征（feature）进行分析，如对呼吸类中的呼吸暂停(apnea)、基线上扬(baseline increase)、呼吸抑制(suppression)、呼吸频率减缓(increase in cycle time);皮电类中的峰强度(peak amplitude)、复杂程度(complexity)、持续程度(duration);血压(脉搏)类中的血压强度(amplitude)、持续程度(duration)、脉搏数量(pulse rate)和收缩强度(magnitude of the constriction of the pulse amplitude)等进行动态处理。

(二)信息刺激方式呈多样化发展

由于采样率的提升,使得动态刺激的即时性变化得以迅速捕捉,为动态刺激的实现创造了条件,进而催发了动态刺激的探索与发展。信息刺激的方式呈现多样化,从静态刺激向动态刺激转化。

(三)反测试处置更加科学和有效

许多反测试的效果正在精细的测试技术和严密的测试程序面前逐步弱化。更多的同步监测技术如即时摄录像引入等,都使得对反测试的控制与处置更加准确和及时。

三、测试范围不断扩大

从应用上讲,规范的心理测试技术功能更强,效果更好,范围也更大。以美国为例,心理测试技术是使用最频繁的一项对人的辨识技术,"9·11"事件以后,心理测试技术的应用范围和力度又得到扩充和加强。除了政府和司法部门的应用外,大量的测试需求来自于民间,据此可以预计,随着我国改革开放的不断深化,社会经济活动的频繁增加,民事活动的心理测试需求将会出现爆炸式增长,所以规范人员资质和测试标准不仅是测试行业发展的需要,也是全社会发展的需要。

(一)应用领域逐步扩大

应用领域开始渗透到非犯罪调查领域,如人员资格审查和对已经确认的性侵害行为人在其返回社区后进行的管理性测试等。

(二)不适测人群范围缩小

在各种应用领域的测试中,不适测人群范围逐步缩小,有可能建立起信息交流的对象都可以列入测试范围。

四、努力方向总体明确

随着心理测试技术在我国司法领域越来越广泛地应用,测试界的同仁们也更加清晰地认识到,心理测试技术未来的健康发展,必须走科学化和法制化的道路。以下几个方面则是有待共同努力的方向:[①]1. 加强测试人的培训,提高整体的测试水平;2. 深入测试理论的研究,建立技术的学科体系;3. 增强测试结论的效度,确立结论的证据效力;4. 建立测试的应用规程,提高技术的规范程度;5. 研制测试的新型仪器,提升技术的科学水平;6. 完善测试的法律制度,确保技术的健康发展。

---

① 范海鹰、王学博:《从"测谎"称谓的变化看我国心理测试技术的发展》,载《中国人民公安大学学报》2008年第3期,第51~55页。

第三章 多道仪测试的原理

原理是测试方法的理论基础和科学依据。没有原理或原理不明的方法既没有科学性,也不能被人真正理解和掌握。

对于心理测试原理的阐释一直是国内外心理测试人研究和探讨的一个主要问题。早期从事心理测试研究的人们认为:心理测试的理论基础十分简单,即人有撒谎的本能,当被测人故意或明知说了谎,带着可预知结果的态度,试图欺骗过去,他的身体就会对此有生理反应。但是,在随后的研究和实践中人们发现,仅仅用"说谎"是不能科学正确地解释这一技术原理的。心理测试的原理,并非像早期行为主义心理学以及生物学的解释那样简单。

按照我们对现代心理测试技术的认识,心理测试技术的基本原理线索应该是:按照一定的规则,给予涉案信息相关的刺激,诱发被测人产生一定的心理反应并导致其生理活动的变化,通过测量这些生理反应指标,来检测被测人的心理活动内容,进而判定被测人涉案的状况。

但是,涉案信息诱发的是什么心理活动?这些心理活动又怎样引发仪器所检测出的生理反应?根据这些检测到的生理活动又怎样能推断被测人的涉案知情状况?这是心理测试技术的基本原理应当科学回答的基本问题,更是人们对心理测试结论认可的科学来源。

关于接受刺激后的心理反应是通过唤醒自主神经系统功能而诱导出的这一心理变化导致生理反应的机制似乎没有太多的争议;但对于受到刺激后的心理反应内容是什么,却众说纷纭。不同的时期,不同的测试理念有着不同的认识。

第一节 心理刺激 生理反应
——"身心作用"机制

心理刺激生理反应——"身心作用"机制,是多道仪测试原理的第一层内涵。

行为主义心理学的刺激反应理论和生理心理学的身心相关原理为心理测试技术奠定了理论基础。

在行为主义体系中,行为的基本构成因素是刺激和反应(S—R),S—R之间建立的联结关系是解释一切行为的基础。心理测试的过程是一个典型的刺激—反应过程,它所依据的是刺激—心理反应—生理反应之间的对应关系。操作人员用语言或图片、实物对被测人提问刺激,首先作用于其感官的声、光物理信号携带着与被调查事件相关的信息,当被测人感官接收到刺激后,通过传入神经迅速传入大脑中枢,大脑分析、提取其中的信息,再将这些信息与大脑中已有的信息经复杂的整合后作出反应,包括行为反应(对问题作出是或否的回答)、身体反应(各种肢体语言)和生理反应(心血管、呼吸以及腺体活动等),仪器测到的是反映心理状态的生理反应。刺激和生理反应是可以被直接观察和控制的,而心理反应是内隐于头脑中不可直接观察的黑箱,是刺激与生理反应之间的中介变量,根据刺激和生理反应,可以间接地推论心理变化,这正是心理测试的目的所在。信息刺激必然会引起一定的心理变化,心理变化必然导致相应的生理反应,刺激—心理变化—生理反应三者之间存在着制约、对应、反映关系,这是被大量心理测试试验数据充分证明的客观规律,是心理测试技术得以存在的内在根据。现代心理学、心理生理学研究成果已经能够揭示这个反应过程的心理生理机制。

一、心理测试原理的生理学基础

(一)自主神经唤醒

心理变化导致的生理反应机制,简单说,就是接受刺激后的心理反应对自主神经系统的唤醒。

人类神经系统的组成大致如图1.1.3-1所示:

自主神经系统包括交感神经系统及副交感神经系统,两系统对各器官的功能影响具有相反的作用(如表1.1.3-1所示)。

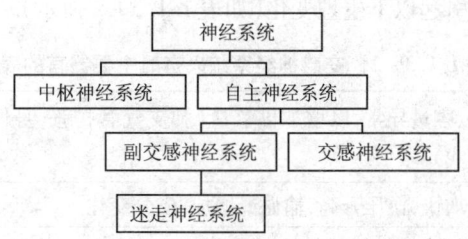

图 1.1.3 – 1　神经系统组成简图

表 1.1.3 – 1　自主神经系统的功能

器官	交感神经系统占统治地位,紧张	副交感神经系统占统治地位,放松
眼睛	调到远视状态	调到近视状态
瞳孔	扩张,允许更多光线进入	缩小
肺	支气管扩张,摄入更多的氧气	支气管收缩
心脏	收缩力增强,为身体提供更多营养,通常心律瞬间减慢,随即加快是血压升高的补偿	恢复到正常心律
汗腺	活动,增强活动能力和触觉分辨力	可能发生重吸收作用
肝脏	分泌糖原增加血糖水平,增加能量	
血管	收缩,降低体温,增强血压	扩张
肾上腺	激活,分泌肾上腺素,增强 SNS	无反应
消化器官	活动抑制,血管收缩,把血液转送到骨骼肌肉	消化作用促进
生殖器官	血管收缩,把血液转送到骨骼肌肉	血管扩张

总的来说,自主神经系统主要功能是控制心跳、呼吸,管制所有平滑肌器官的扩张与收缩,以及调节腺体分泌,与由各种腺体构成的内分泌系统的功能整合,共同维持体内生理变化的动态平衡。交感和副交感神经系统在功能上存在着拮抗作用:交感神经系统通常在个体紧张而警觉时发生作用,副交感神经系统则在个体松弛状态时发生作用。当交感神经

系统唤醒时,将引起以下生理变化(如表1.1.3-2所示)。

表1.1.3-2 交感神经系统兴奋时主要器官的表现

呼吸系统	速率、容量异常,以增加供氧量(肺支气管扩张,身体静态下呼吸变慢变浅)
循环系统	脉搏加快,血压升高,输血量增加,成分变化
皮肤	体温微升,变红变白,出汗,毛发耸立
内脏	肝脏输出更多肝糖,脾脏输出更多血液
消化系统	胃脏收缩,消化液分泌异常
眼睛	瞳孔放大
肾上腺	释放更多的肾上腺素进入血液
肌肉	颤抖

(二)生理指标可测

由自主神经系统和内分泌系统激发的上述生理反应部分地可被心理生理测试仪检测到。这些生理参量的变化是自主神经唤醒的直接指标,也是心理反应的间接指标。

正如20世纪80年代早期,Lynn D. Marcy(曾任美国心理测试协会APA的主席),在支持心理测试结果作为证据的法庭证词中,对心理测试的基本理论加以较详细的阐述:"人类的自主神经系统分为两种,即众所周知的交感和副交感神经系统。交感神经对感受器传过来的任何突然的刺激自动起反应,而不需要意愿的出现和意志决定过程的任何控制。那些伴随着恐惧或焦虑的人们常经历的感情就是由交感神经产生的,并以此来提醒和保护处于威胁或危险的人们。在由自主神经系统引发的这些生理变化中,心血管系统功能的变化、呼吸的变化、手的皮肤传导性的变化,这些变化都是由于汗腺的活动造成的。这种汗腺的活动不是由气温或体温变化造成的,而是由恐惧和焦虑促使的。心理测试仪的基本原理就是在一定的环境中,询问一些可能给被测人带来严重后果的事情的真实情况,这将会刺激自主神经系统的交感神经系统,并导致生理指标变化,而这些变化能被测量、记录和分析……"

二、心理测试原理的心理学内容

那么,这些导致生理反应的心理变化的实质内容究竟是什么呢?

国内外心理测试的研究人员和技术人员对此争论很多,形成了不同的理论和假说,这些不同的认识往往影响到不同心理测试范式的形成,代表了不同的测试理念和思想。

（一）代表性理论和假说

1."恐惧"说

20世纪40年代,美国著名的心理测试专家里德提出,犯罪人在接受心理生理测试期间,产生一种恐惧心理。[①] 这种恐惧心理产生于低级中枢,通过植物神经系统转化成生理反应。恐惧是心理测试检测到的生理变化的主要激发者。

这种假说认为,当真正的作案人接受心理测试时,会意识到自己有可能面临监禁、经济损失或个人隐私暴露,以及谎言被揭穿,这样他就会产生恐惧心理。这种恐惧的情绪心理反应就会影响人的植物神经系统,从而引起被测人在相应的生理指标上的异常,这些异常就可以被认为是被测人有罪的象征。

这种最早与欺骗行为紧密联系的恐惧理论,为最初的"相关—不相关"测试模式提供了主要的基础依据。后来的研究已经证实心理测试设备所测量的生理反应,应该与被测人对测试的应激、害怕、内疚、愤怒、兴奋、焦虑等,以及被测人对信息(特别是与一些违禁行为相关的信息)的定向反应有联系。

2."冲突"说

根据冲突理论,两个相矛盾的意向同时唤醒所产生的生理反应比二者任何一个单独存在所产生的生理反应都要强一些。这样,诚实地回答问题时,只会产生一个反应意向,而在被测人想要去否认真相的情景中,

---

① J. E. Reid: A revised questioning technique in lie detection tests. Journal of Criminal Law, Criminology and Police Science, 1947, 37, pp. 542–547.

将会产生另一个相矛盾的反应意向。

　　这种观点认为,每个人都有自己的道德标准,并且每个人都倾向于愿意讲真话。然而,当他觉得说谎能避免某些麻烦或灾难时,他便会尝试通过说谎来摆脱困境。面对这两种互相冲突的心理需求,心理冲突的产生便会导致交感神经系统的活跃,从而在相应的生理指标上产生异常,这些异常就可以被认为是被测人有罪的象征。①

　　这种理论曾经是"谎言测试"的一个基础理论,但是最新报道表明测定并不支持这样的理论。另外冲突理论很难解释在不进行口头回答问题时被测人所产生的生理反应。还有,如果这个理论成立,那么在被测人与测试人之间存在着冲突时似乎反应更强烈,但是事实却不尽然,所以现在一般不用该理论说明心理测试技术。

　　3. "条件反射"说

　　这种理论认为,当作案人在进行犯罪活动的时候,在经历其中一些情景、做某些动作中,会同时伴随有强烈的情绪体验,这些动作虽然没有经过反复的练习,但是由于是特殊的事件,经历一次后就能够形成条件反射。当被问及这些相关的动作时,作案人由于条件反射易于产生强烈的情绪体验,从而在相应的生理指标上产生异常,这些异常就可以被认为是被测人有罪的象征。② 而无辜被测人从来没有经历过相关事件,所以不会对目标事件作出条件情绪反应。

　　但是这个理论的不足是其有很大可能去错误地解释被测人的一些诚实反应。因为根据条件反应理论,说谎行为不是产生自主反应的唯一诱发刺激,无辜被测人可能会由于一些相关问题的其他特点或者提问的方式特点,表现出一些条件情绪反应。例如,一些创伤性经验的相关问题,可

---

　　① Frank. Horvath. Effects of different motivational instructionson detection of deception with the psychological stress evaluator and the galvanic skin response [J]. Journal of Applied Psychology, 1979, 64 (3), pp. 323 - 330.

　　② Harvath&Reid. The reliability of polygraph examiner diagnosis of truth and deception [J]. Journal of Criminal Law, Criminology and PoliceScience, 1971, 62, pp. 276 - 281.

能会产生很强的条件生理反应,尽管被测人作出的是诚实回答(考虑一下被害者或者无罪的目击证人回忆暴力犯罪的具体细节时的心理状态)。而同时对一些琐碎小事说谎,所产生的生理反应可能会相对弱一些。依据这个理论,对于一些无辜被测人,他们可能过去曾经经历过没有事实根据的指控,并且造成令人不快的体验或者一些惩罚性后果,这些都会强化自主反应,这样的被测人面对相关问题时,可能会产生强反应。同样过去的错误指控,与之相联系的愤怒或者害怕,对于这样的被测人,相关问题可能就是一个条件刺激。

4."应激反应"说

这种理论认为,个体在说谎过程中会感到一定的威胁,作为一种自我保护机制,个体会进入应激状态,进而激活部分神经系统,诱发广义的紧张、焦虑或激动等一系列心理生理反应。[①]

5."动机"说

这种观点认为,动机的强度对测试结果会产生不同的影响。对于通过心理测试的动机较强的被测人,他的测试结果的准确率较高。如果一个人对于自己是否能通过心理测试并不关心或不在乎测试的结果,那么他将会得到各种各样的结论。[②]

6."认知唤醒"说

这种理论认为,心理测试的目的是从嫌疑人中鉴定出真正的有罪者,而不是测查谎言本身。一般来讲,只有有罪者才了解犯罪行为细节,有犯罪情景的认知,而无辜者则没有。专门针对该具体犯罪行为的细节材料,会使有罪者产生一种自主的唤醒反应,[③]唤起其对特殊事件的认知,从而在相应的生理指标上产生异常,这些异常仅仅能够证明被测人与犯罪行

[①] Fuh－GwoLee,Yu－YanWu&ChienChung. A study on employing traditional Chinese medical knowledge in polygraph technology[J]. IEEE,1993,32,pp. 15－18.

[②] LawrenceA. Gustafon&MartinT. One Effects of heightened motivation on the detection of deception [J]. Journal of Applied Psychology,1963,47(6),pp. 408－411.

[③] KleinmuntzB,SzuckoJJ. Lie detection in ancient and moderntimes:A call for contemporary scientific study[J]. American Psychologist,1984,39,pp. 766－776.

为有一定的关系,而不能简单地作为有罪的象征。

(二)我国学者的认识

1."记忆提取"说①

这种观点认为,心理测试所测试的生理反应反映了两部分测试内容:一是传统认识所看到的被测人在测试期间的心理反应;二是记忆中的心理状态。

犯罪记忆是一个复杂的系统,它至少包括犯罪形象记忆、犯罪语义记忆、犯罪情景记忆、犯罪情绪记忆、犯罪内隐记忆和犯罪外显记忆等类型。

对心理测试来说,目前涉及的记忆内容主要包括形象记忆和情绪记忆。由于记忆的内容以表象的形式储存着,所以形象记忆又被称作表象记忆。而心理测试所提问的问题与被测人长期记忆中的事件表象有关。当被测人听到的言语问题或看到的实物展示与这些记忆内容发生关联后,便会形成重要性特征,进而形成动机特征,致使工作记忆系统中的即时心理内容和记忆心理内容相互作用,产生强烈的特异性生理反应。从而可以判定被测人与案件的相关度。这些特异生理反应主要取决于记忆中是否具有相关记忆、记忆强度、内容的重要性等因素。

情绪记忆是以体验过的情绪或情感为内容的记忆。犯罪人在进行犯罪活动时必然经历一些情景,作出某些动作。这些认知活动必然伴随一定的情绪体验。尽管这些活动没有经过反复的练习,但由于它们属于特殊事件,所以经历一次便可以形成条件反射。在心理测试期间提及相关的情景或动作,犯罪人便会出于条件反射而产生强烈的情绪反应,从而增大心理测试测量的异常生理反应。

2."心理痕迹辨析"说②

犯罪心理痕迹,是指犯罪人在犯罪全过程中遗留的心理印迹。

---

① 付有志著:《犯罪记忆检测技术——揭示刑事测谎技术的实质》,中国人民公安大学出版社2004年版,第171~173页。

② 武伯欣:《中国犯罪心理测试技术理论论纲》,载《中国人民公安大学学报》2003年第2期,第141~143页。

犯罪心理痕迹是相对于物质痕迹而言的,是指犯罪分子在实施犯罪活动过程中,其特定的犯罪心理活动附着于犯罪现场特定物质载体上、所留下的犯罪心理过程及犯罪个性心理印迹。犯罪心理痕迹是犯罪人犯罪心理及在其支配下的犯罪行为的产物,它的形成与犯罪需要、犯罪动机、犯罪兴趣及犯罪人的个性特征、犯罪掩盖等密切相关,是犯罪行为留痕的一种特殊物质反映形态。犯罪心理痕迹同形象痕迹、印象痕迹一样,都是犯罪行为的客观反映,是一种客观存在能被认识的特殊物质形态。包括侵害对象、作案工具、现场的特殊环境等方面,特别是被害人的损伤分布、损伤特征等。

这种观点认为,留在作案人的心灵之中的一系列与案件客观痕迹相对应、相吻合的心理痕迹,可以通过测试检测出来,它便是心理测试技术专业人员所必须分析、判断、捕捉的对象,谁有这种心理痕迹谁就是涉案嫌疑人。心理测试能够检测被测人的心理是否具有某种与案件细节相关的痕迹,判定嫌疑人是否对某些细节知情。通过分析痕迹与嫌疑人的关系可以推断嫌疑人与案件的牵连程度。

3. "心理信息探测"说

这种理论认为,现代心理测试技术的应用,其实也是黑箱方法的一个体现。被测人就是一个黑箱,测试提出的问题就是输入,而被测人的生理反应就是输出。正是通过对这样输入和输出的关系检验与判断,构成了心理测试技术实施的核心环节。

把心理测试技术中使用的刺激(如言语、图像、声音等)当做输入信息,把被测人当成"黑箱",那么被测人对这种刺激的输出信息就可以为"黑箱"的内部信息判断提供依据。这种输出信息对心理测试而言就是被测人的生理反应。对于事件调查来讲,这里的输入信息就是与事件和被调查人相关的一些信息,"黑箱"即被调查人。如果输入信息与"黑箱"内的相关信息相吻合,这时"黑箱"就会对输入信息进行加工,这种加工即信息耦合,而且这种加工的耦合效应会以生理参量发生变化的形式表现出来,亦即可以被检测和判断。①

现代认知心理学认为,情绪过程实际上是信息加工和信息反应的过程,所以在一定程度上可以认为信息的耦合构成了情绪反应。不同的生理参量,实际上是不同的信息反应通道,这样就可以深刻理解心理生理的反应与心理信息的关系。

4."定向反射"说②

这种理论认为,定向反射是由于新异刺激物所引起的一种定向性的反射,它是动物机体和环境取得平衡的基本方式。定向反射的生理机制是大脑皮层的优势兴奋中心。在每一瞬间都有一系列刺激物作用于大脑,使大脑皮层产生大量程度不同的兴奋灶。当有机体受到对它非常重要的刺激物的持续作用时,相应的神经中枢就发生相当稳定的、集中的兴奋,形成优势兴奋中心。优势兴奋中心使其他的反射活动都受到抑制,并会把传到其他中枢的神经兴奋都吸引到自己这里来。这时,任何其他刺激都不能引起通常与其相应的其他中枢发生反应,而只加强这个优势兴奋中心的反射作用使优势兴奋中心形成,使动物和人的心理活动能够在一定时间里集中在某个特定的对象上面而忽视其他对象。这就是注意的机制。皮层中枢的神经兴奋必然会通过神经递质向下传递到皮下中枢及外围神经系统,并唤醒交感神经,产生一系列生理反应。

在心理测试时,被测人的反应过程就是一个定向反射过程。当心理测试人将相关问题、准绳问题、中性问题、目标问题和陪衬问题按一定的顺序向被测人发问时,对被测人都形成一定的刺激,在其大脑皮层相应区域引起一定程度的兴奋。但不同的问题具有不同的信号意义,对被测人的刺激量是不同的,在大脑皮层中形成的兴奋灶的强度也不同。对有罪的被测人,CQT模式中的相关问题和GKT模式中的目标问题对他具有最大的意义和威胁性,形成的刺激最大,最易在其大脑皮层中形成优势兴奋

---

① 陈云林等著:《犯罪心路探微——心理测试技术的理论、研究与实践》,中国大百科全书出版社2004年版,第7页。

② 陈兴乐:《测谎技术的心理生理机制探讨》,载《刑事技术》2000年第4期,第47~48页。

中心。根据负诱导规律,这一优势兴奋中心会对中性问题、准绳问题、陪衬问题刺激形成的兴奋发生一定程度的抑制作用,并会把这些问题刺激的兴奋吸引到由相关问题引起的优势兴奋中心上来。这样,就使被测人对相关问题和目标问题发生定向反射,在心理测试仪图谱上,就会看到相关问题和准绳问题,目标问题和陪衬问题生理反应指标的明显差异。对于无辜被测人,在CQT测试中,由于心理测试人测前的有效引导,使其感到准绳问题对他有更大的意义,因而会对准绳问题更为关注,更容易在大脑皮层形成优势兴奋中心。在GKT测试中,目标问题和陪衬问题对他的刺激量均等,不会在其大脑皮层形成明显的优势兴奋中心。所以,心理测试仪图谱就会显示出,准绳问题的生理反应大于或约等于相关问题上的生理反应,目标问题和陪衬问题的生理反应强弱大小具有随机性,无明显差异。

因此,无论是CQT测试还是GKT测试,引起被测人对特定问题生理反应的根本原因是被测人对特定问题的心理定向。"测谎"的实质,就是测试被测人的心理定向反射。

第二节 不同问题 不同反应
——自我比较原理

不同问题不同反应的自我比较原理,是多道仪测试原理的第二层内涵。

心理测试中,不同的问题对同一个体来说,刺激的强度是不同的;因而由此导致的生理反应也就不同。

一、问题的自我认识比较

心理生理学原理对心理测试技术的基本解释是围绕情绪理论展开的。情绪是个体对待认知内容的特殊态度,它包含情绪体验、情绪行为、情绪唤醒和对情绪刺激的认知等复杂成分。情绪总是由某种刺激引起的,自然环境、社会环境和个体自身都可能成为情绪刺激源。成为情绪刺激源的大前提是,该刺激必须是能够认知的内容。一般说来,认知越是清晰,情绪状态会越激烈,伴随的生理变化也就越明显。

由于认知内容和个体的需要有各种不同的关系,这样个体对认知内容就会持不同态度。而情绪反应往往又伴随有生理反应,这样就为情绪状态的甄别提供了可以检测的指标或者参量。又因为个体对认知内容的不同而引起的不同状态是属于个体内系统的调节,所以心理测试所检测的变化也只是个体自己认知内容之间的变化,这就是心理测试技术的自比性特点。通俗地讲,这也就是我们通常所说的心理测试是"自己与自己比较"的原因。

如上述定向反射理论所述,相关、准绳、中性、目标和陪衬等不同的问题对被测人的刺激量是不同的,在大脑皮层中形成的兴奋灶的强度也不同,导致的生理反应也有异,这也可体现个体对认知内容的比较结果。

二、生理反应的图谱比较①

生理学家的研究刺激的物理属性与心理(感觉)反应之间的关系实验方法,为心理测试技术提供了实验范式。大量测试实验数据证明,心理刺激与心理生理反应之间存在着显著的正相关关系。任何一个刺激都会诱发一定的生理反应,但刺激强的问题会触发更强的自主生理反应,刺激弱的问题触发的生理反应也相对较弱。刺激越强,反应越大;刺激越弱,反应越小。反而观之,在排除无关刺激的前提下,反应越大,表明刺激越强;反应越小,表明刺激越弱。心理测试的问题编制技术就是根据刺激越强,反应越大;刺激越弱,反应越小的原理,科学合理地运用不同强度的刺激,以引出被测人的不同反应从而进行观察、比较、评判。心理测试的图谱评断技术就是根据反应越大,表明刺激越强;反应越小,表明刺激越弱的原理,通过对不同问题生理反应的大小,分析问题刺激的强弱进而推断被测人的心理状态。

任何一种测试技术,都不可能只有一种强度的刺激,而必须有强弱不同的刺激错落有致地编排才能比较。在 CQT 测试技术中,有相关问题、准

---

① 陈兴乐:《心理测试原理略论》,载《政法学刊》2006 年第 3 期,第 101~104 页。

绳问题和中性问题,它们对被测人的刺激强度不同。心理测试人通过比较相关问题和准绳问题反应差异,判断何种问题对被测人刺激大,从而推断被测人的心理状态。在GKT测试技术中,有目标问题和陪衬问题,通过比较被测人对这两类问题反应强度差异,分析哪种问题对被测人刺激大,从而判断被测人对测试目标是否知情、对哪些目标知情。

第三节 相同问题 不同反应
——区分比较原理

相同问题不同反应的区分比较原理,是多道仪测试原理的第三层内涵。

一、个体心理基础的差异

在心理测试中,问题刺激的强度是因人而异的。

相同的问题,其包含的信息对不同类的被测人刺激强度不同,诱发的心理生理反应强度也就不同。这是因为有罪和无辜的被测人接受刺激的心理基础不同,对同一问题刺激的强度感受就不同。某一问题对被测人刺激强度大小决定于被测人对该问题所含信息与自己相关性的认知。与自己相关性大的问题刺激强,与自己相关性小的问题刺激弱。被测人对问题相关性的认知取决于两个方面的判断,一是该问题所含信息与自己记忆中存储的信息是否"吻合";二是该问题对自己的安全是否构成威胁及威胁大小。若某一问题中所指的事实自己确实经历过,在大脑中留下了记忆,并且该问题直接威胁到自己的安全,被测人就认为该问题与自己相关度高,刺激强度大,必然会引起其主观上对该问题的关注,进而引起较强的生理反应。有罪被测人和无辜被测人对问题刺激的认知是不同的,其感受、体验到的刺激强度也就不同。这一原理,既可以解释准绳测试法,也可以解释情景测试法。

CQT测试中,相关问题和准绳问题对每一个被测人都构成一定程度的威胁,但对不同的人威胁的程度不同,感受到的刺激强度不同,反应强弱也就不同。对有罪被测人而言,由于他亲自参与、经历或亲自策划了犯罪,犯罪的过程、情景以及作案时的情绪体验都会深深地留存在大脑记忆中难以忘记,相关问题的信息与其记忆中存储的犯罪信息"吻合",同时案情暴露可能造成的安全威胁使其体验到强烈的恐惧和焦虑不安情绪;用撒谎掩盖真相的企图和行为又造成思维矛盾和心理冲突,这两方面因素的综合,构成了被测人巨大的心理压力。当测试中受到相关问题刺激时,犯罪过程记忆痕迹的复活,安全受到威胁的恐惧焦虑,撒谎的心理冲突,二者同时被激发,产生强烈的自主唤醒,导致强烈的生理反应。因此,在准绳测试模式的几类问题中,相关问题是对其安全的最大威胁,是最重要的信息,由于人类的选择性注意机制,他会始终将注意力定向在相关问题上,并导致最大的生理反应,这是有罪被测人对相关问题的心理感受。而对准绳问题,其中的信息虽然也与其头脑中已有的信息"吻合"并且也可能认为与案件有关,对其安全有一定威胁,但他会很清楚,这种关联是间接的,威胁也是间接的、次要的,其认知评价为相关度低,因而感受到的刺激强度较相关问题小。在相关问题和准绳问题同时作用于有罪被测人时,他会更多地甚至全部地、始终地将注意力集中在相关问题上,且这种注意的定向不易被分散和转移,以对付来自相关问题的威胁,使相关问题刺激引起的生理反应大于准绳问题的反应。

　　同样的相关问题和准绳问题,对于无辜被测人心理感受的刺激强度不同于有罪被测人。对无辜者而言,相关问题也对他构成一定威胁而形成一定的心理压力,这种压力主要是来自对测试出错被冤枉的担心,同时,也有相关问题语义上的刺激性带来被测人本能的敏感,由于测试情景的陌生和不适应造成的紧张、不安,由于受到办案人员怀疑和不公正待遇产生的愤怒、抵触等因素。因此在测试中被测人也会关注相关问题,并对相关问题的刺激产生自主唤醒反应。但与有罪被测人不同的是,由于他没有实施或参与犯罪案件,其记忆中没有与相关问题相"吻合"的犯罪信息和情感体验存在,也不害怕在相关问题上被测出谎言,也没有说谎造成的心理矛盾和冲突。因此他对相关问题的关注易于被转移,不像有罪被测人那样强烈和始终如一。而准绳问题涉及的一些行为或意识自己确曾有过或可能有过,与其头脑中已有的信息"吻合",在测试人的引导下他会认为这些问题也可能与案件有关,他会害怕由于在准绳问题上撒谎导致他不能通过测试,对其安全造成威胁,他会将注意力转移或部分转移于准绳问题上。因此,在相关问题和准绳问题的比较中,无辜者感受到准绳问题的刺激强度较相关问题大,或者大致相当,他的注意力可能更趋向于准绳问题而不会过分或完全关注相关问题。

在犯罪情景测试法中,有罪被测人和无辜被测人对目标问题和陪衬问题感受的刺激也不一样。对有罪被测人而言,目标问题的信息与其头脑中存储的犯罪信息"吻合",它对有罪嫌疑人具有特殊的意义,当测试人对被测人提问刺激时,会引起他对作案当时所见、所闻、所为、所感的回忆、认知(再认)等心理活动,引起旧刺激痕迹的复活,并强烈地感受到威胁,使大脑相应区域的神经细胞处于兴奋状态,成为优势兴奋中心。而陪衬问题的信息是在日常生活中留下的,它对犯罪嫌疑人不具有特殊意义,在大脑皮层中处于非优势兴奋中心地位。因此,有罪被测人对目标问题感受到的刺激较陪衬问题强度大。

对无辜被测人而言,其大脑中只有日常生活中留下的一般信息,没有与目标问题的信息相"吻合"的犯罪信息,对目标问题和陪衬问题感受的刺激强度没有显著的差异,所引起的反应也没有特别的差异,反应的大小是随机的。

二、生理反应图谱的不同

正是因为有罪被测人和无辜被测人对相同问题刺激感受到的刺激强度不同,引起的生理反应强度也不同,因此,心理测试技术就可以设计出一套标准的测试题目,对所有嫌疑人"一视同仁"地进行测试,依据他们对相同测试问题的不同反应的测试图谱,区分出有罪者与无辜者、撒谎者与诚实者。

第四节　不同测试理念的原理解释

上述关于对心理测试原理的理论和假说,为不同的测试理念所用,成为不同心理测试范式的理论依据。不同的测试理念对测试原理的解释各有侧重。

一、"测谎"的原理认识

以"测谎"(CQT)为代表的心理测试技术,用于直接测试一个人是否在进行欺骗,认为心理测试所检测的生理反应反映了被测人的情绪状态,其心理来源是欺骗回答或撒谎,测试内容是被测人的欺骗心理,主要包括"恐惧"、"冲突"和"应激反应"理论等。

二、"测真"的原理认识

以犯罪认知测试(GKT)为代表的"测真"技术,用来确定一个人是否拥有隐蔽的或涉及刑事案件的具体信息,心理测试的测试内容是认知的信息,其心理来源是被测人对犯罪信息的"认知唤醒"和"条件反射"等。

三、心理测试的原理认识

现代心理测试技术,综合欺骗检验和信息探查的理论认识,并对"心理痕迹辨析"、"记忆提取"、"信息耦合"等认识加以探索和总结。

总之,随着心理测试技术的应用及研究的发展和深入,我们要不断地探索利用现代主流心理学理论和方法来探究和解释心理测试的原理,促使心理测试技术的理论基础日益完善,使得心理测试技术的科学依据更加完备。

第四章 多道仪测试的应用

心理测试技术,从最初介入犯罪调查进行谎言测试,到如今已发展成为一种独特、科学而有效的涉案信息调查手段,在犯罪调查中起到了常规手段不可替代的作用。由以往刑事技术只对物的鉴识推进至对人的鉴识,使犯罪调查技术向前迈出了一大步。不仅能够提高案件侦破率,而且能够保证办案质量。真正做到了在节省人力、物力、财力和时间的基础上更有效地打击犯罪,保护民众,在犯罪调查中起到突出的作用。

不仅如此,随着技术的发展,它的应用已不局限于犯罪调查领域,在民商事领域也发挥着积极作用,如对经济、民事纠纷中的"一对一"案处理,商务活动中的"无辜保护、任职肯定、行为识别"等。

第一节 多道仪测试的基本作用

一、保护无辜

心理测试技术的主要作用就是要把无辜者从嫌疑人中准确地排除出来。案发初期,大量的嫌疑人纳入视线,此时,能否迅速排除无辜者,将精力集中到少数重点人身上,是能否破案的关键。按照传统的排查方法,这项工作需要大量的人力、物力和时间,又常常会出现疏漏。采用心理测试技术,用比较问题测试法结合隐蔽信息测试法辅助排查,可以迅速将大量无辜者排除,为破案赢得宝贵的时间。

国内外大量的研究和实践都已经证明,心理测试技术在"清白认证"上的效果比"嫌疑认证"要好。如,有报道称,莱克肯实验模拟犯罪情景下的心理测试准确率实验结果表明:无罪嫌疑人的准确率为99.3%,错误率为0.7%;有罪嫌疑人的准确率为94.3%,错误率为5.7%。美国《心理测试》杂志总编 Norman Ansley 收集了1980年以来有关实地办案的心理测试结论,并同口供、法庭判决相比较,研究了2042宗案件,得到说谎情况下的准确率为97%,诚实情况下的准确率为98%。① 我国犯罪心理测试专家武伯欣教授自1992年起与他的同事们一道应用这项技术参与全国各地警方、检察院、部队保卫部门主持侦破的重特大疑难案件,在1100多起重特大疑难案件中取得了成功,就无辜者和涉案人的区分准确率达到98%。②

所以说,心理测试技术的第一功能就是保护无辜。对无辜者来讲,心理测试技术是证明自己清白的最佳手段之一。这一点也为其他国内调查测试的应用实践中对大量无辜者的涉案排除,以及验证的准确率也都非常高所证实。

二、提供重点嫌疑人调查线索

对于那些经初步测试不能排除嫌疑人的被测人,心理测试技术可在案件条件保护得当,案件的情节、犯罪现场的情况只有犯罪分子和侦查员或知情者知悉的情况下,采用犯罪情景测试法(GKT)等,进一步测试被测人对这些细节和要素是否知情,对嫌疑人是否与案件相关及相关的程度可以进行进一步的检测和识别。一旦获得有价值的心理信息,就可给办案人员提供进一步调查取证的方向。

三、提供调查方向

参加过调查的人可能都明白,在调查中出现两种情形时最难判断。一种是头绪繁多,各种各样的信息和情况纷至沓来,让调查人员难以应对和详细甄别;另一种则是信息稀缺,使得调查方向的寻找和判断无依无据,如果一起调查陷入无线索可循的地步,此时正是调查人员最头痛的时候。

面对这样的难题,心理测试技术均可以在一定程度上帮助调查人员解决难题。对于第一种情形,由于心理测试技术特点的快速、直接和准确,能够帮助调查人员迅速判断线索价值,提高工作效率,从而更快地确定调

---

① 郭晓娟、苏彦捷:《心理生理测谎技术的研究与应用》,载《心理科学》2000年第6期,第752~753页。

② 王雁平、梁亚军等:《犯罪心理测试技术的应用与思考》,载《甘肃政法成人教育学院学报》2007年第2期,第56~57页。

查方向。

如果说对于第一种情形的帮助还是量的推进化,那么对第二种情形的帮助往往能够产生质的变化。从事件调查信息汇集的角度分析,人脑无疑是信息汇集最密集的一个点,信息稀缺的调查往往是由于被调查对象的心理信息不易显露而引起的,有些即便是无辜者出于某种顾虑,也不愿意将相关信息轻易提供,最常见的是当事人、受害人和证人,此时如果有心理测试技术的介入,可以在很大程度上发挥常规调查手段很难发挥的作用,取得调查人员需要的相关心理信息,从而为调查赢来柳暗花明的局面。

四、识别伪供、伪证

首先,心理测试技术可以帮助判断证据的真伪。刑事侦查对证据的要求具有绝对性,所以在侦查过程中出现的"线索"是否最后能够成为证据是刑事侦查的一种功效体现。心理测试技术的证据价值这时往往不在于技术本身,而在于其能够帮助侦查人员对"线索"作出评估和判别,即心理测试技术可以将许多"隐性"信息转化为"实体"信息——测试数据或图谱。例如,当事人对于现场或案发过程的陈述往往是侦查的基础,这时如果不对这些陈述进行判别,那么随后的侦查往往会走入歧途。有许多方法可以为判别这类陈述提供解决方案,心理测试技术是效用较高的一种,恰当地应用能极大地提高侦查的效率,这已经被大量的侦查实践所证明。此外,对于一些证人证言和他们提供的证据,对案件的侦破起了很大的帮助,但如果这些失实的话,会严重影响办案工作,可以通过心理测试来识别他们提供的证据、证言的可靠性。大量实践证明,通过识别伪证、伪供,有可能为案件找到突破点,促成侦破过程中的重大转折。

再者,心理测试技术可在辨析矛盾证据方面起到其他司法调查技术难以起到的作用。在侦查讯问与司法调查过程中,经常会遇到口供与证据、口供与口供存在矛盾的情况,这是一个普遍的现象。这些矛盾,有的只要稍加查证就可以解决,而有的解决起来却相当困难。如,两个同案犯,对同一问题口供截然相反,既找不到第三者作证,又取不到其他旁证;有的犯罪嫌疑人和被害人,对同一事实各执一端,也无第三者作证;有的犯罪嫌疑人和证人对同一事实陈述截然相反。这种"一对一"的情况,孰是孰非,很难判断。这时就可以借助心理测试技术,利用心理测试结果进行分析判断。这是审查判断证据和口供真伪的一条新途径。测试中,可以对同一人既测"矛",又测"盾",相互印证;对两个陈述矛盾的人,可以用同一套问题分别测试,根据测试结果作出判断,再通过讯问或查证作出结论。有些疑难问题,还可以把一个作案过程分解成多个片段进行测试,从多个方面综合分析,以判断真伪。

五、增加心理压力,有利案件突破

心理测试技术的使用,经常可为案件突破创造有利条件。这是因为,心理测试对真正的犯罪人会形成强大的心理压力,造成其心理防线动摇瓦解。在测后一定时间内,结合政策教育或其他证据等办法,往往能促使其在测后一定时间内如实交代问题或说明事实真相。产生混沌科学所认为的临界突变效果,在侦查破案中发挥着不可替代的神奇作用。

这种作用的原因可能有三:其一,测前谈话时,心理测试人通过反复说明和强调技术的科学性、客观性、公正性和有效性,使涉案人感到心理测试仪是灵敏的,难以欺骗的,从而加重其心理压力。其二,正式测试前,对于一些心存侥幸的涉案人,也可采用刺激实验法进行测试。这让他意识到连在猜数或扑克牌这样简单的问题上说了谎都能被"测谎仪"测出,那么在其他重要事实上说谎,肯定也会被"测谎仪"测出来的,并知道他骗不了也斗不过科学仪器(还有一些人在外国影视片中看过这类仪器,知道这是一种尖端技术)。让他明白如果他在心理测试实验中耍花招或抗拒不交代,都将是徒劳的。这样在不知不觉中,就对他造成了强大的心理压力。如果他有罪,他就会承认,有时甚至在正式进行测试之前就承认了。其三,心理测试过程本身对被测人能够形成强大的心理压力。这是因为,传统的审讯方法,要求嫌疑人多说话,侦查员从中寻找漏洞。但是,嫌疑人说话或者撒谎的过程,实质上也是一个释放心理压力的过程。心理测试则恰恰相反,他不允许被测人多说话(只回答"是"或"不"),心理压力得不到释放。一个一个问题追问下来,对于罪犯来说,心理压力有一个逐步积累的过程。

正因如此,国内外经验都表明在测后几十个小时之内,犯罪分子的拒供心理是最薄弱的,是突审的最佳时机。

六、预防犯罪

心理测试技术由于是对人的直接测试,效果明显,因此这项技术对犯罪分子有很大的威慑作用。正因如此,美国14个政府部门不仅在招募雇员中采用心理测试技术进行筛查,还定期对要害部门的雇员进行心理测试,有效地减少了间谍、泄密以及其他犯罪问题。对预防犯罪起到了积极的作用。

需要指出的是,无论心理测试技术过程还是心理测试技术结果,从目前狭义的证据价值角度考虑,都只是犯罪调查的一种工具,正确使用会在案件侦讯中发挥一定的作用,有时是关键的作用,但是不能把它看成是万能的,更不能以此代替必要的侦查和审讯工作。没有一个正确的认识,只会把心理测试技术的使用引入歧途。

第二节　多道仪测试的应用实践

一、国外应用概况

(一)基本态度

对于心理测试的应用,国外的司法实践也有两种截然不同的态度。[1]一种是以美国为代表的肯定态度。在美国,心理测试技术的应用不仅局限于犯罪侦查阶段为审查犯罪嫌疑人提供依据和为寻找破案证据提供线索。美国政府在20世纪80年代初期主张和赞同对政府雇员使用心理测试仪,以判断他们是否忠诚可靠。据资料表明,仅在1982年,美国政府各机构就进行了22 597次心理测试仪检测。1983年里根总统曾颁布了一项命令,要求联邦政府更加广泛地运用心理测试仪进行有关保护国家

---

[1] 罗江华:《测谎技术运用中的证据学思考》,载《高等函授学报》(哲学社会科学版)2003年第3期,第45~46页。

安全的调查,以防止雇员向新闻界泄露机密情报。但由于心理测试仪的过度滥用造成了许多冤假错案,这一命令被无限期地搁置下来。美参议员奥林·哈寄宣布:由于心理测试仪的错误,每年有5万名诚实的人被诬蔑为说谎者,弄得人人自危。到了1998年7月,联邦法院和27个州的法院都不承认心理测试仪的测试结果可以成为证据。在其他与司法活动有关的行业中,也有很多人支持心理测试技术。例如,美国在20世纪90年代进行的一项调查结果表明:96%的公诉律师(即检察官)、75%的辩护律师和76%的心理学家都认为心理测试技术是一种可以采用的查明案件事实的工具。另外,心理测试技术在美国社会中也得到了广泛的认同。很多人在社会生活中遇到难以查清的问题时都会想到借助于心理测试技术的力量。例如,在2001年夏天轰动一时的与美国众议员加里·康迪特有染的女实习生失踪案件中,失踪女子的父母也曾要求康迪特接受心理测试,以便澄清事实。这些都说明心理测试技术在人们心目中的地位已有了很大的提高。①

另一种是以欧洲国家为代表的限制态度。心理测试研究始于意大利,但因心理测试会侵犯人权,因而它并没有在意大利广为流传,在欧洲国家的流行也受到了限制。在联邦德国,心理测试测检是被禁止的。早在1954年,联邦法院就裁定:"对被告进行心灵上的观察"是漠视自由和尊严的行为。

(二)应用领域

1. 犯罪调查

目前在美国、加拿大、澳大利亚、日本等国家,心理测试技术已经得到警察机关的普遍接受,被相当广泛地运用于犯罪侦查之中。

美国一项针对19个州的83个性犯罪危机中心的调查指出:17个州的63个性犯罪危机中心对受害指控人做过测谎,15个州的31个中心在着手调查之前,要求对指控人进行测谎,13个州的22个中心对拒绝测谎的指控人不予以调查,11个州的27个性犯罪危机中心要求对受害儿童进

---

① 何家弘:《测谎结论与证据的"有限采用规则"》,载《中国法学》2002年第2期,第140~151页。

行测谎。①

日本的心理测试仅限于犯罪调查,警察机构在法庭科学实验室中设有心理学室,配备专门进行法庭鉴定的特殊研究人员进行犯罪心理测试工作。

2. 安全审查

测谎对提高口头审查和甄别讯问的效率有重要价值,往往成为提供重要线索、解决国家安全问题和情报犯罪问题唯一的调查技术手段。最早应用"测谎仪"搜集情报和甄别间谍的是美国国防部,至今已有半个世纪的历史了。1988年美国颁布了第1121条国家防卫授权令,委托国防部以维护国家安全和支持反间谍行动为目的,全面实施反间谍测谎计划,1993年该计划完成。来自美国国防部1994年的报告称,共对17970人进行了测谎,其中15人因服药或身体不适未完成全部测试,22人未得出确定结果,40人说谎,17893人诚实。②

3. 人员筛查

一般的人员筛查中,谎言测试的用途在于评估被测人总体上的诚实度,揭示被测人诚实、不太诚实、不诚实、有违法行为或在工作申请表中弄虚作假。20世纪60年代,美国开始在人事聘用时使用测谎仪,到70年代大约有25%的公司在挑选雇员时,例行使用测谎仪。最近的一项针对1512人的调查表明,68%的人不反对在找工作时使用测谎仪。③

值得一提的是,据有关文献报道,美国在人员选拔中使用心理测试技术已有数十年的历史,尤其是重要的部门,如中央情报局,每年约有15万—20万人提出求职申请,这些人都需要通过心理测试才有被录用的可能。1994年,美国联邦调查局在人员招聘中首次使用心理测试技术,当年,在2.2万名求职者中,就有4400人因测试结果表明有"欺骗行为"而被

---

① 郭晓娟、苏彦捷:《心理生理测谎技术的研究与应用》,载《心理科学》2000年第6期,第752~753页。
② 郭晓娟、苏彦捷:《心理生理测谎技术的研究与应用》,载《心理科学》2000年第6期,第752~753页。
③ 郭晓娟、苏彦捷:《心理生理测谎技术的研究与应用》,载《心理科学》2000年第6期,第752~753页。

拒之门外。用心理测试技术进行人员审查在美国备受重视,并有普及的趋势,一些公司会用心理测试仪对财务等重要部门的职员定期进行忠诚度的检查,以期达到防患于未然的目的。心理测试确实可以发现要害部门雇员的违反纪律、不忠于职守甚至反叛等心理端倪。美国每年有数百万人接受心理测试,政府用于心理测试的开支超过 1000 万美元。

除了一般意义上的调查和筛查应用外,在国外,心理测试还被用于对特别事件的筛查。[①] 这便是被称之为在"聚焦筛查情境"(focused screening situation)中的应用。自 2001 年 9 月 11 日美国遭受恐怖分子攻击事件以后,测试环境发生了很大变化,聚焦筛查情境就是这时的一个产物。显然聚焦筛查情境是具体事件调查的情境,也不同于一般的人员筛查测试情境。一个例子是 2000 年下半年,美国需要对在阿富汗俘获的几百名被拘留者进行人员筛查,去识别出哪些是基地恐怖组织成员的人(在这些人中,可能有相当大比例的人是基地恐怖组织的成员)。这种测试情境初看上去可能与普通的人员筛查测试类似,因为在测试中没有具体事件的信息,但是在聚焦筛查测试情境中可能会问到一些具体的相关问题,包括一些隐蔽信息测试的变体。因而,测试人可能使用隐蔽信息测试或者其他测试技术,而这些测试模式一般不适合在人员筛查测试情境中应用,因为在一般的人员筛查测试中往往无法编制具体问题。但是,基地恐怖组织成员却具有关于基地恐怖组织训练营的地理位置和营地特点等信息。另外,针对接触过美国生物武器实验室炭疽病菌的人员进行的人员筛查测试,可以识别出那些可能隐藏事实的人,这些人员具有制造炭疽病菌的改良品种的特定知识,这些炭疽病菌的改良品种在 2001 年秋季,导致了数名美国公民死亡。再者,即使测试人也不知道具体的目标行为,但是他们能够提出一些具体的相关问题。

这类测试的权衡策略,常与一般人员筛查测试差异很大,因为其目标行为的基本比,可能低于犯罪案件调查中的 10%,但高于一般工作人员筛

---

① 陈云林等著:《现代心理测试技术导论》,知识出版社 2005 年版,第 378~379 页。

查测试的1%。根据假阳性和假阴性测试结果所带来的代价,还有使用反测试方法的动机,相应的权衡策略可能也会不同。

二、我国应用现状

我国司法实践证明,心理测试技术在案件侦查中确实起到了排除无辜,认定犯罪嫌疑人或知情人;识别伪证、伪供;坚定办案人员信心,明确办案方向;给犯罪分子形成一定心理压力,为案件突破创造条件等积极作用。心理测试技术运用的范围,也由公安系统的刑事侦查逐步扩大到检察系统的反贪和职务犯罪调查、法院系统的司法调查、军队保卫系统和国家安全机关的安全审查、民事案件的审理以及对有关机构的人员筛查等应用领域。

(一)刑事侦查中的应用

心理测试技术用于犯罪调查,在我国已被业内及社会广为认同。全国各地不少公安机关及检察机关内相继设立了测试机构,配备了测试专业人员。心理测试技术为刑事案件的调查侦破,提供了有利的支持和帮助,发挥着积极的作用。下面仅列举几组数据为代表。

北京市公安局心理测试室,将心理测试技术应用于犯罪调查中,仅在1998年4月至2000年1月间,受测杀人、盗窃、抢劫、交通肇事、爆炸、诈骗、投毒、纵火、泄密等各类刑事案件50多起,被测110余人。近年受命测案数量更是大幅增加。

中国人民公安大学心理测试中心自1992年成立以来,每年都要接受全国各地公安机关、人民法院等机构的委托,测试大量的刑事案件嫌疑人。

重庆市公安局刑科所,在2000年底至2001年10月间的18起刑事案件中应用心理测试技术,对22人进行了测试,排除嫌疑人16个,认定嫌疑人6个。准确率高、效果明显。①

近年来,检察系统十分关注并日益重视心理测试技术在反贪侦查中的应用,许多地方人民检察院建立了心理测试系统,在反贪污贿赂犯罪案

---

① 白笙学、彭敏:《心理测试在侦查破案中的应用初探》,载《测谎通讯》2005年第1期~第5期,第64~66页。

件、职务犯罪案件、保险诈骗等案件的侦查中发挥了重要作用。

齐齐哈尔市人民检察院在2000年至2002年间,应用心理测试技术,测试贪污案、徇私枉法案、挪用公款案等职务犯罪案54起,测试162人,准确率达92.3%。并在实践中对心理测试技术应用于职务犯罪侦查工作中的规律、方法和技巧,总结和积累了一定的经验。①

洛阳市人民检察院近年来把心理测试技术应用到保险理赔案件调查之中,为洛阳市几家保险公司理赔代理鉴定了数百起保险理赔案件,最终拒赔二十余起案件,拒赔数额达百万元,有效地防止了国有资产流失。②

(二) 审判裁量中的应用

沈阳市中级人民法院于1994年开创了我国法院系统应用"测谎"之先例。

其后,陆续可见各地法院启用心理测试技术辅助案件审判的报道。

2004年5月26日上海《新闻晨报》报道的"心理测试仪法庭测诚信——上海首开根据心理测试鉴定判案"。③ 讲的是在一起买卖合同纠纷案件审理过程中,双方当事人对6万余元货款究竟是否付讫,说法截然相反。对此,上海市第二中级人民法院首次依据心理测试鉴定,并结合相关证据,终于给出了一个说法。

目前中国人民公安大学心理测试中心,每年接受全国各地基层法院委托测试的民事案件也数量众多。

心理测试技术,在各类案件的审理中,在直接证据不足、定案困难、翻供造成证据变化、判案依据动摇等情况下,在协助案情判别、帮助识别证据真伪等方面起到了其他技术难以企及的作用。

---

① 郭学忠、梁明:《浅谈犯罪心理测试技术在侦查职务犯罪案件中的应用》,载《测谎通讯》2005年第1期~第5期,第10~13页。

② 万宏伟:《心理测试技术在保险诈骗案件侦破工作中的应用》,载《测谎通讯》2005年第7期,第1~3页。

③ 沈凤丽、潘巳申:《测谎仪法庭测诚信——上海首开根据心理测试鉴定判案》,载《新闻晨报》,2004年5月26日。

(三)筛查测试中的应用

我国关于人员选拔所需的心理测试技术的研究与应用虽不多见,但也有学者对此进行了探索。有学者开展了"心理测试技术在人员审查及招聘中的应用研究",[①]即对 RCT 技术在人员选拔中的有效性进行研究,也就是说用心理学实验的方法来检验 RCT 技术是否可以有效地区分出被测人的诚实性。

RCT(Relevant Control Test)技术并列于 CQT 和 GKT 技术,适用于对求职者或雇员的筛选而不像后者被用于犯罪调查。在 RCT 测试中,所涉及的问题可能是这样的,"你曾经背叛过自己的朋友吗","你曾经将重要的技术资料泄露给公司的竞争对手吗","你曾经把来历不明的款项存入自己的银行账户吗"等。其理论依据在于,通过向被测人提问各类违法或令人不愉快的事件,这些问题明显会冒犯受试者,他们会对一些敏感的问题呈现不同于正常水平的反应,通过相互比较,如果被测人总是在某一个或几个问题上有异常反应,施测者就可以作出推断,认为被测人在某些方面没有诚实地作答,或者有过这些方面的具体行为。

研究工作的重点就是编制测试题目并考查其效度的高低,以寻求、寻找适合中国国情的人员招募和审查方法。

其一般的测试结构可为:
- 你愿意如实地回答我的所有问题吗?
- 你是住在××地吗?
- 你曾经触犯过法律吗?
- 你是叫×××吗?
- 你曾经接受过贿赂吗?
- 在你的一生中,你曾经犯过违背道德的错误吗?
- 你曾经参与过赌博吗?
- 你今年××岁了吗?

---

① 王化丽:《心理测试技术在人员审查及招聘中的应用研究综述》,载《测试通讯》2005 年第 1~5 期,第 74~75 页。

- 你曾经有过不光彩历史而向单位隐瞒了吗？
- 你曾经说过谎话吗？
- 你曾经吸过毒吗？

这种测试可以涉及任何一个想了解或调查的方面。

目前RCT测试的效度研究已基本完成，并取得了较好的结果。实验结果证明，在一些重要岗位使用RCT技术确实可以起到人员甄别的作用。作为人员审查的一种手段，如果每半年到一年进行一次，将会起到防微杜渐、防患于未然的效果。研究者们也希望借此进一步开拓心理测试技术应用的新领域。

三、应用中存在的问题

（一）技术本身的局限性

1. 技术使用有条件要求。测试技术是一种有条件的技术。测试需要满足一定的条件，条件不具备，或条件不适测，则很难达到测试效果。

2. 测试结果非因果确认。测试结果不直接确认因果关系。测试能够发现被测人在某个问题上有无心理压力反应，但无法确定引起心理压力的原因，更不能直接证明与案件事实的因果关系。

3. 测试结论有假性干扰。测试结论是统计意义上的结论。测试结论的形成，如果有假阳性、假阴性的问题出现，不能准确把握，则可能干扰测试结论的判断。

4. 结论受主观因素影响。测试结论的形成受主观因素影响。由于目前技术的应用还达不到完全科学化、标准化和规范化的程度，测试效果与测试人的素质有很大关系。换句话说，测试人素质决定测试效果。

（二）认识观念上的偏差

当代，恐怕没有一项实用技术像心理测试技术这样，引起这样广泛、这样长时间的争议。在测谎仪的发源地——美国，几十年来对测谎技术的评价就很不一致。对测谎结果的可靠性有很大的争议，一方认为在90%以上，并提出许多实验数据。另一方则认为最多不过50%，就像掷一枚硬币一样，同样也拿出许多数据。更多的则是从道德、人权等方面提出批评意见。美国和英国国会还就"测谎仪"的使用问题，多次组织专家调查、论证。其结果如一篇华文报纸的报道标题那样——"专家们意见分歧，有关部门照用不误"。美国各州的规定也很不一致，有十几个州禁止把测谎结果作为法庭证据使用。多数州规定，只要诉讼双方同意，测谎结果可以作为法庭证据使用。

心理测试技术作为一门新兴的科学技术，在我国司法实践中使用已经有二十余年。尤其是近年来，在诸多大、要、疑难案件中为确定侦查方向、支持侦查讯问、分析鉴别供述或语词的真伪、探测案情、印证推论等方面发挥了积极作用，为侦破刑事案件、打击犯罪立下了汗马功劳，赢得了业界和社会的广泛赞誉。同时，由于心理测试技术在使用中也出现了一些问题，因此受到业内一些人的严厉谴责。即使在司法实践部门也存在种种认识上的偏差。

1. 怀疑和否定。认为这项技术在法律上没有明文规定，测试结果目前尚不能作为法庭证据使用，测试没有意义；此外，受到有测错案的报道，自己也没有进行深入了解和考察，就一味地否定技术的科学性，导致盲目抵制。

2. 运用不恰当。实践中往往是当案件侦查已经走到死胡同，没有别的办法可用时，才想起用心理测试技术试一试，一旦未能奏效，就产生这项技术"也不过如此"、"没用"等想法。另外，当测试否定了某些原先纳入重点嫌疑对象的被测人时，一些办案人员就认为心理测试否定了自己前一阶段的工作而不服气，对此项技术的运用产生负面的看法。

3. 盲目崇拜。凭着对这些技术的一知半解，认为是高科技，就奉若神明、一味轻信，不管方式方法，片面地夸大其作用，认为"一测就灵"，往往导致以测试代侦查。更有甚者，在案件缺乏痕迹物证的情况下，不是坚定信心下大力气去查证有力的证据，而是仅凭心理测试的鉴定，采用刑讯逼供的手段获取证据，导致一些冤案、错案的发生。

其实，我们本着科学的态度，恰如其分地认识心理测试技术的作用，既不要轻易地予以否定，也不要夸大其作用。把它作为一项司法调查技术，审慎地使用，是比较恰当的态度。

第三节　多道仪测试的法律地位

心理测试技术在国内外得到了越来越广泛的应用,这是一个不争的事实。但是对于心理测试结论能否成为诉讼中的证据,却一直是个争论不休而又未能达成共识的问题。各国法律对诉讼中的证据形式及条件都有一定的规定,因而赋予心理测试技术的法律地位也就各不相同。

一、国外概况

（一）目前概况

目前世界上已有50多个国家在不同程度上使用着测谎技术。其中有些国家的司法机关也肯定了测谎结论的可采性。例如,美国有至少22个州的州法院明确规定可以将运用测谎仪所获得的测试结论作为证据来使用。① 在澳大利亚的昆士兰州,测谎技术作为犯罪侦查的手段,警方是可以自由采用的,法律并没有具体的限制性规定。但是,法院要采纳测谎结论为证据,须以被测人自愿为前提。换言之,只有自愿接受的测谎,其结论才可以被法庭采纳为证据。② 在日本,法院的判例也已经明确地肯定了测谎结论的可采性,但是要符合以下两个条件:第一,根据对测谎人员的技术、经验以及测谎仪器性能的审查。法官认为测谎结论是值得信赖的;第二,经审查,测谎结论准确、忠实地记录了测谎的过程和结果。③ 日本的最高法院明确指出,能满足以下5项要求的心理测试结果可以作为证据使用：(1)使用标准仪器设备;(2)使用合理规范的测试技术;(3)测试人必须具有测试资质;(4)被测人的身心条件适合测试;(5)测试结果表述符合法律文书标准。

（二）美国的演变

由于美国是最早使用测谎技术的国家,所以,考察美国司法机关对测谎结论的态度及其发展变化,对我们研究测谎结论的证据资格问题很有裨

---

① 陈卫东著:《刑事诉讼法实施问题调研报告》,中国方正出版社2001年版,第324页。
② 参见澳大利亚,《The Queensland Police Union》,June,1997。
③ [日]田口守一著:《刑事诉讼法》,刘迪等译,法律出版社2000年版,第239页。

益。笔者根据何家弘的观点，①对美国测谎结论法律地位的演变作一梳理。

1. 关于测谎结论的第一个判例

美国司法机关关于测谎结论的第一个判例是哥伦比亚特区联邦法院在1923年审理的弗赖伊诉合众国案(Frye v. United States)。

在这个案例中，被告Frye被华盛顿特区的联邦法院判处谋杀罪。Frye不服判决，以审判法院错误地拒绝采信其基于现代多导仪测试产生的辩护证据而提出上诉。Frye案中使用的心理生理检测证据的采集方式是舒张血压测试。其基本采集方式是，在与被告谈论被指控的罪行时，定时采集简单血压计的读数。这种技术的理论基础是心理生理学，但由于在方法论上不是那么科学，而且根本没有对特定问题的特异反应的测量或对照方法，因此显得不那么可靠。

在该案的审判中，法院没有采纳有关被告人测谎结果的专家证言。法官认为，这种测谎技术在生理学和心理学领域内尚未获得普遍的认同，其检验还没有确立统一的科学标准，其结论的可靠性难以确定，因此不能被采纳为诉讼中的证据。在很长一段时期内，该判例一直是美国法院在测谎结论可采性问题上的主要法律依据（"Frye测验"规则）。

2. 法官态度的转变

随着测谎技术的进步，测谎结论的可信度不断提高，美国法官对测谎结论的态度也开始发生了变化。一些法院开始在刑事诉讼中采纳测谎结论作为证据，但是有一个前提，那就是诉讼双方必须事先签订同意测谎的协议。1962年，在亚利桑那州诉瓦尔德斯一案中，亚利桑那州最高法院裁定："尽管测谎仪作为一种审查陈述可靠性的方法还有很多地方需要完善，但我们认为该技术的发展已达到足以获得可采性的程度，当然需要有诉讼双方认可的测谎协议"。②

---

① 何家弘：《测谎结论与证据的"有限采用规则"》，载《中国法学》2002年第2期，第140~151页。

② ［美］乔恩.R.华尔兹著：《刑事证据大全》，何家弘等译，中国人民公安大学出版社1993年版，第452~462页。

1972年,在新泽西州诉麦克达维特案中,被告人在与检察官达成协议的情况下接受了测谎,但是测谎结论对他不利,他便反对将该结论作为证据。审判法院在一审中采纳了该测谎结论,并判被告人有罪。被告人随后提出上诉,认为法院将该测谎结论作为证据是错误的。新泽西州最高法院的裁定肯定了该测谎结论的可采性,并指出:"在刑事案件中,只要被告人和检察官达成协议让被告人接受测谎审查并将测谎结论提交法庭作为证据,那么该协议就应该是有效的"。该法院还以司法认知的方式确认了"测谎技术在警察机关、执法机关和私人保安业都已经得到了广泛的应用"。

3. 采纳测谎结论的理由

　　法院同意采纳签有协议的测谎结论作为证据的理由主要有两个:第一个理由是"公平游戏"理论,即被告人事前已经同意进行测谎,如果结论对他有利就可以采纳,而结论对他不利就不能采纳,这显然不符合"公平游戏"的规则;第二个理由是"协议约束"理论,即被告人和检察官签署的测谎协议应该对双方都有约束力。这是很多法院在采纳协议测谎结论时给出的理由。不过,法官往往在同意采纳的同时要求对测谎协议进行审查,并且要采取相应的措施保障测谎结论的可靠性。

　　在1966年的人民诉波特斯案中,伊利诺伊州上诉法院将测谎结论的保障措施概括如下:(1)协议必须以书面形式,而且要有被告人及其律师的签名;(2)如果测谎人员不称职或测谎条件不合格,审判法院仍有权拒绝采纳测谎结论;(3)诉讼双方都有权就测谎人员的培训情况、测谎的条件、可能出现的技术错误以及其他有关问题对测谎人员进行交叉询问;(4)法官应该就该测谎结论的证据效力明确指示陪审团。

4. 反对采纳测谎结论的理由

　　在相当长的时期内,测谎技术缺乏科学性和测谎结论缺乏可靠性,一直是人们反对在审判中采纳测谎结论的主要理由。但是在法院基本上认可了测谎技术的科学性之后,反对测谎技术的人又开始从其他角度寻找否定测谎结论的理由。这主要基于两个方面的考虑:其一是反对强迫自证有罪的证言特免权；其二是传闻证据排除规则。这两个理由也经常在审判中被辩护律师用作要求法庭排除测谎结论之"证据异议"的理由。

持第一种理由的人提出，采纳测谎结论为证据违反了美国宪法第五修正案中关于反对强迫自证有罪的规定，因为测谎也等于让被告人提供对其不利的证据。但是，这种观点是很难成立的。美国法院的一系列判例已经表明反对强迫自证有罪的规定仅适用于强迫性供述，不适用于其他方式的证明，如强制被告人接受辨认，以及强制提取被告人的笔迹、指纹、血液等样本以便鉴定。

在1973年的合众国诉迪奥尼斯奥案中，法官因犯罪嫌疑人拒绝向调查一起赌博案的大陪审团提供其声音样本以供辨认而判其犯有藐视法庭罪。法官认为，大陪审团要求该嫌疑人读一份与案件有关的电话交谈记录以便证人进行声音辨认的做法，并没有违反宪法第五修正案的规定，因为"那录音完全是用来测定其声音的物理特征，而不是为了证实其所说或所交谈的内容"。在同一年的合众国诉马雷案中，法院也认可了大陪审团命令某嫌疑人提供笔迹样本以便鉴定的做法。

虽然反对者会说测谎所记录的实际上是嫌疑人的供述，它不同于声音识别和笔迹鉴定。但是，测谎也完全可以采用无须被告人用语言回答的方式进行，即仅记录其听到相关问题之后的生理反应征象，而这显然与声音识别和笔迹鉴定并无二致。再者，由于测谎必须有被测人自愿签署的协议，所以这种强迫自证有罪的反对理由没有实际意义。

依据传闻证据排除规则来否定测谎结论的可采性也是很难成立的，因为测谎专家在法庭上提供的证言不应被划入传闻证据的范畴。在1972年合众国诉赖德林案中，法官驳回了辩护律师针对测谎证据提出的传闻异议，并把测谎专家与"检验病人并获准就该病人的生理状况在法庭上提供意见的医生"进行了比较，认为二者的性质是相同的，二者在法庭上提供的证言都属于专家意见，"这与传闻毫无共同之处"。

5. 自愿性是测谎结论采纳的基本标准

目前，美国的联邦法院和36个州的法院都通过判例肯定了测谎结论的可采性。虽然各法院的判决原则和理由并不尽同。但是一般都把自愿性作为采纳测谎结论的基本标准。当然,被采纳为证据的测谎结论还要接受法官或陪审团对其真实可靠性的审查。在有些案件中,法官为了保证测谎的自愿性和公正性,还会在法庭上亲自询问被告人对待测谎的意见,并让被告人自己挑选测谎专家。

1989年合众国诉皮奇诺纳案也涉及伪证罪的测谎问题,只是控辩双方的立场与其他判例不同。被告人被指控在大陪审团调查一起反托拉斯案的过程中提供了伪证。被告人坚决予以否认,并表示愿意接受测谎并与检察官签订测谎协议。检察官拒绝了被告方的请求。不过,被告人还是自己找专家进行了测谎,并要求主持该案审判的联邦地区法官把测谎结论采纳为证据。根据检察官的异议,法官裁定该测谎结论不予采纳。被告人提出上诉,联邦巡回区上诉法院在审理之后,推翻了联邦地区法院的裁定,肯定了该测谎结论的可采性。该上诉法院的法官们指出:"近年来在测谎技术方面取得了意义重大的进步……以至于其检测结果作为法庭证据已为科学界所认可";"测谎技术已发展到在限定范围内充分接受和使用测谎证据的水平,不公平的偏见所造成的危险性已缩小到最低限度。"

由此可以看出美国司法机关在测谎结论的可采性问题上的基本态度:第一,测谎结论可以采纳为证据;第二,测谎必须是在被测人自愿的情况下进行的;第三,法院在采用测谎结论时必须谨慎,要在有限制的条件下采用。

二、我国现状

我国最高人民检察院1999年9月10日在《关于CPS多道心理测试鉴定结论能否作为诉讼证据使用问题的批复》中明确指出:人民检察院办理案件,可以使用CPS多道心理测试鉴定结论帮助审查、判断证据,但不能将CPS多道心理测试鉴定结论作为证据使用。该"批复"实际上也是国内对心理测试技术证据之途的一个明确界定。

在测试领域关于测试结论的证据价值的讨论,以及测试技术的法律性质的思考一直没有停止。

(一)关于心理测试技术的法律性质

目前,对心理测试技术的法律性质认识主要有物证技术、心理鉴定技术和辅助侦查手段等几种观点。

1. 物证技术

刘猜等曾将测试技术列入广义物证技术的行列。测试技术是在和被测人的交谈中和案件联系起来而获取生理学测量数据,根据生理学测量数据得出测试结论,测试反应(生理学测量数据)是交谈行为的产物,但测试结果不是用来证实其所说或所交谈的内容。因此,测试结论既不是言词证据材料,也不是有关某种交谈行为的证据材料,而是具有"物证"材料的性质。

2. 辅助侦查手段

有人根据《中华人民共和国国家安全法》和《中华人民共和国人民警察法》的规定,国家安全机关、公安机关因侦查犯罪的需要,可以采用技术侦查措施。从对条文的理解出发,认为心理测试技术应当属于技术侦查措施之列。[①] 同时认为不宜将测试结论作为法庭证据交给法官审查采信,而可以将其作为侦查机关开展侦查的一种辅助性手段看待。[②]

3. 心理鉴定技术

也有专家将这一技术列为心理鉴定技术。心理测试是一项以心理科学原理为理论依据的心理鉴定技术。同所有物证技术如指纹鉴定、血痕鉴定、笔迹鉴定、声纹鉴定、足迹鉴定结论相似,心理测试结论也是通过科学技术的手段对个体身心特征进行的同一性认定。有所不同的是,其他物证鉴定技术是对人身特征及行为活动物质痕迹的鉴定,而犯罪心理测试技术鉴定则是对人的心理活动痕迹的鉴定。形式不同但本质一致。目前,它是以鉴定报告方式为刑事案件和民事案件事实的认定提供依据。如果是专业合格的测试人所作出的测试结论,其实质无疑应属于科学鉴

---

① 刘静坤、游文程:《关于测谎技术作为侦查手段运用的立法思考》,载《四川警官高等专科学校学报》2004 年第 16 卷第 3 期,第 67~70 页。

② 张桂霞:《心理测试技术的法制化构建》,载《科苑论谈》2004 年第 3 期,第 88~91 页。

定结论范畴。① 陈云林等认为,心理测试技术是检验鉴定技术的一种,属于刑事科学技术;其不替代任何其他现有的刑事科学技术、刑事侦查过程和刑事侦查手段。

(二)关于测试结论的法律地位

虽然最高人民检察院于1999年9月10日作出的《关于多道心理测试鉴定结论能否作为诉讼证据使用问题的批复》是目前心理测试结论不能作为诉讼证据的法律限制,但是,测试结论究竟应不应当成为诉讼中的证据,却一直是心理测试界同仁们共同关注的问题,观点也各不相同。肯定者有之,否定者有之,有限肯定者亦有之。

1. 肯定说

该观点认为,依照《国家安全法》和《警察法》中关于技术侦查措施的规定以及《中华人民共和国刑事诉讼法》中关于证据收集的方法和种类的规定,测试结果作为测试人运用其知识和技能分析通过仪器记录的被测人的生理反应所作出的判断结论,应认为其具有证据能力。在证据种类中,应属鉴定结论。② 其次,测谎结果具有证据的客观性和关联性。客观现实是心理的源泉和内容,人脑对客观事物的反映就是受客观刺激心理作用的结果。因此,通常情况下,犯罪分子在实施犯罪过程中,心理异常紧张,他所感知的形象、体验的情绪和采取的行动会在大脑中留下深刻的印记,有些甚至是终生难忘的,如果过后被人提起,对他会是一种强烈的心理刺激,并且必然引起生理上的异常变化。③

2. 否定说

心理测试只能作为公安机关的侦查手段,而不能作为证据使用。④ 因

---

① 武伯欣:《中国犯罪心理测试技术理论论纲》,载《中国人民公安大学学报》2003年第2期,第141~143页。
② 周菁、王超:《测谎仪的是是非非》,载《四川警官高等专科学校学报》2002年第1期,第42页。
③ 王戬:《论测谎证据》,载《法学》2000年第11期。
④ 周海军、邱伟:《浅谈现代测谎技术》,载《法律与医学杂志》2004年11月第11卷增刊,第75~76页。

为,测试结论是依据对测试过程中收集的被测人在相关、非相关问题上的生理数据进行比较分析得出的,被测人所有的生理反应是建立在说谎或听到敏感问题会引起一定的情绪反应,而一定的情绪反应会引起某些变化的原理之上的,所以,凡是可能对该情绪反应及生理变化发生干扰的因素,都有可能影响测试结果的准确性,将测谎结论作为法定证据来使用是不合理的。另外,如果将测谎结论定位为法定证据,那么,势必会引发我国刑事诉讼体制的大变革。测谎既能针对犯罪的情节进行测试,判断某人是否知情,还能对"这件事是你做的吗"这类问题作出测试并得出结论,这等同于向被测人进行了宣判,违背了相关法律精神。①

3. 有限肯定说

该观点认为测试结论具有证据能力。② 理由是:测试仪的使用并不侵犯犯罪嫌疑人、被告人的合法权利;测试仪的准确度已得到实践验证;测试结论在证据种类上属鉴定结论。测谎实验中相关性问题的设计可以从中获取被测人与案件的相关线索,可以为刑事侦查提供新的侦查方向,或可验证侦查中的假定和推论。测试结论也可以与案件中的其他间接证据相互印证,形成一定的证据锁链,从而更有力地证明待证事实。③ 同时,应该注意测试结论并不具有绝对的证明力,测试结论不能单独作为定罪的证据。

还有学者认为,测谎结论可以在诉讼中采用为证据,但是属于"有限采用",即只能用来审查言词证据的真实可靠性,而不能直接用来证明案件事实。④ 不过,在伪证罪等案件中,如果某人陈述的真伪就是基本案件事实的构成要素,那么测谎结论也可以作为认定案件事实的根据,但是不能作为定案的唯一证据,还需要其他证据进行补强。

---

① 寿海:《测谎技术漫谈》,载《法律与医学杂志》2004 年 11 月第 11 卷增刊,第 220 页。
② 范向阳:《关于测谎结论的争议及思考》,载《预审探索》2001 年第 3 期,第 31～32 页。
③ 查恒兴、吴春峰:《测谎结论证据价值分析》,载《江苏公安专科学校学报》1999 年第 1 期。
④ 何家弘:《测谎结论与证据的"有限采用规则"》,载《中国法学》2002 年第 2 期,第 140～151 页。

正如"否定说"所言,测试仪所收集的生理指标是客观的,但是,测试仪的运用还受到多个方面因素的影响,如操作员的经验、科学的程序及被测人的个性因素、测试的环境等。尤其是对测量结果的分析,对图谱的评判,对测试问题的设计等,都必须依靠测试人。而测试人的技能水平将在很大程度上决定着测试结果的可靠性。因此,测试具有较大的主观性。

三、应用前景

有理由相信,随着心理测试技术从测试原理、测试仪器、测试指标、测试方法、测试程序、测试条件、测试评图结论方法等的科学性、标准化的不断完善,测试内容、测试对象关联性的严格控制,使得测试结论的准确性、科学性得以不断提高。心理测试结论日渐符合诉讼证据的客观性、关联性之特性要求,赋予测试结论证据效力的合法性将指日可待。心理测试技术作为一门新兴的司法鉴定技术,心理测试结论成为法定证据种类也将成为必然。

事实上,许多人认为,2013年1月1日生效的《中华人民共和国刑事诉讼法》对证据的定义及其种类的修订,即为多道仪测试结论成为证据消除了法律上的障碍。

第二编　多道仪"测谎"要素

第一章　多道仪测试的主体

心理测试主体,指的是参与心理测试过程,在心理测试这一法律关系中享有一定权利和承担一定义务的人或组织。涉及心理测试技术的施测者和被测人。具体来说,包括心理测试机构、心理测试人和心理测试对象(被测人)。

由于各国的司法体制有所差别,所以对测试机构的规定各有不同。

我国现有测试规程对测试主体的资格及条件,在测试过程中享有的权利和义务也作了初步规定。

第一节　测试机构

测试机构,是心理测试机构的简称,是心理测试技术的实施主体。

一、国外概况

美国的许多警察机关、保安部门、军事机关都设有测谎机构,专门为国家级的部门服务,也有私人侦探所及社会性的测谎公司和测谎事务所等机构,专门为社会提供测谎服务。①

日本有1个警视厅和46个警察本部,分别归属1个都、1个道、2个府和43个县。这47个警察机构都设有一个法庭科学实验室。每一实验室

---

① 李刚、胡夏冰:《测谎仪的发展与应用》,载《中国人民公安大学学报》(自然科学版)2003年第5期,第70~74页。

有五个研究室:法医学室、化学室、物理学室、文检室和心理学室。尽管邮电部和自卫队也有一些犯罪心理测试人,但这些测试被限制在内部调查中,测试的案例每年不超过30起。此外,日本的犯罪心理生理检测仅仅应用于刑事侦查。日本还有两名私人犯罪心理测试人,然而,20年中他们测试的案例不超过50起。[①]

二、我国状况

近年来,我国部分公安机关、检察院、法院建立了专门的心理测试机构,为侦查和审判提供技术支持;社会也有司法鉴定机构开展心理测试的鉴定工作。但目前在我国主要的测试机构,还是在刑事侦查中应用心理测试技术的公安机关等专业部门。为此公安机关就测试机构的管理问题,在相关技术规程中对其设立、认定、考核及职责的限定等作出了相应的规定。

对测试机构的设立条件提出:1. 应符合《公安机关鉴定机构登记管理办法》的相关要求,并经登记管理部门核准登记,取得《鉴定机构资格证书》方可进行测试工作;2. 隶属于各级公安机关;3. 专业从事心理测试工作;4. 由具有测试资质的心理测试人担任心理测试专业技术职位;5. 有符合标准的专门的心理测试场所;6. 有符合标准的专门的心理测试仪器。

对测试机构的职责明确为:1. 负责所属心理测试人、仪器设备和相关心理测试行为的管理;2. 出具心理测试结果报告;3. 对所属心理测试人所作出的心理测试报告结果负责;4. 承担测试档案的保管和查询;5. 其他相关责任。

对测试机构认定考核规定为:1. 测试机构的资格由《公安机关鉴定机构登记管理办法》中规定的登记管理部门核准登记,以颁发《鉴定机构资格证书》的形式认定;2. 测试机构应定期接受登记管理部门的考核,未通过考核的测试机构将被暂停或取消测试资格。

[①] 付有志、刘猜著:《破解"测谎"的密码——心理生理检测在探案中的应用》,中国人民公安大学出版社2006年版,第237页。

第二节　测试人

测试人,是心理测试人的简称,是指获得了相应测试资质,在一定的测试机构从事心理测试的从业人员。

测试人的专业素质,是关系心理测试成效的重要因素。这一点在各国的测试界均已达成共识。但对测试人的遴选及技能培养则各有途径。

一、国外概况

西方国家,心理测试操作人员也被称作是法庭心理生理学家。在进行犯罪心理测试的过程中,法庭心理生理学家要进行下列工作:检测犯罪心理测试装置;会见接受测试者;提问;进行特征测绘;分析评估测试数据等。犯罪心理测试人作为犯罪心理测试技术的实施主体,对犯罪心理测试结论的可靠性起着决定性作用。因此,严格限定犯罪心理测试人的资质条件被视为必须。

在美国,联邦及各州对测谎人员的资格要求有所不同。美国测谎研究中心要求测谎人员必须接受过为期3年的全日制学习,研究过250起庭审案例。墨西哥州法院认为,测试人的最低资格要求是:(1)至少有5年从事测谎工作的经历或接受过同等程度训练;(2)在将结果作为证据在法庭上提出的测谎试验进行前的1年时间内,接受过至少20个小时的连续教育。美国测谎专家弗雷德.E.扎贝尼认为,测谎人员应该是既学过生理学,又学过物理学的大学毕业生。

而测谎专家里德和英博则认为,测谎人员须具备以下资格条件:(1)具备大专学历;(2)受过至少6个月由合格的、有经验的测谎人员指导的实习,或是由具备丰富实践经验的测谎人员在实际案件检验中进行指导;(3)至少有5年的工作经验;(4)道德高尚,不因被测人种族、地域、政治信仰、财产不同而产生偏见。里德和英博承认,在美国很多测谎人员不具备这些基本条件,80%的测谎人员的水平未能达到上述标准。[①]

[①] [美]乔恩.R.华尔兹著:《刑事证据大全》,何家弘等译,中国人民公安大学出版社1993年版,第457页。

目前在美国国防部设有测谎学院,主要是培训国家级测谎人员(包括军队、保密机构、邮电部门),每期培训时间为 3 个月,开设心理学、生理学、审讯、法律、道德、测谎历史、测试问题的设置以及在法庭上怎样作证等。国家部门的测谎人员只能为国家级的部门服务,测试要求提前预约,美国州一级测谎人员的多少,取决于警察局人员的数量,人员数量在 170 名左右的警察局配备测谎人员 2 名;人员数量在 500 名左右的警察局配备测谎人员 3 名。各警察局都有自己的测谎制度,密歇根州对测谎人员要求有本科学历、3 年以上的(警察)工作经验,且通过口试合格后,方被送到州一级的测谎学院培训,培训班结业后实习,实习必须在老师的带领下完成 200 个实战测试,前 25 个实战测试老师必须在场监督,余下的 175 个实战测试老师可采取不同的方式进行指导。完成 200 个实战测试后,由老师向州测谎委员会提出报告,为实习生申请上岗许可证。申领许可证要向州测谎委员会提交 10 份实战测试图(5 个确定、5 个排除),分别有 5 个委员会成员审查后对实习生进行测试(笔试、口试),通过测试后才能得到上岗许可证,有效期为 1 年。此后,测谎人员每年都要参加一次为期 16 天的高级培训。

对于具体的测谎员培训过程,我国有学者在《亲历美国测谎员的培养》[1]一文中记述了自己在美国接受测谎培训的见闻,为我们了解美国的测谎员培训提供了一个直观的视角。文中讲道,目前美国大约有 5000 名测谎员,3000 台测谎仪,每一个大中城市都有数台。执法机关普遍利用测谎仪对嫌疑人进行筛选。另外,美国国防部、国家安全局、财政部、海关、邮政部等部门也都大量使用。一些州还利用测谎来监督监外执行的犯人或假释犯,效果出人意料的好。美国测谎协会通过制定测谎规范来管理整个国家的测谎工作。目前,它承认近 20 所测谎学院。未经这些测谎学院培养的学生是得不到测谎执照的。多数测谎学院是私人办的。招收的学生一般是大学生,但也接收有多年办案经验的警员。其中 Abrams 办的测谎学院的测谎课程是 10 周。课程主要由 5 名老师执教,其中 3 名是教授

---

[1] 黄友兰:《亲历美国测谎员的培养》,载《人民公安》1999 年第 11 期。

（Abrams、生理学教授和心理学教授）。另两个是有丰富经验的测谎专家。其中基础理论课，包括生理学和心理学，以及和测谎有关的基础知识，如测谎发展史、各种测谎方法的理论基础、各种犯罪类型的特点、测谎技术的有效性、可测试的范围、反测谎的措施及有关法律等，这样，基础理论加测谎具体理论约占100学时。美国测谎学院之所以对理论如此重视，一方面是为了让测谎员能够在特殊的情况下灵活处理问题，另一方面是为了在法庭上，当对方律师提出各种刁难性的理论问题时，测谎员可以正确地回答。……为了让学生们接触到不同学派，Abrams学院还邀请了6位校外专家来校，讲述各自的观点和方法。除上述课程以外的其他时间，约300学时在重点讲、练具体的测谎技术上。测谎技术的实践性非常强，老师主要是通过讲解大量的实例进行教学，学生也是通过做大量的练习来学习。这300学时的实际测谎技术的讲解和训练是整个学习的核心。主要由Abrams和两位有丰富经验的测谎专家来教授。重点放在准绳问题法（CQT）及它的近十几种变种上，而紧张峰测试法（POT）和犯罪情景测试法（GKT）只占很少学时。准绳问题法的教学侧重于相关问题的原则，准绳问题的原则，测试前谈话，准绳问题的开发，对被测人的激励，测谎仪器的合理操作，图谱的定量分析等内容。其中测前谈话，包括准绳问题的开发以及图谱定量分析，又是其中花时间最多的。为了训练准绳问题的开发能力，老师举出一些案例，轮流让学生当测试人，开发准绳问题，老师在旁边扮演被测人，用他碰到过的难对付的被测人的话来训练学生。为了让学生熟练掌握图谱分析，老师拿投影仪把大量的不同人的图谱投到屏幕上，让学生上去评分，下面的同学也要说出自己的意见。以上两种练习每天都要用相当时间反复做。此外，每个人都要按老师的原则自己设计一套测试前谈话，请另一位同学扮演被测人，自己扮演测试人和他谈话，另一同学可以提出一个被测人可能提的任意问题，扮演测试人的学生必须作出令人满意的回答。整个过程用录像机录下，学生不满意可以重来。测试人的姿态和表情必须是和谐的，同时又能驾驭着整个局面。最后，老师和全班同学根据录像提出评议。一部分白天和多数晚上是同学们互相练习测试的时间。每周有两个晚上是正式课外实习时间,由学校找志愿者让学生们做模拟测试,或给被怀疑犯有轻罪的被测人做实际测试。在学习过程中除心理学外都有若干次考试。最后每名学生都必须留下10份评分合格的图谱。

在日本,对心理测试人的要求也很严格,只有一小部分警官是心理测试人,原因是成为心理测试人的前提是至少具有心理学硕士学位,然后候选人要接受心理测试的强化培训和一段时间的实习,方可成为一名合格的心理测试人,并被允许在法庭上提供证言。[①]

二、我国状况

(一) 各种建议

我国不少测试界的先行者,在测试实践过程中,敏锐地认识到测试人的专业素质是影响心理测试技术发展的关键,纷纷呼吁并提出严格测试人资质认定、加强测试人专业技能培养的建议。

有人认为,在我国,不同的专业背景及不同的研究和应用目的形成了不同的测试群体及测试个体,这些群体和个体无论是在对心理测试技术的理论认识上,还是在操作方法的形成和使用上均有很大的差异,造成了心理测试技术标准化的困难。规范从业者的学科标准、培养从业者的实践基础是解决这一问题的主要和重要措施。规范从业者的学科标准的意义在于:从心理测试的信度和效度看,它受着许多心理实验主客观因素的制约,犯罪心理测试人的心理学专业素质至关重要。同时须具备刑侦、预审、法律和政治等业务素质。心理学基础是必须具备的,如普通心理学、生理心理学、言语心理学和记忆心理学等。对测试涉及的法律问题必须严格遵守,需要具备相关的法律知识。心理测试的编题技术和测试策略是建立在有关案件客观性的材料基础上的,这就需要有一定的现场勘察学、侦查学、法医学基础。对于这些基础知识,从业人员需要有学分证明或者是培训结业证书。此外,还要注意犯罪心理动态描绘分析和综合方法设

---

① [美]约翰·帕尔马特等:《"测谎"在中国何去何从?》,载何家弘著:《证据学论坛》(第5卷),中国检察出版社2002年版,第219~220页。

计编制问题的科学性。这些知识涉及对测试仪的原理和工作过程的学习,各种现行测试的理论和编题技术的了解、对比和思考。这类知识基础应该由特定的组织机构来培训,培训内容应该包括理论课和实验课。培养从业人员实践基础的作用在于:要想成为一名出色的心理测试人,仅仅拥有上述良好的理论基础是不够的。犯罪问题一般潜伏在日常生活的表层之下,打击犯罪是实践性非常强的工作,只有在理论知识基础上具备感性知识才能完成合格的犯罪心理测试。测试人与一线人员一起工作一段时间,可以实现知识和技能的相互交流,了解一线的需求和期望,熟悉工作的风格和规则。为了便于进行量的考核,可以从实践时间、案件类型和案件数量三个方面来要求。①

也有人认为,我国目前这种对测试人资格要求不严的做法是导致测试失误的主要因素之一,随着测试技术使用的日益增多,应当对测试人的资格问题作出明确规范。在总结我国有关测谎技术研究和实践经验的基础上,借鉴外国的有关立法和理论,可对我国从事测试工作的人员的资格问题作出如下规定:(1)具有大学本科以上学历;(2)掌握心理学、生理学、电子学等学科的基础知识;(3)在上岗之前至少经过 1 年以上的专门培训;(4)在合格的有经验的测试人指导下实习至少 6 个月;(5)至少有 3 年以上的从事司法工作的经验;(6)设立资格检验制度,以考察是否具备测试人应当具备的素质;(7)对于已经取得测试人资格的,应当定期接受再培训,以保证其知识和技能的更新;(8)同等条件下,优秀的审讯人员应优先录用为测谎人员。②

(二)相关规定

近年,我国公安机关的相关规定对心理测试人的专业资格及权利义务也提出了明确的要求,指明测试人的资格获得及上岗从业都必须符合一定的规定。

---

① 武伯欣、张明艳:《犯罪心理测试者的资质》,载《江苏警官学院学报》2003 年第 5 期,第 176~178 页。

② 蒋石平:《测谎技术法律问题透析》,载《法学评论》2006 年第 1 期,第 141~145 页。

在心理测试人的基本条件及资格获得方面规定,心理测试人应具备以下基本条件:1.拥护党和国家的基本路线、方针和政策;2.身体健康,道德品质高尚,办事公正;3.具有大学专科以上的文化学历;4.具有2年以上侦查、技术、询(讯)问工作经验,并且具备相应的计算机操作技能;5.愿意从事心理测试技术工作;6.经过心理测试技术专业技能培训并取得《结业证书》等。

对心理测试人的培训要求提出,测试人的专业技能培训内容应含有以下科目:1.心理测试技术的基本科学原理;2.心理测试技术的简要发展过程;3.心理测试技术实施的必要程序;4.心理测试技术的基本方法,即测试题目编制、测试图谱分析和测试结果形成等;5.心理测试仪的操作与使用;6.心理测试技术的功能与局限认识;7.实习等。

就心理测试人的从业管理也提出了相应的要求:1.测试人在经过心理测试仪的操作与使用及符合规定的培训内容后可获得见习测试资格,见习期至少为12个月。具有见习测试资格的测试人在见习期内不允许担任主测人。2.正式的心理测试应由至少2名测试人员同时实施,其中作为主测人的测试人应具有《鉴定人资格证书》,持证从事正式心理测试。3.测试人的专业技术职务资格分为三级,即按其专业技术水平和实际工作业绩可分别获得心理测试技术助理工程师、工程师和高级工程师资质。测试人的专业技术职位分为七级,即一级至七级鉴定官,分别与各级专业技术职务资格相对应。取得各级测试资质的测试人可以担任相应的心理测试专业技术职位。4.测试人有义务在测试前向委托单位或被测人出示相应的《鉴定人资格证书》或专业技术职位证书。5.心理测试人的专业技能培训由公安部指定或委托的部门承担。6.心理测试人的《鉴定人资格证书》和专业技能培训《结业证书》由公安部指定的部门负责考核、认证和颁发。7.测试人的鉴定人资格及证书的登记、管理,依照《公安机关鉴定人登记管理办法》的相关规定执行。8.心理测试人的鉴定人资格的申请注销或直接注销,依照《公安机关鉴定人登记管理办法》的相关规定执行。9.测试人的鉴定人资格被注销后,鉴定人登记管理部门应向该测试人所在单位发出《注销鉴定人资格通知书》，收回《鉴定人资格证书》。被注销资格的测试人重新申请的，依照《公安机关鉴定人登记管理办法》的相关规定办理等。

明确心理测试人在测试过程中享有一定的权利且负有一定的责任：1. 对整个心理测试过程，包括测试条件、测试实施、测试结果及相关工作负责；2. 有权根据案件情况、被测人情况等独立决定测试是否应该进行以及在什么时间和地点进行；3. 判断测试环境和气氛条件不适宜测试时，有权决定不进行测试；4. 在遇到不适宜测试情况时有权不进行测试或不对测试结果负责；5. 对于测试中出现的失误承担相应的技术责任；6. 负责测试仪器设备的管理、维护、校验等工作，保证测试仪器的正常工作等。

测试人应遵守的工作守则为：1. 积极配合委托单位工作，尽力满足刑事侦查的各种需要；2. 严格执行本规程要求，客观公正，科学严谨；3. 禁止把心理测试仪器设备交给未经授权的人使用；4. 禁止滥用和擅自使用心理测试仪器设备；5. 爱护心理测试仪器设备；6. 严格保守相关秘密；7. 出现需要回避情形时应主动申请回避；8. 严格自律，测试前不饮酒、不过度劳累，保证充足的休息和睡眠，保证在测试实施时具有清醒准确的神志状态和判断力；9. 测试着装应整洁大方，不许着奇装异服或蓬头垢面进行测试；10. 一名测试人连续测试两名被测人或者连续测试时间达5个小时时，必须休息至少2个小时才可以继续测试，确保不会发生因为测试人过度疲劳而导致测试判断出现偏差的情况；11. 可进行测后谈话或参加测后审讯工作；12. 测试时可携带约束性警械或自卫性武器，但不允许公开展示等。

第三节　被测人

被测人，是心理测试对象的简称。

心理测试技术的被测人随着技术应用领域的不同而有所差别。犯罪调查中的嫌疑人、证人、被害人；司法审判中的被告、原告、证人；安全审查中的涉嫌对象；人员筛查中的待选人员等。

但总体来说，心理测试技术的使用，对被测人有着严格的限定，并非任何人或任何条件下都可以成为心理测试的被测人。被测人接受心理测试必须符合一定的规定要求，主要包括对测试对象的心理、生理状态的评定，以及自愿性的确定和保障等。

一、国外概况

在美国、澳大利亚等国家，都把自愿性作为采纳测谎结论的基本标准。换言之，只有在有证据证明被测人自愿接受测谎的情况下，测谎结论才可以被采纳为证据。而被测人在测谎之前与警察或检察官签署的测谎协议就是这种自愿性的充分证明。

美国《1988年雇员犯罪心理测试保护条例》中规定，商业部门可以申请进行此类实验，但是不能迫使其他人接受实验测试。如果雇员拒绝接受实验测试，商业部门不能因此对其进行纪律处罚或者将其解雇。

二、我国状况

我国目前对心理测试中被测人的相关规定涉及适用范围、不适用情形、适用原则等方面。

各类案件所涉及的人员，只要身心状况良好，能与测试人进行正常交流，愿意接受心理测试的，经过一定的法律程序，均可作为被测人接受测试。

第二章　多道仪测试的仪器

近代(传统)测谎技术是从采集人的生理参数开始的,测谎技术的发展伴随着采集生理参数装置的改进而进步。现代技术以计算机技术为依托,综合多学科理论,成果向多样化方向发展。

心理测试仪器在测试技术中占据重要地位,是测试技术能有效实现测试目的的保障。因而,测试仪器的研究和改进,就成为了测试领域研究和开发的重要对象。国内外许多研究者为此作出了积极地探索和贡献。

第一节　测试仪器的研究发展

一、国外测试仪器的发展概况

有学者对近现代心理测试仪的产生与发展做了全面而概要的回顾。[①]

(一)近代测试装置的形成及应用

1. 测谎所涉及生理参数的研究贡献

1530年,伽利略制造了一个显示脉搏速率的钟摆,他是目前为人所知的第一个制造显示脉搏速率机械装置的科学家。它的出现,启发了人的思维,努力尝试用仪器来显示人的生理活动情况。1791年,伽伐尼发明了皮电计,1897年便由斯蒂克用于犯罪嫌疑人的情绪测试。1820年,布朗等人经过长期的研究,提出了久暂律、鲜明律、次数律、新近律、并存律、交替律、个体素质差异律、习惯律共8条心理学规律,这些理论为解释刺激与心理、生理反应关系以及如何科学控制测试条件提供了依据。1870年,莫索在研究恐惧对人的生理影响时,制造出了一个平衡点非常灵敏的摇篮,如有人斜靠着它,它会随着人的呼吸节奏而摇动。这一运动被记录在一个旋转的烟纸鼓上,显示人的身体变化。套在脚上的胶管管头系在一个绷圈上,绷圈的一端会在纸烟鼓上形成另一个记录,显示血压的变化,成为

---

① 曹晓宝:《简论测谎技术》,载《铁道警官高等专科学校学报》2004年第3期,第83~85页。

第一个血压记录器。1875年莫曼发明了血管容积记录器。1884年詹姆士和兰格通过研究情绪心理学，阐明了引起情绪记忆的刺激、人体心理生理反应和个体情绪体验三者之间的关系。1888年，费利等人发明的皮电计也被陆续应用于测试犯罪嫌疑人的情绪变化。

2. 生理参数记录器用于测谎实践的尝试

1895年，意大利犯罪学家朗伯罗梭率先使用了当时在生理学研究中已经成熟的"水力脉搏描记法"对嫌疑人进行了"测谎"实验。1897年斯地克运用一种未成熟的心理检流计模型作为检测谎言的仪器。他对心理检流计的运用是法庭中最早的应用记录。斯地克认为，"皮肤电现象的变化受兴奋情绪的影响，而不受意识的影响"。1904年，犯罪学家门斯特勃格在他的《站在证人的立场上》一书中，论述了怎样运用血压和呼吸的变化进行谎言甄别，并强调了心理学实验方法的实际应用。1914年，意大利科学家贝努西首次使用呼吸描记仪测谎成功，认为呼吸图形常随说谎而变化。他将一根有弹性的管子绕在被测人胸部。这根管子一端封死，另一端有一根橡皮软管记录被测人每次吸气与呼气的变化曲线。他发现，一般情况下吸气深度与呼气深度相比，前者比后者大则讲实话的程度大，反之后者比前者大则说谎的程度大。据说贝努西还用脉搏记录仪做了一些测试，但是没有报道测试结果。现在呼吸记录仪所用的管子与过去贝努西运用的设计基本相同。1917年，美国哈佛大学心理学家马斯顿研制出脉搏压力计，用不连续读取心脏收缩血压的方法测谎，测谎时通过压力袖套获取读数，获得周期性不连贯的血压变化记录。同时，他还使用了记录皮肤电阻变化的电流计。

3. 第一台测试仪的问世及完善

公认的第一台实用测谎仪是在1921年由拉尔森发明的。拉尔森的多项记录仪是组合了血压计和呼吸计而发明的，能够连续记录血压和呼吸这两项指标。1926年，基勒组合了拉尔森式测谎仪和GSR装置而后成功发明了另一种测谎仪。其中，GSR是皮肤电反应的简称，它是由精神压力引起的皮肤电流传导率的变化，该项生理指标的测量技术早在19世纪末即已发明。20世纪20年代,当拉尔森在加州伯克利市警察局进行测谎试验时,警员基勒是他的早期助手。他们采用3个输入通道的基勒式测谎仪很快便获得了使用许可,应用在犯罪侦查和商业机构中的员工招聘及偷窃行为的控制等方面。1945年,基勒的助手里德总结了前人的工作,使用自己设计的"里德多谱描记仪",即第二代测谎仪,该仪器能同时描记受测对象的血压、脉搏、呼吸、皮肤电阻变化和肌肉活动,当时使用的是气动描记法。与第一代相比,测试指标由一个增加到五个,多个指标的综合评定,大大提高了测谎的准确性。

(二)现代测谎仪的完善和发展

1. 记录笔式测谎仪的应用及价值

现代测谎技术最主要的是使用多参量测谎仪(也称多参量心理测试仪)进行的测试。使用的仪器长时间以来都是记录笔式测谎仪,即有几支墨水记录笔分别记录血压、脉搏、呼吸、皮电反应和提问标记。记录笔式测谎仪由传感器、处理器和记录仪组成,又分为三笔、四笔和五笔三种测试仪。三笔是最简单的一种,每支笔分别记录呼吸、皮肤电和脉搏/血压的图谱;四笔增加了一支笔记录提问标记;五笔又增加了一支笔记录腹呼吸,即五笔测试仪有两支笔记录胸呼吸和腹呼吸。传感器包括四种:一是呼吸传感器(胸呼吸和腹呼吸传感器相同),又有气体式、液体式和拉伸式三种款式。美国生产的测谎仪多采用气体式或液体式传感器。后发现它们有易漏的缺点,有的也改用拉伸式传感器。二是皮肤电传感器,它有两种类型:1. 两片不锈钢电极片;2. 两个镀银的触点电极。将两个极片或触点电极分别戴在同一只手的两个手指尖部位,加一定电压。当手指分泌汗液变化时,皮肤电阻变化,电流随之变化。电极片的灵敏度比触点式电极大。三是脉搏/血压传感器,这种传感器同时采集脉搏和血压两项生理参数变化。也有三种类型:1. 血压计式传感器,将血压计袖套束在被测人上臂,之后加60—90mmHg压力。这种传感器的优点是采集脉搏/血压信息方便;缺点是要在被测人上臂加60—90mmHg压力,被测人有很强的压迫感,不能长时间测试。一般持续4—5分钟,就要松开血压计袖套,否则,被测人胳膊血脉不通,造成手发胀、发紫,影响健康。2. 压敏式传感器,将压敏式传感器戴在被测人腕部脉搏跳动的地方。这种传感器的优点是克服了血压计式传感器的缺点,被测人的手臂没有压迫感,可以长时间测试;缺点是被测人手臂动作会影响传感器采集脉搏和血压信号,由于是点对点接触,在给被测人戴传感器时,不易找准位置,需要一定的经验。3. 指脉传感器,用一个非常灵敏的压力传感器戴在被测人的手指上,能非常灵敏地采集被测人脉搏和血压的变化,没有压迫感,可以长时间测试,使用方便。四是动作传感器,它是一个非常灵敏的挠性传感器,放在测试椅下面,只要被测人有一点动作或肌肉有一点动作,就会给出一个信号,主要用于监测被测人的动作干扰。

记录笔式测谎仪是发展最早、使用时间最长、应用最广泛的测谎仪。自20世纪30年代以来,基本上没有什么变化。由于使用方便简单,价格比较便宜,美国许多地区仍在使用这种测谎仪,至今仍占有一定的市场份额。记录笔式测谎仪的长期使用标志着现代测谎技术已经成熟。

2. 计算机化测试仪的出现及发展

20世纪60年代初,由于电子技术飞速发展,出现了新型记录仪和多导仪。它们用热敏电阻、光敏电阻和压电晶体作为换能器、放大器、滤波器和电磁式灵敏记录笔,这种抗干扰能力很强的全电子多谱记录仪就是第三代测谎仪。测谎仪实现了由机械化向电子化发展。1993年美国推出了计算机化的多道测谎仪,将计算机技术融进测谎技术,并开发了自动评分专家系统,使测谎技术提高到了一个新的水平。计算机化测谎仪在测试过程中,可以把大部分机械设备(曲线记录纸、自动记录笔和墨水)引起的故障曲线删除,将正常运行的曲线图谱显示到计算机屏幕上,并能在打印机上打印出来。图谱包括不断变化的血压幅度和频率、皮肤电阻变化、呼吸和脉搏的变化等。计算机以数字化方式将这些数据存储起来,通过分析非常容易得到更准确的结果。这些设备在运行中既不卡记录笔,也不会使墨水流出去,而且还可以用更长的记录纸,避免了手动机械记录产生的误差甚至是错误。在美国,这类产品主要是由拉斐特(Lafayette)和斯多汀(Stolting)公司制造的,价格非常昂贵。

计算机化的测谎技术首先是在 Johns Hopkins 大学应用物理实验室使用的。但有人认为采用这种测谎系统得到的结论并不比常规测谎仪的结论更可靠(这种观点正在改变),其原因就是使用计算机测谎仪检测的结果分析要借助于另外的计算机软件,而且软件在分析测谎仪记录的图谱数据时不会考虑测试时大量人为因素的影响(如测试环境、被测人小动作、表情等)。不过,随着计算机技术的发展,这些问题已经基本被解决了,即评分时测试人可以把出现故障时的数据进行修补或删除,使之不至于影响测试结果。

二、我国测试仪器的研发应用

我国心理测试仪器的研发历程概要如前所述(详见上篇第一编第二章,如表1.1.2-3所示)。

据报道,我国自主研发并在心理测试实践中得以实际应用的心理测试仪主要有以下几种:①即公安部科学技术研究所与中科院自动化研究所联合研制的 PG-X 型系列测试仪;公安大学与某公司在 PG-X 型的基础上开发的 PG-A、98 型系列测试仪;清华同方与清华大学电子工程系联合研制的 SPS-2000、SPS-3000、SPS-4000、LY-1、TH 型系列测试仪;上海双捷计算机网络有限公司与上海刑事科学技术研究所联合研制的 SLA-1A 型等测试仪。这些测谎仪都属于计算机化的测谎仪,且都有自己的市场占有率,也在我国刑事侦查等领域发挥着重要的作用。也有学者对我国测试仪器的研发历程作了翔实的回顾。②

(一)PG-X 型多道心理测试仪

1. 第一台测试仪的诞生及应用

1963 年,毛泽东同志曾指示胡乔木同志具体组织落实心理测试研究

---

① 曹晓宝:《简论测谎技术》,载《铁道警官高等专科学校学报》2004 年第 3 期,第 85 页。

② 常青山、苏剑君:《我国犯罪心理测试技术的历史沿革与发展综述》,载《铁道警官高等专科学校学报》2004 年第 1 期,第 90 页。

会工作,由中科院心理所和航天工业部507所等单位负责研究。研究一年后样机基本成型,"文革"期间课题组解散,研究中断。

1980年公安部时任公安部刑侦局局长的刘文同志带领刑侦技术考察组赴日本考察,其间考察了这一技术后,认为:"测谎仪是有科学依据的,过去持全盘否定态度是错误的"。

1982年,公安部引进了一台美国1972年生产的MAKE-II型语音分析仪。放在北京市公安局试验研究,王补等人率先使用。使用后认为,由于中西方语言文化的差异,此单道测试仪准确率较低,不宜推广应用。

1989年,中国科学院有感于我国运动员心理训练缺乏必要的手段,同北京体育师范学院合作,由张祖丰主研,研制出LZ—I型心理测试仪。随后,由北京体育师范学院的刘淑慧教授在亚运会前为国家射击队的主要参赛运动员进行了测试和心理训练,效果良好。这一喜讯传到了公安部,有关部门立即组织技术人员进行实验,结果证明,我国完全有能力研制出自己的"测谎仪"。在此基础上,又经过一年的努力,1991年初公安部正式立项,由公安部科技情报所、中科院自动化所等单位的技术人员组成了课题组。同年5月,由杨成勋、张祖丰、王补等人为主研制的我国自己研制的第一台"测谎仪"——PG-I型多道心理测试仪诞生;6月通过了公安部科技司主持的专家审定,审定认为:"填补了国内空白,接近和达到国外同类产品水平"。

1992年5月,应山东省公安厅的请求,张祖丰、徐文海使用国产PG-I型"测谎仪",参加了调查某乡党委书记被杀案件。经测试,排除一号嫌疑人,认定了孙鹏程的作案嫌疑。经突审孙鹏程,孙供述了全部犯罪过程。这是我国"测谎"第一起成功的实战案例,这一案例当时曾轰动全国,标志着我国心理测试技术运用于实战的真正开端。

2. PG-12型系列测试仪的开发

在1991年中国科学院研制成功国内第一台"测谎仪"的基础上,以杨成勋、董松樵为代表的技术专家经过十余年不懈的努力,在心理测试技术和心理测试理论方面积累了丰富的经验,开发研制出了PG-7、PG-10、PG-12

型多道心理测试仪。该测试仪具有皮电、指脉、上呼吸、下呼吸、血压、动作共6个检测通道,各通道检测信号实时、准确、客观地描述了被测人的心理变化过程。PG型多参量心理测试仪综合心理学、犯罪学、电子学、计算机科学及其他应用科学,通过分析被测试对象的血压、脉搏、呼吸及皮电等生理参量变化的测试图谱,判断其心理状况。2000年1月5日,PG系列的多参量心理测试仪通过公安部组织的科技成果鉴定,并且荣获2002年公安部、科技部、国家计委、国家经贸委联合颁发的"九五"国家重点科技攻关项目优秀科技成果奖,标志着心理测试仪的技术已达到国际先进水平。

(二)其他测试仪

1. PGA(91—99)、PGA2000型智能化多媒体心理测试系统

1992年之后,张祖丰等一批年轻专家学者,在PG-Ⅰ型心理测试仪的基础上,运用了现代心理学、实验心理技术、神经学及生物电子学等研究成果,通过在北京体育大学、中国政法大学、中国人民公安大学等单位的大量基础实验,经过中国人民公安大学心理测试中心、济南铁路公安局犯罪心理测试分中心及设在全国的150余个心理测试技术点的反复实战检验,经过十余年不懈的努力,逐步升级完善成PGA(91—99)、PGA2000型智能化多媒体心理测试系统,并于2000年通过了公安部刑事技术产品质量监督检测中心的检测。这是一项同时同步记录被测人多项心理生物反应指标,从而评断心理痕迹对应相关度的实验心理技术。

2. 心理测试四分割画面语音同步记录装置

1997年济南铁路公安局犯罪心理测试中心根据实战需要与张祖丰一道开发研制了"心理测试四分割画面语音同步记录装置"。1998年首次用于实战,从以往的测试单纯打印图谱分析与结论的文字化,发展过渡到了视频动态图像化、语音同步化,是心理测试技术的一次飞跃。此项目使心理测试技术更加正规化、法制化,为心理测试结果的视听可示性提供了技术保障,在心理测试技术发展史上有着十分重要的意义。

3. SPS-2000、SPS-3000、SPS-4000、LY-1、TH型系列"测谎仪"

1995年始,以黄兰友博士为代表的一批国内外专家,致力于以拉斐

特、斯多汀等美国原装"测谎仪"和美国测试方法在中国的推广应用，后期与清华同方合作研究开发了 LY 型"测谎仪"。早在 1993—1994 年沈阳市人民法院等部门就进口美国原装"测谎仪"并派人到美国学习测试方法。此后，开始了实战应用，亦取得了较好的效果。再者清华同方殷涛等人研发的 SPS 系列"测谎仪"亦在公、检、法部门得到了广泛使用。

第二节　测试仪器的主要构件

以 PG 系列测试仪为例。

一、PG 系列测试仪的发展进程

PG 系列测试仪从 1990 年开始研制和问世，到目前已在全国公、检、法、军队和国家安全部门等测试机构得到推广应用，在协助犯罪调查中发挥了积极的作用。成功破获案件 5000 余起，侦破了大量的刑事案件和经济案件。PG 型的测试仪也从 PG－1 型、PG－4 型、PG－7 型、发展到了 PG－10 型、PG－12 型、PG－15 型，系统的技术功能也不断得到升级和发展：

PG－1 型，DOS 平台，A/D 转换卡；

PG－4 型，Windows 平台，串口通信；

PG－7 型，软件控制电器参数，无旋钮，各项指标自动控制，无须人工干预；

PG－10 型，新一代的硬件设置（六通道），多媒体化的 32 位软件，独具匠心的专家自动评分系统。

PG－12 型，采用 USB 接口或无线传输技术，计算机提供电源，新思路的传感器设计，基于模式识别的自动评分系统。

PG－15 型，具有 11 道参量，设有皮电、胸呼吸、腹呼吸、血容量和袖套式血压等监测指标，同时该型号测试仪还具有语音测谎功能，这种功能主要基于中科院语音模式识别算法，参考国际语音压力探测（CVSA）技术，通过被测人说话时包含的语音心理信息，反映被测人的情绪变化。

二、PG 系列测试仪的系统框架

PG 系列测试仪将传感器所采集到的生物信号进行处理，将之送入计算机中进行采集记录,并显示在计算机的屏幕上。在测试完毕后再由计算机进行分析和打印图谱,提供给测试人进行评判(如图 1.2.2-1 所示)。

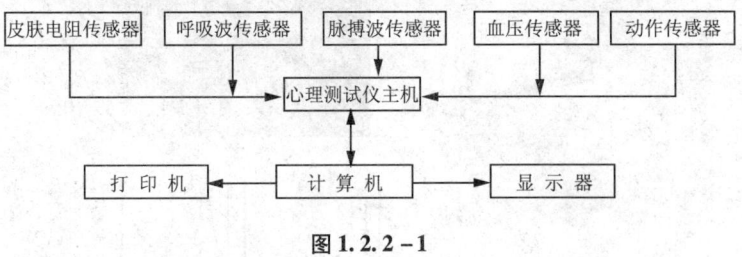

图 1.2.2-1

三、PG 系列测试仪的主要部件

1. 测试仪主机(PG-12 型)

通过公安部鉴定的心理测试设备(如图 1.2.2-2 所示)。

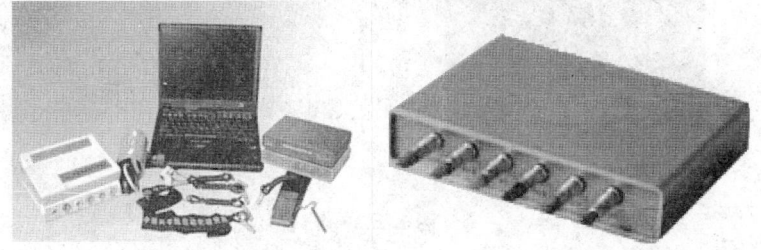

图 1.2.2-2

鉴定意见认为,该型机达到国内领先、国际同类产品水平。

2. 皮电传感器(GSR)

皮电传感器戴于相邻手指间,测量阻值相对变化率(如图 1.2.2-3 所示)。

3. 血容量传感器

血容量传感器在佩戴时,轻轻放置在手指的指肚上,以不滑落为宜。用于检测血流速度(如图 1.2.2-4 所示)。

4. 袖带式血压传感器

袖带式血压传感器为压力传感器,使用气嘴与主机连接,测量人体相对血压的变化(如图 1.2.2-5 所示)。

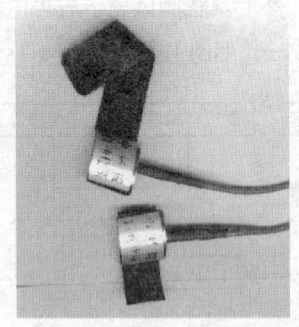
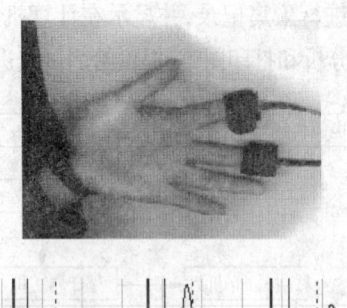

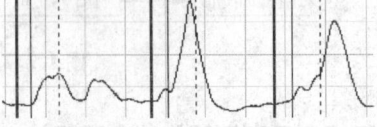

图 1.2.2-3

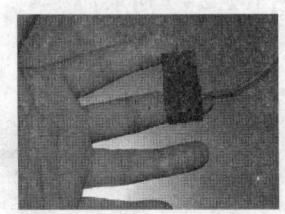
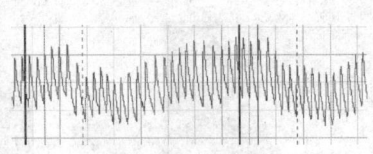

图 1.2.2-4

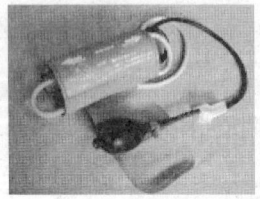

图 1.2.2-5

5. 呼吸波传感器

呼吸传感器佩戴于胸部、腹部,测量呼吸频率及深浅程度(如图 1.2.2-6 所示)。

第一篇
多道仪"测谎"解析

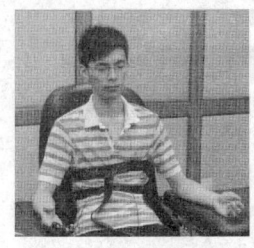
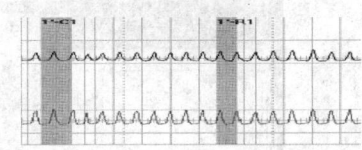

图 1.2.2 - 6

6. 动作监测传感器

动作传感器置于测试椅坐垫上方,侦测被测人测试时的身体动作(如图 1.2.2 - 7 所示)。

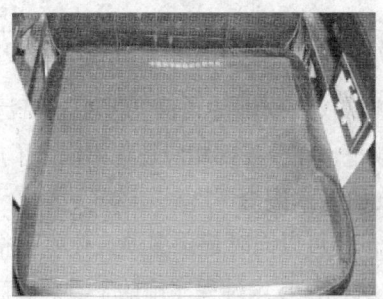

图 1.2.2 - 7

四、PG 系列测试仪的软件系统

1.《心理测试软件》系统

将复杂的软件按功能分为三个部分(编辑、测试、分析),简化设计和使用;

屏幕显示范围尽可能地加大,使之能表达更多的内容,用户界面友好;

丰富的操作过程提示,对错误操作提醒,使操作者在测试过程中减少因错误操作中断程序;

运行速度快,功能稳定可靠。

2. 独特的自动评分系统

通过图谱,应用自动评分软件直接评判出测试结果(如图 1.2.2 - 8 所示)。

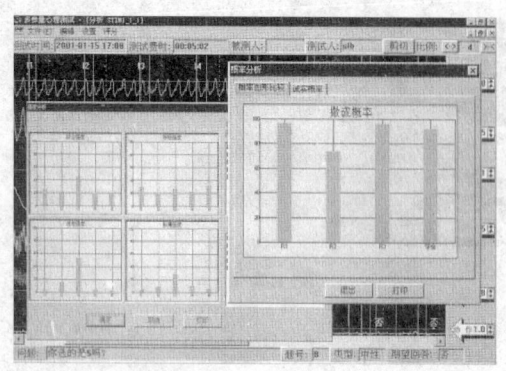

图 1.2.2-8

第三节 测试仪的应用规范

随着各种心理测试仪在我国的司法实践中的广泛应用,心理测试仪的功能要求及应用规范也在公安部相应规程中作出了规定。

一、心理测试仪的基本概念

心理测试仪,指的是可以同时记录多项人体生理指标变化的仪器,又称多道(导)仪,是心理测试技术过程实施的工具。其商品名称有很多,如"测谎仪(器)"、"心理压力评估仪(器)"、"试诚仪(器)"、"心理生理测试仪(器)"、"心理生理分析仪(器)"等。若这类能检测人体生理指标状况的仪器设备用于探查个体的心理信息,则均原则上属于本概念范围,即本概念不以名称而以功能为判断依据。

二、心理测试仪的功能要求

心理测试仪应至少能同时记录被测人的呼吸、脉搏率(或血压)、皮肤电等三项生理参数的变化,并至少具备以下几项功能:

1. 测试题目编制编辑;
2. 完整准确地记录被测人的生理参数的变化;
3. 问答时数据采集完整;
4. 数据图谱必须实时采集并可记录回放。

三、技术规范

多道心理测试仪正常工作条件必须符合以下几点要求：

1. 环境温度：20℃—28℃；

2. 相对湿度：45%—75%；

3. 大气压力：86kPa—106kPa（645mmHg—795mmHg）；

4. 噪声：<50db（均匀无突然响动）；

5. 电磁环境：14kHz—1GHz范围内，电场强度小于1V/m；

6. 通风良好；

7. 避免强烈光线（阳光或灯光）刺激。

四、主要特点

目前用于心理测试的心理测试仪主要是多道生理记录仪（Polygraph），一般测试皮肤电、脉搏、血压、呼吸、动作等多项生理参数。

其主要优点是：

1. 使用历史已有数十年，证明是可靠的；

2. 同时测量三种或多种生理参数，可以互相印证；

3. 设备的可靠性已经取得广泛的信任。

其主要缺点是：

1. 被测人必须完全静止，轻微的分心就会影响测试；

2. 测试时要佩戴许多传感器，被测人体位及动作均受到一定的限制；

3. 曲线图谱难读，对同一图谱，不同的测试人可能作出不同的解释；

4. 对心脏病患者、幼童、醉汉或服用某些药物的人不能进行测试。如果测试，会得到完全不可靠的结果；

5. 必须在被测人同意的情况下，才能测试；

6. 仪器基本上是一个人工操作系统。

五、使用管理

1. 心理测试仪的技术性能指标应符合有关技术标准；并且应定期校验，最少一年校验一次，确保其性能稳定。

2. 心理测试仪的正式使用应由具有心理测试鉴定人资格的人员操作实施。

第三章 多道仪测试的指标

心理测试,不仅仅是一项科学技术的应用,更是一种法律行为的实施。所以测试生理指标的选用,不仅要能科学地反映心理变化的实质,还应该考虑到对被测人尽可能的尊重与保护及无创伤的限制。这样一些具有损伤性特点的生理指标检测形式就不能够使用,或者严格限制使用。正因为如此,尽管多年来一直有人试图找到新的可供检测的人体生理指标供心理测试技术之用,但是心理测试技术所选用的生理指标检测一直处于相对保守稳定的状态。目前被广泛选用已经成为心理测试基础的三种生理指标分别为皮肤电反应、脉搏率(或血压)反应和呼吸反应。它们是经过数十年的实践检验所形成的,也是目前最具权威的三种检测指标。

因此,用作心理测试的心理测试仪被要求至少能同时记录被测人的呼吸、脉搏率(或血压)、皮肤电等三项生理参数的变化,通过科学地获取和分析这些反应的图谱,就能实现测试欲达到的目的。

第一节 呼吸反应

多道心理生理测试仪器一般把呼吸反应图谱安排在整个图谱的最上端,由两道不同的波形曲线组成,其中一道波形曲线记录的是胸部呼吸(也称为上呼吸),另一道波形曲线记录的是腹部呼吸(也称为下呼吸)(如图1.2.3-1所示)。在记录呼吸反应图谱时特别要注意观察,运用图谱标记规范(包括标记提问开始和结束、被测人的回答及其他干扰等)适时进行图谱的标记,保证准确客观记录。呼吸反应受被测人两个神经系统(中枢神经系统和植物性神经系统)的调节,变化相对多而复杂,在识别测量呼吸反应图谱时需要更强的分析观察能力。

一、呼吸反应图谱原理

呼吸波形不仅能反映出肺部的空气流量,还能显示出个人的呼吸特点。

呼吸传感器的核心是一个拉敏传感器,被测人的呼气和吸气可以导致呼吸传感器的拉紧和松弛。当吸气时,胸廓扩张、腹部隆起,此时呼吸传感器两侧拉紧,呼吸图谱曲线就会按顺时针均匀地上升;当呼气时,胸廓收缩、腹部凹陷,此时呼吸传感器两侧松弛,呼吸图谱曲线就会按逆时针回落。一次吸气和一次呼气就是一个呼吸循环,一系列不间断的呼吸循环就构成了呼吸反应图谱(如图1.2.3-1所示)。

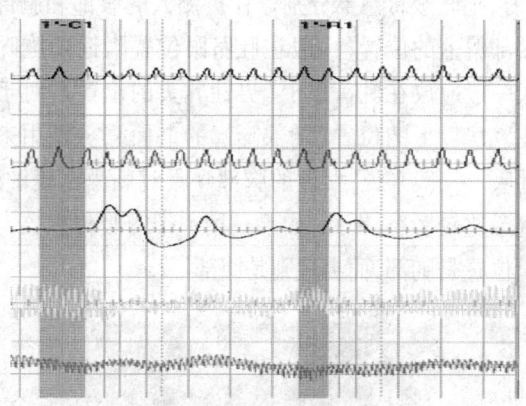

图1.2.3-1

呼吸反应图谱曲线代表着被测人的呼吸振幅的变化。呼吸振幅是由呼气和吸气时拉力不同造成的,传感器越紧,振幅就越大。吸气使图谱曲线上升,吸气越多,曲线上升的幅度就越大,当然,呼气会产生相反的反应。而屏住呼吸(呼吸暂停)时,会出现一条笔直的水平线,只要不呼吸,这条线将一直保持着,因此,可以通过多道心理测试仪在测试图上反映出呼吸振幅的这些变化。

呼吸反应图谱曲线还代表着被测人的呼吸速率的变化。在多道心理测试记录图中,每隔5秒或10秒会有一条竖直的线,数出呼吸上升曲线的次数,就会很容易计算出呼吸的速率,因此,多道心理测试仪在测试图上客观地反映了呼吸速率的变化。

二、呼吸反应采集与调节

(一)呼吸传感器的佩戴

测试人了解呼吸反应的实质对于佩戴呼吸传感器会有所帮助。多道心理测试仪器一般有两个传感器分别记录胸部和腹部的呼吸状态,按照采集部位可以分为胸呼吸传感器和腹呼吸传感器。

一般呼吸传感器由两边系有能够环绕体廓的带子(如图1.2.3-2所示)。在测试时,把呼吸传感器分别戴在被测人的腹部和胸部。腹呼吸传感器是放在腰部偏上的位置(一般在肚脐眼位置附近);胸呼吸传感器对于男性被测人一般应放在乳头以上(男性乳头的位置),对于女性被测人一般应该放在乳房以上的位置(胸部隆起的上面),分别用来记录男性和女性的胸部呼吸。一般来说,女性的胸部呼吸对刺激比较敏感,而男性的腹部呼吸对刺激比较敏感,因此,如果只用一个呼吸传感器,一般来说,女性最好的测量位置是胸部,而男性则是腹部。

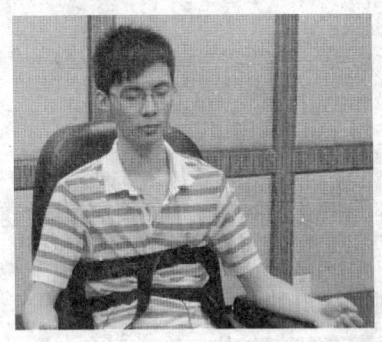

图1.2.3-2

佩戴呼吸传感器时,松紧要适度,以被测人没有压迫感为宜,一般轻轻系住,使它不滑落即可,太紧了会造成传感器的损坏,太松了会采集不到有效的呼吸反应。如果衣服过厚,要脱去衣服。

(二)呼吸反应记录调节

1. 呼吸传感器松紧调整。呼吸反应图谱记录的调节,首先是调整佩戴的呼吸传感器的松紧。如果呼吸反应图谱曲线振幅过大,说明传感器佩戴得太紧,要松一些;如果呼吸反应图谱曲线振幅偏小,说明传感器佩戴得太松,要适当紧一些。有经验的测试人一般能通过自己的手感准确佩戴好呼吸传感器,使呼吸反应图谱总能保持良好状态,如果自己感觉不到位,可以在佩戴完呼吸传感器后,打开测试图谱看是否合适,适时按照要求进行调整,直到能准确反映被测人的呼吸状态为止。

2. 呼吸反应图谱幅度调节。上面介绍的是通过硬件(呼吸传感器)来调整呼吸的幅度,在多道心理测试软件中,一般都有呼吸幅度显示控制功能,可以调节记录的呼吸反应幅度来调整呼吸反应图谱的振幅。如果记录的呼吸反应图谱的振幅太小了,可以提高呼吸反应幅度的倍数。反之,如果记录的呼吸反应图谱的振幅太大了,与其他曲线相冲撞,甚至图谱曲线碰到了边缘或切顶,这时,可以降低呼吸反应幅度的倍数。

3. 对中调节。多道心理测试软件中的图谱对中控制用于调节测试图中图谱曲线的位置,确保测试图谱曲线在它的活动区域内正常记录。如果发现呼吸反应图谱偏移了基线,可以调节对中控制,保证呼吸反应图谱在适当的位置上。

三、呼吸反应的识别分析

呼吸反应,就是通过佩戴在被测人胸部和腹部的呼吸传感器采集到的被测人在测试过程中的胸式呼吸和腹式呼吸变化的图谱(生理参数)。

在呼吸图谱上能很容易地观察到呼吸的变化。然而与皮肤电、脉搏/血压生理参数相比,被测人更能够对其呼吸进行有意识控制。而且,呼吸变化能够明显地影响皮肤电和脉搏/血压反应图谱。例如,一个明显的人为反应,如很深的呼吸或打一个哈欠,都会自然地引起皮肤电曲线和脉搏/血压波明显上升,导致这两个通道的数据失效。为此有人将呼吸通道称为"效果器"。

(一)呼吸有效反应开始区

接受刺激后被测人的呼吸反应时间是很短的,对于呼吸反应的识别要注意其有效反应开始区。一般来说，呼吸反应图谱的有效反应开始区以提问开始的时刻算起直至回答后5秒，这期间出现的特异反应是有效的呼吸反应。在测试时，被测人可能把握了提问的次序因而知道下一个将要提的问题，所以提前作出了反应，或被测人可能在想别的事情所以产生了反应，为了准确确定反应状态，避免出错，最好对那一部分不予评判，只做参考。

（二）正常呼吸反应

呼吸图形由吸和呼的循环组成，吸气时横膈肌收缩使肋部扩张，空气进入肺部；呼气时是肺部借助自己的弹性将空气挤出去，所以呼气是更费力气的运动。腹肌能帮助呼出气体。

如图1.2.3-3所示，呼吸波的波形，前波代表吸气，后波代表呼气，T1代表吸气时间，T2代表呼气时间，H代表呼吸深度。正常的呼吸波形为等腰三角形，频率约17次/分，如图1.2.3-4所示。这是呼吸图形最基本的认识。

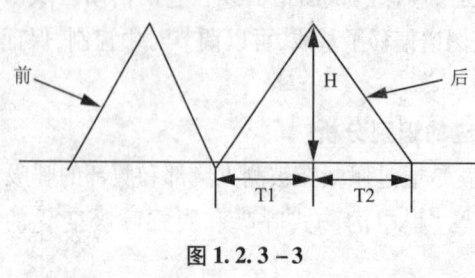

图1.2.3-3

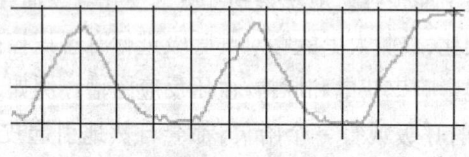

图1.2.3-4

人平静时的呼吸频率为每分钟12—18次呼吸循环。在实际测试采集呼吸图谱过程中，如果一个被测人在测试问题上没有立即产生异常情绪，心理上没有发生变化,肋间隔膜肌群的活动没有受到抑制,那么其呼吸反应图谱就应当是等速率、等振幅的(如图1.2.3-5所示)。

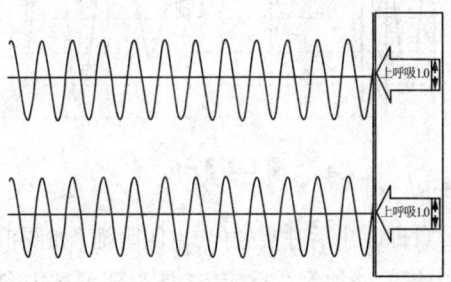

图1.2.3-5

(三)异常呼吸反应分析

许多因素可以引起被测人呼吸的改变,有些是自然的,如运动、年龄、疾病等因素。而有些则是人为的,如过度深呼吸。

在心理测试中所获得的呼吸图谱中,美国国防部多导仪测试学院心理测试技术数据分析方法中提出,一般有10个呼吸特征可以应用,其中5个涉及呼吸抑制,它们分别是:呼吸暂停、幅度增加、幅度降低、逐渐下降以后的逐渐上升、动态平衡后的呼吸幅度逐渐增加、动态平衡后的呼吸幅度逐渐降低、频率增加、频率降低、吸/呼比率改变、暂时性基线改变。我国的学者及实务工作者将常见有关异常呼吸和特征图谱概括为以下几类:

1. 呼吸暂停。是呼吸循环的暂时中断,是心理测试呼吸图谱分析的最重要特征之一。它可以通过在吸气结束时停止呼气或在呼气结束时停止吸气来暂停呼吸,分别称为憋气和阻滞。也可认为呼吸暂停是呼吸振幅几乎为零的振幅减少的异常呼吸反应图谱。

(1)憋气。憋气即吸入后呼吸暂停。人的呼吸一般是不自主的,自然会把吸入体内的气体呼出体外,而很多人为了控制自己的情绪,最常见的手段就是通过呼吸来调控自己的心理压力,一般会采用憋气、运气的方法,人为地把气憋在胸腔内,在图形上看,呼吸反应图谱曲线就是高位屏息(如图1.2.3-6所示),通常是一种有意行为。

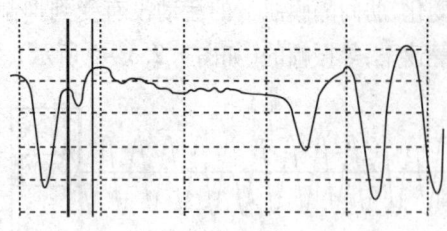

图 1.2.3-6

(2)屏息。屏息即呼出后呼吸暂停,也叫阻滞(如图 1.2.3-7 所示)。通常是脑干呼吸中枢的一种无意反应,这是心理测试中允许出现的反应,是被测人为了控制自己的情绪而致。

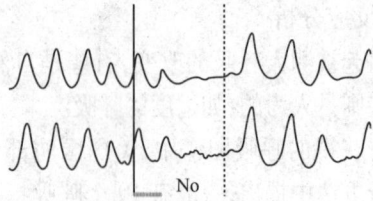

图 1.2.3-7

2. 呼吸幅度减小。当一个特定测试问题威胁到了被测人的安全时,被测人就会产生害怕情绪,这将导致被测人的心理发生变化,心理上的变化将会激活被测人的交感神经系统从而引起生理上的变化。吸气时,肋间隔膜肌群的活动将受到抑制,进气量也随之减少,反映在图谱上就是振幅减小低于正常呼吸状态,相应出现一些特异反应状态的呼吸图谱。在此之后通常伴随呼吸振幅明显地上升,而呼吸幅度上升被认为是解除反应状态的表现,不是特异呼吸反应图谱(如图 1.2.3-8 所示)。

幅度减小的特异反应状态的呼吸图谱常有以下几种表现形式:

(1)持续抑制呼吸反应(如图 1.2.3-9 所示)。所谓持续抑制呼吸反应,是指对特定问题在有效反应区内持续出现低于正常反应振幅呼吸循环的呼吸反应现象。

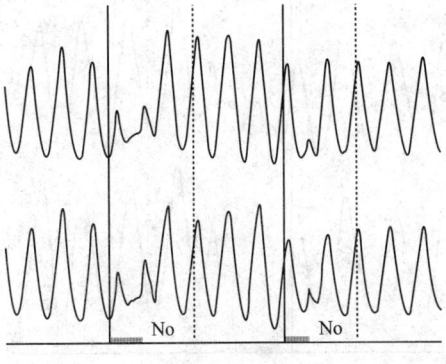

图 1.2.3 – 8

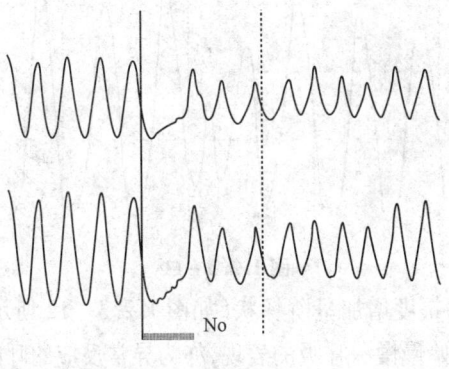

图 1.2.3 – 9

(2) 上升抑制呼吸反应(如图 1.2.3 – 10 所示)。所谓上升抑制呼吸反应,是指对特定问题在有效反应区内持续出现低于正常反应振幅的呼吸循环,同时第一口气的抑制要低于正常呼吸反应振幅 1/2 的呼吸反应现象。

(3) 下降抑制呼吸反应(如图 1.2.3 – 11 所示)。所谓下降抑制呼吸反应,是指对特定问题在有效反应区内持续出现低于正常反应振幅的呼吸循环,同时低于正常呼吸振幅的最后一口气要低于正常呼吸反应振幅 1/2 的呼吸反应现象。

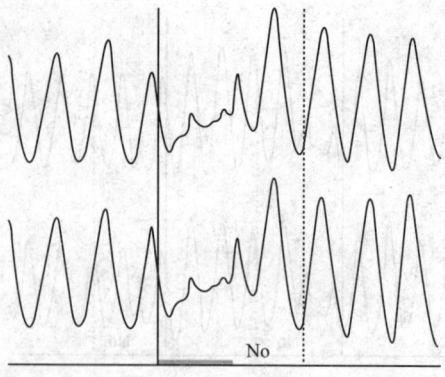

图 1.2.3 – 10

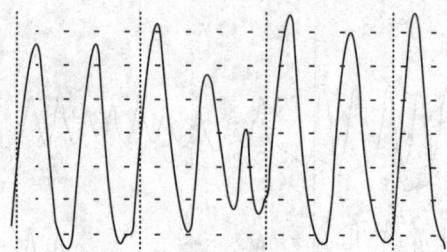

图 1.2.3 – 11

也有人认为幅度增加呈阶梯状(如图 1.2.3 – 12 所示),是被测人处在压抑状态后开始慢慢深呼吸的表现,亦为异常反应的呼吸图形。

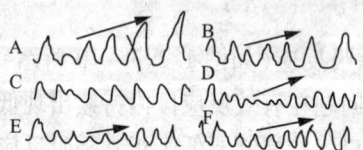

图 1.2.3 – 12

3. 呼吸频率降低

典型的呼吸频率降低的图谱表现(如图 1.2.3 – 13 所示),一般认为是紧张压抑导致。

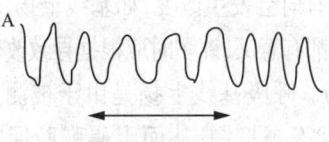

图 1.2.3 – 13

而紧随其后出现的呼吸频率的增加如图 1.2.3 – 14 所示,或以快速的深呼吸,或以快速的浅呼吸方式来缓和紧张情绪。

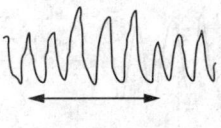

快速的深呼吸　　　快速的浅呼吸

图 1.2.3 – 14

所以说,呼吸频率的降低是特异呼吸反应的表现(如图 1.2.3 – 15 所示)。在此之后通常伴随呼吸频率的增加,而呼吸频率的增加是一种解除反应状态的表现,它通常是对前面呼吸频率降低(反应的表现)的一种补偿反应。

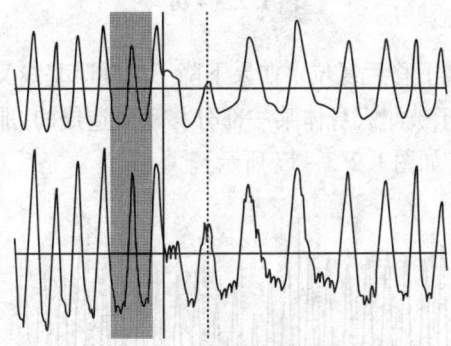

图 1.2.3 – 15

4. 呼吸基线改变

正常的呼吸反应图谱曲线应该是等振幅、等速率的,并同时保持在基线附近。在测试中呼吸基线有时会发生改变,如基线上扬、基线下沉或基线缺失。但并非所有的基线改变都有意义,评图时应根据导致改变的原因而加以区别。

(1)呼吸基线上扬。呼吸基线上扬是由于被测人接受刺激后呼气时肋间隔膜肌群的放松状态被抑制,从而阻碍胸腔回复原位造成胸腔体积的缩减小于正常的缩减幅度,被测人会存有比正常状态下更多的残余气体,这导致在不稳定的呼吸基线中出现一个呼吸基线上扬的部分(如图1.2.3-16所示)。此为异常呼吸反应形态之一。

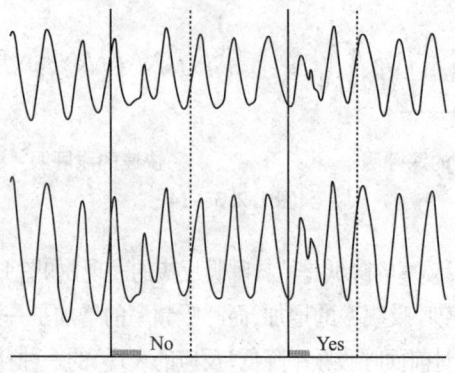

图 1.2.3-16

(2)呼吸基线下移后复位。如果下降了的呼吸基线又回复到初始位置而且并不是由于被测人身体某一部分移动所造成的,那么这就是特异呼吸反应的表现(如图1.2.3-17所示)。

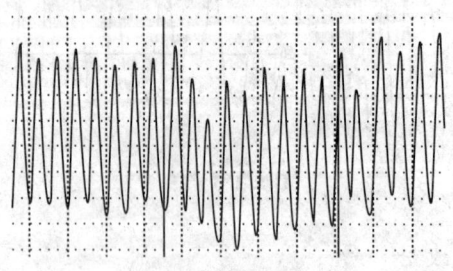

图 1.2.3-17

(3)呼吸基线缺失。在心理测试过程中,呼吸反应图谱基线低于正常反应水平并一直平稳持续至这一遍测试结束,这种现象很可能是由于呼吸传感器从胸部或腹部下滑或是被测人移动了位置,在这些情况下,基线下移没有解释的必要性。在没有出现假象的情况下,呼吸基线上移或下降,才是判定被测人出现异常呼吸反应的一个标准(如图1.2.3-18所示)。

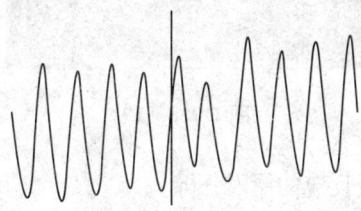

图 1.2.3-18

(四)识别呼吸反应要注意的问题

1. 呼吸反应的评判标准

在评读多道心理测试图谱时一般先对呼吸反应进行评判,用来发现可能影响其他通道的故意行为,如深呼吸、动作等。如上所述,特异呼吸反应通过呼吸活动的减少(呼吸抑制:振幅减小、基线提高、呼吸暂停、频率变缓等)表示出来。呼吸反应的评判标准一般为:呼吸暂停(屏息、憋气),或振幅减小、频率减缓、基线改变不少于两个周期。

2. 有无反测试情况识别

识别呼吸反应图谱首先要考虑的问题是被测人是否企图通过故意干扰图谱记录进行反测试。被测人有时会故意地采取一些反心理测试手段使他的呼吸反应图谱产生特异,从而阻碍测试人获得可解释的心理测试图谱。如,被测人可能呼吸得非常深、非常浅、非常快或非常慢。被测人还可能故意咳嗽、打哈欠、吸鼻子、扭动身体等。这些情况有时可以通过动作传感器检测到(如图1.2.3-19所示)。动作传感器置于测试椅坐垫上方,被测人任何形式的运动都可以通过装有运动传感器的测试椅检测到。

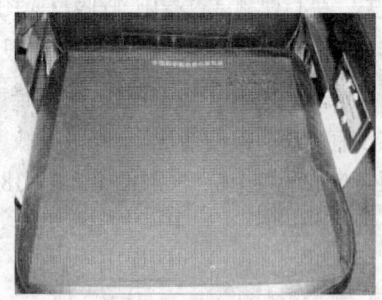

图 1.2.3－19

3. 其他影响呼吸反应的原因分析

在心理测试中还要考虑出现特异呼吸反应图谱的真实原因,尤其要注意被测人是否有心理失调、呼吸不规则(如图 1.2.3－20 所示)、肺病等影响呼吸反应图谱的心理生理原因。

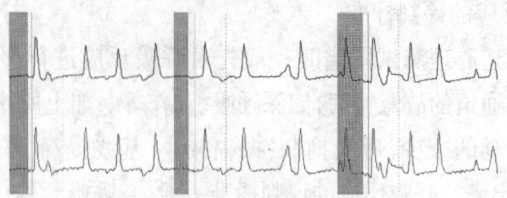

图 1.2.3－20

第二节 皮电反应

皮电反应在多道心理生理测试中是最为敏感的反应。近年来,国内外专家学者们理解最深的一个生理参数就是皮电反应。类比性的研究表明皮电反应是多道心理生理检测的几种生理参数中最为有效的一个。这可能由于皮肤电是脑皮层与皮层下结构协同活动的结果,由于神经系统的调节,特别是在脑的整合作用下,伴随着心理体验的变化,有机体的皮肤电反应也会发生一系列变化,称之为情绪心理反应。从另一个角度来说,皮电反应直接用测试仪检测通过皮肤的电流,它不像呼吸系统反应与脉搏反应那样需要能量转换装置才能记录(被测人呼气和吸气导致的机械能必须通过呼吸传感器才能转换为电能而形成电位;脉搏传感器也是采用同样的装置才能将机械能转换为电能)。因此说皮电反应的灵敏性比呼吸和脉搏高。

一、皮电反应图谱原理

在测试图谱上,从上向下数第三个图谱,记录的是皮肤电曲线,反映皮肤电的相对变化(如图1.2.3-21所示)。

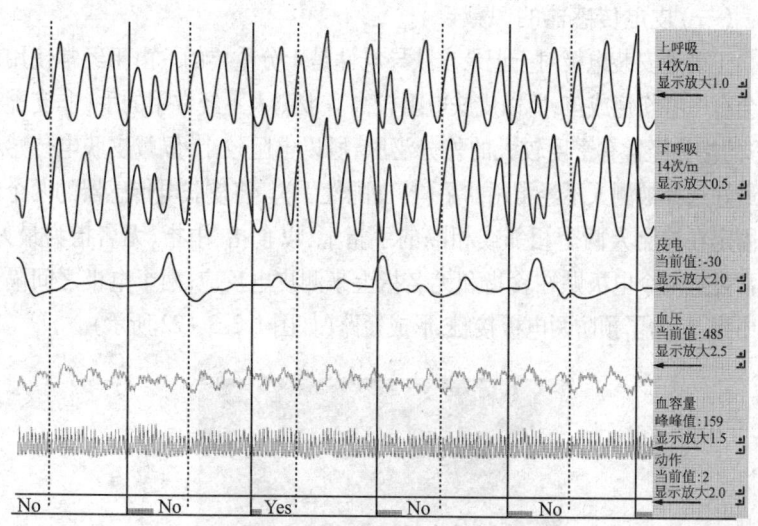

图 1.2.3-21

一般情况下,皮肤电流运动具有一定的电阻参数。由于情绪状态下汗腺分泌的变化和皮肤内血管收缩的变化,能引起皮肤电阻的变化。出汗伴随着交感神经的唤起,导致了皮肤电阻下降,皮肤导电电流增加。记录的皮电反应曲线上移代表着由于皮肤电阻下降而导致的电路中电流的增加。

原来,有些多道心理测试仪器记录皮肤的电阻,有些多道心理测试仪器记录皮肤的电导,皮肤电导是皮肤电阻的倒数,电阻是一种对电流穿越皮肤艰难程度的体外测量,电导虽然也是一种体外测量,却反映的是电流穿越皮肤的容易程度。测量电导比测量电阻的副反应小,目前,国内外多道心理测试仪器生产厂商都是采用测试皮肤电导的方法。

在一个相关问题和其邻近的准绳问题或陪衬问题之间比较皮电反应图谱的强度时,一定要考虑图谱的纯度,如图谱的突发性、迅速性,皮电图谱的清晰度、流畅性等。

二、皮电反应采集与标记

(一)皮电传感器的佩戴

正确地安装电极对于记录皮肤导电性是十分重要的。由于经常使用的手会有一些伤疤或茧,所以皮肤电阻较高。被测人不经常用的手(非支配性手)的指尖经常有密度较大的外分泌腺,所以电阻较小,佩戴皮肤电传感器时最好选择被测人不经常用的手(非支配性手)。将皮肤电传感器的两个电极固定在被测人两个相邻或相隔的手指上,以食指、中指、无名指为最好。通常是把两个电极贴在食指和无名指上来测皮电反应,两个电极之间隔一个中指,是为了预防两电极接触,形成短路(如图1.2.3-22所示)。

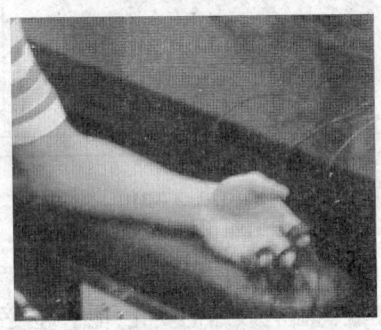

图1.2.3-22

心理测试人在测试开始之前要让被测人当面用肥皂彻底地清洗双手,对于手指有较多污垢的,要用酒精棉或水清洗干净。如果被测人手干或手指皮肤上有厚茧,则需用热水浸泡,必要时可使用导电膏。在给被测人戴皮电传感器时应以刚贴上皮肤为宜,太松太紧都不利于信号的采集。还要注意记录时环境温度和湿度要适宜,被测人的手不能太凉,最好温热、干湿适中。还有一点需要注意的是,在一次测试完毕之后要摘掉电极并擦拭干净,相应地还要把被测人的手擦干。

另外要注意,贴电极的手与测血压的手应该是不同的。

(二)皮电反应记录调节

1. 灵敏度调节和幅度调整

不同的被测人其皮电反应所需的灵敏度是不同的,皮电反应的大小可以通过控制灵敏度改变反应的水平。在控制灵敏度时,先从最低的水平开始,然后告诉被测人动一下戴皮电传感器那只手,或碰一下被测人的手,以确定皮电的反应性。如果反应为大,灵敏度应降低;若反应不充分则应提高灵敏度。

在实际测试期间被测人的皮电反应有时会逐渐变小以致不能评分,此时最好改变皮电反应灵敏度,不要丢失皮电反应的数值。如果在测试过程中改变了灵敏度,应该在改变的地方明确地标出来或记录下来,因为,在不同灵敏度情况下,对问题的皮电反应是不能比较的。一般是在一组或一对测试问题与另一组或另一对测试问题之间改变皮肤电反应灵敏度,如在评判时要对测试问题 C1 和 R1 之间,C2 和 R2 之间进行比较,改变皮电反应灵敏度应在 R1 的反应之后。

皮电反应图谱不宜过大或过小,皮电反应升高一指宽的高度足以满足要求,所以,在确定灵敏度的前提下,记录皮电反应时幅度要调整适中。

2. 规范标记和对中调节

皮电反应的记录遵循心理测试图谱记录标记规范,提问问题的第一个字要标记提问开始,最后一个字标记提问结束,被测人回答也要标记。同时,由于皮电反应易受外界或被测人的干扰而发生变化,对这些干扰要注意标记清楚,以便和正常心理刺激引起的皮电反应进行区别。

皮电反应图谱在记录时要进行对中控制调节,使其保持在基线附近(如图 1.2.3 - 23 所示)。

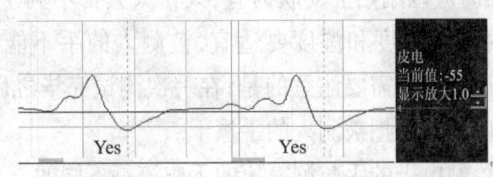

图 1.2.3-23

三、皮电反应的识别分析

皮电反应,就是通过佩戴在被测人手指上的皮电传感器采集到的被测人在测试过程中的皮肤电位变化的生理参数。

皮电反应是被测人交感神经兴奋性变化的最有效、最敏感的生理参数,是国际上应用最早、最广泛并得到普遍承认的多道心理测试指标。它通过被测人手心发汗的程度而直接反映出被测人心理紧张状态的变化,反应幅度大,灵敏度高,不易受大脑皮层意识的直接控制,但是,皮电反应易受外界因素的干扰,对测试条件要求较高,因此,在识别皮电图谱时要结合呼吸、循环和测试时的动作标记记录,综合考虑。

（一）皮电有效反应开始区

皮肤电的反应时间变化很大,在评价皮电反应时,精确地记录皮电反应何时开始很重要,有时候皮电反应在提问之前就开始了（如图1.2.3-24所示）或者在问题回答之后很长时间才开始（如图1.2.3-25所示）。问题之前的任何反应都不应当参与评判,事实上,那时是不应当发问的,因为皮肤电正在上升；对测试人提问的问题被测人回答后,超过5秒开始所起的皮电反应也不应该参与评判。一般来说,在听到问题的前几个词之后,被测人就可以知道要问什么,因此在提问结束后5秒范围内开始起的皮电反应,都是有效反应,即是由于这个问题的刺激而不是其他原因所引起的反应。皮电有效反应开始区一般可以界定为：提问开始后的半秒起直至回答后5秒。图1.2.3-26为参与评判的标准有效皮电反应。

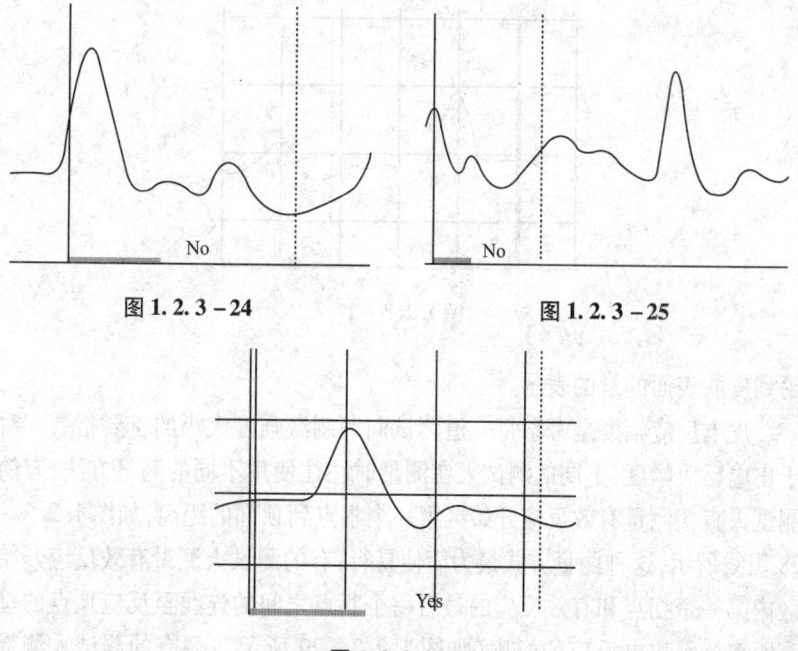

图 1.2.3 – 24　　　　图 1.2.3 – 25

图 1.2.3 – 26

（二）标准皮电反应图谱

一般来说,当皮肤电阻降低而导致皮肤电流增大时,皮电反应图谱曲线便迅速地在基线附近按顺时针向上移动,皮电上升的程度与电流增加的量成正比;当多余汗液因蒸发作用而被附近的毛孔重新吸收时,皮电反应图谱就会按逆时针方向回落到正常的基线水平。由于这个原因,同时也是为了防止血液循环的中断,在安置皮电电极的时候不能系得过紧。

标准皮电反应图谱是被测人接受提问问题的刺激后反映刺激强度的较为清晰流畅的曲线(如图 1.2.3 – 27 所示)。

（三）皮电反应图谱的特点

1. 反应幅度

图谱的反应幅度是从测前基线或测前强度水平开始到反应的最高峰处的垂直距离。从形成原理上讲,这个距离是汗液从汗腺通过导管并分

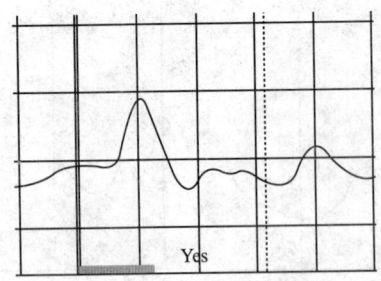

图 1.2.3-27

泌到皮肤表面的量的表示。

皮电反应幅度是考察每一道测试问题刺激强度大小的首要指数。对于皮电反应幅度，不同的测试人在测量时往往使用不同的测量方法，有的测试人直接测量有效反应开始区第一个拐点到顶部的距离，如图1.2.3-28黑线所示，这种测量方式最为简便易行；有的测试人测量有效反应开始区内第一个拐点和有效反应的最后一个拐点之间的连线至反应顶点的垂直距离标示皮电反应的幅度（如图1.2.3-29所示）；还有的测试人测量有效反应开始区内第一个拐点和有效反应的最后一个拐点之间连线的中点至反应顶点的距离标示皮电反应的幅度（如图1.2.3-30所示）。以上三种方法都是测量皮电反应幅度的有效方法，只是标示幅度的方式上有所差别。对于测试人来说，无论采用哪种测量方法，在识别评读皮电反应图谱时注意只坚持使用一个方法和把握一个标准即可。

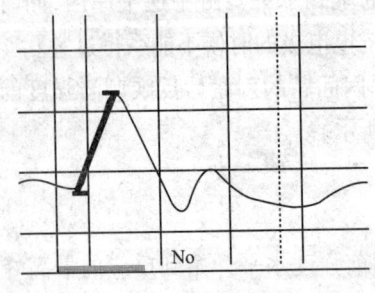

图 1.2.3-28

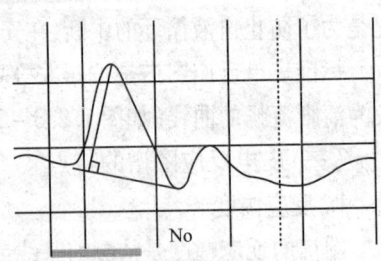

图 1.2.3-29

2. 持续时间

皮电反应的持续时间是反应开始至恢复到刺激前强度水平的时间。一般来说,皮电反应的持续时间(如图1.2.3-31所示)与其反应强度、高度相关。

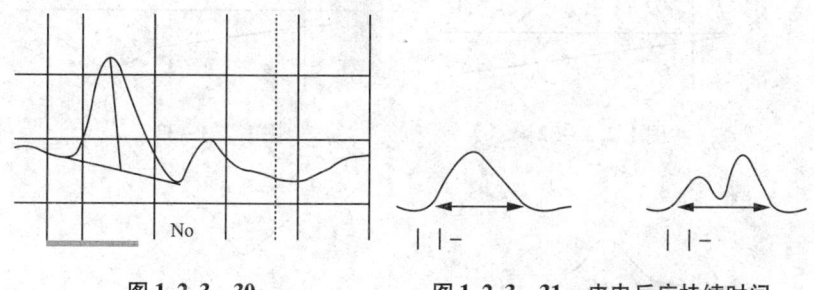

图1.2.3-30　　　　　　　图1.2.3-31　皮电反应持续时间

皮电反应持续时间即汗腺中汗液出导管至返回的过程所用的时间。

根据相关研究,皮电反应持续时间是一个与皮电反应高度同样有效的认定反应特异的指标(如图1.2.3-32所示)。美国心理测试专家拉斯的研究表明无辜者对准绳问题皮电反应的恢复较快,而有罪者对相关问题皮电反应的恢复较慢。考虑到这一研究的结果,在评判皮电反应时,皮电反应高度是首要考虑的因素,皮电反应持续时间要作为第二位考虑因素。因此,不能认为造成皮电反应图谱缓慢上移到一个特定水平的刺激与使皮电反应图谱迅速上升到同一水平的刺激在强度上是相同的,二比一的比率仍然是判定皮电图谱是否为反应状态的一个标准。图1.2.3-32和图1.2.3-33虽然在反应幅度上差异不大,但在反应持续时间上差异明显,图1.2.3-32的皮电反应强度要强于图1.2.3-33的皮电反应强度。

3. 特殊波形

(1)皮电复合电位

皮电反应代表的是整体性变化,不论是电导的增加还是电阻的降低,除了呈现简单(单峰)(如图1.2.3-34所示)皮电反应模式外,还会产生复杂(多峰)(如图1.2.3-35所示)皮电反应模式。

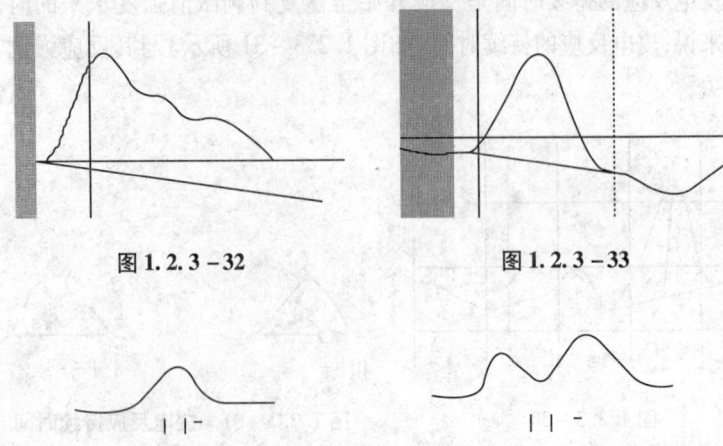

图1.2.3-32　　　　　　　图1.2.3-33

图1.2.3-34　简单皮电反应　　图1.2.3-35　复杂皮电反应

多峰形成肉眼都可以观察到的原因是由于刺激恢复时又出现了新的唤醒(如图1.2.3-36所示)。

　　(1)形成时的多峰　　　　　(2)恢复时的多峰

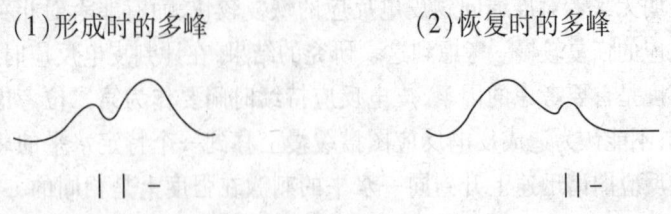

图1.2.3-36

当交感神经系统被唤醒后,它对汗腺产生一个即刻刺激,皮电反应开始发生,在没有回落到基线之前,另一个隆起开始,这时会形成一个马鞍形皮电反应图谱,有人把它叫做组合反应,也叫复合反应(如图1.2.3-37所示)。一种理论上的解释是,这种现象也许是由于被测人意识到他回答了一个问题并对他的回答感到害怕而再次形成对汗腺的刺激造成的。对于皮电复合反应的测量其幅度以其中最高的顶点为准,持续时间要考虑在内。

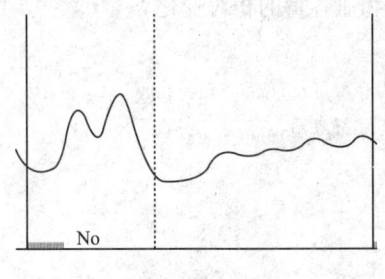

图 1.2.3-37

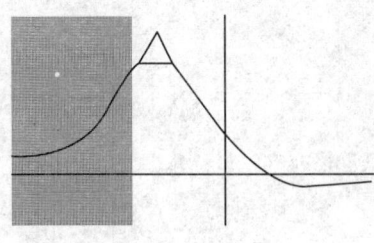

图 1.2.3-38

(2)切顶皮电反应

某些情况下,皮电反应图谱上升到一定高度就停止不动了,并保持数秒后开始回落,形成的皮电反应图谱似被切去了顶部,所以叫做切顶皮电反应。在分析这种情况时,可以把持续时间考虑到反应高度上来,具体做法是分别从平顶的两端向其自然峰顶画一条假想的曲线(如图 1.2.3-38 所示),然后测量其幅度和持续时间。

对皮电反应的测量和识别就是如实测定上升的高度以及它回到基线之前持续的长度,然后计算相关问题和准绳问题或陪衬问题这些测量结果的差异。

第三节 心动反应

在多道心理生理测试中,心动反应主要有心血管和血容量等反应指标,它们都是心脏活动的反应,只是采集部位和采集方法上有所差别。不同档次的多道心理测试仪器配备的反映心动反应的指标是不同的,有的心理测试设备配备的是脉搏传感器,有的心理测试设备配备的是血压传感器,有的心理测试设备还配备有血容量传感器。无论是哪种设备都要求测试人正确佩戴心动传感器进行准确记录,更重要的是要有效识别心动反应的特征。

一、心动反应图谱原理

心动反应一般记录在多道心理测试图谱的下方,图 1.2.3-39 下方的两条横向的图谱曲线反映了血压/脉搏和血容量的相对变化。

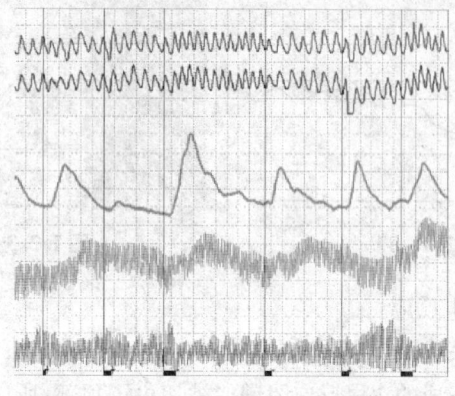

图 1.2.3-39

在心脏收缩的过程中,血液对血管壁的压力增大,增大的压力使血压/脉搏反应在测试图谱上表现出上升,这样就可以记录心脏的收缩周期;当心脏处于放松状态时,血压/脉搏反应图谱就会下降,但是当血液从半月膜返回时,血压/脉搏图谱突然停止,从而绘制出重脉凹口,随着动脉中血压继续下降,血压/脉搏图谱也会继续下降,直至回到底线,这样就记录了心脏舒张分支及心脏跳动周期血压/脉搏图谱。重脉切迹的合适位置应该是血压/脉搏反应图谱曲线垂直振幅的中点,可以通过减少和增加压力来降低切迹的位置或者来提高切迹到合适的位置。

当交感神经系统唤醒的时候,体内将发生一个大的血液再分配过程,分布于较大骨骼肌的主要动脉会进行舒张,而分布于人体末端的小动脉则要收缩,因此导致毛细血管内血液体积的下降,它会随着交感神经系统的唤醒而减小,这将引起血容量图谱曲线的迅速压缩。

二、心动反应采集与标记

(一)正确佩戴心动传感器

1. 血压传感器的佩戴

血压传感器由一个血压袖套构成,它类似于医生在进行医疗检查时所用的血压计(如图 1.2.3-40 所示)。其中包括一个可膨胀的带状气囊,气囊包裹在臂动脉上,它像绷带一样缠在上臂压住动脉,它的中心应在距肘部约几厘米的上臂内侧,使气体压迫臂动脉来获取信息。

血压传感器一般放在上臂内侧,也可放在下臂、手腕、小腿、肘的相应部位。最佳位置是将血压传感器的橡皮囊袖带缠绕在被测人的左臂肱动脉区域。每一遍测试的时间不要太长,在完成一遍测试后要放气。

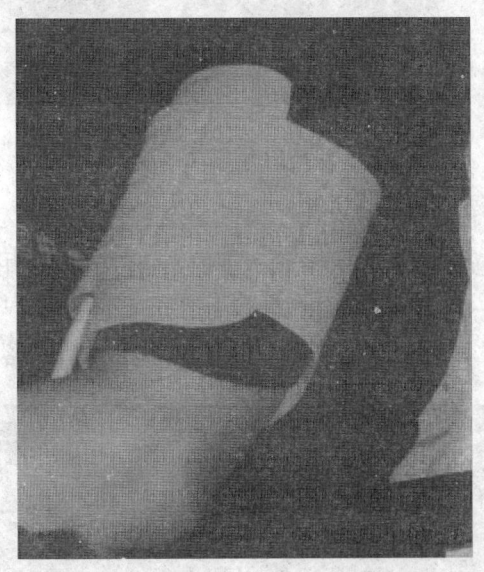

图 1.2.3-40

2. 脉搏传感器的佩戴

脉搏传感器的核心是一个压敏传感器,一般放置在腕部的桡动脉上,采集脉搏信号(如图 1.2.3-41 所示),将会产生与使用血压气囊袖带类似的反应及松懈状态的波形图。将脉搏传感器所配护腕套在手腕上时,位置要安放准确,注意要先用手指选好脉搏最强的位置,将脉搏传感器正面中间探头对准所选位置后再固定。

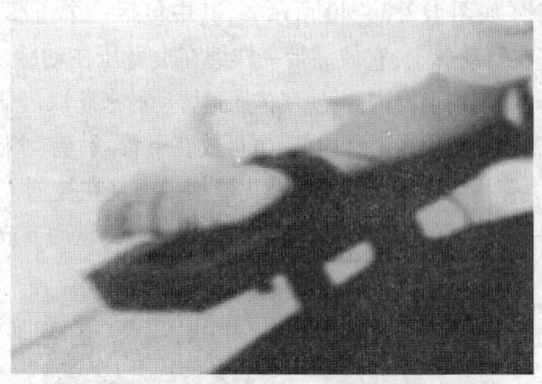

图 1.2.3-41

3. 血容量传感器的佩戴

血容量传感器是用于检测血流速度的光敏传感器,不用给手臂施加压力(如图 1.2.3-42 所示)。可以和血压袖套同时使用,通常与血压传感器放在不同的手上。佩戴时,轻轻放置在手指的指肚上,以不滑落为适宜。

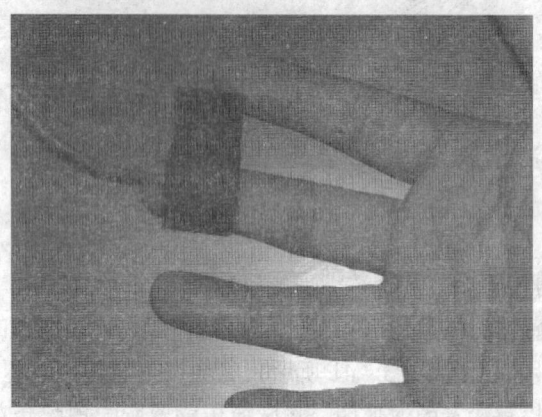

图 1.2.3-42

(二)心动反应的记录调节

在记录时,调节控制血压/脉搏或血容量反应幅度的倍数可以调整其反应图谱的振幅。心动反应的记录也要遵循多道心理测试图谱记录的标记规范,以保证盲评和有效识别图谱。提问问题的第一个字和最后一个字都要标记,同时标记被测人回答对测试有重要意义,可以保证在识别图谱时进行取舍,对外界干扰要注意标记清楚,以便和正常心理刺激引起的心动反应进行区别,保证图谱评读的可靠性和准确性。

多道心理测试软件图谱对中控制,可以调节心动反应图谱曲线的位置,确保测试图谱曲线在它的活动区域内正常记录。如果发现心动反应图谱偏移了基线,可以调节对中控制,保证心动反应图谱在适当的位置上。

三、心动反应的识别分析

（一）心动反应有效反应开始区

1. 血压/脉搏反应有效反应开始区

血压/脉搏反应有效反应开始区一般以提问开始的时刻算起直至回答后5秒。被测人一般在接收声音刺激0.02毫秒内心血管系统就能显现出外周阻力的变化。但是研究表明,人们在心理上有一种等待,直到"刺激"结束或接近结束时才反应,因此,一般在问完问题时3次脉搏范围内出现的图谱特征反应都是有效的(如图1.2.3-43所示)。在提问之前血压已开始升高(如图1.2.3-44所示),或者在提问结束5秒以后才发生变化(如图1.2.3-45所示),这些反应一般在判断有效反应图谱时都是没有意义的。

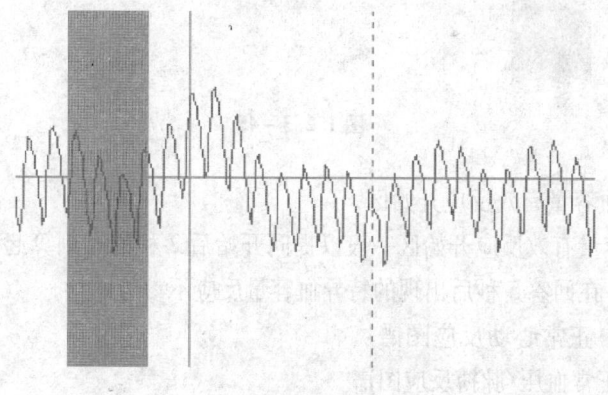

图1.2.3-43

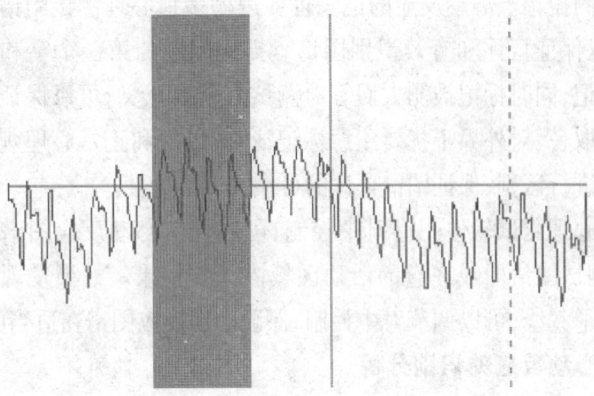

图 1.2.3 – 44

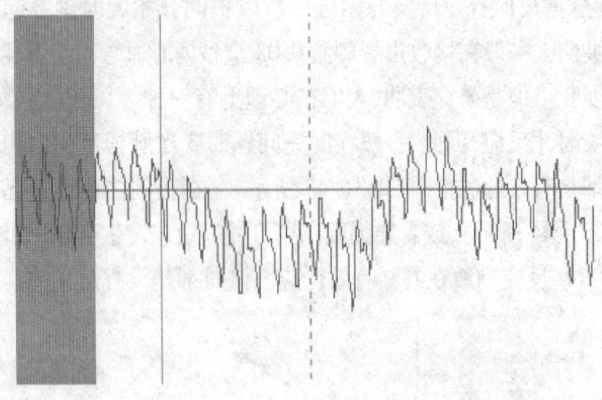

图 1.2.3 – 45

2. 血容量有效反应开始区

血容量有效反应开始区一般以提问开始后 2 秒的时刻算起直至回答后 5 秒。在回答 5 秒后出现的特异血容量反应不参与评判。

(二) 正常心动反应图谱

1. 正常血压/脉搏反应图谱

(1) 血压/脉搏反应图谱的基本认识

血压/脉搏反应图谱一般由升脚、降脚和重搏切迹构成（如图1.2.3-46所示）。

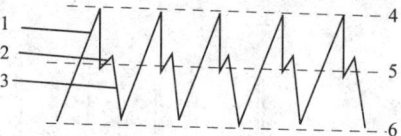

图1.2.3-46

图中各部分代表意义如下：

实线1表示血压/脉搏上升的部分,称为血压/脉搏升脚,代表心脏收缩过程。

实线2的位置表示中间一个拐点,称为重搏切迹。因为血压/脉搏反应图谱的底端和顶端位置相当不稳定,所以重搏切迹的位置是测量血压/脉搏反应图谱上升和下降的最佳指标。当重搏切迹无法利用时,建议使用基线的变化。

实线3表示血压/脉搏反应图谱下降的部分,称为血压/脉搏降脚,代表心脏舒张过程。

虚线4表示血压/脉搏反应图谱的顶点,代表血压的高压即收缩压(HP)。

虚线5表示重搏切迹,代表平均血压(AP)。

虚线6表示血压/脉搏反应图谱的底端,代表血压的低压即舒张压(LP)。

血压/脉搏反应图谱的顶点、最低点和切迹分别连线,称为包络线。各包络线的起伏变化分别代表高压、低压和平均血压的变化,形成血压/脉搏变化图谱。根据一定时间内脉搏波顶点和低点(心跳)的数目,可以算出这段时间内的平均心率。

(2)正常血压/脉搏反应图谱

实际测试中,正常的血压/脉搏反应图谱是由一系列的脉冲组成的,每分钟跳动70—90次,其跳动高度一样,速率一样,是平稳的波形或呈周期性起伏变化的图形,图1.2.3-47为较为正常的血压/脉搏反应波形,这类反应波形较易满足心理测试的结果分析,即此类被测人系属理想之心理测试对象。

一般心理测试记录图中血压/脉搏大致保持一定水平位置,所表示的

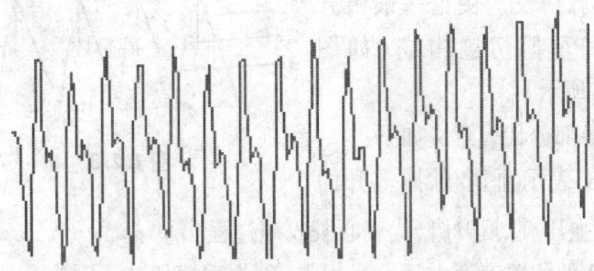

图 1.2.3-47

是被测人对所问之相关问题、无关问题等无太大反应的特殊反应,"无特殊反应"并不表示其图形必会保持在一定水平线上,其图形亦可能成一循环之规律升降情形(如图1.2.3-48所示),因此,对于血压/脉搏反应图谱呈现高低起伏一定的情形时,在作判定时应特别注意。

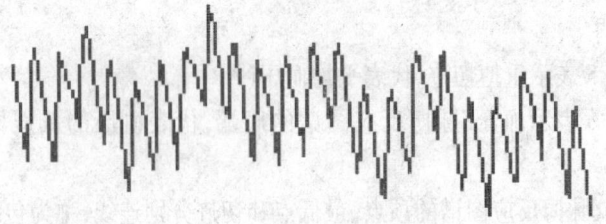

图 1.2.3-48

另外,对于血压较高的人呈现的反应图形,具有神经质的人呈现的血压/脉搏反应图形,以及脉搏跳动加速和脉搏跳动缓慢的被测人的血压/脉搏反应波形要注意识别,他们和正常人的血压/脉搏反应波形不一致,一般类似这样的特异血压/脉搏反应图形,较难分析识别。

2. 正常血容量反应图谱

正常血容量反应图谱应该是等振幅等频率的图谱曲线(如图1.2.3-49所示)。

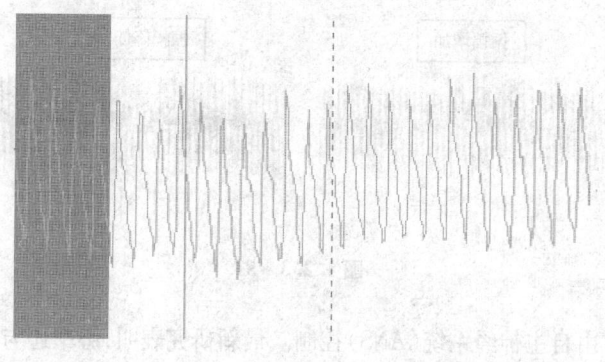

图 1.2.3-49

(三)特异心动反应图谱

1. 血压/脉搏特异反应图谱

在多道心理测试记录的图谱中,血压/脉搏反应图谱的分析是以血压变化相对量及脉搏跳动快慢进行判别的。

一般来说,血压/脉搏的特异反应图谱有以下几种类型:

(1)基线改变。基线改变有两种情形(如图1.2.3-50所示):一种是基线的相对快速上扬,并可能不回到原始基线;一种是缓慢的基线上扬。无论是哪种情形,多认为是缘于血容量和血压的特异变化。

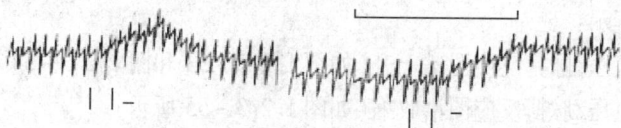

图 1.2.3-50

(2)幅度改变。幅度改变体现的是收缩压和舒张压的实际强度变化,总体视为血压改变。幅度改变也有两种情形(如图1.2.3-51所示):一种是幅度增加;一种是幅度减小。

(3)脉率改变。脉率改变也有两种情形(如图1.2.3-52所示):一种是脉率增加;一种是脉率降低。脉率与年龄、性别、体温和身体状况都有关

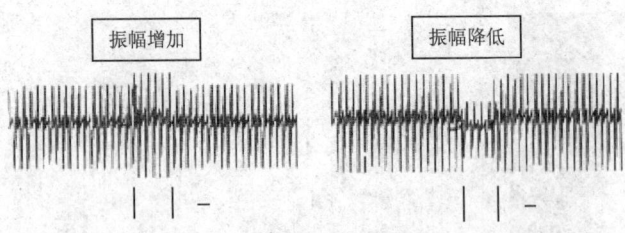

图 1.2.3-51

系。通常由自主神经系统(ANS)控制。最新研究表明,心率还与体内的各种化学物质有关,脉率表示脉冲,与心率同义。

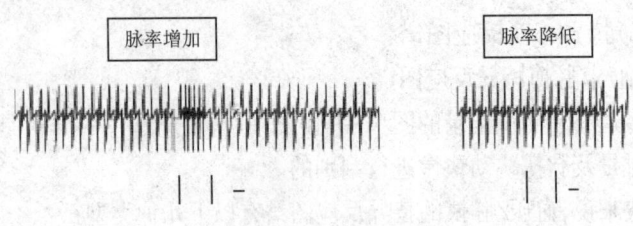

图 1.2.3-52

当基线上升、从基线到最高点的扫描轨迹(脉搏的幅度)变窄、重搏切迹的位置向上变化以及心率加快或下降都表明被测人产生了特异反应。如下图所示:

①血压/脉搏反应图谱上升(如图 1.2.3-53 和图 1.2.3-54 所示)。
②血压/脉搏反应图谱收缩(如图 1.2.3-55 所示)。
③血压/脉搏反应图谱基线上升(如图 1.2.3-56 所示)。
④血压/脉搏图谱基线下降(如图 1.2.3-57 所示)。
⑤血压/脉搏反应图谱变快(如图 1.2.3-58 所示)。
⑥血压/脉搏反应图谱变慢(如图 1.2.3-59 所示)。
⑦血压/脉搏反应图谱反应时间延续(如图 1.2.3-60 所示)。
⑧血压/脉搏反应的重搏切迹位置向上(如图 1.2.3-61 所示)。

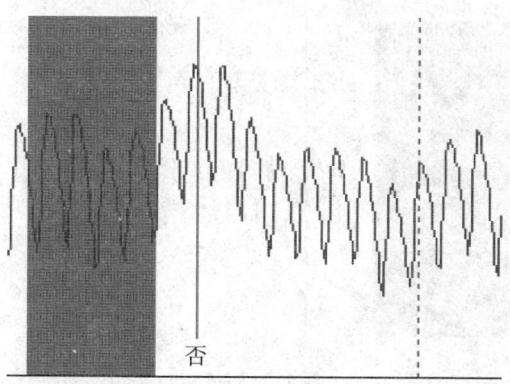

图 1.2.3-53 （血压上升,脉搏跳动持续不变）

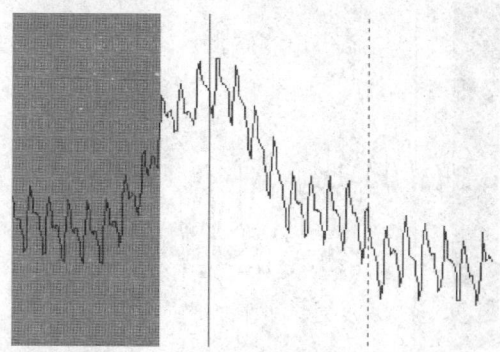

图 1.2.3-54 （血压上升,脉搏的幅度变窄）

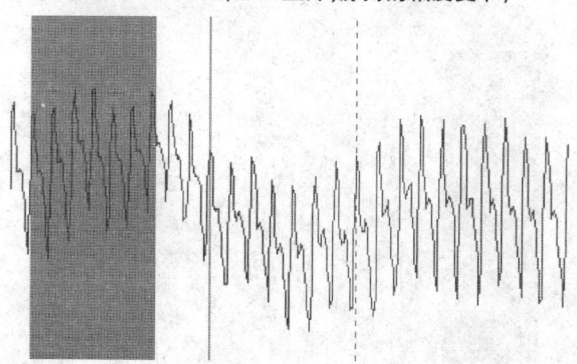

图 1.2.3-55

科学识别"谎言"
——心理测试技术广角

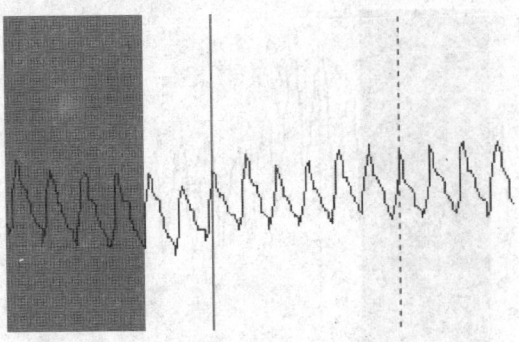

图 1.2.3-56

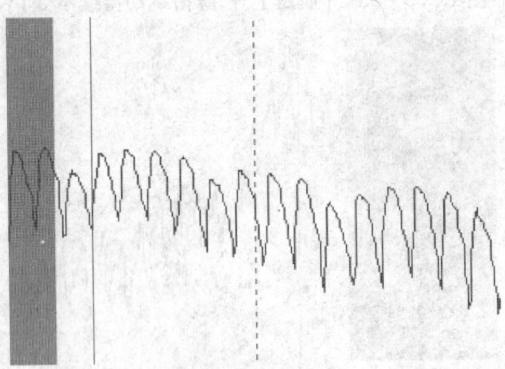

图 1.2.3-57

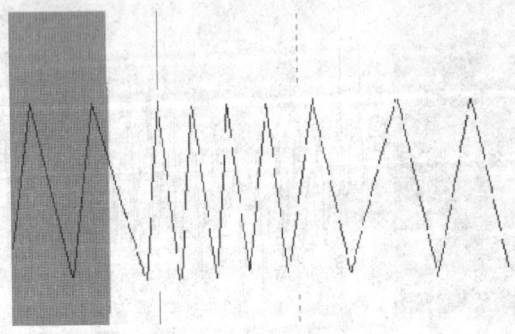

图 1.2.3-58

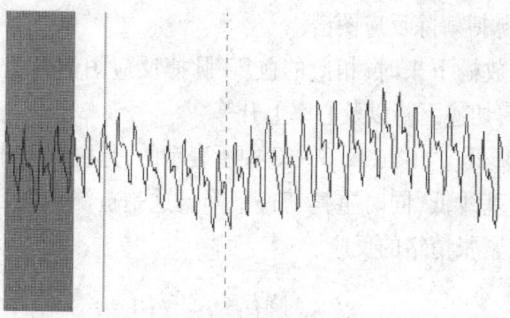

图 1.2.3－59

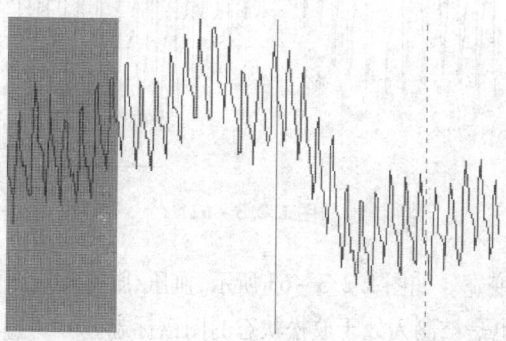

图 1.2.3－60

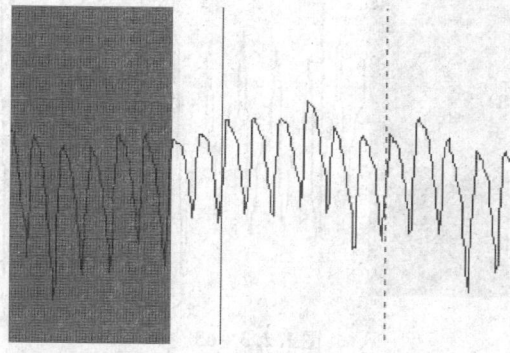

图 1.2.3－61

2. 血压/脉搏解除反应图谱

当被测人放松下来时,相应的血压/脉搏反应图谱变化为基线下降、曲线变宽、重搏切迹下降以及心率上升等。

(1)基线降低。如图1.2.3-62中所表示的,是血压上升后又降低,其基线比原来的基线低,同时重搏切迹下降。这是被测人在回答重要问题后的一种解除紧张情绪的反应。

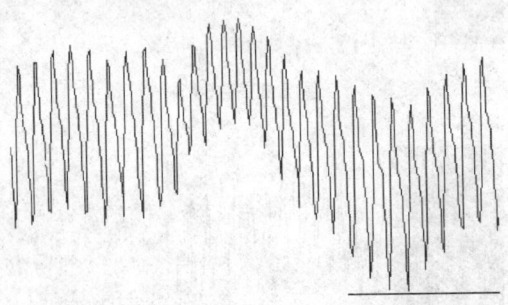

图1.2.3-62

(2)曲线变宽。如图1.2.3-63所示,血压/脉搏反应图谱曲线渐窄后曲线变宽,这也是被测人处于放松状态的图谱标志。

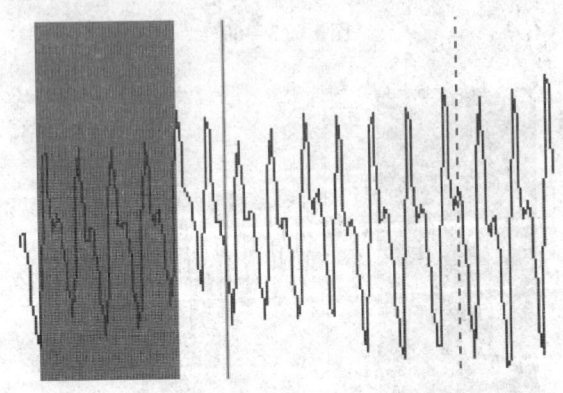

图1.2.3-63

血压/脉搏反应变化较多,以上只是简单列举了血压/脉搏反应图谱的一些常见反应,还有一些反应在此不一一枚举。

3. 血容量特异反应图谱

血容量反应图谱的变化主要表现在振幅的缩小和缩小的持续时间(如图1.2.3-64所示)。在评图识别时要注意血容量的有效反应区。

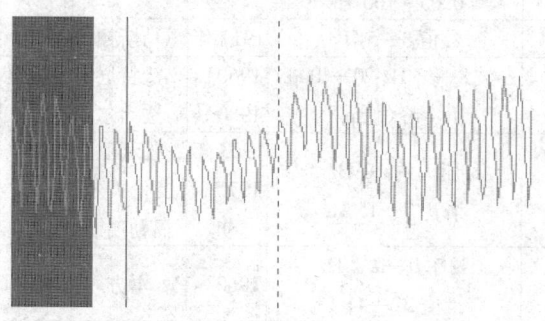

图 1.2.3-64

有关心理变化能引起生理指标变化的内容还有很多。

在心理测试技术史上,产生了许多医学家、生理学家、心理学家、技侦专家以及微电子学家等测试先驱的研究成果,以下将可资利用的测试指标共计15项列表陈述(如表1.2.3-1所示)。

表 1.2.3-1　测谎指标综合信息①

标号	测谎指标	量级	年代	研究者	国别	单指标效度
1	肌电	峰峰值 10^2—10^2 mv 频率 10—200Hz	1951 年	钟斯	美国	
2	反应时间	数值 0.1—8s	1905 年	魏尔太墨	德国	
3	皮阻电	频率 0.01—0.5Hz 阻值(用皮肤电极)1—500kΩ	1917 年	马斯顿	美国	83%
4	呼吸	呼吸率 16—60t/min 1/E:0.3—4;0.18—0.8	1914 年	贝努西	奥地利	100%

① 李文石:《测谎学百年研究进程:趋向 SOC》,载《中国集成电路》2003 年总第 55 期,第 44 页。

续表

标号	测谎指标	量级	年代	研究者	国别	单指标效度
5	心搏	脉搏(心率)40—200t/min 心电:0.01—5mv; 0.05—100 Hz	B.C.4 1904年	古希腊人 芒斯特伯格	希腊 美国	
6	血压	数值3—5KPa	1917年	马斯顿	美国	98%
7	脑电	α波8—13 Hz;20—100μv Pω:峰值6μv	1960's 1980's	沃特尼 法韦尔	美国 美国	
8	震颤	肌肉约10 Hz 语音7—15 Hz	1923年 1970's初	鲁利亚 艾伦贝尔 福勒瑞斯	苏联 美国	90%(外回味指标2) 70%
9	体温	频率0—0.1 Hz 量值32—41 C	1960's	军方	美国	
10	瞳孔	直径2.44—5.82mm	1960年	赫斯	美国	
11	人体辉光	光点闪耀	1980's		美国	
12	面部表情	面部肌肉细微运动	1999年	巴特利特	美国	
13	人体热辐射	眼睛、眉毛部位红外热像 Vω:2—8μv;f:0—2 Hz	2001年	赖安 李文石	美国 中国	78% 90%;λ:3μm
14	人体气味		1960's	军方	美国	
15	大脑颞区	核磁共振彩色图像	2002年	李文石等	中国	90%

此外，如果抛开无损检验，那么血糖、血液的化学成分(如血氧含量)、外部腺体(泪腺、汗腺)、内分泌(如肾上腺素、胰岛素、肾上腺皮质激素、抗利尿激素)等都可以列入名册，但因这些指标存在需要有创检验并且难以实时监测等问题，所以在心理测试过程中鲜有使用。另外，心理过程是一个复杂的过程，某一单独的生理指标很难全面地将它反映出来，为了更加接近正确的心理生理反应，力求排除人体植物性神经系统和中枢神经系统反应的差异性，同时也排除生理指标本身的局限性，开发和遴选出新的具有综合特点的生理指标十分重要，这也是心理测试技术改进与发展的一个主要方向。现在脑电技术在心理测试技术领域的发展正是朝着这个方向。

第四章　多道仪测试的条件

测试技术是一种有条件应用技术,影响因素有很多,从硬件上说主要包括测试仪器和测试环境;从软条件上说有案件条件、被测人测前状态和反测试情形等。

第一节　测试环境

心理测试环境,指的是测试实施所要求的场所条件。包括自然和人为因素。良好的测试环境是保证心理测试质量的一个基本条件。因为心理测试和心理实验相类似,必须保证能够排除无关刺激的干扰,才能确定因变量的变化是否由自变量引起。因此,心理测试技术对测试环境的条件有一定的要求。

一、基本要求

心理测试环境应满足以下要求:

1. 干净、整洁、相对封闭,不能有杂色、杂物干扰;
2. 安静,不能有杂音或噪音干扰;
3. 光线适宜、柔和,不允许被测人面前有直射光;
4. 温度适宜(20℃~25℃);
5. 通风良好;
6. 电压稳定,无电磁辐射干扰,确保仪器正常使用。

测试应在满足上述要求的环境中进行,如果条件不具备:

1. 测试人有权不进行测试;
2. 被测人有权不接受测试;
3. 委托单位有权不接受或不承认测试结果。

二、场所条件

(一)测试地点的选择

1. 标准测试室

心理测试最理想的地点是专门用于心理测试的标准测试室(如图

1.2.4-1所示),这里设备比较齐全,而且在设计时就考虑到了排除无关刺激的干扰,安静而且舒适,温度、光线便于调节。

图 1.2.4-1　标准测试室

办案用测试室,应当能够很好地进行心理测试,观摩人员在观察室通过电脑和投影仪同步看到、听到测试室里的测试过程,能观察到被测人的表现及测试的生理图谱。

教学用测试室,应当能够正常进行心理测试,学生在观摩室可通过单反玻璃看到测试室操作过程并通过音箱听到声音。

2. 临时测试室的选择

在实际办案中,地点不确定,有时不能满足在测试室测试的要求。这时需尽可能选择宾馆、办公室等能够最大程度满足测试要求的地方。需要指出的是,在条件都能够满足的情况下,选择公安局的办公室,还是宾馆的客房,应视案件和被测人的具体情况而定。如果这之前对犯罪嫌疑人只是进行一般性的调查,而且案件也不是重大恶性案件,那么,选择地点时尽量不要在公安局内,而应当选择宾馆之类的地点,这样让被测人感觉这只是一次科学的鉴定,不会增加不必要的心理压力。但如果是已经采取了强制措施的犯罪嫌疑人,由于他在心理上已经适应了这种气氛和压力,只要测试条件可以满足,在公安局测试也可以。

(二)测试环境的布置

心理测试环境的安排和布置一般应考虑到以下多方面因素:

1. 面积大小。心理测试室的面积大小应适宜,测试室的面积在 $10m^2$ 左右较为合适,不应小于 $6m^2$ 或大于 $14m^2$。房间不宜太大,房间太大就降低了保密的氛围,不利于形成较好的心理状态;测试房间太小了会使被测人感觉压抑。

2. 声音色调。测试室应隔音,而且应是暖色调的墙壁,内外两侧都应设置隔音层,内侧应是暖色调的;地板上应铺有隔音地毯;外部噪音可能来自测试室外的走廊,因此测试室的门应十分坚固而且应与地板和门框配合紧密;在等候室与测试室之间可以安装隔音门,作为防止外部噪音的另一道屏障。

3. 光线照明。测试室照明应当充足,如果太暗,会使被测人有压抑感;心理测试室的灯光也不能太强,因为被测人必须长时间注视墙壁,墙壁的反光,会刺激被测人的眼睛,使被测人不舒服。可见,测试室照明应当充足而又柔和,否则会影响测试效果。

4. 温度湿度。测试室内温度和湿度要适宜,测试室的温度应控制在舒适温度,而且温控系统必须安静。一般要求室内温度以感觉舒适为宜,不能热得出汗,也不能冷得发抖,以 $25℃$ 左右为最好。在这样的常温状态下,才能保证被测人的各项生理指标基本正常。温度过高或过低,会对被测人的生理指标产生影响,被测人体内会发生一系列的生理反应来适应环境,如出汗、发抖,这相当于增加了无关干扰,会影响测试的准确性。湿度应控制在 30% 以下。湿度过高可能使被测人身体感到不舒服,也会影响到皮肤电的反应。

5. 环境布置。测试室内的布置要尽量简单,除了测试所需的仪器设备和按要求进行的墙壁、地毯布置外,测试室内不宜有其他能引起注意的东西。当被测人坐在测试椅上时,他面对的墙壁上不能有任何可能分散注意力的装饰物。如果测试室有窗户,窗户上应挂有吸音窗帘,这种窗帘可以显著地减少内部声音。

6. 邻近条件。除了测试室和等候室以外,最好在附近有一个洗手间,以便被测人在测试前洗掉手上的油脂以及其他可能影响指尖汗腺功能的物质。被测人还可以在附近的洗手间小便,确保不会长时间地中断测试,同时还可以方便心理测试人进行尿样提取,以便测试结束后检测被测人是否服用了什么药物。

7. 座位配置。测试室中应有三把椅子,一把椅子给心理测试人用,这种椅子应是带扶手的转椅,放置在放有仪器的桌子后面;一把是无扶手的椅子,在测试前谈话时给被测人坐;一把是测试椅,这种椅子应有直靠背以确保被测人有良好的呼吸状态,而且还应有可靠的、可调节高低的扶手(10cm左右宽),以保证被测人手臂与身体之间有一些间隙(如图1.2.4-2所示)。

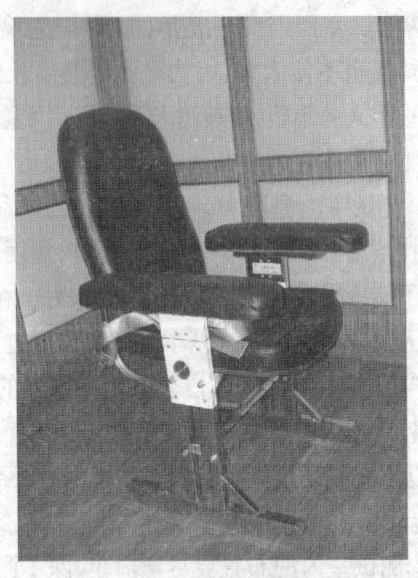

图1.2.4-2 标准测试椅

在布置时,测试椅应与心理测试人所坐的椅子相对。测试人坐在被测人的侧面。测试椅的设置应使被测人的手臂与测试桌保持一段距离,这将使心理测试人在被测人手臂上绑缚传感器时有足够的空间。

8. 被测人位置。被测人的座位尽量布置在墙角,被测人前端距离墙壁0.5米左右为宜,这样被测人观察范围有限,可以减少他的注意力转移。若太远,被测人观察范围增大,影响注意力集中;若太近,被测人的脚很容易碰到墙,干扰测试,同时,被测人也会有压抑感,觉得不舒服。

9. 单向玻璃。测试室最好装有单向玻璃。测试时,其他人员可以列席测试,但不能与测试人坐在一起,最好坐到被测人的身后。如果条件允许,在测试室中装上单向玻璃最好,这样列席人员可以在单向玻璃后面进行观察(如图1.2.4-3所示),而被测人却觉察不到(如图1.2.4-4所示)。

图1.2.4-3 单向玻璃外侧效果

图1.2.4-4 单向玻璃内侧效果

10. 监控系统。测试室是心理测试人的私人工作场所,不能有干扰,测试室内人员不宜太多,最好是心理测试人独自操作,特殊条件下也不得超过3个人。为了保证测试室的安静和安全,如果有条件可以安装监控设备,相关人员可以在测试室外观察(如图1.2.4-5所示)。

室内监控系统包含:

(1)测试室和参审室(观摩室)。在测试室中完成心理生理测试等工作。领导、专家或其他人员等可在参审室中实时观察整个过程,并可对测试提出建议。

科学识别"谎言"
>>>> ——心理测试技术广角

图 1.2.4-5　监控设备

(2)在测试室与参审室(观摩室)之间的墙面加装单向玻璃,以便其他办案人员在不影响测试的前提下,同步观察案情进展(如图1.2.4-6所示)。

图 1.2.4-6　观摩室

(3)也可通过安装在房间内的摄像机进行监控,并把视频和音频信号引入到参审室内,以便其他办案人员在不影响测试的前提下,同步观察案情进展(如图1.2.4-7所示)。

图1.2.4-7　摄像机

总之,测试室的专业布置可以使心理测试人增强信心,而且在这个环境中没有那些可能对测试造成不利影响的外部噪音和内部噪音。同时在这个环境中也没有那种有可能分散被测人注意力的干扰因素,以及可作为反心理测试措施的视觉和听觉影响因素。总之,从测试环境方面严格限制无关变量的干扰,确保因变量和自变量之间的直接作用关系,以提高心理测试的效度,保证测试结果的法律效力。测试室内恰当的布置以及正确实施测试的过程,体现科学测试的严肃性和科学性,对被测人是一种威慑,使其主动放弃使用对抗心理测试的措施。

第二节　案件条件

案件条件,是指心理测试技术在应用前案件所具备的各种状况的总和,包括:案件强度(案件严重程度)、案件相关信息的保密状况、被测人的心理生理状况和心理信息状态等。一般来说，案件条件越好，测试的效果也就越能够得到保证。

一、案件条件类型

从心理测试角度看案件条件，一般可分为两类。两类不同的案件条件，心理测试应用的策略也有所不同。

1. 界定良好的案件。界定良好的案件是一类边界分明、条件完整、各种信息比较清晰、嫌疑人范围基本确定的案件。无论是传统心理测试技术还是现代心理测试技术解决这类问题都有效果，但是现代心理测试技术更具优势。实践中常见的界定良好的案件类型之一就是"内盗案"和"一对一案"。

2. 界定不良的案件。界定不良的案件是侦查中遇到的绝大多数案件，这类案件边界模糊，条件残缺，各种信息混乱，嫌疑人范围很难划定，侦查头绪繁多等。

心理测试技术在帮助解决这类问题时采用的方式有三：一是"以事找人"；二是"以人找事"；三是"缓进"或"不进"。

（1）"以事找人"。由于案件侦查都在事后，所以"以事找人"也是侦查工作中最常见的解决问题思路，但是在心理测试技术实践中，更多的是想办法将这类界定不良的案件调查转化为界定"相对"良好的案件进行测试。

（2）"以人找事"。这实际与侦查中的"深挖余罪"有相通之处。不少界定不良的案件的侦破往往会因为条件限制而无法突破，但是有时侦查人员会在办理别的案件时发现一些"隐约"的相关人。"隐约"，指的是没有特别有力的证据支持侦查的这种判断，这时心理测试技术就有机会帮助侦查人员将"隐约"明确，为破案发挥作用。

（3）"缓进"与"不进"。"缓进"，指的是有一类案件，虽然界定不良，但是案件的相关信息很丰富，如现场发现了指纹、DNA等能够直接识别犯罪人的证据，那么尽管犯罪嫌疑人范围暂时无法找到，但是由于指向明确、侦办直接，此时心理测试技术的直接介入就失去了意义。但是，可能在需要查找物证去向或者对作案人之外的其他相关人员进行心理信息提取时仍会需要,故而谓之"缓进"。

"不进",通常指的是除了后面要讲的被"严重污染"了的被测人以外的一些案件类型,如通过侦查能够很快查出线索的犯罪,抓"现行"的犯罪等。这时若使用心理测试技术,除了有"以测代侦"的危险外,无形中也加大了侦查成本。因为实施一次测试往往需要委托方和测试方至少4名成员的共同努力,并且需要较多的准备时间。所以并不鼓励任何案件都进行测试,因此应对心理测试技术采用"有所为,有所不为"的客观要求。

二、保护测试条件

凡是犯罪调查的专业人员都知道,对于有现场的犯罪调查的一个基本规则就是"保护现场"。《中华人民共和国刑事诉讼法》第102条规定:"任何单位和个人,都有义务保护犯罪现场,并且立即通知公安机关派员勘验。"由此可见保护现场的重要性。而心理测试技术也有"保护测试条件"的需求。

保护现场,是指对发现的犯罪现场,应尽量保持发现的原样状态,防止遭受破坏,为此需要采取一定的保护措施。显然现场保护的好坏直接影响着现场勘查的质量。对心理测试技术而言,测试条件的保护如同现场勘查对现场保护要求一样重要,否则测试质量则很难保证。那么如何保护测试条件呢?简言之,保护测试条件就是根据心理测试技术的应用条件尽量做到:(1)保护案件信息,即尽可能将案件相关信息,尤其是对核心信息的掌控限定在尽可能小的范围内,特别避免主动透露给被测人;(2)保护被测人,即按照下节将提到的一些相关要求使被测人尽量不被"污染"或"漂白"。

第三节　被测人条件

这里的被测人条件主要指的是被测人测前的心理信息状态。被测人的测前状态有几种情形会严重影响测试结果,测试时须注意区分并掌握针对性的测试策略。

一、被测人的"污染"

被测人的"污染",指的是被测人对涉案信息有不同程度的了解(一般有两种情形)。

(一)常见情形

1. 主动污染,指的是经涉案调查后,使得被测人对涉案信息有不同程度的了解,造成其不适合测试的情形。常见于测试对象被连续、高强度讯问之后,情况无进展,调查人员忽然想起心理测试技术,此时对心理测试技术的实施极为不利。这就如同将一个被污染的样本拿来进行检验,检验的质量自然不能得到保证。

2. 被动污染,指的是被测人通过媒体或公众渠道对涉案信息有不同程度的了解,造成其不适合测试的情形。现在的电视、报纸、网络等媒体极为发达,一些案件刚刚发生就会形成各种消息、传言甚至谣言满天。如果被测人在这样的环境里浸染,那么也会对测试构成不利影响,严重者甚至无法测试。

(二)污染程度评估

对"污染"的预先评估是准确实施心理测试即保证测试质量的关键一步。实践中对被测人的评估分成两个方面:一个是生理状态评估;一个则是心理信息受干扰情况评估。通常分成五级来考虑(如表1.2.4-1所示)。

表1.2.4-1 对被测人"污染"的评估表

条件	一级	二级	三级	四级	五级
生理状态	良好	正常	中等	偏弱	很弱
心理信息	未被干扰	轻微干扰	中度干扰	重度干扰	严重干扰

一般认为,心理信息被干扰在二级以内和生理状态在三级以内时,可以获得正常的心理测试效果;当生理状态或心理信息任意一个出现五级情况时,测试将失去意义,换句话说就是没有必要进行测试;当心理信息和生理状态出现三、四级及一些交叉情况时,可以有条件地取得测试效果(即"有偏测试")。

二、被测人的"漂白"

被测人的"漂白",指的是心理信息的"漂白",说的是应该让被测人形成的心理信息被抑制、丢失,甚至彻底丧失的情形。这是由于某种因素导致的一种信源"去信息化"的情形。表现为:(1)心理信息不能正常产生,(2)已有的信息被淡化。实践中常见的行为人行为时自主意识丧失就是心理信息不能正常产生的一种极端情形。

(一)常见情形

1. 记忆障碍。常见的心理信息不能正常产生情形为行为人(或相关人)行为时自主意识完全或部分丧失,如经历某种突然刺激后的失忆,药物、毒品、酒精等作用期的行为等,即与事实对应的心理信息的形成受到阻止、抑制,导致心理信息不能正常产生。常见的一些记忆障碍性疾病也可以导致心理信息不能正常产生。

造成记忆障碍的疾病很多,如脑部各种变性病、脑外伤和拳击手痴呆,皮质下动脉硬化性脑病、腔隙性梗塞、脑梗塞和脑出血等脑血管病,脑炎、一氧化碳中毒等脑缺氧,营养缺乏性脑病,酒精中毒和生化代谢障碍性脑病等均可引起。精神病患者也有记忆障碍。当被测人具有这些类型的疾患时,其显然被"漂白",当然不具备测试条件。

2. 记忆遗忘。已有信息被淡化的情形主要是时间因素,如事件发生与接受调查之间的时间间隔过长,从而使相关人员的记忆内容发生变化,如可能被转移、被消解,甚至被遗忘。人的记忆内容会随着时间的增加而发生变化,这其中最常见的就是遗忘,即已经生成的心理信息被消退和"淡化"。

研究认为,感觉记忆的遗忘是由于记忆的消退;短时记忆的遗忘是由于痕迹消退和干扰;长时记忆的遗忘主要是由于干扰作用。心理测试技术所关注的长时记忆受到的影响主要就是干扰,所以这里的"淡化"实质也是干扰。

(二)漂白程度评估

对心理测试技术来说,出现这两种"漂白"情形都很容易造成测试的

"假阴性"结果。因此,"有证据表明在案(事)件发生时,被测人正处于神志不清或自主意识丧失等状态"时,不宜进行心理测试。因为此时测试被测人的正常心理信息无法形成,测试基础不具备。如果有证据表明被测人可能被"漂泊",但是情形并不严重而需要进行测试时,这也就形成了另外一种"有偏测试"。

三、有偏测试

有偏测试,是指在有一定证据表明被测人已经受到"污染"或"漂白"的情形下实施的心理测试方法。可以针对被"污染"样本,也可以针对被"漂白"样本。

当然任何测试前测试人都必须坚持的一个基本认识原则就是"无罪推定",有偏测试也不例外。但是,有偏测试认为在遇到被"污染"或被"漂白"的"样本"需要测试时,如果已经有足够的证据证明该样本(被测人)已经被"污染"或"漂白",那么对测试结果的理解就需要有倾向性,即单向性。

显然此时对于被"污染"的被测人,其心理测试的"通过"结果要比"不通过"结果有意义;而对于被"漂白"的被测人,其心理测试的"不通过"结果要比"通过"结果有意义。换句话说,就是对被"污染"了的被测人,其测试"通过"结果的说服力要强于"不通过"结果的说服力;对被"漂白"了的被测人,其测试"不通过"结果的说服力要强于"通过"结果的说服力。

但是实际情况会复杂得多,尤其是对于"漂白"情形,调查人员通常无法准确判断被测人在案(事)件发生当时的神志状况,所以就需要进行合理的推断。因为在很多可能判断不具备形成正常心理信息的情形时,也会有一定的心理信息产生,这其实也正是有偏测试的意义所在。许多声称由于酒后不记事的被测人在测试时能够出现一些问题的异常反应。除了彻底的假醉情况外(此时的心理信息是正常形成的),对于一些"半醉"的被测人,如果考虑到"漂白"的因素,测试结果应多为"通过",而当测试结果出现"不通过",被测人又真的"半醉"时,出现的异常相关反应价值将会明显增加,即测试结果的"不通过"意义价值将大于结果的"通过"意义价值,即属于一种"假阴性判断"有偏测试。而"假阳性判断"有偏测试,即信息源被"污染"时的测试情形,此时测试结果的"通过"价值将大于"不通过"价值。从实践来看,"假阳性判断"有偏测试更为常见,而且实际把握难度也更大。

研究发现,记忆的干扰主要有两种:一种是先学习的材料对识记和回忆后学习的材料的干扰,被称为前摄干扰或前摄抑制;另一种是后学习的材料对先学材料的保持和回忆的干扰,被称为倒摄干扰或倒摄抑制。显然在被测人的心理信息被"污染"时,其受到的是倒摄抑制影响,而被测人的心理信息被"漂白"时,其受到的是前摄抑制影响。

在现代心理测试技术中,由于案(事)件相关人员的倒摄抑制往往是由于调查介入引起的,所以我们可以尽量有意识地预防和避免,而且实际工作中只要调查人员有一定的预防意识,这种倒摄抑制便可以得到较好的控制。而前摄抑制大多是由于被测人的自身原因或者案(事)件发生当时的客观条件而产生的,一般与调查的介入与否关系不大,这就要求测试人对被测人以及案(事)件进行全面而准确的把握和判断。

一般而言,与倒摄抑制相对应的有偏测试更容易产生假阳性结果,而与前摄抑制相对应的有偏测试更容易产生假阴性结果,因此,明确了这两种结果的产生机制后,不仅对于心理测试技术中测试方案设置先验概率的理解有重要帮助,而且对于测试结果评判引入先验概率的理解也有重要的帮助。

第四节 反测试情形

一、基本概念

心理测试技术中的"反测试",是指被测人通过有意识的手段获得自己想得到的测试结果的一类行为。这里强调的"有意识的手段"主要是用于区分被测人可能出现的一些无意识行为,尽管这种无意识行为也可以对测试结果构成影响,但是那不属于这里的反测试定义范畴。

反测试是一种精心的技巧性技术,通常是为了让被测人在测试时呈现"正常"状态,所以不能将反测试与偶然性的假阴性相混淆,也不能与其他心理生理反应相混淆,它是一种用特别的有意行为专门来对付心理测试技术的手段。

从测试实践看,无辜被测人显然没有主动实施反测试的动机因素,所以对于可能"不通过"测试的被测人需要重点关注。在定量测试结论时,对反测试的影响可以通过权重调配的形式给予适当处置。

二、反测试类型

从功能层面考虑,反测试有两种:一种是对抗型反测试;另一种是功利型反测试。

对抗型反测试,是被测人对测试活动的一种本能性反抗,多见于对测试持有特别看法、感觉或观点的被测人当中,还经常出现在"无辜"的测试群体当中。他们的反测试目的就是为了对抗,为了给测试人制造困难,因为很多真正"无辜"的被测人并不担心调查会冤枉他们,不惧怕测试结果的影响,所以实施"反测试"具有一定的挑衅性和明显性。

功利型反测试则更多出现于可能"有罪"的被测人中,他们的反测试目的就是为了"通过"测试,追求的是假反应,目的是逃脱调查,所以从表现形式看常出现某种顺从性和表面上的满不在乎。

从技术层面考虑,有多种类型的反测试手段见诸文献并从不同角度引发讨论,有体能性的、精神性的、催眠性的、生物反馈性的和药物性的等。

三、测试对策

无论从何种动机出发,不管用什么手段进行,反测试一般都以两种方式呈现对测试反应的干扰:一是在准绳问题测试中抑制相关问题的反应,增强对准绳问题的反应;二是在隐蔽信息测试中抑制生理反应的总水平,或增强对其他问题的反应程度。这也就成为反测试识别的关注点。

随着心理测试技术的普及和发展,人们对技术的了解会从陌生走向熟悉。可以预料,反测试手法会层出不穷。到底涉案者反测试的成功机会有多大?对了解测试原理的人是否适宜测试?这是从实践上和理论上都值得深入研究的课题。

有课题组采用实验研究方法,设计模拟一宗入室盗窃现金案件,在某校学生中征集志愿受试者120名,分为作案者、知情者、无辜者、反测试者4个角色组,对涉嫌的受试者运用犯罪情景测试法(GKT)和准绳问题测试法(CQT)两种测试方法进行测试。

实验结果表明:1. 反测试者的GKT平均对应率、GKT平均对应强度、CQT平均分值均低于作案者,说明反测试者可以有效地控制生理反应。2. 反测试者的GKT平均对应率、CQT平均分值高于知情者,但GKT平均对应强度低于知情者,CQT测试差别显著,GKT测试差别不大。3. 反测试者与无辜者在GKT测试中对应率有显著差别,在CQT测试中有较大差别。4. 反测试者、知情者、无辜者三者角色区分仍然明显。区分反测试者与知情者,CQT测试效度优于GKT测试效度。

对反测试者,可通过图谱分析结合行为观察加以识别。有意进行反测试的人,在图谱反应上有以下特点:呼吸波杂乱无章或很有规律,深呼吸、憋气、有意控制现象明显;皮电波混乱或有时突然冒起(失真),故意控制或制造反应现象明显。在行为上也会有所表现:精神一直保持高度戒备;目光回避测试人;测试过程中经常出现深呼吸和一些小动作;测试过程中,回答主题问题后极力想控制,语气和表情反常。

对付反测试,可以采用以下方法:1. 认真观察被测人的行为表现和图谱反应,发现异常时要引起警惕,及时发现被测人的反测试伎俩;2. 对于使用物理反测试的人及时指出他的动作,责令其不要再犯;3. 对于使用心理反测试的人,应设法把他的注意力拉回到问题中来。

反测试现象在国内测试实践中已经出现,一些有经验的测试人对此也有所认识。但用实验的方法对反测试进行系统的研究,总结出反测试的图谱特征和行为特征,提出识别和对应策略尚需研究者们进一步努力。

第五章　多道仪测试的过程

心理测试过程，指的是心理测试的实施步骤。

关于心理测试的实施步骤究竟包括几个环节，国内外的研究及实践有众多不同的见解。

国外有文献将心理测试划分为编制试题、预测面谈、实施测试、结果分析、结论推导等几个环节。[①] DoDPI（美国国防部多导仪测试学院）认为完整的心理测试过程有：测前谈话、数据采集、数据分析和测后谈话四个部分。

在我国，心理测试过程则有四个阶段六个步骤说[②]（测前准备阶段——编题、测前访谈；实测阶段——犯罪心理痕迹动态描绘、心理测试操作；实测图谱评判阶段；心理讯问阶段）；六大阶段说[③]（犯罪心理痕迹动态描绘阶段；犯罪心理测试问题编制阶段；心理测试测前访谈阶段；心理测试实测操作阶段；犯罪心理测试评图阶段；测后谈话和讯问阶段）；六大基本程序说[④]（即测前准备，测前谈话，测试，评读图谱，测后谈话，测试结论及文档制作整理）；七个阶段说[⑤]（即犯罪痕迹分析阶段、犯罪动态描绘阶段、设计测试结构阶段、准备实施测试阶段、实施正式测试阶段、分析测试结果阶段、推导测试结论阶段）。

以上观点从不同的角度着重强调了心理测试技术的不同内容。笔者综合各方经验，参照《心理测试技术专业职务考试复习大纲》的要求，将心

[①] Stan Abrams: The complete polygraph handbook. Lexington MA.: Lexington Books, 1989.

[②] 常青山、苏剑君：《我国犯罪心理测试技术的历史沿革与发展综述》，载《铁道警官高等专科学校学报》2004年第1期。

[③] 武伯欣：《中国犯罪心理测试技术理论论纲》，载《中国人民公安大学学报》2003年第2期，第141～143页。

[④] 陈兴乐：《司法心理测试技术应用研究成果综述》，载《政法学刊》2004年6月第3期，第80～83页。

[⑤] 付有志著：《犯罪记忆检测技术——揭示刑事测谎的实质》，中国人民公安大学出版社2004年版，第33页。

理测试过程概括为测试受理、测前准备、正式测试、评图结论(内容在专门章节介绍)、异议处理、测后谈话等步骤予以介绍。

第一节 测试受理

按照我国现行的规定,一般进行心理测试都必须经过测试委托与测试审核受理程序,测试方能启动。

申请单位提出测试申请时,对每名被测人的每次正式心理测试只允许针对一起(宗)案件进行,并且应当依照有关鉴定规则的要求向心理测试机构提出测试申请——《鉴定委托书》,同时呈送证明送检人身份的有效证件、鉴定人要求提供的与鉴定有关的其他材料。

测试机构在委托单位手续和材料齐全时不得无故拒绝或者拖延心理测试的实施。但对于不具备测试条件或与测试要求不符的案(事)件,测试机构有权不予受理,但需说明原因。

具有下列情形之一的,心理测试机构不予受理:1. 违反国家法律、法规的;2. 不具备委托主体资格的;3. 违反委托程序的;4. 超出心理测试机构测试范围的;5. 不具备测试条件的;6. 已经委托其他心理测试机构正在进行相同内容测试的。

第二节 测试准备

测试委托受理后就要着手准备测试工作。测前准备一般包括如下工作内容:沟通案情、了解被测人情况、介绍技术、确定测试时间和地点、拟定测试方案等。

一、沟通案情

委托单位或办案单位应向测试机构如实提供详细的案情,包括现场情况、有关笔录、现场图、现场照片或诉讼案卷等材料和被测人的基本情况,并向测试机构提出具体的测试要求。如确定被测人与案件发生的时间关系、空间关系、作案动机、作案方式、是否对案件某些特殊细节知情等。

测试人应从测试的角度出发,细致分析有关案卷,且在条件允许时,对案发现场等进行实地考察或还原案件事实,对整个作案过程进行恢复重建,同具体办案人员沟通,对案件进行复析,从中寻找测试点。对于一些重要环节,应了解清楚被测人的知情程度,了解在前期审讯过程中"点"到了什么程度。对于涉案的时间、地点、名称,必须准确了解。为测试编题及制定测试方案掌握充分的信息。

二、了解被测人情况

被测人是心理测试的受测主体,他的综合状况与测试的实施密切相关,并直接影响到测试结果。测试人一定要对被测人的相关信息了如指掌。

首先要了解被测人的法律性状。测试人一定要了解被测人与准备测试的案件之间的关系,清楚被测人是案件的原告、被告、证人,还是其他诉讼参与人。

其次要知悉被测人的身心性状。如果被测人患有某种疾病,如高血压、心脏病、哮喘、咳嗽、打嗝、发烧、酒瘾和毒瘾发作期、服用含镇静剂药物的有效期、智力低下时,不能测试。被测人的心理状况与心理测试关系比较密切的是被测人的气质,或者脾气。除此以外,测试人还应该了解被测人的智力水平、记忆状态、精神状态等心理性状。

再次要清楚被测人的社会性状。测试人应该了解被测人的职业、受教育程度以及已往的社会经历等情况,包括有无前科等,为编制中性问题、准绳问题收集素材。

最后要掌握被测人的测试性状。应该了解被测人是否被污染,受污染程度,还应该了解被测人是否被"漂白",漂白程度[①]等。无论被"污染"还是被"漂白",都会直接影响心理测试的效度。

三、介绍技术

因为目前国内多数人对心理测试技术不熟悉,测试人应向委托人介绍心理测试技术的基本情况,包括基本原理、功能、局限性以及仪器的性

[①] 陈云林等著:《现代心理测试技术导论》,知识出版社 2005 年版,第 75~82 页。

能。应结合一些具体案例,说明心理测试能够做什么、不能够做什么。如有可能,可以做一个测试演示。

四、确定测试时间和测试地点

测试时间的确定一般要考虑几方面因素。首先是被测人的状况,测试前委托单位或办案单位应详细提供被测人的身体健康状况,有不适合测试条件出现的,测试机构不能进行测试。若被测人的状况允许,测试人一般应选定在被测人吃饱、睡好的条件下进行测试。并告诫被测人测前不得饮酒。

测试地点,有条件的在标准心理测试室进行;条件不允许的,也应尽量按照测试环境的要求选择和布置临时测试室。

时间地点一经确定,测试双方都必须严格遵守。

五、拟定测试方案

测试人在充分掌握案情的基础上,依据测试目标,按照被测人的条件,确定测试主题、形成测试结构、制定测试方案。

测试目标,是指本次测试所要达到的目的,所要解决的问题,所要弄清的细节。测试方案,是指为了达到本次测试目标,所要测试的角度、测试的问题、测试的策略。

委托单位或办案单位可与测试人协商测试方案和实施步骤,共同拟订心理测试方案;但对测试方案有异议时,以测试机构方案为准。

第三节 正式测试

正式测试所要完成的事项包括:测前谈话、联机调节、呈现刺激、记录反应等。

一、测前谈话

正式开始测试前,测试人应与被测人进行一次调查性的心理面谈,即测前谈话。这是一种从被测人处获取信息,并消除被测人的紧张、恐惧和对立情绪,使被测人以积极配合的态度进行测试的重要方法。

(一)目的意义

1. 保证测试的顺利进行。通过谈话,排除了被测人身心状况的不适宜测试情形,告知被测人测试时的配合要求,调整被测人的受测心理状态,避免了来自于被测人的不利影响因素,为测试的顺利进行提供了有利条件。

2. 使被测人处于适当的受测心理状态。首先,使被测人进入受测状态。通过谈话,可使被测人当下的心理单纯化、标准化,思路集中于测试问题之上。其次,让无辜者情绪放松。通过谈话,可赢得无辜者对心理测试技术和测试仪的信任,而平息其紧张情绪,消除其不必要的担心。再者,是让涉案者更加紧张。这是测前谈话更重要的目的,可调动涉案者对案件过程的回忆,增强其对说谎的恐惧感。这对测试结果的客观可靠性提供了有利条件。

(二)内容方法

1. 建立初步测试关系

被测人的紧张情绪对心理测试来说是一种干扰。过分紧张的心理状态,会使被测人对问题的反应整体水平升高,甚至对测试人的提问产生恐惧,造成乱反应的现象。这样,测试图谱看起来便显得杂乱无章,影响对相关问题和其他问题反应的比较及判断,对测试的准确性造成影响。

为了缓解被测人的紧张情绪,谈话开始时要避开案情,只询问其一般情况。

谈话时,测试人应以专业内行的举止和态度与被测人进行平心静气的交谈,询问被测人的一般情况,如被测人的健康状况、生活工作经历、家庭状况、社会关系、个人爱好、性格、情感等。在此过程中,测试人应注意给对方一些自己的信息。适当的时候,还可以开点儿小玩笑,想起来什么就评论一下。这样,不仅可以初步了解被测人的状况,拉近心理距离,为后续访谈找到切入点,而且可以了解被测人的心智水平。

2. 被测人知情试题检验

在测前访谈中,让被测人尽量地回忆,说出他对这个案件的所见所闻。这时,测试人可以在本子上记下要点。一定要注意,在此时不要与被测人争执,哪怕其陈述不符合逻辑。把有出人的地方记下来,在测后审讯时可以攻击他。测试人要注意引导被测人说下去,如果被测人扯得太远,测试人要使其回到谈话主题上来。要耐心细致地听取被测人对案件的陈述,让被测人谈论自己对案件的看法。测试人要表现客观,表示关心,不审问不指责。这样可以使被测人从心理上接受测试人,借此会谈,避免发生摩擦,造成敌对状态。在这个过程中,测试人还要注意分析被测人在陈述中的表现,判断陈述真实与否。进而对测试主题的应用恰当与否进行检验,并对测试问题的措辞、用语及语言表述与被测人进行充分沟通,确认测试主题及问题的适当性。

3. 被测人适测条件评估

被测人的生理、心理状态对于测试结果的准确性具有直接的影响。目前,测试实践中尚没有一套既有效又经济的常规模式来衡量和检测被测人的身心状态。这就要求测试人对于被测人的心理、生理状态是否适合进行心理测试作出一个较为准确的判断。测试人必须掌握一些基本的心理学、生物学、精神医学的知识,结合访谈的过程,迅速而准确地把握被测人的身心状态,以确保测试结果的准确性。一般来说,影响测试结果准确性的心理、生理条件主要有:被测人是否有精神疾病,被测人的智力水平,被测人吸毒情况,被测人测前服药情况,被测人是否有其他影响测试准确性的疾病,被测人的体能状态。具有上述这些情况的人,一般不适宜进行测试,测试人应通过测前访谈仔细观察了解被测人的心理、生理状态。如果在被测人心理、生理状态不正常的情况下进行测试,将导致误判或无法解释图谱。

4. 展示测试原理及科学性

展示的内容应该包括心理测试过程的科学性、测试指标的客观性、测试结论的可靠性等。特别应该强调的是,测试结果不受被测人的主观控制。展示测试原理可以通过口头的方式,也可以通过演示的方式,通常采用的是演示刺激测试,刺激测试通常使用数字测试。测试人将传感器佩戴到被测人身上,并扼要说明心理测试的原理,随后让被测人在3至6之间选择一个数字并不告诉测试人。测试人从1至7中选择任何一个数字询问被测人，直至问遍7个数字。被测人否认测试人问及的每个数字，并被同步记录相应的生理反应。数字测试之后，让被测人比较欺骗回答时的清晰反应和诚实回答时的微弱反应，并告诉被测人，通过数字测试，测试人已经知道了被测人的欺骗和诚实的特征性生理反应。只要被测人诚实地回答所有测试问题，无辜的被测人就会被识别出来。还要告诉被测人，因为欺骗会牵扯更多的心理生理反应，正式测试期间的任何欺骗回答都会产生比数字测试时强得多的反应。

5. 被测人受测心理调适

与被测人探讨案情是一种积极有效的调整被测人受测心理的方法。随着谈话的深入，测试人要与被测人讨论案件的争议点及测试的主题，调动他对案件过程的回忆，并鼓励被测人自由描述或讲述任何重要的、测试人要了解的事件或情景。这可以为被测人提供按照自己的观点描述事件的机会，消除可能影响测试效度的模糊或误解，还可以降低被测人的一般焦虑，建立专业化、客观的和相互信任的气氛。

经过和气的访谈，清白的被测人陈述完以后基本都能平息下来。有罪的人会有保留，心理上不但不会放松，反而更紧张。和被测人谈论案情并听取被测人对案件的看法，把被测人的思路引导到案件上来，可以唤起被测人的记忆。唤起作案人的记忆是十分必要的。当测试人提及某案件时，有罪的嫌疑人往往会在头脑中下意识地重现整个犯罪过程，使其犯罪心理痕迹得以强化，这样有利于后续的测试工作的开展。

6. 告知测试事项及配合要求

要告知被测人的合法权利和测试配合事项。要告诉被测人：传感器戴好后，双脚要平放在地上，两眼平视前方，坐舒服，坐好后身体就不要动了。接下来测试人会问一系列的问题，你听清问题后，不要着急回答，仔细想一下再回答。如果问题符合事实，你就做肯定回答，如果不符合你的情况或你不知道、不清楚，你就做否定回答，不要解释，中间会有休息时间，那时你可以进行解释。测试过程中眼睛要看着对面的墙壁，不要看测试人，回答时不要点头，也不要摇头，不要有其他动作，轻轻回答一声"是"或"不是"就可以了。还可对被测人讲:要想顺利通过测试,就要按要求做,最后能否通过测试,要由仪器进行判断。

7. 被测人自愿受测确认

测试人应当如实地向被测人陈述本次测试的目的,确认被测人自愿接受测试,并签署同意接受测试的意见书。

被测人自愿接受测试的书面材料应至少包含下列内容:(1)被测人基本情况;(2)接受测试的原因及内容;(3)对测试的了解;(4)对测试结果发布范围的认可;(5)被测人本人签字(捺指印)。

被测人同意接受测试的,应填写本人签字证明的书面材料。对于不识字的被测人,可由测试人代写,并将材料内容对被测人宣读,保证被测人听(清)懂,并在自愿书后附注说明。如果被测人不同意接受测试,不允许采用任何直接或间接的手段诱使、胁迫其接受测试。

有了被测人的自愿配合,可以保证测试的合法性,同时还可以提高测试的效度。

(三)原则要求

测前谈话一般应当注意以下问题:

1. 价值中立

在整个测试过程中,测试人要克服主观色彩的影响,立场要客观,态度要中立。测试人要假定所有被测人在主题问题上都是诚实的,直至测试图谱中的生理数据提供了反面的证据,即评分结果表明被测人涉案为止。尤其对于无辜的被测人,测试人客观的立场有助于缓解无辜者由于受到不公正审查而产生的潜在愤怒反应,测试人中立的态度有助于缓解无辜者担心测试出错的紧张心理。在测试前访谈中,测试人应向被测人解释测试中涉及的生理学知识以及相关问题。同时,测试人还可以通过一些有关测试效度研究的结果来证明测试的准确性,从而进一步消除无辜被测人担心测试出错的心理,体现测试的客观公正。另外,测试人把被测人当做无辜者对待将会极大地提高被测人与测试人配合的积极性。

测前谈话虽然由测试人控制进行,在整个过程中由测试人掌握主动,但是测前谈话也应当是一种低调的、没有压力的、没有对峙的调查性的心理面谈,它不同于审讯。测试人不给被测人讲学、提供道德榜样或讲述人文趣事。测试人在谈话期间绝不能挑战被测人对事件的描述。要保持像医生那样的镇静姿态。要避免发生摩擦和敌对态度。使用间接问话法,多听少说,要反复强调你是在帮助他,表明你对他是否犯罪并不在意。

2. 导向明确

测前谈话的直接目的是要消除被测人的对抗,并将其导入适测心理状态。

正确引导被测人是测试中把握被测人心理的前提和基础。

但是测前访谈中,不要一直围绕案件发问,否则即使无辜者也放松不下来。要通过对被测人基本情况的询问,甚至家长里短的交谈,引起被测人的访谈兴趣,从而有效地消除被测人的紧张情绪。无罪的被测人和有罪的被测人一样,在第一次面对测试仪器时,往往会感到紧张和无所适从。要想将有罪的被测人和无罪的被测人进行准确地区分,使无辜被测人尽快缓解和摆脱紧张,进入测试状态显得十分重要。因此,测试人必须针对可能引起被测人紧张的因素,采取积极的措施对其进行安抚。无罪的被测人在明确了测试的过程和方式、要弄清楚的问题以及仪器的科学性和安全性后,紧张就会得到缓解。而且随着测试的进行,无罪的被测人也会越来越放松。

但同时又要掌握时机,将被测人引入测试主题。测试人应强调被测人没有摆脱嫌疑的充分依据,许多调查的结果都是对其不利的,建议被测人说实话以早日摆脱被怀疑的尴尬境地。测试人应重复声明愿意帮助其弄清真相。并且还要表明,自己对其作案与否并不在意。这样做,会使被测人感觉测试人是值得信赖的,同时也是不容易对付的。在这样一个前提下,整个访谈过程的主动权都将掌握在测试人的手里,测试人可以控制访谈的内容和进程。

并且,要让被测人在测前访谈和仪器测试之间独自思考一段时间。测前访谈结束后不要马上进行测试,要安排被测人休息一会儿。因为,测试前的谈话是很耗费精力的,被测人需要调整休息一段时间。另外,把测试题目预先告诉被测人,他在休息过程中有自我积累压力的倾向。对于有罪被测人,他最关心主题问题,如果他有时间考虑,就会逐步把注意力集中在主题问题上,对准绳问题和陪衬问题等就不会在意;对于无辜被测人,他最关心将会导致其可能被认为是作案者的准绳问题,而不会在意主题问题。如果访谈完毕后马上进行测试,被测人还没有时间考虑每道题目的轻重,就可能在所有的问题上都有很大的反应。所以,完成测试前谈话后,不要急于测试,要等候半小时左右。

3. 言行专业

测前谈话无论是告知事项、介绍原理,还是探讨案情、调整被测人受测心理状态,测试人的言谈举止都要体现专业人员的水平,赢得被测人的信任,消除可能影响测试效度的模糊或误解,降低被测人的一般焦虑,帮助建立专业、客观和信任的气氛。

(四)分类操作

1. 准绳问题测试的测前谈话

传统准绳问题测试的测前谈话的一个重要目的在于导入对照问题。因为对照问题是一类和测试的相关问题类似,但与案件无关,假定被测人可能说谎,并用来和相关问题进行比较的问题。强调的是"说谎"带来的压力反应。因此,是否成功导入对照问题往往决定着测试的成败。

测试开始,测试人可以对被测人说:"这是盗窃问题。我有必要问你一些一般问题以评价你在诚实和值得信赖方面的基本品质。需要确认,你过去从未做过任何类似的事情,而且你也不是那种偷了那个戒指却不承认的人。因此,如果我问你 23 岁前,你曾经为避免麻烦而撒过谎吗,你可以回答没有。可以吗?"如果在开始面谈的时候,被测人对照问题作出肯定性回答,测试人可要求被测人作出解释。更为经常的是,被测人承认一点儿,如说早期曾经拿过别人的东西。测试人则可以这样作出回应,"是的,当时你是孩子,对法律也没有很好的了解。长大以后你没有做过类似的事情吧?"这时,许多被测人会作出否定回答。可以将这一回答作为参照问题的表述。如果被测人进一步承认，测试人要继续缩小范围，直到回答"不是"为止，目的是尽快地获得否认。

测试人可以这样向被测人解释参照问题的作用："在本测试中，我需要问一些希望你作出欺骗回答的问题。正如数字测试一样，我需要一些你我都知道你在欺骗的问题和你如实回答的问题。那样，我可以知道你的欺骗反应和诚实反应之间的差异，我还可以了解你对有关抢劫问题的反应与对这些问题的反应之间的异同。因此，当我问你，在27岁前，你曾经至少撒过一次谎吗？我希望你对此作欺骗性回答。而且，我希望你思考既往撒谎的特定时刻，并且希望你回答问题时也记着那一时刻。你心中有特定的例子吗？……好，我不要你具体回答。当我在测试中问到那个问题的时候，我希望你以回答不是的方式进行欺骗，并且要想着撒谎的那一时刻。那样，你和我都会知道测试时你对那个问题进行了欺骗，从而可以确定你的反应是否适当，你是否适合继续进行测试。"

而系统调查测试里的准绳问题测试的测前谈话，不需要与被测人就准绳问题进行专门谈话。因为准绳问题只是用来触发被测人的基本心理生理反应的，对于是否能让被测人"说谎"不做专门要求。

2. 隐蔽信息测试的测前谈话

隐蔽信息测试的测前谈话比较简单，持续时间也比较短。测试人不需要像对照问题测试那样动用各种说服技巧，详细讨论每一个测试问题。

测试开始，测试人可对被测人说："我准备进行一次类似学校所用的多项选择测验的测试。这一测试把与犯罪有关的信息内容放在多项选择题的备选项之中。每道题仅有一个正确选择，其余的都是错误的。如果你与此案无关，或者你从未听到与此案有关的信息，那么你不会知道任何问题的正确答案，而且你的身体也不会有反应，正如数字测试时对未选数字的反应一样。然而，如果你与本案有关，或者听到与本案有关的介绍，那么你的身体会对测试中的每个正确选择作出强烈的反应。下面，我准备询问你关于……的问题。"

二、联机调节

联机调节，是指将测试仪的 USB 端口与控制电脑相连接，并将测试仪的传感器佩戴在被测人的受测部位,通过计算机及其测试软件将被测人的呼吸、皮电、心动等生理参数,在计算机界面以测试图谱的方式呈现出来,并按照规定要求,调节到适测状态的操作过程。

联机调节的任务,一是要确保测试仪与控制电脑的连接正常;二是要确保传感器与被测人受测部位的连接正常;三是要确保测试软件工作正常。

(一)仪器调试

能否顺利地进行心理测试,仪器是否处于最佳的状态至关重要。在每次测试之前,要对心理测试仪进行调试,使仪器各部分能够保持良好的工作状态,保证心理测试仪性能可靠、稳定性好、灵敏度高、操作简便。在每次测试结束之后,要把仪器和传感器小心拆卸,清点零件数目。

首先要保证与心理测试仪联机的电脑系统稳定。心理测试对电脑配置的要求不是很高,但系统必须稳定。电脑操作系统最好使用正版的windows软件。对于硬盘内没有用的垃圾文件应及时清理,防止由于文件太多造成死机。计算机应配备正版的杀毒软件,以防止感染病毒造成文件丢失或系统损坏。为防止测试过程中由于意外停电而影响测试,建议使用不间断电源。

还要保证心理测试仪器和电脑的连接正常。通过专用电缆把计算机与心理测试仪连接起来。在测试前,对于心理测试仪器最好要有一个预热过程。

(二)正确连接传感器

传感器是直接附着于人体,用来采集相关生理信号并传递给心理测试主机的附件。一般来说,多参量心理测试仪至少有三种传感器:呼吸传感器、皮肤电传感器、脉搏传感器,比较高档的心理测试仪器还备有血压传感器、血容量传感器和活动传感器。安放传感器总的原则是:准确传送生理反应,同时,被测人没有不适感。

在每次测试之前,先把仪器连好,分别将所配传感器插到心理测试仪后面板的相应的插座上,要注意各传感器按颜色顺序垂直插入,看准缺口,用力不要过猛,以防损坏插头座(取下时要一只手按住主机,另一只手按顺序拔下各传感器插头,不要旋转)。接着把传感器佩戴到被测人相应的部位(详见上篇第二编第一、二、三章的要求)。连接佩戴完毕,要检查各传感器反应是否灵敏,佩戴传感器用的护腕、带子是否齐全,仪器上显示的波形是否正常。

在佩戴和拆卸传感器时要小心,因为传感器的构造十分精细,若不注意会造成对传感器的损坏。在佩戴时还要注意观察被测人的情况是否适合测试,如手上是否有汗,是否有老茧,是否有其他不利于测试的因素存在,然后采取相应的应对措施,保证测试的准确性。

(三)心理测试软件操作

一般来说,心理测试仪软件操作包括题目编制编辑、完整准确记录被测人的所有生理参数的变化、问答时刻、测试过程记录标记(如动作、声音等)、数据图谱实时采集记录等功能。心理测试人要熟练操作这些功能,保证数据记录的准确性和完整性。

心理测试软件操作还包括各传感器采取的生理指标对应波形的幅度的调整(灵敏度和幅度调节)、基线对中等,以保证记录图谱的适当和美观。心理测试软件操作还包括重新再现回放测试时图形和数据,以利于测试后的分析。自动评分系统可以自动给出问题的反应强度和撒谎概率,要注意有效利用和参考这项功能。当工作结束时,应先退出测试程序再断开连接及其他插件,将主机、各传感器等收好装入各自的包装袋内,最后装入仪器箱内。

三、呈现刺激

心理测试中的呈现刺激,就是将案件的相关情节信息,用一定的方法让被测人感知的过程。

测试反应属于事件相关反应,不是人体自发产生的,而是由测试刺激诱导产生的。在心理测试中,主测人员的首要任务就是诱导需要的测试反应。其关键在于呈现适宜的测试刺激。因此,确定适当的测试刺激在心理测试中占据重要地位。

（一）测试刺激的内容

心理测试的目的在于确定被测人与正在调查的案件之间的关系。为了实现这一目标，测试人需要相继使用不同功能的测试刺激以诱导不同的测试反应。

1. 相关刺激。相关刺激的内容与正在调查的案件相关，或者是案件的整体概括，或者是案件的部分情节。相关刺激的功能在于诱导相关反应。

2. 无关刺激。无关刺激的内容与正在调查的案件没有关系，而且是一些不容易诱发情感反应的、无关痛痒的刺激。一般情况下，诸如被测人的姓名、年龄、居住地等都可以作为无关刺激的内容。无关刺激的功能在于诱发无关反应，以便作为被测人的基础心理反应。

3. 参照刺激。参照刺激的内容与正在调查的案件性质一致，但比较一般、概括，不是那么具体。参照刺激的功能在于诱发较强的反应，作为参照标准来评价相关反应。

（二）呈现刺激的方式

理论上讲，刺激各类感觉器官都可以产生事件相关反应。但在实际测试中，测试人主要使用视觉刺激和听觉刺激。

1. 视觉刺激。视觉通道是感知外界刺激的主要通道，在日常生活中发挥着重要作用。感受到视觉刺激之后，被测人会作出相应的心理反应，导致事件相关反应。但是，视觉刺激成为心理刺激必须被接受，也就是被感知和理解。如果被测人没有接受视觉刺激，理解其中的心理意义也就无从谈起。因此，保证被测人注意到并知觉到视觉刺激是心理测试必须落实的工作。

2. 听觉刺激。在实际测试中，使用更多的是听觉刺激，主要是言语刺激。原因在于，听觉刺激可以规避视觉刺激的麻烦。只要被测人听觉正常，自然会感受到测试人的言语刺激。

当然，感受只是听觉刺激成为心理刺激的基础。听觉刺激要真正成为心理刺激，还必须为被测人理解。因此，测试人不仅需要注意遣词造句，还要注意使用通俗易懂的表达方式。俗话说,到什么山唱什么歌。心理测试也应该使用被测人习惯的语言,借助言语实施心理刺激。为此,心理测试人有必要了解一些社会语言学,有必要了解被测人所使用的方言。只有这样,才能把心理刺激恰当地表达出来,传送给被测人。

CIT单元测试方法中除了传统的言语刺激方式外,有许多其他类型的刺激方式也可以使用,如出示图像、播放声音、动画等,有时使用这些刺激会比使用言语刺激的效果更好,但是通常这类刺激出现时仍伴随着相应的言语刺激。

(三)呈现刺激的要求

心理测试中标准规范的言语刺激就是测试人按照测试结构,一道一道地念出测试问题。因此对测试人的提问有一定的规范和要求。

1. 语言要求。所问的问题要让被测人能听懂。测试人的提问须清晰、准确,保证让被测人听(读)懂;对于有方言或语言困难的被测人,应视具体情况为其提供必要的翻译人员。

2. 时间要求。每个问题之间要有一定的时间间隔。每提出一个问题,测试人要在电脑图谱上标记"开始",提问结束则标记"结束",题与题间隔不得少于20秒。这段时间可以消除心理不应期的影响。所谓"心理不应期",是指连续出现两个刺激,被测人对后一个刺激的反应会减弱,那么这两个刺激之间的时间叫"心理不应期"。保证题与题之间的间隔,可消除心理不应期的影响,保证被测人对每一题都能充分反应。

四、记录反应

诱导被测人产生测试反应之后,还要借助生理记录设备记录测试反应。记录测试反应的直接目标在于忠实地模拟生理现象随时间变化的方式。因此,不同的生理现象应该借助不同的记录技术进行记录。记录反应过程中还应当注意影响反应记录的相关因素。

(一)记录技术

目前心理生理学研究使用的生理现象记录技术可以区分为两类:即电记录技术和脑成像技术。

1. 电记录技术

将人体细胞活动期间伴随的微弱电流或其他生理现象转换成的电流放大后输入阴极射线示波器或墨水笔记录器、磁带记录器、磁盘记录器，便可以把生理活动记录下来。为了实现这一目标，电记录技术需要生理信号采集器和储存器。

（1）生理信号的采集。根据生理现象的性质，测试反应使用两类信号采集器采集反应信号。一类是电极，直接用于采集电子信号；一类是传感器，用于采集生理信号并将其转换成电子信号。

采集电子信号的电极连接电线中的外在电流和皮肤或其他组织中的离子之间的电流，这种界面受电化学过程的支配，可以产生极化。极化的电极像个过滤器，过滤慢速或低频变化。

压力或温度可以借助适当的传感器转化成电子信号。有些不能直接产生信号电压的生理现象可以通过使用外来电流来实现电子化。这些技术的基本原理是通过记录生理现象对外在电流的影响来检测生理现象的电学性质。

（2）生理信号的储存。信号记录器的功能是将采集到的电子信号永久地保存下来。传统的信号记录器是使用几个固定的电动笔在匀速移动的纸张上描记。因为这样可以同步记录多种生理现象，所以相应的仪器被称作多道生理记录仪（polygraph）。

随着电磁技术的发展，可以借助电磁技术永久储存电子信号。因此，现代心理测试使用的信号记录器主要是磁带和磁盘。前者与通常的磁带差不多，但可以同时记录多道模拟信号。磁盘基本是和计算机联系在一起的。计算机不仅可以永久地储存采集到的心理生理信号，可以同步显示测试反应，而且还可以根据需要将记录下来的测试反应打印出来。因此，现代心理测试基本都采用计算机作为信号记录器。

2. 脑成像技术

脑成像技术是无创伤地探测脑内高级神经活动的技术，是现代心理生理学应用十分广泛的研究技术。随着心理测试研究的深入，脑成像技术正在或者已经成为记录测试反应的设备,成为心理测试的工具。

根据功能,脑成像技术可以区分为两类,即脑结构成像技术和脑功能成像技术。前者可以记录人脑内部结构的三维图像,后者可以记录脑进行高级功能活动期间的动态三维图像。

(1)脑结构成像技术。可以用于心理测试的脑结构成像技术包括计算机断层显像技术(CT)和磁共振技术(MRI)。

(2)脑功能成像技术。可以用于心理测试的脑功能成像技术包括功能磁共振技术(fMRI)、正电子发射断层扫描技术(PET)和脑磁图技术(MEG)。

(二)相关要求

测试S操作时,数据采集前,测试人应在确定传感器位置正确,信号传输稳定、正常后方可开始采集记录。

数据采集应严格依照技术操作要求进行;测试中应保证被测人有一定的休息时间。

如果被测人在测试过程中出现恶心、呕吐、不舒服及情绪激动等特殊情况,应立即中止或终止测试。

测试中的问答应进行如实记录,并根据相应心理测试技术的要求收集足够的测试数据。

数据采集完成后,解开传感器,由被测人查看测试记录,如被测人无异议,应在每页签名,并签署在测试中未受到权利侵害的相关书面材料。

如果被测人拒绝签署,应问明其拒签理由,向委托单位或办案单位说明,并在测试记录中附注说明。

被测人在完成必要程序后,由委托单位或办案单位将被测人带离测试地点,表示数据采集过程结束。

五、评图结论

测试图谱分析可以在被测人离开后立即进行,评图结论严格按照专业要求的方法进行(详见上篇第二编第七章)。

严禁测试人与被测人面对面地在数据图谱面前评价测试结果,严禁当面宣布被测人"撒谎"、"欺骗"或"通过"、"不通过"等结论性意见。

评图时要把系统调查测试获得的若干图谱汇集起来统一评析。图谱结果分析建议采用复核制，因为测试人在测试过程中容易产生某种判断"定式"，加上如果是有偏测试，那么测试人的主观意识很可能会陷入一种困境，而此时的任何轻率结论都是不应当的。所以可选方法之一就是将图谱移交他人评阅。对于现场测试无法立即复核的，可以口头出具倾向性意见，待复核后再作出进一步结论。

六、异议处理

委托单位或办案单位及当事人对测试结果有异议时，可以向该心理测试机构申请复测，复测应易人进行，一般不对复测再进行复测。对复测结果仍有异议时，该心理测试机构应邀请有关专家对测试结果进行会诊解决。

第四节　测后谈话

心理测试技术应用过程中的测后谈话，从严格意义上说应当指的是测后讯问(或测后审讯)。关于测试后谈话应不应该作为心理测试程序的一个步骤，在我国的心理测试技术应用中是个有争议的问题。

一种观点认为，测试人不是侦查人员，谈话不应当由测试人来进行，当然就不能把它作为心理测试的一个程序步骤来讲。而且，测后谈话应当是另一种含义。正确的做法是可以在数据采集结束后直接进入测后谈话，对被测人的合作表示感谢，告诉其分析数据需要一些时间，让其静候。对于被测人愿意继续谈话的，如果是打探测试结果时，必须给予拒绝，说明形成结果需要时间，不能马上告知；如果是要交代案(事)件的，则继续谈话，同时迅速通知委托单位人员，适当时交由委托单位负责谈话或继续询(讯)问，切忌急功近利，越俎代庖。即便是兼有调查人员身份的测试人，这个时候也不鼓励进行角色的立即转换。绝对不允许将测试过程中观察到的测试结果直接用于测后谈话或进行测后询(讯)问。

另一种观点则认为，测试人可与审讯人员配合，在测试后一定时间内

(一般认为72小时内),以测试的具体结果为突破口,配合测后搜索取证工作而进行测后谈话,并且对测后谈话的目的意义、方法技巧进行深入地研究。[①] 认为测后谈话也是心理测试程序中的一个重要环节,其意义在于:(1)可进一步验证测试;(2)对有罪被测人震慑其心理,为测后审讯创造良好的心理条件;(3)如果方法得当,可能突破嫌疑人心理,获得初步认罪口供。

测后谈话的方法有:(1)明确告知其测试结论,震慑其心理,观测他的反应;(2)狠狠打击其侥幸心理,规劝其坦白交代罪行;(3)如经过测试人的说服规劝被测人承认了犯罪,则应令其对主要犯罪情节作出供述,以印证测试中的反应和案件情节;(4)责令其认真反省,作出详细全面的供述;(5)如测后谈话没能即时突破,则移交侦查员,立即组织力量,展开强大的审讯攻势;(6)在测后审讯中,如果被测人在一些具体情节上继续撒谎,必要时可以再次测试。

对于测后谈话和审讯中说服规劝的技巧则总结概括为五种:(1)同情理解法;(2)激励法;(3)连累亲人法;(4)"为你着想"法;(5)心理透视法等。

[①] 陈兴乐:《司法心理测试技术应用研究成果综述》,载《政法学刊》2004年6月第3期,第80~83页。

第六章　多道仪测试的编题

心理测试的编题方法,讲的是根据测试目的和心理测试基本规律,在确定测试主题的前提下,将不同性质的问题按照一定的原则组合起来,形成一定的测试模式的方法。由于经此形成的测试模式,在测试中就是用来诱导被测人产生心理生理反应的心理刺激结构,所以编题方法又叫测试结构、测试方法。

编题方法,是心理测试的核心技术之一,是测试方案的灵魂,是测试成功与否的关键。不同的测试理念,应用不同的编题方法,体现不同的测试功能;不同的测试目的,综合不同的编题方法,收到预期的测试功效。

自1921年美国的拉尔森和基勒最早采用"相关—不相关问题交叉测试法",到近年改进的通用问题测试法(MGQT)的颇为流行,美国的心理测试编题方法陆续推出,形式多样,但是基本内容仍然以里德的准绳问题的隐蔽信息测试(CIT)为基础。

从20世纪80年代心理测试技术引入我国,测试界的践行者们就在孜孜不倦地探索适合中国国情的测试方法,逐步本土化的心理测试方法不断呈现。

第一节　准绳问题测试法

准绳问题测试(Control Question Test or Comparison Question Test,CQT),或称比较问题测试,是一类心理测试题目编排方法的总称。它是在20世纪40年代由美国的里德(Reid)首创,至今仍广为应用的测试结构。

一、方法原理

这种方法要求,在一个测试单元的题目结构中必须包含相关问题(用R代表)、准绳问题(比较问题,用C代表)、不相关(中性)问题(用I代表)或准相关问题等几种类型的主要测试问题。单元测试通常至少要重复进行三次。

这种方法的基本思想是依据"威胁最大"理论，认为无辜者关注准绳问题，涉案者关注相关问题，用被测人对准绳问题和相关问题的心理生理反应差异来判断被测人对相关问题是否存在异常心理压力。

经过许多心理测试工作者的努力，准绳问题测试题目结构已经成为一类通用的心理测试题目结构，有着广泛的用途。不仅可以用于检测概括性主题(是一种可以回答被测人与正在调查的案件是否相关的主题)，也可以检测分析性主题(是一种可以回答被测人与正在调查的案件要素是否相关的主题)。在实际测试中，测试人更多地将其用于检测概括性测试主题。

二、问题类型

中性问题(Irrelevant Question, I)，也叫不相关问题，是与测试目的不直接相关的一些问题，与案情无关，没有负担，不会引起情绪反应。可以反映被测人在测试过程中的正常反应水平。通常作为引题、过渡和划分测试区域使用。

相关问题(Relevant Question, R)，也叫主题问题，是涉及案情的问题，也是测试的要害、核心问题。目的是为了弄清被测人对调查的案件是否参与、是否知情。

准相关问题(Sacrifice Relevant, Sr)，也叫牺牲相关问题，可以理解为一种过渡性问题，目的是告诉被测人就什么内容问题开始测试。例如，"关于……你是不是愿意如实回答我的问题？"

准绳问题(Control Question or Comparison Question, C)，又称比较问题，是一个和测试的相关问题类似，但与案件无关，假定被测人可能说谎，并用来和相关问题进行比较的问题。用准绳问题触发一个应激反应，以便和相关问题比较。如果被测人在准绳问题上的反应强于相关问题，那么可认为该被测人与所测试的相关问题无关；反之则认为该被测人与所测试的相关问题有关。

在准绳问题测试方法应用中，准绳问题的开发和应用是一个重点和难点。国外研究非常关注准绳刺激的研究，并取得了丰富成果，总结出了不同类型案件的参考准绳问题。

准绳问题分类列举：

偷类：你偷过东西吗？你偷过值钱的东西吗？你偷过你工作单位的东西吗？你偷过钱吗？你有没有想拿人家东西？你有没有拿过不属于你的东西？你有没有拿过价值×元以上的东西？你有没有在一个偷盗案中受过牵连？你家里有没有偷来的东西？

抢类：你有没有想过抢人家东西？你有没有用凶器犯过罪？你有没有考虑过用威胁手段偷东西？你有没有以武力威胁过别人？你有没有想用暴力来达到目的？你有没有用武器来威胁别人？你有没有幻想过用暴力犯罪？你有没有犯过罪而没有被抓住？（有前科的人）你有没有犯过其他你没有告诉我的抢劫案？

通用谎言准绳：你有没有对政府部门撒过谎？你有没有对公安人员撒过谎？你有没有为自己的利益撒过谎？你有没有为保护自己诬赖别人？你有没有为保护别人撒过谎？你有没有在犯罪案件调查问题上撒过谎？你有没有在重要问题上撒过谎？你有没有为报仇撒过谎？你有没有诬告过别人？你有没有过不道德的行为？你有没有在官方文件上写入假情况？你以前做过一些见不得人的事吗？你以前做过一些违法的事吗？你以前做过一些不道德的事吗？

三、问题组合

CQT测试有很多种类，根据主题问题选择的不同，通常分为单主题测试和多主题测试。

（一）单主题CQT测试

就是在一个测试单元中只检测一个测试主题（测试相关点——案件的要素信息）。

在CQT测试中，单主题测试是用得最多的一种测试方法。

单主题CQT测试的相关问题设计得很有特点，其典型的单主题相关问题是以这样的形式设计的（以盗窃案为例）：

R_1　丢失的东西是不是你拿走的？

R_2　拿走丢失东西的人是不是你？

R_3 你是不是拿走了丢失的东西?

传统单主题 CQT 测试的代表有贝克斯特的"区域比较测试法"(Zone of Comparison Test, ZCT)、"犹他区域比较测试法"(Utah Zone of Comparison Test)等。

单主题 CQT 题目组合及测试示例如表 1.2.6-1 所示。

表 1.2.6-1 单主题 CQT 题目组合及测试示例(区域比较测试法)

区域	序号	问题属性		问题内容
1 区	1	中性问题	I_1	你是叫王二吗?
	2	准相关问题	S_r	有关银行被盗的问题你愿意如实回答吗?
	3	准绳问题	C_1	你偷过老板的东西吗?
	4	相关问题	R_1	银行的钱是被你拿走的吗?
2 区	5	中性问题	I_2	你今年 30 岁吗?
	6	准绳问题	C_2	你欺骗过你的父母吗?
	7	相关问题	R_2	你拿走了银行的钱吗?
3 区	8	中性问题	I_3	你是山东人吗?
	9	准绳问题	C_3	两年前,你干过什么坏事吗?
	10	相关问题	R_3	拿走银行钱的人是你吗?
	11	中性问题	I_4	你去过北京吗?

(二)多主题 CQT 测试

多主题 CQT 测试就是在一个测试单元中测试两个以上测试主题。

多主题测试的传统代表有里德测试结构、贝克斯特的"探索性(Exploratory)测试"和 DoDPI(美国国防部多导仪测试学院)的"改进的通用问题测试"(Modified General Question Test, MGQT)等。

1. 常见的多主题 CQT 单元题目结构类型(如表 1.2.6-2 所示)

表 1.2.6-2 常见的多主题 CQT 单元题目结构类型

序类	A	B	C	D	E	F
1	I	I_1	I_1	I_1	I_1	I_1

续表

序类	A	B	C	D	E	F
2	S_r	I_2	I_2	I_2	I_2	$I_2(S_r)$
3	C_1	$I_3(S_r)$	R_1	C_1	R_1	R_1
4	R_1	R_1	C_1	R_1	C_1	C_1
5	C_2	C_1	R_2	I_3	I_3	R_2
6	R_2	R_2	I_3	C_2	R_2	I_3
7	C_3	I_4	R_3	R_2	C_2	R_3
8	R_3	R_3	C_2	I_4	I_4	C_2
9		C_2	R_4	C_3	R_3	R_3
10		R_4	I_4	R_3	C_3	C_3
11		I_5		I_5	I_5	I_4
12		I_6				

注:I 代表不相关问题;S_r 代表牺牲相关问题;C 代表准绳问题;R 代表相关问题。

在构建准绳问题测试结构时,原则上把准绳问题安排在相关问题的紧邻,每次测试至少要有 2 个到 3 个准绳问题,以便相互印证;相关问题的个数一般不大于本单元使用的准绳问题个数的两倍。

2. 多主题 CQT 测试示例(如表 1.2.6-3)

表 1.2.6-3 多主题 CQT 测试示例

序号	问题属性		问题内容
1	中性问题	I_1	你是叫王二吗?
2	准相关问题	S_r	有关银行被盗的问题你愿意如实回答吗?
3	准绳问题	C_1	你曾经抢劫过一个商店吗?
4	相关问题	R_1	你在×时间凿过银行的墙吗?
5	中性问题	I_2	你今年 30 岁吗?
6	准绳问题	C_2	你偷过老板的东西吗?

续表

序号	问题属性		问题内容
7	相关问题	R_2	你拿走了银行的钱吗?
8	中性问题	I_3	你是山东人吗?
9	准绳问题	C_3	你给别人处理过赃物吗?
10	相关问题	R_3	你知道银行的钱现在在哪里吗?
11	中性问题	I_4	你去过北京吗?

(三) CQT 测试的变体方法

对于 CQT 测试的一些变体,如著名的"怀疑—知情—参与测试"(Suspect—Knowledge—You Test, SKY)、"唯你测试"(You Phase Test) 等,它们在测试中一般不单独使用,而是当做 CQT 测试的一些附加部分作为一个"相关—准绳"点来应用。

1. 怀疑—知情—参与测试法 (SKY) 示例(如表 1.2.6-4 所示)

SKY—T(Suspect—Knowledgement—You Test),直接询问被测人,关于某案"你是不是怀疑是谁干的"、"是不是知道是谁干的"、"是不是你干的"。比较回答这三类问题时反应的强弱,以确定被测人与该案有无牵连以及牵连的程度。一般不单独使用,作为其他测试法的附加部分,以验证测试结果。单独使用时,多为第一次的"探索性"测试。

表1.2.6-4 怀疑—知情—参与测试法(SKY)示例

区域	序号	问题属性		问题内容
1 区	1	中性问题	I_1	你是叫张三吗?
	2	中性问题	I_2	你是山东省人吗?
	3	准相关问题	S_{y1}	关于这起案件,你愿意如实回答我的问题吗?
	4	准绳问题	S_{C1}	你怀疑这起案件是谁做的吗?
	5	相关问题	K_{R1}	你确切知道这起案件是谁做的吗?
	6	中性问题	I_3	你是汉族人吗?

续表

区域	序号	问题属性		问题内容
2区	7	准绳问题	C_2	你以前想过用暴力的手段伤害别人吗？
	8	相关问题	Y_{R2}	这起案件是你做的吗？
	9	题外问题	S_{y2}	除了刚才问的,你担心问你别的问题吗？
	10	中性问题	I_4	今天是晴天吗？

注：当没有完全清楚的线索时,SKY 适用于探索性的测试。

SKY 测试允许三个方面的比较：

* 你是否怀疑某人？

* 你能确定是谁干了这件事吗？

* 是你干了这件事吗？

2. YOU PHASE（唯你）测试法

这种特殊的方法专门用于处理那些仅有一个与案件直接相关的项目的问题。

虽然对相关问题的措辞会有变化，但是它们在实质上应该意义相同。在测试中可以应用两个相关问题（如表 1.2.6－5 所示）或三个相关问题（如表 1.1.1－2 所示）系列。

表 1.2.6－5　有两个相关问题的 You Phase 测试
（唯你测试法、区域比较测试法）

区域	问题属性	问题内容
	无关问题	你是 22 岁吗？
	准相关问题	你打算真实地回答每一个有关抢劫案的问题吗？
	征兆性问题	你完全确信在测试过程中,我不会问你我们没有讨论过的问题吗？
1区	准绳问题	在 30 岁以前,你盗窃过东西吗？
	相关问题	你是否参与了 5 月 5 日发生在某街的抢劫案？
2区	准绳问题	在 30 岁到 40 岁之间,你盗窃过东西吗？
	相关问题	关于 5 月 5 日发生的抢劫案,你参与了吗？
	征兆性问题	你是否担心我会问你另一些问题,即使我告诉我我不会问？

第二节　隐蔽信息测试法

隐蔽信息测试法（Concealing Information Test，CIT），也是一类心理测试方法的总称，从美国早期的紧张峰测试法（POT），到莱克肯的犯罪情景测试法（GKT），再到目前国内学者使用的隐蔽信息测试法（CIT），主要用来检测被测人是否知道那些仅有案件相关人才可能知道的隐蔽信息。

一、方法原理

这种方法要求，在一个测试单元的题目结构中必须包含有相关问题（或称目标问题、关键问题、主题问题、靶问题等，Key Question，K）、陪衬问题（或称背景问题，Background Question，B）和不相关问题（首题或中性问题，I）等几种类型的测试问题。

这种方法的基本思想是依据"谁做谁知情"的道理，认为涉案人对关系案件信息的相关问题会有反应，而与案件无关的人则不能。通过检测被测人对相关问题和陪衬问题的心理压力反应是否存在差异，进而推断被测人对所要调查的案件要素是否知情。

二、问题类型

相关问题（Relevant Question，R），也叫目标问题（或关键问题 Key Question，K），是客观存在的情节，涉案人有意识的行为，或与案件实施有关的行为；并且保密好，不为外人所知的情节。

陪衬问题，或称背景问题（Background Question，B），与目标问题应属相同种类，但其特征又具有较大差异，使涉案人容易识别，而无辜者难以猜测。

不相关问题、中性问题是与测试目的不直接相关的一些问题，与案情无关，不会使被测人有负担，不会引起情绪反应，可以反映被测人在测试过程中的正常反应水平。通常作为引题、过渡和划分测试区域使用。

首题（S），是一个用来缓解首题压力，而不能用作评分的问题，往往使用所测情节的提示语表述。如，"你知道被害人是被什么人杀死的吗？"

三、问题组合

1. CIT 的测试题目一般结构（如表 1.2.6－6 所示）

表 1.2.6－6　CIT 的测试题目一般结构

序号	问题属性
1	S_1	首题一
2	S_2	首题二
3	N_1	陪衬问题一
4	N_2	陪衬问题二
5	R	相关问题
6	N_3	陪衬问题三
7	N_4	陪衬问题四

注：问题 3 到 7 一般在问题 7 后打乱次序继续第二次测试，并再次打乱次序进行第三次测试。

2. CIT 实案测试题目示例（如表 1.2.6－7 所示）

表 1.2.6－7　CIT 实案测试题目示例

	序号	问题属性	ID	问　题
	1	首题	S_1	你是叫李四吗？
	2	首题	S_2	你知道债务的形成地点是在哪儿吗？
第一遍	3	陪衬	N_1	是在你家里吗？
	4	陪衬	N_2	是在月亮茶馆里吗？
	5	相关	R	是在红日娱乐城吗？
	6	陪衬	N_3	是在朋友家里吗？
	7	陪衬	N_4	是在张三家里吗？
第二遍	8	陪衬	N_2	是在月亮茶馆里吗？
	9	陪衬	N_3	是在朋友家里吗？
	10	相关	R	是在红日娱乐城吗？
	11	陪衬	N_4	是在张三家里吗？
	12	陪衬	N_1	是在你家里吗？

续表

	序号	问题属性	ID	问 题
第三遍	13	陪衬	N_3	是在朋友家里吗?
	14	陪衬	N_4	是在张三家里吗?
	15	相关	R	是在红日娱乐城吗?
	16	陪衬	N_1	是在你家里吗?
	17	陪衬	N2	是在月亮茶馆里吗?

注意:

目标问题不能放在一组问题的开头或最后,而应放在中间;

陪衬问题的数量一般应不少于4个,太少猜中目标问题的概率大;

目标问题和陪衬问题应以同样的方式描述,目标问题不能被特别强调,以避免暗示;与目标问题同一类型;同一层次;同一提法。

每组问题测试遍数,可不少于三遍。

四、CIT 测试种类

(一)紧张峰测试法(POT)

紧张峰测试法是20世纪30年代末至40年代初由美国的基勒首创的。其模式是选定一个事件参与者可能存在或必定存在的过程、情节或物证的案件信息点作为测试主题,由一组内容相似的相关问题和陪衬问题构成问题组,逐一测试。

这种测试方法又根据案件信息知晓的人员范围而有两种不同的类型:测试的案件情节涉案人知道,测试人也知道,欲测试被人是否知情的测试称作已知答案的紧张峰测试;测试的案件情节只有涉案人知道,测试人不知道但想探明的测试称作未知答案的紧张峰测试,也称作搜索紧张峰测试(SPOT或SPT)。

1. 已知答案的紧张峰测试

测试结构:已知答案的紧张峰测试的测试问题类型主要有相关问题和陪衬问题两类。每组测试问题一般由5个备选项组成,其中仅有一项是正确的涉案情节,属于相关问题,其他不正确的属于陪衬问题。每一组紧张峰问题一般围绕案件的某一情节展开。这一情节应该是涉案人清晰记忆的、侦查人员了解到的案件的客观性情节。

已知答案的紧张峰测试的测试问题的组合:因为每个问题的第一个备选项和最后一个备选项位居测试的开始和结尾,被测人会倾向于对其作出反应。所以,正确的备选项不能放在第一或最后,也不应对其进行结果分析,正确的备选项应该放在接近中间的位置。

如,你知道某某是被用什么杀死的吗?

(1)是用石头杀死的吗?

(2)是用斧头杀死的吗?

(3)是被用砍刀杀死的吗?

(4)是被用锤子杀死的吗?

(5)你知道某某是被用手枪杀死的吗?

其中用砍刀杀死是正确答案,因此第三个问题是目标问题。

测试原理:已知答案的紧张峰测试的备选项中只有一项正确答案,即真实的案件信息。例如,开枪杀人案,因为与案件无关的被测人不知道作案人使用什么武器,对每个问题的生理反应幅度可能一致;而涉案人不仅知道哪个是关键问题,而且知道将在什么位置提问。而且会随着问题的接近而焦虑上升,直到相关问题出现并达到高峰;随着相关问题的过去,焦虑和恐惧会逐渐减少。

2. 搜索紧张峰测试(未知答案的紧张峰测试 POT)

测试结构:未知答案的紧张峰测试主要用于确定调查者不知道但想发现的案件事实。这种测试经常用于发现一些诸如凶器、盗窃的财物或尸体之类东西的位置等。在日本则更加广泛地被用于在没有适当的已知答案的目标问题可用之时。

每组测试问题一般也由 5 个备选项组成,但其中没有明确的相关问题。每一组紧张峰问题一般也是围绕案件的某一情节展开。这一情节应该是涉案人清晰记忆的、侦查人员所能设想到的案件的可能性情节。

面对一起凶杀案,测试人除了现场以外一无所知。为了侦查犯罪动机和被测人,可以使用包含凶杀日期、凶杀地点、凶杀方法和凶杀方式以及尸体处置等内容的POT问题来进行测试。尽管不能确信这样的测试结构包含了正确的关键项目,也不得不这样做。因为除了作案人以外,谁也不知道这些问题的正确答案。

搜索性测试(POT)示例如表1.1.1-3所示。

下面是用来测试凶杀案件的一个整体测试结构。

问题1. 他是什么时候被杀死的? 是在:

①一月? ②二月? ③三月? ④四月? ⑤五月?

问题2. 他是在哪里被杀死的? 是在:

①住所里? ②汽车里? ③山坡上? ④大海边? ⑤办公室里?

问题3. 你怎么杀死他的? 你:

①用手枪打死他的? ②用石头砸死他的? ③用尖刀刺死他的? ④用绳索勒死他的? ⑤用手掐死他的?

问题4. 你知道是如何处理尸体的吗? 是:

①扔到野外了? ②埋在地下了? ③藏到水下了? ④用火烧了? ⑤藏到墙里了?

问题5. 你知道尸体在这张地图上的位置吗? 在:

①区域A? ②区域B? ③区域C? ④区域D? ⑤区域E?

问题6. 多少人参与谋杀? 有:

①仅一个人? ②两个人? ③三个人? ④四个人? ⑤五个人或者更多?

测试原理:虽然未知答案的紧张峰测试的备选项中没有明确的正确答案,诸如凶器、盗窃的财物或尸体之类东西的位置等,但涉案人确实知道它们的下落。当备选项中若有出现或接近真实答案时,涉案人会有反应,而无辜者则无从猜测。

(二) 犯罪情景测试法(**Guilt Knowledgement Test,GKT**)

犯罪情景测试(GKT),是美国明尼苏达州医学院心理学教授莱克肯于20世纪50—60年代修订POT后提出的测试方法,是紧张峰测试法的延伸和扩展。

1. 方法原理

GKT 测试法是向被测人询问一组内容相似的问题，但是其中只有一个相关问题（目标问题），与案情真正有联系，其他问题被称作陪衬问题。目标问题隐蔽在陪衬问题中。

与案件相关的某个情节或要素只有罪犯本人或侦查人员知道，通过测试可以弄清楚被测人对这个特定要素知情与否；若知道，则在目标问题上的压力反应会远大于其他陪衬问题的反应，也就是说在问到目标问题时会出现一个压力高峰。压力高峰如果不在目标问题上出现，说明被测人对这个特定的要素一无所知（也可能没有印象）。因为罪犯对案件有关的人、物、事"知情"，所以会在目标问题上出现压力反应；而无辜者则不能。据此即能把罪犯从无辜者中间识别出来。

犯罪情景测试的原理实际上与 POT 测试原理相同，早期的 GKT 基本就是"已知情节的 POT 测试"，即把案件侦查中得到的各个情节组织成 POT 进行测试，现在的 GKT 也广泛应用于试探性测试，所以，目前所说的 GKT 测试已经与 POT 测试无论从形式上还是从内容上相差无几了。

2. 问题组合

相关项目：这种测试方法是要找到几个只有罪犯能识别的，与犯罪有关的人、物、事，作为 GKT 项目的相关项目。GKT 测试的灵敏度取决于能够收集到的涉及本案的"临界项目"的数量，有效的相关项目的数量越多，GKT 法测试的准确率就越高。POT 法对相关项目的数量没有要求，只有一个也可以进行。

莱克肯认为一个有效的 GKT 项目应该是："这类项目应该是罪犯记忆中有印象的，并且如果被测人是罪犯的话，应该很快就能从陪衬项目中区分出来的，还必须是新闻报道中从来没有报道过的，在以往的审讯时，一些细节从来没有涉及……"

也就是说，目标问题必须是客观存在的情节；是犯罪分子故意的行为，或与犯罪实施有关系的行为；并且较隐蔽，不为外人所知的情节。

而且要求目标问题不能放在一组问题的开头或最后，而应放在中间。

参照项目:每一个相关项目要有不少于4个参照项陪衬(太少猜中目标问题的概率大),参照项和相关项应类似,但又有明显的差别,即如系罪犯,能很容易地从参照项中,把相关项识别出来,而无辜者很难猜测。

显而易见,在设计陪衬问题或无关选择项时,也必须精心设计;同一个项目的所有选择项,由不了解案情的人来看,应该是同等的,这有可能,那也有可能。当陪衬问题或无关选择项都确定以后,陪衬问题或无关选择项的作用就像真诚的准绳一样,就起到传统测谎术中的准绳问题的作用。如果被测人确实不了解案情,他在目标问题上的反应,应同陪衬问题上的反应处在同一水平。

测试时目标问题和陪衬问题应以同样的方式描述,目标问题不能被特别强调,以避免暗示;陪衬问题与目标问题同一类型;同一层次;同一提法。

每组问题测试遍数,可不少于三遍。

每一组 GKT 问题,可以采用出示实物、照片、提问等方式向被测人提问。如果在相关项目上,反应最为强烈,称为"吻合"。无辜者出现误"吻合"的机会是五分之一。如果有一定数量的有效项目,那么 GKT 法的准确率从理论上讲是相当高的。

在正式测试前,可用同一套题目对案情一无所知、确系无辜的人测试一次,作为对照体系。

3. 测试示例(如表 1.1.1 − 4 所示)

4. 测案实例

(1)一宗盗窃案的测试结构实例①

本案的案情如下:作案人蒙面进入被害人的住处。当时被害人正在看电视。作案人用折叠刀威胁她之后,又用包装封条封住了被害人的嘴。然后,作案人拿走了 36000 日元现款和被害人的手表。在逃离之前,作案人对被害人说,"保重"。侦查人员在被害人住处邻近的道路上找到了作

---

① Makoto Nakayama: Practical Use of the Concealed Information Test for Criminal Investigation in Japan. In Murray Kleiner (ed.) Handbook of Polygraph Testing, London: Academic Press, 2002, pp. 49–86.

案人使用的折叠刀。心理生理检测人员根据相关犯罪情节编制了八组 CIT 问题用于测试被测人,其中带"*"的为目标题。

问题 1. 进入房屋的地方是:

①前门? ②厨房门? ③洗漱间窗口? *④阳台? ⑤二楼房间?

本案中,被测人曾打破洗漱间的一扇窗口并且从此处爬入房间,第③备选项是本组的关键备选项。

问题 2. 进入房屋时,被害人正在:

①阅读杂志? ②淋浴? ③睡觉? ④看电视? *⑤打电话?

被害人那个时候正在看电视,因此关键备选项是④。

问题 3. 入室者持有什么武器?

①雕刻刀? ②枪支? ③折叠刀? *④剪刀? ⑤碎冰锥?

入室者持有折叠刀,③是关键备选项。

问题 4. 入室者用什么蒙着自己的脸?

①流行面具? ②连裤袜? *③围巾? ④大猩猩面具? ⑤毛巾?

入室者在犯罪期间用连裤袜蒙着脸,因此关键备选项是②。

问题 5. 入室者做了什么?

①给她戴上手铐? ②用电线绑住她的脚脖子? ③用绷带缠住她的眼睛? ④用包装封条封住她的嘴? *⑤击打她的头?

入室者用包装封条封住了她的嘴,因此关键备选项是④。

问题 6. 入室者拿走了什么?

①54000 日元和她的袋子? ②45000 日元和她的项链? ③36000 日元和她的手表? *④27000 日元和她的戒指? ⑤18000 日元和她的汽车钥匙?

入室者拿走了 36000 日元和她的手表,因此关键备选项是③。

问题 7. 在逃离之前入室者向她说了什么?

①"再见"? ②"你好"? ③"你现在安全了"? ④"保重"? *⑤"谢谢你"?

他说,"保重",因此④是关键备选项。

问题8.他是怎么逃离的?

警察在被害人住所邻近的街道上找到一把折叠刀,并且推论入室者是沿着这条街道逃走的。使用地图提出有关逃跑路线的问题。

由于实质上犯罪情景测试这一测试格式不仅适用于刑事诉讼,也适用于民事诉讼和行政诉讼,即不仅可以用于检测犯罪信息,也可以用于检测其他事件信息,所以,一般称其为隐蔽信息测试而在民事案件和行政案件中也得以应用。

(2) 一起债务纠纷案的测试结构实例

本案的案情如下：原告诉被告3月8日上午为了进货,在原告家向原告借款2万元人民币,立下借条,当时有原告妻子在场,后向被告讨还借款遭到拒绝。被告则辩称,2万元借款是3月7日在某娱乐城与原告一起赌博时向原告借的赌债,当时有某证人和原告妻子在场,借条是3月8日下午在自家商店里补立并交给原告夫妇的,后来因为得知原告有合谋串通欺诈之嫌便恼怒拒还。

心理测试时根据相关案件情节编制了五组CIT问题用于测试原、被告双方,其中带"*"的为可能目标题。

问题1.债务形成的时间是在：

①3月6日? ②3月8日? *③3月7日? *④3月9日? ⑤3月10日?

本案中,原告说是7日,被告说是8日,第②或第③备选项可能是本组的关键备选项。

问题2.债务形成的地点是在：

①被告家? ②原告家? *③某娱乐城? *④某证人家? ⑤朋友家?

本案中,原告说在自己家,被告说在某娱乐城,第②或第③备选项可能是本组的关键备选项。

问题3.债务形成时在场的人有：

①你朋友? ②原告妻子? *③某证人? *④你女儿? ⑤有别人?

本案中,原告说有自己妻子,被告说有某证人,第②或第③备选项可能是本组的关键备选项。

问题4. 借钱的目的是为：

①看病？②进货？*③赌博？*④买家具？⑤买车？

本案中，原告说是为进货，被告说是为赌博，第②或第③备选项可能是本组的关键备选项。

问题5. 打借条的时间是在：

①3月7日上午？②3月8日上午？*③3月8日下午？*④3月7日下午？⑤3月9日上午？

本案，原告说是8日上午，被告说是8日下午，第②或第③备选项可能是本组的关键备选项。

（三）特异信息刺激测试（STIM）

主要是一类首先设定刺激目标后，让被测人辨识，同时检测相应的生理指标变化的测试方法，主要包括刺激测试（Stimulation Test）等。

STIM法亦叫猜数试验法，系紧张峰测试法的特例。一般测试过程都配合使用该法。测试中使用STIM法的作用有3条：一是让被测人适应测试，这是心理测试的一个重要部分；二是向被测人证明"测谎仪"的性能，使无辜者放松，作案人对仪器恐惧，加强其心理效应；三是验证被测人对心理测试仪的适应程度。其方法最主要的作用还在于它是整个测试心理反应准确与否的标准。

刺激测试通常是做数字（或卡片、姓名、扑克牌、属相等）测试，即让被测人在给定的几个数字（或其他刺激物）中任意选一个记在心里并用一张小纸片写下来，通过几轮测试，以观测他对选中的数字（或刺激物）是否出现紧张峰反应。经典猜数测试法示例（如表1.2.6-8所示）。刺激测试有两种做法：一种是公开法；另一种是盲测法。

表1.2.6-8　经典猜数测试法示例

序号	回答	问　题
首题	不	你选的是9吗？

续表

	序号	回答	问 题
第一遍	1	不	你选的是4吗?
	2	不	你选的是5吗?
	3	不	你选的是6吗?
	4	不	你选的是7吗?
	5	不	你选的是8吗?
第二遍	6	不	你选的是6吗?
	7	不	你选的是4吗?
	8	不	你选的是8吗?
	9	不	你选的是7吗?
	10	不	你选的是5吗?
第三遍	11	不	你选的是4吗?
	12	不	你选的是8吗?
	13	不	你选的是7吗?
	14	不	你选的是5吗?
	15	不	你选的是6吗?

第三节　系统化测试方法

一、系统化测试结构概述

系统化测试概念的提出以及系统化测试结构的基本构成和主要形式及测案实例等内容在本篇第一编第一章中已有详述。本节侧重介绍系统化测试结构的构建方法。

二、系统化测试结构的构建

构建测试结构,是每个心理测试人必须掌握的心理测试的关键技术。

纵观各类测试结构的模式,笔者认为测试结构的构建包括确定测试主题、编写测试问题、组合测试问题(建立单元测试结构、组合系统测试结构)等三个基本步骤。

(一)确定测试主题

测试主题,即测试相关点,指的是心理测试所要检测的被测人与案件关系的信息点,通常是案件的要素信息,也是测试人呈现给被测人的相关心理刺激所反映的核心内容。例如,凶杀案件的案发地点、杀人方式、致死武器等。

测试主题,是测试问题编写的依据,更是由测试问题组合成测试结构的前提。

因为涉及案情的相关点不止一个,测试时每个(或几个)反应相关点信息的相关问题必须与其他参照问题组合成一个刺激单元而进行,这就构成了测试单元。

在一个测试单元中出现的测试主题,就叫单元测试主题;在一个被调查的案件中各单元测试主题的有机组合,就形成系统测试主题。有的测试单元可以检测一个测试主题(如隐蔽信息测试单元),有的测试单元可以检测多个测试主题(如对照问题测试单元)。

1. 单元测试主题的确定

单元测试主题是单元测试准备检测的内容。通常,一个隐蔽信息测试单元可以检测一个测试主题,一个单主题对照问题测试单元可以检测一个测试主题,一个多主题对照问题测试单元可以检测多个测试主题。

(1)单元测试主题的特征要求

为了实现测试目标,单元测试主题应该满足一些基本要求,具备某些基本特征。

①客观性。客观性,是指测试主题所反映的核心内容必须是客观存在的案件事实。测试主题的客观性是由案件事实本身的客观性所决定的。任何犯罪行为都是在一定的时间、地点、条件下,使用一定的手段、方法实施的过程。这个过程是不以人的意志为转移的客观存在的事实,测试主题反映的是这个过程中的若干核心事实,因此,测试主题的客观性是其基本特性,客观性也是选取测试主题的基本标准。

②关联性。关联性,是指测试主题所反映的核心内容必须是和正在调查的案件本身具有客观的、必然的联系的事实。凡是和案件没有任何联系的事实都不适合作为测试主题的内容。测试主题和案件事实之间的客观联系是多种多样的,有的是因果关系,有的是时间、空间上的联系,有

的是条件上的联系,等等。只要和案件的某一个方面、某种情节具有某种客观联系,就可以印证被测人对现场或对案件事实的感知和记忆,就可以作为测试主题。关联性是取舍测试主题的重要标准。

③感知性。感知性,是指测试主题所反映的核心内容必须是被测人感知并具有清晰记忆的案件事实。案件的发生过程具有很多事实因素和具体的情景,由于人感知记忆的局限性,诸多的情节和情景不一定都被涉案人感知,即使感知了也不一定被记住。因此,感知性是选取测试主题的核心准则,只有感知并记忆清晰的案件事实才是测试主题所需要的核心内容。

(2) 单元测试主题的性质区别

单元测试主题从性质上讲一般分为概括性测试主题和分析性测试主题两类。

①概括性测试主题。概括性测试主题,即泛指性测试主题,是一种可以反映被测人与正在调查的案件是否相关的主题。对照问题测试(CQT)经常使用概括性测试主题。

②分析性测试主题。分析性测试主题,即特指性测试主题,是一种可以反映被测人与正在调查的案件的要素是否相关的主题。分析性测试主题既可以用于对照问题测试,又可以用于隐蔽信息测试(CIT)。

(3) 单元测试主题的作用类型

根据其在测试中的作用,单元测试主题主要有以下几种类型。

①验证性测试主题。验证性测试主题是在心理测试中用于确定被测人与正在调查的案件之间是否存在相关关系及相关程度的测试主题。它主要是具体情节测试主题,其核心内容是那些除了涉案人和调查人员之外没有人知晓、涉案人留下深刻记忆的具体案件情节。验证性测试主题意在验证被认定的与正在调查的案件相关的被测人,以致达到确信的水平,有时验证性测试主题也用于确定被测人与正在调查的案件是否存在相关关系。

②探索性测试主题。探索性测试主题是在心理测试中对被认定与正

在调查的案件相关的被测人的心理信息进行探查的测试主题。在实践中,探索性测试主题经常作为侦查手段使用。探索性测试主题有助于辅助侦查方向、查找物证、寻找嫌疑人下落等。

③扩展性测试主题。扩展性测试主题是在心理测试中为了解决被测人除了正在调查的刑事案件之外是否存在其他犯罪的主题问题。扩展性测试主题是为了扩大战果而设置的测试主题,实践中经常使用扩展性测试主题测试实施过多起同类或一类刑事案件的非初犯被测人,以期达到深挖犯罪所需要的心理信息的目的。

当然,并非对于每一个被测人的测试都涉及上述测试主题,实践中经常是根据案件的具体情况设置不同种类和不同数量的测试主题,同时根据测试的进展情况确定使用测试主题的种类和数量。

(4)单元测试主题的确定方法

测试主题的确定,欲达到针对性强、细致并富有特征的要求,测试人应该从不同方面入手,从不同角度着眼,全面收集案件信息,系统分析案件情况,试图再现犯罪过程。

①收集案件信息。只要有犯罪现场而且可能,测试人都要亲临犯罪现场,听取侦查人员对现场及周围环境的解释,从作案人的角度感受现场。测试人要仔细阅读刑事案卷,对现场勘查报告、法医鉴定报告、物证鉴定报告及其他客观鉴定报告要给予特别的关注,全面了解报告反映的案件信息。为了解更为具体、更为全面的案件信息,测试人有必要和相关报告的制作人员进行面对面座谈,了解报告后面的案件信息,以及一些不能写入报告的案件信息。只有这样,才能全面了解案件事实。

必要的时候,测试人不得不收集一些主观性的案件信息,即那些目击证人、被害人、加害人所提供的信息。对这些主观性的信息应该仔细考察,严加甄别,避免引起误导。

②系统分析案情。测试人分析案情的目的在于确定测试主题,应该根据一些基本框架(参见常见案件的单元测试主题)进行分析,综合利用收集到的案件信息,明确相关主题的确定性,为后续的构建测试结构服务。

具体说来，测试人应该确定犯罪的准备状态、作案人与被害人之间的关系、参与作案的人数、不同作案人之间的分工、作案的时间、进入犯罪现场的方式、加害人与被害人之间的互动状况、作案的方式、作案的后果、离开现场的方式等案件要素。

通过分析，测试人确定这些案件要素哪些是确定的、哪些是可能的、哪些是未知的，构成已知性测试主题、可能性测试主题、未知性测试主题。

③借鉴成熟的命题思路。借鉴美国、日本等国家心理测试技术的研究成果，结合我国心理测试技术的使用经验，可以归纳出实际使用的常见案件的测试主题，列举如下。

a. 凶杀案件：凶杀案件最重要的测试主题是案发地点、杀人方法、致死武器、尸体的最后位置及其尸体的处置。如果案发地点是被害者的家，还要询问有关进入地点和方法方面的问题。如果还偷窃了什么东西，或者作案人在现场遗留了什么东西，还要询问相应的犯罪细节问题。

b. 入室案件：适宜的测试主题可以涉及武器、工具（面具、手套或盗窃工具的类型）、罪犯特殊的行动或言语、被害者的言语、偷窃的钱数和偷窃东西的类型。如果现场是被害者的家，可以用视觉方式询问有关入口的问题。

c. 纵火案件：可以将纵火的位置、现场的类型或者纵火材料的类型、点火方式、点火工具、助燃物、着火点、作案人进出现场的方式等作为测试主题。

d. 偷窃案件：被偷窃的钱的位置、被偷窃的东西的类型、进入的地点和方法、被盗的钱数及其事物状态都可以成为测试主题。

e. 绑架案件：可以将诱拐的地点、讹诈的钱数、绑架者在电话中使用的词汇作为测试主题。要求被绑架方放置赎金的具体位置也可以成为测试主题。

f. 交通案件：进行测试时，可以使用视觉材料测试事故地点在市区的位置、在道路上的精确位置。目击证人的报告可以使汽车厂家、逃逸方向或者嫌疑人在事故后的表现成为有效的测试主题。

g. 民事案件:民事案件中的争议焦点、诉讼双方各自的主张、还原案件事实的一些细节往往都可以成为有效的测试主题。例如,债务纠纷案件中的债务形成的时间、地点、在场人员、形成方式及原因等。

2. 系统化测试主题的建立

系统化测试主题,是系统化心理测试所要检测的内容,是各个单元测试主题构成的有机系统。为了保证测试的质量,实现测试目标,系统化测试主题应该满足一定要求,具备一定特征。

(1)独立性。系统化测试主题的各个单元测试主题之间应该具有独立性,亦即构成系统化测试主题的各个单元测试主题互不统属,不可替代。只有这样,系统化测试主题才能区别于重复性测试主题及传统的多主题测试。

(2)互补性。系统化测试主题的各个单元测试主题之间应该具备互补性,亦即构成系统化测试主题的各个单元测试主题相互补充,共同构成一个测试主题系统。只有这样,单元测试主题才能成为系统化测试主题的有机构成成分,成为测试主题系统的子系统,而不是互不相干的独立测试主题;只有这样,系统化测试主题才可以避免成为各个单元测试主题的机械叠加,丧失系统化测试主题的价值,进而丧失系统化测试的价值。

(3)完整性。整个系统化测试主题应该具备完整性,亦即构成系统化测试系统的单元测试主题应该涵盖描述一宗刑事案件的必备要素。任何一宗刑事案件都是与犯罪行为相关的时、空、人、事和物等五个要素构成的动态系统。该系统以作案人为主体呈现以下联系:与遭受犯罪行为侵害的被害人及犯罪行为的见证人、知情人之间的因果联系;与犯罪工具、犯罪现场、犯罪物品之间的因果联系;与具体犯罪事件之间的因果联系;与实施犯罪的特定时间段之间的因果联系;与犯罪发生环境之间的因果联系等。

(4)印证性。整个系统化测试主题应该具备印证性,亦即整个系统化测试主题可以印证正在调查的案件事实。刑事案件集合着两类信息:一是与犯罪过程的发生相伴形成的直接犯罪信息,如犯罪的动机、手段、后果等;二是与犯罪过程的发生同步存在、随机出现的间接信息,如犯罪现场电视机演播的节目、犯罪发生时的恶劣天气等。前者是案件本身,后者是案件背景,两者相互结合,构成整个案件信息系统。系统化测试主题应该反映这些信息,印证案件事实。

系统化测试主题的确定,测试人应该在确定单元测试主题的基础上,按照单元测试主题的性质和作用类型以及系统化测试主题的特征要求,将各单元测试主题有机组合而成。

(二)编写测试问题

编写测试问题,在心理测试中所要解决的是检测的信息怎样表述的问题。

测试问题,是心理测试中测试刺激的常见呈现方式,它的表述方式有一定的规范要求,并且直接与所采用的测试结构相关。

1. 编写测试问题的一般原则

为了能够编写出科学、有效的测试问题,测试人应该尽量使测试问题具备以下特性。

(1)针对性。测试问题要反映测试目的,表达测试案件的特定方面。

(2)区分性。测试问题既应该与案件相关又与案件相关人员相关,能够区分被测人与正在调查的案件之间的关联程度。

(3)暗示性。测试问题应该客观、公正,不能直接或者间接暗示被测人。

(4)独立性。尽管测试问题都是围绕测试主题展开的,但各个测试问题之间应该相互独立,不能相互提示。

(5)简明性。测试问题的题干要尽量简洁、明了,最好在一行之内,避免被测人找不到重点。

(6)清晰性。测试问题要清楚易懂,不得使用双重否定的语法,杜绝使用晦涩的字词。

(7)中立性。测试问题中不能使用具有性别歧视、种族歧视和攻击性的词语。

(8)亲和性。测试问题要合乎社会伦理道德,避免涉及社会禁忌和个人隐私的内容。

(9)唯一性。每个测试问题只检测一个主题或一方面问题。

2. CQT 测试问题的编写原则

CQT 测试问题一般都是是非题或者正误题。测试人向被测人提供一个陈述句,如"你是不是……"或"你是……吗"要求被测人作出"是"或"不是"、"对"或"不对"的回答。

编写 CQT 测试问题时,测试人应遵循以下原则。

(1)一题一内容原则:每道 CQT 测试问题只能包含一项检测内容。如果超过一项内容,内容之间会出现矛盾、冲突,被测人难以作出选择。

(2)陈述宜简明原则:①语句陈述应该简单明了,避免引起语义上的混乱;②避免使用否定句和双重否定句,以免被测人错误理解题意;③陈述中避免使用暗示性词汇,以免为被测人提供线索;④避免使用似是而非的陈述,以免被测人形成歧义理解。

3. CIT 测试问题的编写原则

CIT 测试问题一般是多项选择题,由题干(stem)和备选项(alternatives)两部分组成。题干可以是不完整陈述句,也可以是直接疑问句。CIT 测试问题可以有一个确定的正确答案,也可以有几个确定的答案,但最好只有一个确定的答案(已知答案的隐蔽信息测试)。有的时候,测试人不得不只提供几个可能的答案(未知答案的隐蔽信息测试)。

编拟 CIT 测试问题时应遵循以下原则。

(1)题干内容、语言便于理解原则

① 题干要完整。编写题干的原则是易于理解和阅读。因此,编写的题干应该语句通顺、意义完整,避免使用没有主语或谓语的句子。而且,需要填充的内容不能放在题干的中间,避免影响题干的完整性。

② 要用适合被测人的语言表述题干的内容。编写 CIT 测试问题时,测试人关注的不是被测人是否能够理解题干,而是其是否能够对备选项作出正确的选择。因此,简洁明了的语言是最适用的。编写的测试问题应该让被测人尽快理解题意,及时将注意力转向备选项。所以,题干中应该尽量避免使用复杂的句子和不必要的修饰词。

(2) 备选项似真、足量、简明原则

① 为了提高心理生理检测的准确性,陪衬项目要具备似真性,以发挥真正的干扰作用,即具备诱答性。因此,陪衬项目和目标项目之间必须具备相似性,都可能是案件某一方面的可能内容。否则,陪衬项目和目标项目之间存在明显差异,或者是根本不可能的内容,陪衬项目也就失去了其应有的价值。

② 应该配置适当规模的备选项。如果备选项规模太小,被测人凭机遇"碰"对目标项目的可能性就大,随机误差就大,测试的鉴别力就低。反之,测试的鉴别力就高。因此,CIT 测试问题一般使用 5 个备选项。

③ 陪衬项目要简短、干练,每个备选项都重复的字词最好放到题干之中。这样,被测人可以迅速把握测试问题要领,作出适当的反应。否则,赘述过多,被测人不得要领,失去了测试刺激的作用,难以诱导出相应的测试反应,从而影响测试效果。

④ 备选项的表述不能给被测人提供任何猜测的线索。因此,应该避免使用"绝对"、"绝不"之类的项目,详略一致地陈述陪衬项目和目标项目,避免目标项目比陪衬项目看起来更合理。

(三) 组合测试问题

1. 建立单元测试结构

建立单元测试结构,在心理测试中解决的是怎样检测某些具体涉案情节的问题。

在我国,无论是在刑事案件还是在民事案件调查中使用比较广泛而且已经被证明比较有效的单元测试结构模式主要有两大类:一类称为对照问题测试;另一类为隐蔽信息测试。

(1) 对照问题测试结构的构建

对照问题测试结构既可以用于检测概括性测试主题,也可以用于检测分析性测试主题。当然,对照问题测试结构只能检测知道明确答案的分析性测试主题,不能检测未知明确答案的分析性测试主题。在实际测试中,测试人更多地将其用于检测概括性测试主题。

①问题的选择。无论是单主题对照问题测试,还是多主题对照问题测试,构建测试结构的关键都是相关问题和准绳问题的选择。对照问题测试结构的一般表述是"你是不是……",要求被测人作出"是或不是"的回答。无论是相关问题还是准绳问题,对照问题测试结构的刺激呈现方式、被测人的回应方式都一样。

构建对照问题测试结构时,测试人不仅需要选择相关刺激,而且需要选择准绳刺激。相关刺激(问题)的构建不是很难,只要根据案情分析结果、测试主题确定的结果构建即可。而准绳刺激(问题)的构建则需要大费周章。测试人必须确定一个新的测试主题作为准绳刺激。这个准绳刺激应该和相关刺激具有类型性质,又要导致与相关刺激一样的回应。由于无论被测人是否与正在测试的刑事案件相关,被测人基本都会以"不是"来回应测试人呈现的刺激,测试人选择的准绳刺激也必须导致同样的回应。因此,测试中,测试人不仅要参照国内外通用的准绳问题,更重要的是要结合个案被测人特点,开发出恰当、有效的准绳问题。

②问题的组合。在构建对照问题测试结构时,原则上把准绳问题安排在相关问题的前面,并且紧挨相关问题;每次测试至少要有两个,最好是有三个准绳问题,以便相互印证;相关问题的个数一般不大于本单元使用的准绳问题个数的两倍。

(2)隐蔽信息测试结构的构建

根据测试人对测试主题的了解水平,隐蔽信息测试结构可以区分为已知隐蔽信息测试结构和未知隐蔽信息测试结构。其适宜的测试主题为分析性测试主题。

①题干的设计。隐蔽信息测试结构一般包括题干和备选项(备选答案)两部分。题干涵盖的是测试主题的核心内容,如"你用什么工具杀死了王二"一般只出现在本组刺激的首次刺激当中,后续刺激不再呈现。题干的内容通过案情分析、测试主题的确定已经基本完成,构建测试结构时只要将确定的测试主题移植过来即可。

②备选项的设计。构建隐蔽信息测试结构的关键在于配置备选项。

对于已经知道的合乎正在测试的刑事案件的相关信息,只要将其作为目标(相关、关键)备选项即可。然后,根据测试需要,结合案件情况,配置一些似是而非的陪衬备选项即可。未知隐蔽信息测试的备选项配置是一个具有一定难度的工作。要完成这一工作,必须对正在调查的刑事案件进行认真的分析。通过案情分析,可以确定一些未知隐蔽信息的可能答案,便可以将这些可能的答案作为目标备选项构建已知可能答案、未知隐蔽信息的测试结构。

当然,通过案情分析不可能获得所有未知隐蔽信息的可能答案。这些未知可能答案的未知隐蔽信息可以成为探索性测试主题,进而构建相应的未知可能答案隐蔽信息测试结构。未知可能答案隐蔽信息测试结构的备选项应该穷尽所有可能性答案。

2. 构建系统测试结构

组合系统测试结构,在心理测试中解决的是怎样检测涉案系列情节的问题。

表面上看,把若干个单元测试结构按照一定的规则组合在一起就形成了一个系统测试结构。其实不然,构建系统化测试结构是一项复杂的系统工程,需要遵循以下的原则:

(1)科学配置系统化测试结构。铺垫是为了使被测人在接受不断的问题刺激时能够有一个平缓过渡的适应,尤其是在测试的开始和重要的问题组之间,铺垫显得更为重要。测试结构要用到多个测试主题,并且测试主题的刺激强度也有差别,不同刺激强度问题的合理配置是十分重要的。相对来说,强刺激测试主题对被测人的刺激强度大,被测人相对较为紧张,造成波形紊乱,且长时间无法平息下来,使后续的主题问题不好分析。因此,将弱刺激测试主题放在强刺激测试主题的前面是一种适宜的系统配置。

(2)合理组合系统化测试结构。系统化测试结构是一个个刺激组合组成的刺激系统。如何组合系统化测试结构的各个测试结构不是一个随意的过程。胡乱地呈现刺激,只会引起无谓的干扰。因此,应当将拟呈现的刺激按照主题进行分类,尽量将主题相近的测试结构集中在一起,如有的可以针对物证进行提问,有的则可以针对被测人所在位置进行提问,测试主题问题排列采用逐渐加强的方式。这样,不但可以让被测人在整个测试过程中保持一种持续而且平稳的关注,而且使题目结构清晰,反应易辨,在评图中,也会为评析和判断带来极大的方便。

第四节 其他测试方法

在测试技术引进我国的 20 多年间,我国测试界的践行者们不断探索,结合自己的运用实践,相继总结出了一些行之有效的测试编题方法。

一、PES 系统心理测试方法[①]

PES 系统心理测试方法由基本测试和精细测试两部分构成。

1. 基本测试(BASIC EXAMINATION,BE),是指对案(事)件的第一次测试。对基本测试而言,其理想要求是,对于无辜者,测试结束后被测人心里仍然有谜团,甚至还不大清楚测试的真正目的和不大清楚正在调查的是什么事情;而对于真正案(事)件参与者和实施者而言,被测人应该是心知肚明,基本测试后,被测人与测试人处于一种心照不宣的状态。基本测试的结构通常为两组 MCQT 测试加上一组 CIT 测试或一组 SCQT 测试。

2. 精细测试(FINE EXAMINATION,FE),是指心理测试技术的深入应用,主要应用的被测试对象几乎都是基本测试不通过的被测人。精细测试一般由多组 CIT 测试或者 SCQT 测试组成,实践中更多地使用 CIT 测试结构。

PES 系统测试结构

PES 系统测试				说明
基本测试(BE)		精细测试(BE)		对于通过基本测试的被测人,一般不进行精细测试
MCQT ×2	CIT ×1 或 SCQT ×1	CIT ×n	SCQT ×n	MCQT ×n	

注:这一方法后经完善,成为了准绳问题主导型系统化测试结构的基础。

---

① 陈云林、孙力斌:《PES 系统心理测试方法的建立与应用》,载《法律与医学杂志》2004 年 11 月第 11 卷增刊,第 17~18 页。

二、犯罪心理平衡称重测试法①

平衡称重测试法是运用在心理生理测试中针对犯罪嫌疑人已被框定在多名测试对象中和测试对象一对一的案件。采用单目标试题完全相同对应原则,运用MGQT(直接准绳测试法)并结合POT(紧张峰测试法)、SKY(怀疑—知情—参与测试)的方法进行测试。通过测定生理参量的变化分析心理变化并就相对应的数据一一比较找出失衡的数据,并结合被测人在测试中的行为语言综合判定被测人在与案件相关的问题上说的是"真话"还是"谎言",从而找出真正的犯罪嫌疑人。在一对一的案件中运用平衡称重测试法时,试题多采用两套能相互对应的MGQT单目标测试题,MGQT这种方法把所提的问题按与本案有无关系可分为3类:(1)准绳问题,采用远期准绳和近期准绳相结合的方法。(2)相关问题,是指那些涉及案情的问题,也就是测试所要甄别的问题。(3)中性问题,用来测定被测人在测试过程中的正常反应水平。

运用平衡称重测试法来测试的案件不以阳性率多少来判定,而是以失衡判定为标准。无论被测人测试数据的阳性率为多少,只要测试数据之间有落差,就可判定有人在说谎。并根据阳性率的高低来判断谁是真正的犯罪嫌疑人。阳性率低的没说谎,阳性率高的为说谎者。

三、改进的紧张峰测试法(YZ–POY)②

在我国单项准绳测试法的准确率仅在80%左右,这样势必会造成20%左右的无辜者出现阳性"说谎"反应或倾向说谎反应。为达到"公平"测试,笔者在办案实践中使用了加上被测人对各个问题的自称无辜或无关问题与疑点一起混合编题测试,即改进的紧张峰测试法。

改进的紧张峰测试法(YZ–POT)中编题的问题主要包括:不可能的疑点、主要(重)疑点、次要(轻)疑点、自称无辜(无关)、指责怀疑和穷尽

---

① 王振宇、蔺彬涛、沈靖:《犯罪心理平衡称重测试法的应用》,载《法律与医学杂志》2004年11月第11卷增刊,第28~29页。

② 董庆东:《改进紧张峰测试法(YZ–POY)的研究与应用》,载《法律与医学杂志》2004年11月第11卷增刊,第150~151页。

疑点问题。它是结合传统刺激测试、准绳测试、紧张峰测试及采用情节测试法使用假信息的各种技巧的综合运用,是对一系列疑点问题进行测试甄别的技术,其测试技巧包括自称无辜(无关)问题的开发技术、测试编题技术和上机测试技术。

四、全面综合推断法[①]

全面综合推断方法的测试模式,使用犯罪情景测试法(GKT)、准绳测试法(CQT)、紧张峰测试法(POT)分别单独灵活测试为主,结合案件查证情况、非语言说谎特征的人体语言识别来做全面综合推断的方法。

就单纯测试编题方法而言,其引用国际传统的情节测试法、准绳测试法(以 You Phase、MGQT 和 SKY 法为多)、紧张峰测试法为主,配合数字刺激测试法(STIM),根据案情和被测人的具体情况有目的有针对性地分组灵活测试。第一步,一般是先采用数字刺激测试法测试;第二步,进行准绳测试法测试;第三步,开展进行有关的情节测试和紧张峰测试。测试中,对有的案件缺少 GKT 情节或没有情节可用,则可选用适当的紧张峰问题测试辅助准绳测试来进行;第四步,测试时可视情况再次将 STIM 穿插在测试当中或放在测试结束时进行,以衡量被测人对测试的适应程度,进而对整个测试作出正确评判。

总之,随着技术的进步和发展,心理测试方法也将得到不断的改进和完善。国家相关规程也指明,心理测试方法,必须是经过实践证明,并被公认有效的心理测试方法,任何未经实验和现场研究证明其信度和效度满足心理测试要求的测试方法,不得在正式心理测试中采用。国家鼓励心理测试机构和相关部门及人员不断研究、探索新的心理测试技术和方法,根据不同案件和不同测试的目的和要求,可灵活采用各种有效的测试方法。

---

① 宋立波、董庆东:《浅析适合我国测谎的测试方法模式》,载《法律与医学杂志》2004年11月第11卷增刊,第256~257页。

第七章　多道仪测试的评图

心理测试评图,指的是心理测试的图谱分析。

心理测试图谱,是指心理测试人使用测试结构对被测人呈现心理刺激时利用心理测试仪实时获得的被测人的各项生理参数变化数据的原始记录。它可以是纸质的,也可以是电子数字图谱式的或其他方式的。

图谱分析,是指测试人对记录所得的心理生理反应图谱进行测量,将涉案的心理生理反应从一般的事件相关反应中识别出来,为测试结论的形成提供定量及定性的评判依据的过程。

随着心理测试技术的应用发展,测试图谱的分析方法也在不断地发展和变化。从1959年前的观察分析法(定性),到1959年贝克斯特提出了"打分"法(定量),再到测试技术计算机化后出现统计评分测量,国内外学者和应用者都在不断地探究更为科学和有效的心理测试图谱的分析方法,也遵循着一定的评图原则。

第一节　评图要求

在正确识别呼吸、皮肤电、脉搏(血压)等生理参数的正常图形和特异变化图谱的基础上,在一定测试结构中比较对不同问题的反应图谱类型,从而确定特异反应的图谱,为测试结论的形成提供定量及定性的评判依据,这是测试图谱分析的核心内容及意义。

传统心理测试技术对心理测试图谱可作为测试结论的依据没有异议,但对哪种指标最为灵敏(最具代表意义)却说法不一。里德等认为呼吸最为关键,其次是皮肤电,再次是脉搏/血压。我国有学者认为有效性依次为皮肤电、呼吸、脉搏/血压。[①] 许多学者认同皮肤电反应图谱在多道心

---

① 宋立波著:《心理测试技术讲义》,中国科学院自动化研究所心理测试工程中心2006年印制,第61页。

理生理测试中是最敏感的图谱。①

陈云林等总结提出心理测试技术图谱分析应遵循以下要求：

1. 在分析测试图谱时，应同时分析脉搏（血压）、呼吸和皮肤电等生理参数的变化，采用评分法时均应予以评分。

2. 图谱分析必须严格从图谱数据的原始记录开始，并按照一定的图谱分析标准进行图谱分析，如数值评分法等。

3. 所有的图谱分析都应该注明采用的阈值标准、置信度区间等图谱评判标准。

4. 对于出现测试图谱不清晰、不完整或其他不符合正常图谱分析条件时，不进行图谱分析。

5. 禁止直接与被测人面对面分析、讨论测试图谱数据。

6. 图谱分析结果应首先由实施测试的测试人独立作出，然后可以让另外的具有相应测试资质的测试人对图谱分析结果进行复核。

7. 在测试条件正常，但获得的图谱不理想时，可进行复测，以期获得完整有效的测试图谱，然后进行分析。

无论是传统的单元测试结构还是现行的系统化测试结构，都是由一个个单元的准绳问题测试或隐蔽信息测试构成。因此，所有的测试图谱分析，不外乎是对单元准绳问题测试图谱或单元隐蔽信息测试图谱的分析。

第二节 准绳问题测试单元图谱分析

准绳问题测试是要比较相关问题和准绳问题之间的差异。对于单主题准绳问题测试，就被测人对每个相关问题的反应强度与对围绕该相关问题的准绳问题的反应强度进行比较；对于多主题准绳问题测试，除了对每个相关问题的反应强度与对围绕该相关问题的准绳问题的反应强度进行比较外，还要对每个相关问题的反应强度进行比较。

---

① 付有志、刘猜著：《破解"测谎"的密码——心理生理检测在探案中的应用》，中国人民公安大学出版社2006年版，第136页。

科学识别"谎言"
——心理测试技术广角

要比较相关问题和准绳问题之间的差异,可以采用目测评图、打分评图和概率分析等不同的方法。

一、目测评图

即用目测的方法,依据图谱的图形特征及量化特点,通过比较图谱特征给出图谱评析结果。常用"心理压力反应正常(异常、不特征)"来评述某个相关问题。

但是这种目测评图的依据来自于评图人员(或测试人员)对相关问题和准绳问题之间图谱差异的一种判断,受评图人员的主观影响很大,这种主观性可能来自于他的经验,也可能来自于他的直觉。因此目测的方法看似简单直接,但是对评图人员的能力要求很高。这样就使得那些经验缺乏的评图人员不甚明白,觉得很难把握。而对理论扎实、经验丰富的评图人员图 1.2.7-1 则能一目了然。其实这里既包含了对定量的判断,又包含了对定性的把握。

以皮电图谱分析为例,图 1.2.7-1 中准绳问题的反应强度大于相关问题的反应强度,可以认为此被测人在相关问题上心理压力反应正常。

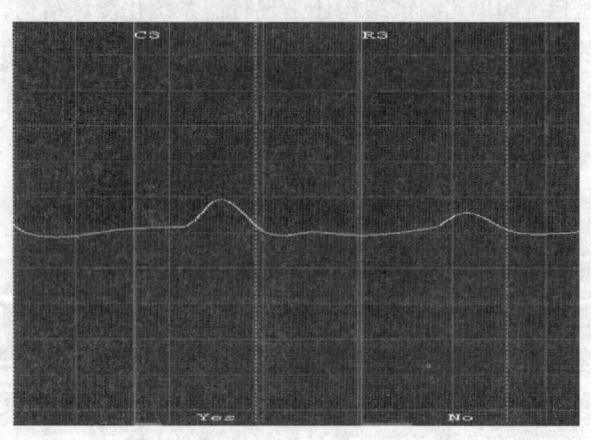

图 1.2.7-1

又以呼吸图谱分析为例,图 1.2.7-2 中,准绳问题上出现了呼吸暂停,而相关问题上出现了呼吸抑制,需要确定的是哪个反应具有更大的意义。此时相关问题的呼吸抑制反应时间长,而准绳问题的呼吸暂停反应时间短,若把相关问题反应时段定

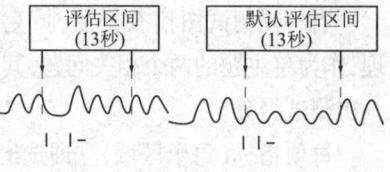

图1.2.7-2

为数据评估区,则此时相关问题只包括反应数据(抑制图谱),而准绳问题不仅包括了呼吸暂停,而且还有一个周期的呼吸恢复和两个周期的平衡呼吸。因此可以认为,相关问题上出现的呼吸抑制更有参与评图的价值。

二、打分评图

打分评图的方法是1959年美国的贝克斯特首先提出的,后被广泛修订应用,由于其方法的原理的科学性,对我国的系统调查测试的图谱分析仍然具有指导意义。

(一)贝克斯特的"打分"图谱分析方法

贝克斯特1959年提出的图谱数据分析方法是为单主题CQT测试所设计的,其为"贝克斯特三区域比较技术"的一部分。该技术中其题目结构的设置目的就是力图使被测人的生理反应和注意力在测试过程中最大可能地集中于一个主题,所以题目结构中仅有的两个相关问题处理的是同一个主题,如果被测人对一个相关问题反应,那么他必然对第二个相关问题也有反应。简述如下:

1. 评分标准。七分制是贝克斯特评分的基础,具体7分的意义如表1.2.7-1所示,其中:t—表示诚实(true);d—表示欺骗(deception);?—表示结果不明。

表1.2.7-1 贝克斯特7分说明表

	通过		不结论			不通过	
分值	3	2	1	0	-1	-2	-3
标志	tt	t	t或?	?	?或d	d	dd
意义	剧烈差异	显著差异	一些差异	没有差异	一些差异	显著差异	剧烈差异

科学识别"谎言"
——心理测试技术广角

当一幅测试图谱获得后,贝克斯特把呼吸、皮肤电和脉搏均单独处理,作为单主题的两个相关问题,其分别给出6个对应分值,经加和后形成一次测试得分。

每项指标(每个区域)立即选出反应最清晰的图谱作为标准。分的产生主要依据测试人的判断,贝克斯特并没有给出绝对标准,他只是要求测试人在评分时按照各个生理指标的变化情形给出 0,±1,±2 和 ±3 分,其中各个分值代表的意义如表1.2.7-1所示。

2. 评分示例。经由美国国防部多导仪测试学院(DoDPI)修订的一种典型的贝克斯特评分过程如下(如表1.2.7-3所示)。

(1)测试结构(如表1.2.7-2所示)

表 1.2.7-2

序号	问题属性	问题内容
1	I	今天是星期一吗?
2	S_r	对于你所报告的事件,有关问题你是不是愿意如实回答?
3	S_m	你能够完全确信我不会问你一个我们没有讨论过的问题吗?
4	C	1993年以前,你是不是曾经向一个权威人士说过谎?
5	R	你说那个男人强迫与你发生性关系,这是不是假话?
6	C	今年以前,你是不是因为某件羞愧的事而说过谎?
7	R	你说那个男人在他的公寓里强迫与你发生性关系这是不是假话?
8	C	1990年以前,你是不是通过说谎从而避免了什么麻烦?
9	S_m	虽然我告诉过你我不会,但是你是不是担心有一些别的事情我会问到你?

(2)评分要求

①如果要得出被测人"欺骗"(DI)的结论,必须:

a. 每个"点"上得分均小于 -3 分(问题5和7对应着两个"点");

b. 或者两个"点"的总分小于 -4 分。

②如果要得出被测人"诚实"(NDI)的结论,必须:

a. 每个"点"都是正分;

b. 并且总分为 +4 分或更高。

③得分介于 DI 和 NDI 之间时为"不结论",需要附加测试。

表 1.2.7-3　DoDPI 修订评分表(问题 5 和 7 对应着两个"点")

点 1	点 2	总分	结果
+6	0	+6	不结论
+4	-1	+3	不结论
+2	+2	+4	NDI
-2	-2	-4	DI
+3	+1	+4	NDI
0	-3	-3	DI
+1	+2	+3	不结论

注:测试必须重复三遍才可以打分,得分阈值为 ±4 分。

(二) MGQT 测试法评分(改进的通用问题测试法)

1. 测试结构:以表 1.2.7-4 改进的通用问题测试法示例(MGQT)为例。

表 1.2.7-4　改进的通用问题测试法示例(MGQT)

区域	序号	问题属性		问题内容
1 区	1	中性	I_1	你是叫张三吗?
	2	中性	I_2	你是山东省人吗?
	3	准相关	S_{Y1}	关于这起案件,你愿意如实回答我的问题吗?
	4	相关	R_1	是不是你拿走了那 10000 块钱?
	5	准绳	C_1	除了你告诉过我的以外,你以前是不是偷过东西?
	6	相关	R_2	是你从抽屉里拿走了那 1000 块钱吗?
	7	相关	R_3	那 10000 块钱现在是不是在你那儿?
	8	中性	I_3	你是汉族人吗?
2 区	9	相关	R_4	丢钱的时刻你在现场吗?
	10	准绳	C_2	你是不是从一个信任你的人那里偷过东西?
	11	相关	R_5	你说那些钱不是你拿的是实话吗?

续表

区域	序号	问题属性		问题内容
	12	题外	S_{y2}	除了刚才问的,你担心问你别的问题吗?
	13	中性	I_4	今天是晴天吗?

2. 评分要求:对每个相关问题进行评分,并求出三遍的总和(如表1.2.7-5所示)。

(1)将每个区域的 R 与前同属本区域的 C 比较评分;

(2)对三遍的图谱分别按单项生理参数评分,最后求代数和;

(3)阈值: ≥ +1,诚实 ; ≤ -7,说谎;中间区域,不结论。

表 1.2.7-5 MGQT 评分示例

	指标	R1	R2	R3	R4	R5	代数和
图1	脉搏	0	-1	0	0	-1	
	皮电	-1	-2	0	-2	+1	-4
	呼吸	0	+1	0	+1	0	
图2	脉搏	0	0	0	-1	0	
	皮电	0	-3	+2	+1	0	-2
	呼吸	0	0	-1	0	0	
图3	脉搏	-1	0	0	-1	0	
	皮电	+1	-2	0	-2	-2	-6
	呼吸	0	-1	0	+1	+1	
结果总和							-12

(三)CQT(You Phase)测试法评分

1. 测试结构:以表1.1.1-2有三个相关问题的区域比较测试法示例为例。

2. 评分要求:对每个区域的相关问题进行评分,并求出三遍的总和(如表1.2.7-6所示)。

(1) 将每个区域的 R 与前面的 C 比较评分；

(2) 对三遍的图谱分别按单项生理参数评分，最后求代数和；

(3) 阈值：$\geq +6$，诚实；≤ -6，说谎；中间区域，不结论。

表 1.2.7-6　CQT（YOU PHASE）测试法评分示例

		区域 R1		区域 R2		区域 R3	代数和
图 1	脉搏	0	脉搏	-1	脉搏	0	-3
	皮电	-1	皮电	-2	皮电	0	
	呼吸	0	呼吸	+1	呼吸	0	
图 2	脉搏	0	脉搏	0	脉搏	0	-6
	皮电	0	皮电	-3	皮电	-2	
	呼吸	0	呼吸	0	呼吸	-1	
图 3	脉搏	-1	脉搏	0	脉搏	0	-3
	皮电	+1	皮电	-2	皮电	0	
	呼吸	0	呼吸	-1	呼吸	0	
结果总和							-12

（四）SKY 测试法评分

1. 测试结构：以表 1.2.6-6 SKY 测试结构示例为例。

2. 评分方法：

(1) 将每个区域 K 和 S Y 和 C 比较评分；

(2) 对三遍的图谱分别按单项生理参数评分，最后求代数和；

(3) 阈值：$\geq +4$，诚实；≤ -8，说谎；中间区域，不结论。

如果 S>K>Y，他是无辜的；如果 S<K>Y，他是知情的；如果 S<K<Y，他是案犯。

（五）综合打分法

这种方法是在贝克斯特打分评图方法的基础上，根据实测经验，综合三分制、五分制、七分制等多种计分方法，对得分的产生依据提出了初步量化的标准，形成了简易的打分操作方法。

目前沿用的几种测试参数的赋值简便方法为：

1. 皮电评分。采用七分制：(-3、-2、-1、0、+1、+2、+3)

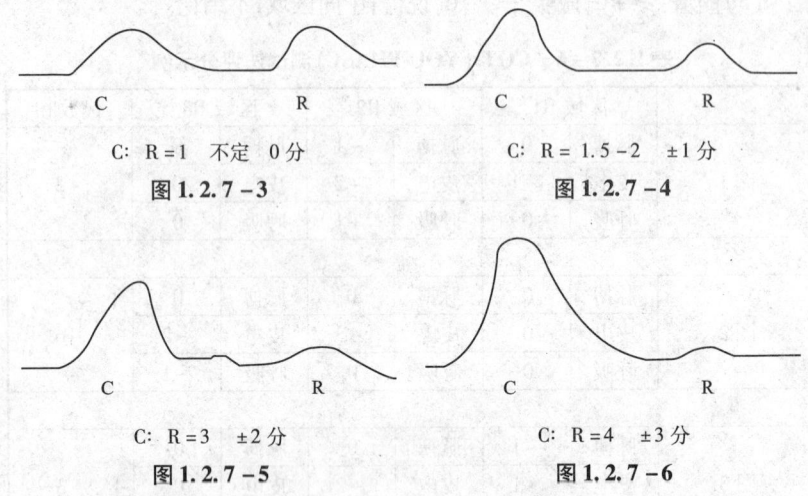

图 1.2.7-3　C:R=1　不定　0分

图 1.2.7-4　C:R=1.5-2　±1分

图 1.2.7-5　C:R=3　±2分

图 1.2.7-6　C:R=4　±3分

2. 呼吸评分。采用五分制：(-2、-1、0、+1、+2)

通常情况下给±1分；

C与R都正常或都异常(程度相当)记0分；

C比R异常(一般程度)记+1分，R比C异常(一般程度)记-1分；

C比R异常(特别异常)记+2分，R比C异常(特别异常)记-2分。

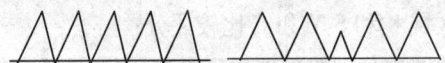

跟正常呼吸无变化或有一口气变化，记0分

图 1.2.7-7

有变化(二口气)，记1分

图 1.2.7-8

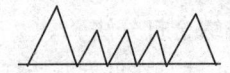

变化大(三口气及以上)，记2分

图 1.2.7-9

3. 脉搏波评分。采用五分制:(−2、−1、0、+1、+2)

通常情况下给 ±1 分;

C 与 R 都正常或都异常(程度相当),记 0 分;

C 比 R 异常(一般程度)记 +1 分,R 比 C 异常(一般程度)记 −1 分;

C 比 R 异常(特别异常)记 +2 分,R 比 C 异常(特别异常)记 −2 分。

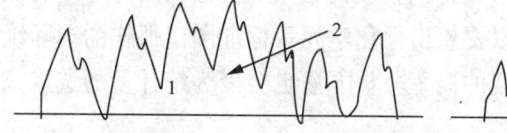

无变化或有 2 次以下变化,记 0 分

图 1.2.7−10

有变化(3 次),记 1 分

图 1.2.7−11

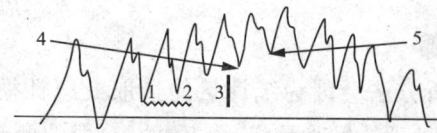

变化大(4 次以上),记 2 分

图 1.2.7−12

三、概率分析法

无论是目测评图,还是打分评图,对测试人或图谱评判人员的"诊断"技术提出了很高的要求,但是图谱评判人员显然会受到社会偏见、个人经验和能力限制等因素影响,如果再考虑到心理生理反应的复杂性,情况会更加难以控制。概率分析方法在一定程度上就是为了克服测试图谱分析的人为因素而产生的,能更加客观地测量测试反应,完善了准绳问题测试单元图谱统计评分方法。

(一)基本原理

概率分析的基本原理是通过统计分析大量数据,形成相关反应与参照反应相对强度常模。通过每次测试所获得的相关反应与对照反应的相对强度与常模相对强度的比较来评定测试反应的分值。

如何获得统计数据非常关键。通常为了获得大量统计数据而采用的方法一个是实验室模拟，一个是实案总结。前者由于结果的可控性而使得数据分析统计模型能快速建立，鉴于模拟犯罪与真实犯罪之间的巨大差异，尽管这样的模型现在已有不少，然而使用效果却不尽理想。后者虽然克服了前者的人为因素而显得更合理，但是数据来源的纷乱使得统计方法无法统一，目前也没有形成特别权威的结果和方法。因为心理测试技术工作目标的活跃性，所以要想出像化学元素标准图谱那样的国际统一标准是不可能的，因此出现的概率分析方法也会因为统计量的选取或统计模型选取不同而不同。

统计评分测量基本剔出了测量人员的主观性，具有很高的客观性。但是，统计评分测量要求标准化测试，需要排除或准确评价各种干扰因素的影响。

(二)基本步骤

虽然概率分析方法会因为统计量的选取或统计模型的选取不同而不同，但是统计处理的思路是相对一致的，一般的概率分析步骤大致如下：

1. 题目结构

题目结构即题目编排必须标准化，这是任何定量评图都必须遵循的基础，标准化的方式各有不同，但是标准化的要求必须是严格的。

2. 分析过程

(1)基本参量选取。呼吸、血压(脉率)和皮肤电数据是心理测试的基本参量，这点都基本统一。其中上呼吸和下呼吸只选择变化明显的一项，血压或脉率也选择变化明显的一项。

(2)参量变化提取的原则。在各种定量分析中，参量变化提取的原则也相对统一，只是在处理细节上有所差别，基本上都是利用了心理测试数据比较的"自比性"原则。

(3)求各参量相对变化分数。这是如何取得概率分布评判的关键，通常都会选取认为能够代表参量变化典型特征的数学变换来处理上一步得到的原始数据,求出对应的变化分数。

(4)求总变化分数。各参量的变化分数得出后,对各个参量配以适当的权重分配即可综合成总变化分数,权重分配往往是经验积累的一种体现。

(5)获取相应的概率数值。利用总变化分数即可结合评图人所选用的数学模型分布对应出相应的"通过"或"不通过"概率值。这种对应关系在通常都附在评图人所选用的数学模型分布说明或相关计算机软件内,使用比较方便。

3. 判断标准

目前通常认为标准概率线为 0.6 或 60%,即某个相关问题无论"通过"还是"不通过"的总概率值如果大于或等于 0.6 或 60% 时,就可以对该相关问题作出明确的"通过"或者"不通过"结论;如果小于 0.6 或 60% 时,为"不结论"。

总之,CQT 的图谱评析目前尚没有非常严格的统一标准,经验性的东西还在一定程度上起着决定性的作用,这就要求每个测试人在自己的测试实践中认真总结,以形成具有自己特点的有效图谱评析方法。

第三节 隐蔽信息测试单元图谱分析

隐蔽信息测试是要比较备选项目之间的反应强度差异。

要比较备选项目之间的反应强度差异,有目测评图、打分评图和绝对值计算评图等不同的方法。

一、目测评图

由于隐蔽信息的确定性不同,单元隐蔽信息测试会出现已知答案、已知可能答案和未知可能答案三种情况,这样对隐蔽信息测试单元图谱目测分析就分别有以下几种情况。

对于目标项目已经确定的隐蔽信息测试单元的图谱分析,测试人只要比较目标诱导的反应与陪衬项目诱导的反应之间的相对强度即可。如果目标项目诱导的反应强度高于陪衬项目诱导的反应,那么,目标项目就是真正的目标项目。

对于可能目标项目的图谱分析,由于这类单元测试没有确定的目标项目和陪衬项目,测试人不仅需要比较可能目标项目诱导的反应与可能陪衬项目诱导的反应之间的相对强度,还要关注其在整个测试单元中的反应强度排列情况。如果可能目标项目诱导的反应明显强过其他项目,那么可以确定它是真正的目标项目;如果其反应强度高,但存在与其相近反应强度的可能陪衬项目,那么对这一单元的测试结论应该进行认真研究。如图1.2.7-13所示,这是一起民事案件中关于债务形成地点争议的实测完整记录图谱,原告诉称债务形成在N4地,被告辩称在R1地,被告测试图谱显示在N4问题上心理压力反应特异。

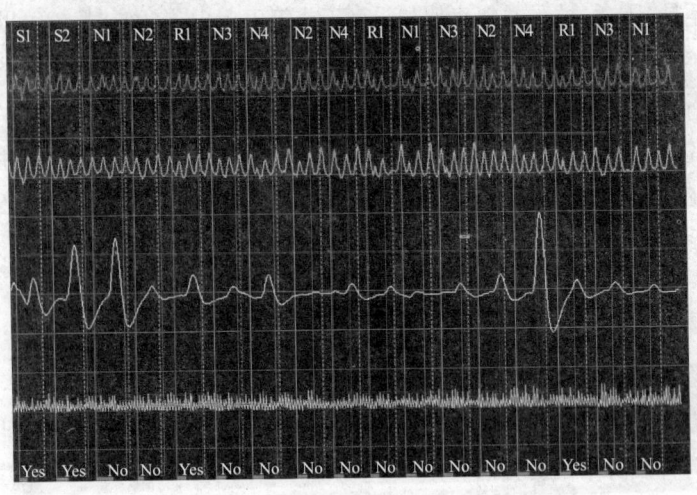

图 1.2.7-13

对于未知目标项目的图谱定性分析,由于没有明确的目标项目,所有备选项都是可能的目标项目。因此,确定此类隐蔽信息测试结构的测试结论方法就是比较各个备选项诱导出来的反应,哪个反应最强哪个就是目标项目。如图1.2.7-14所示,这是一例猜数测试的实测完整记录图谱,图谱显示被测人在I4问题上心理压力反应特异。

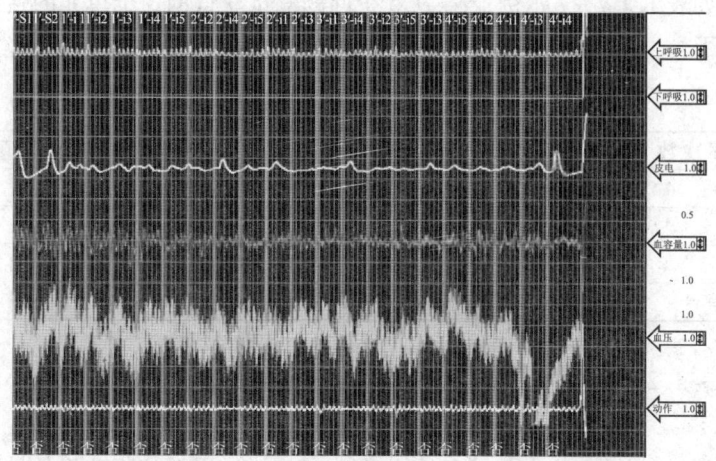

图 1.2.7 – 14

二、打分评图

（一）皮电赋值法①

莱克肯利用简单测量每个备选项的皮肤电反应的振幅开发了一种评分系统。这个系统非常简单，就是对最大的正确备选项反应赋予 2 分，中等的赋予 1 分，较低或第三大的不得分。对每组测试刺激重复进行，则可以得到所有测试刺激的总分。然后将总分除以可能的最大总分值（测试问题数目的两倍），如果比值超过 0.50，可以肯定被测人隐瞒了事件的有关信息，如果少于 0.50，被测人肯定没有隐蔽信息。

（二）排序赋值法

依据陈云林等的介绍，排序赋值法，即不考虑特征值的绝对值大小，只考虑某个特征值在该测试单元里的次序，根据次序不同分别赋上分值，即反应最强的得最高分或最低分（根据阈值选取不同而赋值不同），依次类推。三个单元分别处理后加和得分形成总分。

---

① 付有志、刘猜著：《破解"测谎"的密码——心理生理检测在探案中的应用》，中国人民公安大学出版社 2006 年版，第 40 页。

如表1.2.7-7示例，若某次5个问题测试获得的3个单元的强度次序如下：

表1.2.7-7 排序得分表

测试次数	问题1	问题2	问题3	问题4	问题5
1	2	4	5	3	1
2	4	5	3	2	1
3	1	3	2	4	5
合计	7	12	10	9	7

表1.2.7-6中反应强度最大的得5分，依次类推，反应强度最小的得1分。

可见，问题2的得分最多，所以疑点最突出。需要注意这里的排序既可以是单个生理反应的排序，也可以是每个问题的几项生理反应的加和结果的排序。

三、绝对值计算处理法

为使隐蔽信息测试对各备选项目之间的反应强度差异的比较达到标准化、规范化程度，心理测试人也开发、完善了隐蔽信息测试单元图谱统计评分方法，即绝对值计算处理法。

(一) 基本原理

对测试反应进行统计处理的一般程序是，将采集、记录的生理反应的绝对值进行统计分析，然后依照假设检验的原则确定置信度区间和显著性差异等问题。

测试反应的统计分析一般假定测试反应呈多元正态分布，[1]并划分为两类方法[2]：训练数据方法和被测人数据方法。在训练数据方法中，数据

---

[1] K. Adachi: Statistical classification procedures for polygraph tests of guilty knowledge. Behaviormetrika, 1995, 22, pp. 49-66.

[2] Y. Tokuda: An approach to practical use of an automated diagnostic system for the polygraph test. Reports of National Research Institute of Police Science: Research on Forensic Science, 1993, 46, pp. 22-26.

库(一套训练数据)是区分案件相关和案件无关的根据。数据库收集的是已经被认定为与案件无关或与案件相关的被测人的生理反应纪录。认定当前被测人的根据是,其生理反应与数据库中案件相关或案件无关样本统计的相似性。如果与案件相关样本的相似性比较大,认定被测人知晓犯罪情景,与案件相关;否则为与案件无关。这一程序类似于McLachlan所阐述的线性判别分析。[①] 在被测人数据方法中,没有前述的数据库,仅仅对测试的记录进行分析。这种方法类似于Anderson阐述的统计假设检验,即测试对关键问题的反应是否与对非关键问题的反应存在显著差异。[②] 如果差异显著,认定被测人知晓犯罪情景,与案件相关;否则与案件无关。

这两种方法都将Akaike的信息(AIC)统计标准[③]作为认定案件相关或案件无关的最后依据。然而,训练数据方法对案件相关或案件无关的最后认定可以通过后验概率进行数字化的表述;被测人数据方法则可以通过显著性差异水平进行比对,表明能在什么程度上相信统计分析所提供的与案件无关或与案件相关的认定。

Adachi于1995年发表的研究显示,使用实验室数据进行统计运算,被测人数据方法的认定的准确性是令人满意的;然而,随着问题组数的减少,准确性也会降低。[④] 这些发现是理所当然的,原因在于它是从正在测试的被测人中获得相应数据的。相比之下,重复次数对训练数据方法没有影响。由此可以建议,减少实案测试的重复次数。

Iwami和Tsuji在1998年曾经检验过Adachi统计诊断运算在犯罪记

[①] G. J. McLachlan: Discriminate Analysis and Statistical Pattern Recognition. New York: Wiley, 1992.

[②] T. W. Anderson: An Introduction to Multivariate Statistical Analysis, 2nd edn. New York: Wiley, 1984.

[③] H. Akaike: A new look at the statistical model identification. IEEE Transactions on Automatic Control, 1974, 19, pp. 716-723.

[④] K. Adachi: Statistical classification procedures for polygraph tests of guilty knowledge. Behaviormetrika, 1995, 22, pp. 49-66.

忆实案测试中的准确性。① 他们用计算机分析14位用三组问题认定为案件相关的被测人。使用训练数据方法,四个指标(例如,腹式呼吸速率和胸式呼吸速率、SCR振幅和心率变化)综合认定对所有问题的反应的正确率为91.3%;单个指标的正确率分别为:呼吸速率67.4%、SCR振幅50.0%、心率变化73.9%。另一方面,使用被测人数据方法时,四个指标的正确率为63.0%、呼吸速率为39.1%、SCR振幅为28.3%、心率变化为31.9%。在两种统计运算中,呼吸速率和心率变化都比SCR振幅精确。因此,GKT的Adachi计算机化检测在犯罪记忆检测的实案测试中十分有效。

(二)评图示例

以绝对值处理,即提取到特征值的绝对值进行数理统计处理,然后依照假设检验的各个原则确定置信度区间和显著性差异等问题。

按表1.2.7-7示例,其反应强度的原始采集值如表1.2.7-8所示。

表1.2.7-8 原始采集值

测试次数	问题1	问题2	问题3	问题4	问题5	平均
1	38.6	46.9	51.2	46.4	35.9	43.8
2	37.5	38.5	28.7	26.9	24.2	31.2
3	25.6	30.4	29.6	38.2	40.1	32.8
平均	33.9	38.6	36.5	37.2	33.4	35.9

表1.2.7-7中给出了三次测试同一问题的平均反应值,问题2的平均强度虽然最大,但是如果从统计检验的显著性分析,其偏差并不显著,换句话说就是问题2的反应并不突出。实践发现获得这组数据的被测人是无辜的,应该说绝对值检验的方法在这里证明比排序检验更准确一些。

---

① H. Iwami and N. Tsuji: An examination of Adachi's statistical diagnosis algorithm in a practical polygraph test. Japanese Journal of Science and Technology for Identification, 1998, 3 (2), A34.

(三) 几种隐蔽信息测试法评分示例

1. 激励测试法(STIM)的评分

排序处理法。结果如表1.2.7-9所示。

如上实例(图1.2.7-14),采用5分制评图法:由于编题是分三遍测试的,所以在评图时,也应分遍数进行,在每一遍的测试图谱中,挑出一个皮电反应最异常的给5分,其余的按照异常程度依次给4分、3分、2分、1分、0分,如果达不到高分标准,可以没有其中的任何分数,没有反应的给0分。

表1.2.7-9　STIM测试评分结果

测试次数	是4吗	是5吗	是6吗	是7吗	是8吗
第1次	1	5	4	3	0
第2次	3	0	5	0	0
第3次	1	0	4	0	1
合计分数	5	5	13	3	1

合计的结果表明题目"你选的是6吗"皮电得13分,远高于其他问题,答案显而易见。

2. 犯罪情景测试法(GKT)的评分

提取绝对值处理法,结果如表1.2.7-10所示。

如上实例(图1.2.7-13),其反应强度的原始采集值如表1.2.7-9所示。

表1.2.7-10　原始采集值

测试次数	问题1	问题2	问题3	问题4	问题5
1	62.2	34.3	36.1	40.8	21.5
2	13.3	35.5	56.3	48.2	78.5
3	12.5	19.8	28.9	39.9	56.1
平均	29.3	29.8	40.4	43.0	52.0

表1.2.7-9中给出了三次测试同一问题的平均反应值,问题5的平均强度显然最大。

第八章　多道仪测试的结论

心理测试结论,是指在心理测试中,根据对测试图谱所得到的测试数据进行分析而推断出的被测人与被调查事件之间关系的结论。

测试结论的得出及表述方式往往依据测试结构、测试原理及评图的方法不同而有所区别,实践中对测试结论的使用也有一定的规定和要求。

第一节　主题测试结论

一、主题测试结论形成原理

无论是对照问题测试(CQT)还是隐蔽信息测试(CIT),确定单个测试主题的测试结论的原理都是一样的,即比较相关刺激诱导的相关反应(R)、参照刺激诱导的参照反应(C)和中性刺激诱导的基础反应的强度。就对照问题测试而言,相关刺激是相关问题,参照刺激是对照问题;对隐蔽信息测试来说,相关刺激是目标项目,参照刺激是陪衬项目。[1] 无论是对参照问题测试还是隐蔽信息测试,中性刺激都是诸如名字、年龄等具有一定诱导功能、刺激性又不是很强的刺激。

中性刺激诱导的基础反应是评价相关反应和参照反应是否为有效反应的基础。一般而言,相关反应和参照反应的反应强度大于基础反应才是有效的反应,本次测试才是有效的测试。否则,本次测试无效。在确定有效测试的基础上,测试人通过对相关反应和参照反应进行比较分析,确定它们之间的相对强度,进而形成测试结论。

从理论上讲,相关反应、参照反应之间的相对强度会出现三种情况:

1. $R > C$。相关反应强度明显大于参照反应强度,说明被测人出现了针对相应主题的阳性特异性反应。这表明,相关刺激诱导出真正的相关

---

[1] 付有志:《犯罪记忆检测的含义》,载《中国人民公安大学学报》2004 年第 1 期,第 75~81 页。

反应,相关刺激与被测人的真正相关刺激。

2. $R \approx C$。相关反应强度基本等于参照反应强度,说明被测人没有出现针对相关主题的特异性反应。这表明,相关刺激没有诱导出真正的相关反应,相关刺激不是被测人的真正相关刺激。

3. $R < C$。参照反应强度明显大于相关反应,说明被测人出现了针对相关主题的阴性特异性反应。这表明,参照刺激诱导出真正的相关反应,参照刺激是真正的相关刺激。

二、主题测试结论表述形式

(一)不同测试结构的表述形式

无论遵循哪种测试范式还是使用哪种测试格式,心理测试都是以单个主题的测试为基础,亦即单个主题测试是心理测试的基本测试单位。一般来说,一个隐蔽信息测试单元只检测一个测试主题,一个对照问题测试单元可以检测一个到三个测试主题。[①] 因此,单个主题的隐蔽信息测试结论与单元测试结论是统一的,而单主题的对照问题测试结论与单元测试结论一致,多主题对照问题测试单元的测试结论则是一个到三个单个测试主题的测试结论。

1. 对照问题测试结论

对照问题测试结论的得出,要比较相关问题和对照问题之间(单主题测试)以及相关问题与相关问题之间(多主题测试)的差异。对于单主题对照问题测试,就被测人对每个相关问题的反应强度与对围绕该相关问题的对照问题的反应强度进行比较;对于多主题对照问题测试,除了对每个相关问题的反应强度与对围绕该相关问题的对照问题的反应强度进行比较外,还要对每个相关问题的反应强度进行比较。通过相关反应和对照反应之间出现的三种情况,即 $R < C$、$R > C$、$R \approx C$,分别评述为相关问题心理压力反应正常、异常或不特征。

---

① 陈云林等著:《犯罪心路探微——心理测试技术的理论、研究与实践》,中国大百科全书出版社 2004 年版,第 5 章。

2. 隐蔽信息测试结论

隐蔽信息测试结论的得出，要区分确定目标项目、可能目标项目及未知目标项目等多种情形。

对于目标项目已经确定的隐蔽信息测试，测试人在分析测试图谱时如果发现目标项目诱导的反应强度高于陪衬项目诱导的反应，即可用"心理压力反应特异"来评述这一目标项目；否则用"心理压力反应不特异"来评述这一目标项目。

对于可能目标项目的隐蔽信息测试，测试人在分析测试图谱时如果发现可能目标项目诱导的反应明显强过其他项目，那么可以确定它是真正的目标项目，可以使用"心理压力反应特异"来评述这一目标项目；如果其反应强度高，但存在与其相近反应强度的可能陪衬项目，那么这一单元的测试结论应该进行认真研究；如果本单元所有项目都没有诱导出较强的反应，可以用"心理压力反应不特异"来评述。

对于未知目标项目测试的隐蔽信息，测试人在分析测试图谱是如果发现哪个反应最强哪个就是目标项目。相应地，那个项目就可以使用"心理压力反应特异"来评述。

由此可以看出，单个主题隐蔽信息测试结论的确定相对比较简单。检测一个测试主题的测试单元中只要出现了强于其他反应的反应就是出现了真正的相关反应，诱导产生此反应的项目就是被测人真正的相关刺激。

尽管对照问题测试结论的得出，要比较相关问题和对照问题之间（单主题测试）以及相关问题与相关问题之间（多主题测试）的差异；隐蔽信息测试结论的得出，要区分确定目标项目、可能目标项目及未知目标项目等多种情形。但两种测试方法得出测试结论的关注点都是对某测试主题的相关问题（目标问题）特异心理反应的辨析。

因此，概括对照问题测试和隐蔽信息测试的测试结论及其评述，我们可以将主题测试结论统一表述为"检测到被测人 xxx（姓名）对 yyy（测试主题内容）的特异性心理生理反应"、"没有检测到被测人 xxx（姓名）对 yyy

(测试主题内容)的特异性心理生理反应"或者"不能确定是否检测到被测人 xxx(姓名)对 yyy(测试主题内容)的特异性心理生理反应"。

(二)不同测试理论的表述方式

历史上测试结论的形成及表述方式往往依据测试结构、测试原理及评图的方法不同而有不同的形式。

1. 撒谎理论的测试结论

美国人经常使用的测试格式是对照问题测试。使用对照问题测试的测试人一般坚持认为,心理测试的心理内容是撒谎导致的紧张反应。因此,他们对测试结论一般是:"xxx(姓名)在(否认)回答 yyy(测试主题内容)问题时撒了谎。"

2. 记忆理论的测试结论

在我国,坚持记忆测试理论的测试人一般认为,心理测试的心理内容是被测人对涉案相关情节的记忆。因此,心理测试的肯定性结论可以表述为,检测出被测人 xxx(姓名)对 yyy(测试主题内容)具有相应记忆。否定性测试结论是,没有检测出被测人 xxx(姓名)对 yyy(测试主题内容)具有相应记忆。

3. 信息理论的测试结论

在我国,坚持信息理论的测试人一般认为,心理测试技术探测的是被测人的涉案心理信息。因此,心理测试结论又可表述为:本次测试检测到(没有检测到)被测人 xxx(姓名)记忆中存在(不存在)yyy(测试主题内容)的相应信息。

(三)技术规程的表述要求

1. 美国 DoDPI 的测试结论

对于调查测试,测试结果或分析意见通常表示为:通过、不通过和不结论三种。对于筛查测试(包括人员资格审查),测试结果或分析意见通常表示为:无特征反应、有特征反应和不结论三种。

2. 我国规程的测试结论

公安部心理测试程序规定,心理测试结论通常以"通过"、"不通过"和

"不结论"三种结果方式出具。

对于"通过"结论,可以认为被测人与所测试问题无直接牵连;对于"不通过"结论,可以认为被测人对被测试问题有一定嫌疑,应继续进行工作;对于"不结论"结论,说明通过测试没有得到更多的信息,无法就该被测人的本次测试得出结论,通常需分析原因,在进一步收集材料后可进行再次测试。"不结论"是心理测试的一种正常结论方式,不能认为得到"不结论"就是测试的不成功或者没有作用,更不能为了避免"不结论"而妄下结论。

第二节 系统测试结论

一、形成原理

系统化心理测试是由多个主题测试有机构成的系统。各个主题测试各自独立,又相互补充,组合成一个涵盖调查案件各方面内容的测试体系。由于系统化测试都是由单个主题测试构成的,系统测试结论也必须以主题测试结论为基础,在综合主题测试结论的基础上形成系统测试结论。

由于系统化测试由基本测试与精细测试两部分组成,因此系统测试结论即于其中产生。

二、基本测试结论

基本测试是系统测试的基础,其目的是为实现"能够形成测试结果判断的测试最小量要求"而进行的;显然为了保护无辜,即可以通过基本测试首先为无辜的被测人提供一种"清白证明",同时为检验被测人与正在调查的案(事)件之间是否存在相关关系提供一种判据,并以此作为是否开展精细测试的依据。

(一)定性评判

基本测试通常要求检测5—7个主题,至少包括3个测试单元。通过测试,可以获得至少5个主题测试结论。综合这些主题测试结论形成基本测试结论。基本测试结论会呈现以下几种表现方式,并预示不同的测试结果。

1. 所有主题测试结论都是"有特异性心理生理反应"：这表明基本测试检测到被测人对所有测试主题所反映的涉案情节具有相关心理信息。如果导致特异反应的刺激都是确定的相关刺激，那么，测试表明被测人与正在调查的案(事)件之间存在相关关系，即表示被测人基本测试"不通过"。实践中这样的被测人通常都需要进行精细测试。

2. 所有主题测试结论都是"没有特异性心理生理反应"：这表明基本测试没有检测到被测人对所有测试主题所反映的涉案情节具有相关心理信息。说明被测人可能：一是与正在调查的案(事)件之间没有相关关系；二是该被测人不适合使用测试设计的测试命题(主题)或方法进行测试。对于前者，显然表示被测人基本测试结论为"通过"，实践中通常即无必要就该被测人与该调查的案(事)件之间关系进行精细测试；而对于后者，实践中通常需要调整测试命题或测试方法进行精细测试。

3. 部分主题测试结论是"有(无)特异性心理生理反应"：对于部分测试单元有特异反应的情况，直观可以暂时给出被测人基本测试"不结论"的结论，但是这时测试人应该进行深入分析，查找有(无)特异反应的原因，确定下一步工作。实践中一般需要具体分析导致出现特异反应的刺激(问题)来源，如果是确定的相关刺激，那么，表明被测人与正在调查的案(事)件之间存在一定的关系；为此，通常这类被测人也需要进行二次测试式的精细测试，即通过改变测试条件等方式使用验证测试和扩展测试确定被测人有没有必要进行更深入的调查。

(二)定量评判

以准绳问题测试主导型系统化测试结构为例，定量评判可以形成如表 1.2.8-1 所示的基本测试结论。

表 1.2.8-1 基本测试结论定量评判形式示意

案(事)件		××盗窃案		编号	××××
被测人姓名	×××	编号	×××	特征	××××
测试时间			评图时间		

续表

序号	相关问题	回答	题目权重（%）	图谱分析（%）	小计（%）
1	你是不是去过×××地附近？	不	10	28	2.8
2	你是不是进入过×××房间？	不	15	31	4.65
3	当时你是不是打开过×××？	不	15	22	3.3
4	当时你是不是拿走了×××？	不	15	45	6.75
5	你是不是知道这件事是如何发生的？	不	10	32	3.2
6	你是不是知道×××现在在哪里？	不	20	29	5.8
7*	你是不是知道这件事是几个人干的？	不	15	55	8.25
基本测试结论：不通过		概率	100		34.75

说明：

＊号题目为 CIT 测试。

题目 7 m 包含的相关点是：2 人；比较点是：1 人，3 人，4 人，5 人。

说明：

（1）表中的"题目权重"为"先验概率"；"图谱分析"为"图谱概率"；"小计"为该问题的"后验概率"；"综合概率"为"全概率"。

（2）图谱分析结果以"通过"为基础计算，即表内的数据为"通过率"。

（3）本表所述的基本测试结论定性评价为"不通过"（34.75%的通过率）。显然该被测人还需要进行精细测试。

三、精细测试结论

精细测试是基本测试的深化，主要目的在于验证、探索和扩展基本测试的目标，进一步确定被测人有没有进行深入调查的必要。因此，确定精细测试结论应该结合基本测试来进行。

（一）验证性测试结论

验证性测试，即验证被测人与正在调查的案（事）件之间的关系，表 1.2.8－1 例中第 3 题"当时你是不是打开过×××？"即为验证提供了一个方向。当然，每个基本测试的相关问题都可以进行精细测试的验证，这里选第3题是因为它的通过率最低(22%)。实践中进行验证的次序经常依照通过率从低到高进行。注意验证性测试一般针对的都是确实存在的事实,本例中对"当时你是不是打开过×××"这个问题的验证范围就可以选取"抽屉"、"柜子"、"箱子"等作为参照物,因为"抽屉内丢钱"是确实发生了的一个事实。一旦被测人对这种验证性测试目标产生特异性反应,那必将极大增强调查信心。测试人就可以结合基本测试结论和这样的精细测试结论形成系统调查测试结论。

(二)探索性测试结论

在基本测试的基础上,精细测试可以通过探索性主题的检测确定被测人是否形成了诸如人质藏匿地点、赃款去向、凶器去向等心理信息,为深入调查服务。表1.2.8-1例中第6题"你是不是知道×××现在在哪里"的下一步显然需要精细测试的探索性功能了。如果被测人对探索性测试主题产生特异性反应,那必将对调查提供巨大帮助。测试人也可以结合基本测试结论和这样的精细测试结论形成系统调查测试结论。

(三)扩展性测试结论与本案的关系

扩展测试意在检测被测人是否还有其他本案调查未掌握的信息以及与其他案件的关系,经常与验证测试结合使用。对于扩展测试获得的结论,如果密切相关,将与基本测试一并形成系统调查测试结论;如果涉及的是另外的案(事)件,则需要与本案分开另行处理。

四、系统测试结论

以基本测试为基础,结合精细测试,遵循一定原则,即可以综合形成系统调查测试结论。

表1.2.8-2即为以准绳问题测试主导型系统化测试结构,综合以上基本测试与精细测试结论所形成的系统测试结论。

表1.2.8-2　系统测试结论(1)

案(事)件		××盗窃案		编号	××××
被测人姓名	×××	编号	×××	特征	××××
测试时间			评图时间		

续表

序号	相关问题	回答	题目权重（%）	图谱分析（%）	小计（%）
1	你是不是去过×××地附近？	不	10	28	2.8
2	你是不是进入过×××房间？	不	15	31	4.65
3	当时你是不是打开过×××？	不		22	
4	当时你是不是拿走了×××？	不	15	45	6.75
5	你是不是知道这件事是如何发生的？	不	10	32	3.2
6	你是不是知道×××现在在哪里？	不		29	
7*	你是不是知道这件事是几个人干的？	不	15	55	8.25
8*	你是不是打开过×××？	不	15	18	2.7
9*	你是不是知道×××现在在哪里？	不	20	15	3.0
基本测试结论:不通过		概率	100		31.35

说明：

*号题目为 CIT 测试。

题目 7*包含的相关点是:2人;比较点是:1人,3人,4人,5人。

题目 8*包含的相关点是:抽屉;比较点是:柜子,箱子,书包,衣服。

题目 9*包含的相关点是:银行,邮局,股票,家里,朋友。

（一）系统权衡

在主题权重分配时,不考虑基本测试与精细测试的区别,即凡使用相关问题（主题）统一处理,但不能重复应用,如第3题、第6题,即当问题用于精细结论时,基本测试结论概率计算不再计入总概率。

（二）系统结论

当精细测试结论支持基本测试结论时,如表1.2.8-1和表1.2.8-2所示。通过精细测试得到该被测人的通过率继续下降（由34.75%降到31.35%）,说明其与正在调查的案件关系进一步加深,由此不难得出完整的系统测试结论。

当精细测试结论不支持基本测试结论时,如表1.2.8-3所示,同样采用系统权衡的方式处理,只不过系统结论可能会发生改变。如表1.2.8-3所示的系统结论就成了"不结论"。这在实践中是经常发生的情形。可从先验概率调整的角度进行一些简要分析。

表1.2.8-3 系统测试结论(2)

案(事)件	××盗窃案			编号	××××		
被测人姓名	×××	编号	×××	特征	××××		
测试时间				评图时间			
序号	相关问题			回答	题目权重(%)	图谱分析(%)	小计(%)
1	你是不是去过×××地附近?			不	10	28	2.8
2	你是不是进入过×××房间?			不	15	31	4.65
3	当时你是不是打开过×××?			不		22	
4	当时你是不是拿走了×××?			不	15	45	6.75
5	你是不是知道这件事是如何发生的?			不	10	32	3.2
6	你是不是知道×××现在在哪里?			不		29	
7*	你是不是知道这件事是几个人干的?			不	15	55	8.25
8*	你是不是打开过×××?			不	15	80	12.0
9*	你是不是知道×××现在在哪里?			不	20	70	14.0
基本测试结论:不通过				概率	100		51.65
说明:(略)							

如前所述,题目权重即先验概率的调整,其实就涉及精细测试与基本测试的系统呼应问题。一般凡拿出进行精细测试的问题,要么基本测试有特异反应,要么题目设置赋权偏高。前者经常需要调整,因为测试前对被测人的评估太间接。例如,某案测试时,基本测试的相关问题反应大都正常,只有"指使"反应特异,后就"指使"展开精细测试,果然收获颇丰并促成案件彻底破获。这样的问题预设权重经过精细测试后显然需要调整,否则纯属纸上谈兵。而后者可能经过测试发现这类问题根本就没有引起被测人注意,同样需要调整。系统结论就是调整后的结论。

至于精细测试结论不支持基本测试结论的情形,测试实践中经常发生,不少的被测人尽管基本测试"不通过",但是经过精细测试却表明其"通过"测试,这也从另一个方面说明了心理测试的根本宗旨是保护无辜者。

第三节　测试结论的信度与效度

一、信度与效度(Reliability and Validity)

信度和效度,是指对心理测试技术本身进行评估测量的两个技术性指标。

(一)信度

信度,是指测量数据和结论的可靠性程度,即测试工具和方法能否稳定、一致地测量到设计要求的程度。在心理测试技术实践中一般要求的三次(遍)测试,就是对测试题目设置可靠性的一种信度检验。

(二)效度

效度,是指正确性程度,即测试技术在多大程度上反映了我们想要测量的心理信息的真实含义,效度越高,即表示测量结果越能显示出所要测量对象的真正特征。在心理测试技术的调查测试实践中表示通过测试检测得到的心理信息在多大程度上与所调查案件的实际情况相吻合,一定意义上反映了真阳性测试结果(即"不通过"测试结果的被测人就是真正的作案人或肇事人)和真阴性结果(即"通过"测试结果的被测人就是真正的无辜人)在整个测试结果中的比例程度。

(三)信度和效度的关系

信度低,效度不可能高。因为,如果测量的数据不准确和不可靠,就不可能有效地说明所研究的对象。如果在心理测试中数据不准,那么结果显然无法保证。

信度高,效度未必高。例如,虽然我们能准确地测量出某人与盗窃案的关系,但是调查的真正目的是被测人是否与杀人案有关,这样的结果显然无法保证对杀人案的测试效度。

效度低,信度很可能高;效度高,信度也必然高。

于此,案件得到有效的测试,同时也说明了测试方法和工具的稳定性。

二、测试结论的效度

所谓测试效度,就是指测试所测的内容与欲测内容的符合程度。如果所测内容与欲测内容完全符合,测试效度就是 100%,否则就不是 100%。测试效度的评价标准不同,测试效度的评价结果也不同。许多研究人员认为心理测试检测的是被测人是否实施了犯罪行为,所以他们使用被认定的被测人被证明有罪的数量作为评价标准,结果是错误地评估了心理测试的效度。现代研究已经表明,心理测试检测的不是被测人是否实施了犯罪,而是应该使用被认为拥有犯罪心理信息(记忆)的被测人拥有犯罪心理信息(记忆)的人数作为评估标准。

关于测试准确性的评价,时可见诸报道;而对测试效度的理论分析,能给人以理解的依据。

(一)测试结论效度的理论分析

1. 对照问题测试的效度

在对照问题测试中,确定犯罪心理生理反应的根据是相关刺激与对照刺激的重要性。据此,在同一次测试的同一测试主题中,测试格式本身造成的相关刺激比对照刺激重要的概率为 50%。所以,在相关反应强于对照反应的条件下,正确确定犯罪心理生理反应的概率为 1－50%。由于每次系统化测试一般至少包括 5 个主题,如果这些测试主题是相对独立而且互为补充,那么系统化对照问题测试的正确率至少为 $1-(50\%)^5=96.875\%$。

2. 隐蔽信息测试的效度

在隐蔽信息测试中,每个测试主题的目标项目和陪衬项目建构成一个多项选择题。没有犯罪记忆的被测人对目标项目产生目标反应的随机概率为 $1/(n-1)$,其中 n 表示备选项的个数。那么,正确认定的概率为 $1-1/(n-1)$。如果本次测试有 m 个测试主题,都产生目标反应的被测人被正确认定的概率为 $1-[1/(n-1)]^m$。因为系统化测试至少检测 5 个相互独立而且相互补充的测试主题,即 $m=5$;而且每个测试主题至少使用 5 个备选项目,即 $n=5$,所以系统化隐蔽信息测试正确认定的概率至少为

$1 - [1/(5-1)]^5 = 1 - (1/4)^5 = 98.4375\%$。

当然,上述仅是理论评估。在实际测试中,影响测试效度的因素有很多,评估实际测试效度也是一个复杂的问题。

3. 系统化测试效度的理解

本书讨论的测试效度是通过系统化心理测试检测被测人是否了解正在调查的刑事案件的效度,不是检测被测人是否实施犯罪的效度。原因正如前述,被测人了解正在调查的刑事案件并不必然意味着他就是本案的犯罪人,同时系统化心理测试没有检测到被测人具有犯罪心理信息(记忆),这也并不必然意味着其与正在调查的刑事案件没有关系。

但是,有人总是有意无意地否认检测到被测人具备犯罪心理信息(记忆)和检测到被测人实施犯罪行为之间的差别,将上述测试效度评估推及检测到被测人是否实施了犯罪行为。这里必须指出,这种将测试效度泛化的做法是错误的,是没有理论根据的。具有犯罪心理信息(记忆)或者了解案情与实施犯罪之间存在质的差别,不仅可能对办案人员产生误导,导致冤假错案或者贻误办案良机,还会对测试人产生误导,夸大心理测试的效用,最终影响心理测试的使用和发展。

(二)有关测试准确性的报道[①]

对测试准确性的研究,传统上有两种方法:一种方法是通过模拟犯罪情景测试的实验研究方法;另一种方法是通过实际案例测试的司法统计方法。

1. 实验模拟犯罪情境下的测谎准确率

莱克肯用其发明的犯罪情景测试法 GKT,模拟犯罪情境的实验结果表明,无罪嫌疑人的准确率为 99.3%,错误率为 0.7%;有罪嫌疑人的准确率为 94.3%,错误率为 5.7%。

另一项实验研究数据来自美国的犹他大学,他们采用相关问题测试法,模拟犯罪情境,所得重测信度超过了 0.90,有罪被测人的准确率为 91%,无辜被测人的准确率为 89%。

[①] 郭晓娟、苏彦捷:《心理生理测谎技术的研究与应用》,载《心理科学》2000 年第 6 期,第 752~753 页。

我国有学者将不同时代分别来自测试界和心理学界的测试效度研究数据综述于下表(如表1.2.8-4所示)。

表1.2.8-4 测谎效度研究数据统计

	研究者	年代	正率	误率	样本数或注释
美国测谎界	里德的合作者 因宝	1940's	70%	10%	
	奥兰斯基	1965年		2%	
	拉斯金	1979年			
	90%美国多道仪协会发言人	1980's	90%		
	美国《测谎》杂志 责编	1980's	98%		2000例
	美国联邦调查局特工 道格拉斯	1990's	0	高	6000例
	美国国防部测谎研究所 赖安	2001年	80%–90%		
中国测谎界	辽宁省沈阳市中级法院	1994–1997年	95% 92.5%		114例刑事 120例民事
	中国公安部二所	1990–1998年	98%		
	中国人民公安大学心理研究所	1990–1998年	98%		3000样本
美日心理学界	美国 霍瓦斯	1977年	77%	49%	
	日本 户川行男	1981年	80%		注:测试自愿者
	美国明尼苏达大学 里肯	1984年	65%	50%	
	美国 独立三方	1980's末	72% 69% 63%	55% 39% 49%	
	美国圣地亚哥市神经计算所 巴特利特	1999年		10% 20%	对说谎者漏判 对诚实者误判
	美国耶鲁大学法学院 华尔兹	1990's	90%	10%	
*	英国Dubban Westbill大学 中国苏州大学李文石等	2001年	89% 83.1%		1万名志愿者 10名志愿者

*注:被测产品为韩国911公司的世界第一款掌上型语音"测谎仪"Truster。

2. 实际案例测试的准确率

在司法审判中,当测试结果与已有证据、情节线索、判决结果一致时,我们就认为该测试结果是准确的。

美国《测谎》杂志总编 Norman Ansley 收集了 1980 年以来有关实地办案的测谎结论,并同口供、法庭判决相比较,研究了 2042 起案件,得到说谎情况下的准确率为 97%,诚实情况下的准确率为 98%。美国测谎协会对 6 个国家 20 世纪 80 年代报道的 3030 宗案件进行了统计,其测谎准确率也达 98%。罗马尼亚报道,1990 年测谎 1163 例,1991 年测谎 670 例,准确率在 95% 以上。

第四节　测试结论的形式及应用

一、测试结论的形成

（一）心理测试报告

心理测试结论以"心理测试报告"形式出具,心理测试报告应至少包括以下内容：

1. 案情、委托单位、被测人情况、测试目的与要求；
2. 测试时间、地点、采用的测试仪、测试方法和相关问题；
3. 被测人表示自愿接受心理测试的说明；
4. 测试结论；
5. 测试人的单位和签字。

心理测试报告须由具有心理测试技术鉴定人资格的测试人出具；应由测试人签字并加盖心理测试机构印章。

由于某种原因导致心理测试没有完整过程时,就不形成心理测试结论。

（二）测试报告的送达

1. 有测试人签字并加盖心理测试机构印章的测试报告一式二份,一份交给委托单位或办案人员,另一份存档。
2. 心理测试报告只出具给进行心理测试的委托单位或办案单位。
3. 对于被测人要求获知测试结论的,如委托单位和测试部门均认为可以告知时,测试机构以"心理测试结论通知书"方式告知。
4. "心理测试结论通知书"的内容与"心理测试报告"相比可以适当缩

减，一式两份，一份存档，另一份交给被测人。

5. 测试机构应在测试结束后尽快将测试结论以书面形式告知委托单位或办案单位及有关当事人。

(三)测试结论的使用及异议的处理

1. 目前心理测试结论可作为对被测人进行调查或审查的一种参考依据，不作为法庭证据直接使用。

2. 委托单位或办案单位及当事人对测试结论有异议时，可以向测试机构申请复测，复测既可以原人原地进行，也可以异人异地进行，一般不对复测再进行复测。对复测结论仍有异议时，测试机构应邀请有关专家对测试结论进行会诊解决。

二、测试结论的应用

心理测试一般都是应委托而实施，所以，一般而言，测试人确定测试结论之后，将测试结论提供给委托方，供他们使用。

从理论上讲，使用测试结论起码涉及三个阶段和三方面人员。三个阶段指的是侦查阶段、提起公诉阶段和审判阶段；三个方面指的是起诉方面、辩护方面和审判方面。下面分别讨论测试结论在诉讼三个阶段的合理使用。

(一)侦查阶段的使用

在侦查阶段，侦查人员的主要任务是将犯罪人从可能的犯罪人中识别出来，依法采取强制措施，并移送检察机关公诉。对那些受到侦查的、可能被视作犯罪嫌疑人的人来说，侦查阶段的主要任务就是避免被侦查人员认定为犯罪嫌疑人。从理论上讲，双方都可以利用心理测试结论为自己服务。但在我国侦查实践中，侦查方的相对方很少使用心理测试结论，使用者主要是侦查人员。

在侦查实践中，侦查人员多在三种情况下使用心理测试。其一是寻找关键证据。侦查人员掌握了很多证据，但诸如凶器、赃物等关键证据没有找到。在这种情况下，心理测试可以为侦查提供线索，指出找寻的方向。其二是寻找逃匿的犯罪人。关键犯罪人逃匿，知情人知情不报，侦查陷于僵局,侦查人员难以结案。通过检测知情人员,侦查人员会进一步了解犯罪人的去向,进而抓获犯罪人。其三是确定犯罪嫌疑人。

在前两种情况下,心理测试结论都是作为线索发挥作用,其使用不会出现大的问题。在第三种情况下使用心理测试结论是最为常见的情况,也是出现问题可能性最大的一种情况。在这种情况下,侦查人员往往没有任何其他证据,仅凭推测认为被测人可能是犯罪人。

正如前述,心理测试只能检测出被测人是否了解以及了解多少正在调查的刑事案件,不能检测出被测人是否实施了此案。因此,在确定犯罪嫌疑人的过程中,心理测试结论只能作为间接证据、作为整个证据链条的一个环节来使用,不能作为直接证据,更不能以此孤证来确定被测人的犯罪可能。

(二)提起公诉阶段的使用

在提起公诉阶段,使用心理测试结论的主要是检察人员。在审查起诉过程中,检察人员发现侦查人员提供的证据存在一定问题,需要补充侦查,或者检察人员对诉讼成功缺乏信心,需要心理支持的,在这种情况下,检察人员会要求侦查人员邀请或者自己邀请心理测试方面的专业人员实施心理测试。

由于检察人员比较明确心理测试结论的证据能力,他们通常将测试结论作为间接证据或者证据材料来使用,因此检察人员使用心理测试结论的问题不大。

(三)审判阶段的使用

进入审判阶段,使用心理测试结论的主要是审判人员。审判人员通过两种方式使用测试结论,即被动使用和主动使用。被动使用,是指审判人员利用侦查、起诉阶段的测试结论来甄别其他证据、认定案件事实;主动使用,是指审判人员自己邀请心理测试人实施测试,为案件审判服务。

审判人员主动使用心理测试结论往往是在不得已的情况下启动的,即审判人员感觉到确实不能发现其他支持审判的证据,而且待审案件是不能不作出裁定的案件。在此情形下，为了增强审判的可信性而启动了心理测试。在这种情况下，审判人员必须考虑心理测试结论与其他证据相矛盾时如何正确裁定的问题。

值得关注的是，随着2013年1月1日生效的《中华人民共和国刑事诉讼法》的实施，证据资格的宽泛、非法证据排除规则强调等诉讼制度的推进，法庭质证加强及其专家证人制度推进成为趋势。多道仪测试结论以心理测试鉴定意见的形成在法庭呈堂，鉴定人被要求出庭接受质证，将成为一种必然。因此，对心理测试结论的应用，不再会是送出去就了事，心理测试鉴定人可能面临出庭接受质证的要求。为此，心理测试鉴定人需要做好作为专家证人出庭的准备，回应关于心理测试意见的客观性、关联性、合法性等问题的质疑。

三、测试结论地位的认识

通过上述讨论可以发现，心理测试结论来源于相关反应和参照反应的比较，而且相关反应和参照反应都是建立在中性刺激诱导的基础反应之上的反应。所以，被测人的基本生理状况、测试期间的心理紧张水平并不影响测试结论。因此，担心心理素质的差异会影响心理测试结论是没有道理的。而且，实际使用的心理测试主要是系统化测试，是由至少5个独立且互补的主题构成的系统化测试，基本排除了随机性因素对系统化测试结论的影响，有相当的效度。

但是，心理测试只能检测出被测人是否具有犯罪心理信息（记忆），或者说是否了解案情，不能直接检测出其是否实施了犯罪行为。测试结论只能作为间接证据，作为证据链条的一个环节，与其他证据一同证明被测人是否有罪。因此，当将测试结论理解成被测人是否了解正在调查的刑事案件的案情时，心理测试结论完全可以作为刑事证据使用；而将测试结论理解成被测人是否是正在接受调查的刑事案件的犯罪嫌疑人时，心理测试绝对不可以作为刑事证据使用。

总之，理解心理测试的测试结论，了解测试结论的效度，不仅为正确使用心理测试的测试结论奠定了基础，而且还可以界定心理测试技术在刑事诉讼领域的应用范围。既不夸大其诉讼价值，也不贬低其诉讼价值，而应科学地利用其诉讼价值。这样，不仅有利于打击犯罪，维护公共安全，还可以保障刑事案件相关人员，特别是犯罪嫌疑人的权利，提高刑事诉讼效率，实现公正与效率的有机统一。

第二篇　微表情"测谎"解析

第一篇　斯末指指"刚柔"辨

引 言

"我们没时间让这个科学家盘问他了,我们套了他四个小时,啥都没套到。"

"FBI 知道,你想造成大规模伤亡,现在他们正在搜索州内最大两所黑人教堂的每个角落"(微表情:刹那间掠过几分喜悦),"FBI 弄错了,真令人震惊啊,不是这两所教堂。"

"你是想炸小点儿的教堂吧?在黑人聚集的郊区?"

"真不懂你在说什么?"(微表情:单边耸肩),"别回应!"

"那集中搜查洛顿市吧?你觉得行吗?"

科学识别"谎言"
——心理测试技术广角

（微表情：暗暗地表示不屑）

"就这个！洛顿市！搜索洛顿市的教堂。"

"这一指控毫无根据。"

"你啥意思，他刚告诉我了。"

ATF（酒烟火器爆破物品局）一小时后在洛顿市一所教堂的地下室内发现了管状炸弹。

这是 2009 年美国 FOX 发行热播的 *Lie to me* 一集中关于一起爆炸案犯罪调查的场景，莱特曼博士坐在制造爆炸案的嫌疑人面前，一句句地抛出关于炸弹放置地点的问题，而眼神却紧紧锁住嫌疑人的脸，从对稍纵即逝的微表情的辨识，来判断真正的炸弹藏匿地点。

以认知心理学大师保罗·埃克曼（Paul Ekman）及其微表情技术为原型的电视剧 *Lie to me*，让许多人在对"微表情"能识别人的真实内心倍感神奇的同时，也对其科学性将信将疑。

以下我们将循着国内外的研究足迹，来解析微表情"测谎"的奥秘。

第一编　微表情"测谎"概述

第一章　微表情"测谎"的国外研究成果

第一节　微表情"测谎"研究

表情是人类表达自身情感信息的重要非言语性行为,可视为人类心理活动的晴雨计。达尔文于1872年出版了著名的《人类和动物的表情》(*The Expression of Emotions in Man and Animals*),人类对面部表情的系统研究从此拉开了序幕。时至今日,人类对于面部表情的研究已经非常丰富,但关注的都是人的普通表情(Ekman & Rosenberg,2005)。然而,人除了有普通表情外,还存在两种常常难以被人觉察的表情:一种是弱表情(subtle-expression),其强度非常低;另一种是微表情(microexpression),其持续时间非常短(Ekman,2002)。由于微表情与撒谎的关系密切(Ekman,2003,2009;Ekman & Sullivan,2006),近年来备受科学界(如Schubert,2006)和新闻界(如Henig,2006)的关注。[①]

据称是Haggard和Isaacs(1966)率先发现微表情,认为微表情与自我(ego)防御机制有关,表达了被压抑的情绪。但他们的研究当时并未引起其他研究者的重视。因一个偶然的机会,Ekman和Friesen(1969)也独立地发现了微表情。Ekman由此开始了长达40多年的微表情研究,并成

[①] 吴奇、申寻兵、傅小兰:《微表情研究及其应用》,载《心理科学进展》2010年第9期,第1359~1368页。

为世界瞩目的"读脸人"。寻着 Ekman 的研究足迹,可见其阶段性研究成果。

一、微表情概念的提出

"微表情"这一概念最早由美国心理学家保罗·埃克曼(Ekman)[①]在1969年提出。

当时,一个名叫玛丽的重度抑郁症患者告诉主治医生,想要回家看看自己的剑兰和花猫。提出请求的时候,她显得神情愉悦而放松,不时地眯起眼睛微笑,摆出一副撒娇的模样。令人震惊的是,玛丽回家之后,尝试了3种方法自杀,结果未遂。事后,埃克曼将当时的视频反复播放,用慢镜头仔细检视,突然在两帧图像之间看到了一个稍纵即逝的表情,那是一个生动而又强烈的极度痛苦的表情,只持续了不到 1/15 秒。后来,埃克曼将其称为"微表情",并定义微表情是持续时间不足 1/5 秒的表情。

微表情与普通表情有所不同,它是一种非常快速的表情,因此,大多数人往往难以觉察到它的存在。Ekman 等认为,微表情既可能包含普通表情的全部肌肉动作,也可能只包含普通表情肌肉动作的一部分;它往往在人撒谎时出现,表达了人试图压抑与隐藏的真正情感;它是一种自发性的表情动作,表达了六大基本表情(惊讶、厌恶、愤怒、恐惧、悲伤、愉悦)。

二、微表情跨文化意义

1966 年,埃克曼开始进行一项由美国国防高级研究计划局提供经费的研究项目,工作的实际内容是找出那些带有地域文化特点的情绪和手势,即对跨文化的非语言行为进行研究。为了排除由于文化传播对研究

[①] 保罗·埃克曼:美国著名心理学家、全球首席识谎专家。1934 年出生于美国华盛顿。毕业于美国芝加哥大学和纽约大学,在加州大学旧金山分校的兰利波特精神病研究所临床实习一年;1958 年,获纽约市阿德菲大学博士学位;1958~1960 年,任职于新泽西州迪克斯堡美国陆军参谋部;1972 年,任加州大学旧金山分校心理学教授至 2004 年退休;1991 年,获美国心理学会颁发的杰出科学贡献奖,并被列入 20 世纪最有影响力的前 100 位心理学家名单。现居住在美国加州奥克兰市。埃克曼教授主要研究脸部表情识别、情绪与人际欺骗。他的主要著作还有《解密脸部:从脸部线索识别情绪的指导》(1975 年)、《说谎:发现商场上、婚姻里及政治中的欺诈》(1985 年)、《孩子为什么说谎》(1992 年)等。引自[美]保罗·埃克曼著:《情绪的解析》,杨旭译,南海出版公司 2008 年版。

对象辨识表情形态及其情绪意义的影响,埃克曼赶在原始部落还保持与世隔绝的状态下进入了新几内亚高地进行研究。

1967年,埃克曼在一年里前后观看的长达20万英尺的记载有原始部落人群面部表情的电影胶片中,没有发现一例他无法辨认的面部表情之后,他还通过让原住民辨认现代人表情和情绪、让美国的他的学生们辨认原住民的表情和情绪等交叉研究方法,最终得出其在微表情方面的研究成果之一:面部表情所要表达的情绪具有跨文化的普遍性,而手势等动作的意义在很大程度上取决于当地文化。

三、微表情量化方法

埃克曼从解剖学程度上计算出人脸上可能有1万多种表情,而其中的3000种具有情绪意义。在随后的8年里,埃克曼团队开始了用面部六块肌肉的运动来描述所有人类的情绪的探索。通过控制自己的面部肌肉来模仿各种面部表情,并加以识别和记录的方法,埃克曼绘制出一张人类情绪表现形式的"地图":他在人的脸上发现43种动作单元(其实除了这43种动作单元外还要算上没有任何肌肉运动的一个静止单元,即我们通常说的"面无表情"),每一种都由一块或者好几块肌肉的运动构成,各种动作单元之间可以自由组合。最后他将人类的基本情绪分为快乐、悲伤、厌恶、轻蔑、惊讶和恐惧。

凭借极大的毅力和众人的支持,1978年,埃克曼完成了一套研究脸部运动的工具——脸部运动编码系统(FACS),成功地将面部肌肉运动与表达的情绪——匹配起来,并公布于众,至今,已经被全世界数百名科学家应用于脸部运动的研究。

四、微表情应用研究

在随后的30多年里,埃克曼将自己的主要研究方向转向了人际欺骗的领域。

通过自我训练(反复观看一些案例的录像,并找出这些难以掩饰的自动化表情背后的意义来训练自己的识别能力),基于自己对情绪和表情的深厚研究基础,埃克曼能够很好地辨认出撒谎者。他称这些透露本人真实意愿的表情为"微表情"。

埃克曼坚信脸是诚实的,而且一个人的脸经常可以把一个人的心情状况表现出来,人不能有意识地压抑自己的脸部表情。

在联邦调查局工作期间,埃克曼对警察、法官、消防队员等各类被认为具有判断力的职业进行调查,结果发现他们当中的绝大多数并没有表现出极高的判断力。埃克曼认为这表明人们急需情绪识别方面的知识,帮助他们避免误解并获得更好的生活。在随后的10年里,埃克曼帮助美国政府训练了大量负责安全事务的官员,教会他们如何从飞机乘客的脸上认出其中居心不良的人。从那之后,埃克曼的名字开始在各大报纸和刊物上出现,他的文章总是那么贴合实际的需要,他不仅仅是在教授人们识别情绪的技巧,更是在教人们如何更好地生活。

埃克曼自己也言称:因为研究说谎,我有机会与法官、警察、律师、FBI(联邦调查局)、CIA(中央情报局)、ATF(酒精、烟草与枪支管理局)以及其他国家类似机构的人员进行接触。我向他们传授经验,教他们如何更有效地判断一个人是否在说谎。这项工作也为我提供了普通研究者得不到的机会,即对侦探、暗杀者、挪用公款者、杀人犯、外国领导人等的面部表情进行研究。①

五、微表情学习训练工具

2002年,微表情识别领域取得了重大进展,埃克曼研制出第一个微表情训练工具(Micro Expression Training Tool,METT)。该工具包含前测(pretest)、训练(training)、练习(practice)、复习(review)与后测(posttest)五个部分。其前测程序测量未受训练情况下人的微表情识别能力。其训练、练习与复习三个部分构成METT的训练程序:在训练部分,埃克曼用视频方式讲授识别微表情的要点;在练习部分,被试练习使用在训练部分学习到的技巧对微表情进行识别;在复习部分,被试进一步巩固学习到的技巧。后测程序使用了与前测不同的数据集,以测量被试接受训练后的微

---

① [美]保罗·埃克曼著:《情绪的解析》,杨旭译,南海出版公司2008年版,第22页。

表情识别能力。前测成绩和后测成绩的差异,反映了被试微表情识别能力的变化。

对于 METT 的训练效果,有人述评为①:METT 提供的训练程序能在 1.5 小时内提高人识别微表情的能力（Ekman, 2002）,后测的成绩能较前测平均提高 30%～40%（Ekman, 2009）。由于人往往难以觉察到微表情的存在,所以微表情识别的研究都可能会出现"地板效应"。而 METT 能提高人对微表情的识别能力,从而有效地避免研究中的地板效应,使各种微表情识别研究具有了一定的可行性。但是,METT 的训练效果维持的时间长短目前还不得而知。

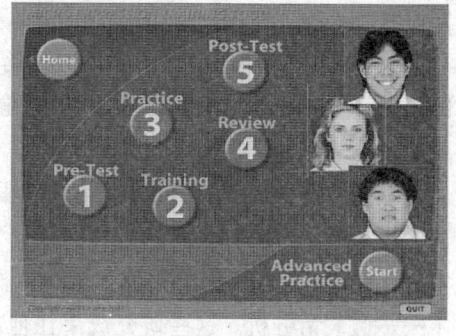

2010 年姜振宇②译发了一段埃克曼受访时谈及 METT 应用的谈话:(讲述者:保罗·埃克曼)我把自己看作直觉的敌人,因为多数时候,我们的直觉是错误的。有时我们不想知道真相。我们情愿相信谎言。有时候,发现真相要付出很高的代价。但是,能够识破隐藏的情绪会很有用。我教会人们更好地了解情绪,更有效地分辨真相、谎言和欺骗。我的"微表情训练工具"（METT）被国家安全部门和执法机构用于侦查可疑行为。去年（2009 年）,我们在美国交通安全管理局（TSA）培训了 1000 人。我教他们留意"微表情"——转瞬即逝但会泄露人们可能想要隐藏的愤怒或恐惧等情绪的面部表情。通过微表情的识别帮助发现试图登上飞机的恐怖分子,这可能会挽救人们的生命。METT 是在我 30 年前创建的"面部活动编

---

① 吴奇、申寻兵、傅小兰:《微表情研究及其应用》,载《心理科学进展》2010 年第 9 期,第 1361 页。

② 姜振宇:《美国微表情学者 Paul Ekman 访谈》,http://meag.cnl.edu.cn/basic-knowledge/109/。

码系统"基础上形成的。在那套系统问世之前,还没有衡量面部活动的方法,甚至也没有词汇用于区分各种表情。创建这套系统花了8年时间。我们研究了人脸能做的一切动作,结论是人类能做出1万种不同的表情。只有大约3000种与情感有关。在任何一场谈话中,很少能看到100种以上的表情。除非是天生的,否则人们很难隐藏情绪。(采访者:约翰·奥康纳)

综上所述,埃克曼在辨识情绪及欺骗领域几十年的研究,从发现、提出微表情,到研发面部动作编码系统、开发学习训练工具,进行人际欺骗实证研究,撰写了10余部著作和100多篇论文,创建了一门心理学应用技术——微表情分析。这些研究成果让他成为世界最知名的心理学专家,联邦调查局、中情局的顾问,大众仰慕的"读脸者"。2009年,美国FOX以他为人物原型拍摄的 Lie to me 在美国收视群体超过3000万。

在《你不知晓的20世纪最杰出的心理学家》一书中,以"埃克曼:'面部表情'与大师的升华之道"为题,将其收入"认知心理学大师"栏目,这是对他几十年潜心研究的肯定。

第二节 多道仪测试中的微表情应用

多道仪测试技术是通过收集人的生理指标变化信息识别谎言的技术,但它并不排斥包含微表情"测谎"在内的察言观色方法。里德的"综合反应评定法"中的"行为分析"[1]就是其代表。

早在1942年,美国的里德就开始系统地记录所有在芝加哥警察局犯罪侦查科学实验室接受测谎审查的犯罪嫌疑人的行为表征。在研究过程中,他比较了行为表征和多道仪测试结果。由于多道仪测试仪记录了提问过程中的生理变化,而行为特征是伴随这些生理变化的表象,所以在多道仪测试结果和犯罪嫌疑人的语言及非语言行为反应之间有可能存在某种对应关系。里德在测试之前的询问、测试中以及测试之后的讯问中,都

---

[1] 陈兴乐主编:《司法心理生理测试技术教程》,中国人民公安大学出版社2008年版,第126~127页。

记下了犯罪嫌疑人的行为反应情况。当多道仪测试结果得到有罪证据或无罪证据的证实时,他就对这些结果和观察到的犯罪嫌疑人的行为表征进行比较。在汇集了经过核实的案例和多道仪测试对象表现出来的行为表征的分析数据之后,人们极受鼓舞地发现,大多数被核实为诚实者的犯罪嫌疑人也由多道仪测试人员在多道仪测试前询问中作出了相同的判断,而且有相当数量被核实为撒谎的犯罪嫌疑人被心理测试人员断定为说谎人,有些甚至是在进行多道仪测试之前。因此,里德的多道仪测试理论提出,多道仪测试人员作出的判断不仅仅通过生理记录而且还要通过事实分析和行为分析。

"事实分析",是指通过评估犯罪嫌疑人的犯罪机会、手段、动机、心理社会背景以及物证和环境证据,判断其诚实的程度。研究表明,与未受过事实分析训练的大学生相比,受过训练的多道仪测试人员基于事实分析来判断犯罪嫌疑人诚实与否的准确率很高。

"行为分析",包括评估测试过程中犯罪嫌疑人的言语和非言语行为。与事实分析相似,研究表明,受过训练的多道仪测试人员在行为分析的基础上能够对犯罪嫌疑人的诚实程度进行有效的判断。

里德认为,在判断犯罪嫌疑人诚实与否的过程中辅以事实分析和行为分析,能够提高多道仪测试人员判断的准确率,防止出现误判。这种方法通常称作综合测谎法。表 2.1.1－1 描述了事实分析、行为分析和图谱分析结果的不同组合及判断结论。

表 2.1.1－1　里德综合反应评定

事实分析	行为分析	图谱分析	结　论
诚实	诚实	诚实	诚实
说谎	说谎	说谎	说谎
诚实	诚实	说谎	无结论
说谎	说谎	诚实	诚实

如上表所示,综合评定不是用来推翻图谱结论的,而是促使多道仪测

试人员对多道仪测试结果的准确性提出质疑。多道仪测试人员必须承认心理测试技术可能出现的错误。综合评定法要求多道仪测试人员能够确定测试结果的准确性在90%~95%之间。当所有评估结果一致时,其准确率在统计上比任何一个单独的测试结果都要高;当评估结果不一致时,多道仪测试人员可能无法下结论,或者要采用一定的方法来解决这一矛盾,包括向侦查人员获取另外的调查信息、再次评估犯罪嫌疑人的行为、使用特殊的测试或在对犯罪嫌疑人的再次测试时采用额外或不同的测试问题等。

虽然业界曾有"他在对说谎特异反应的追求过程中,将'特异反应'大大延伸到了测试之外,有淡化(仪器)测试功能,转而去依靠测试外因素决定被测人测试结果的强烈倾向"的评说,[1]但里德的综合反应评定法对现今的多道仪测试技术仍然具有极大的启迪和借鉴作用。

---

[1] 陈云林、孙力斌等著:《现代心理测试技术导论》,知识出版社2005年版,第8页。

第二章 微表情"测谎"的国内研究概况

第一节 多道仪测试中的微表情应用

在国人对微表情尚无明确概念的时候,多道仪测试在中国30余年的应用发展中,却一直都包含着微表情分析技术的运用实践。只不过,或称其为行为观察"测谎",或称其为非言语行为"测谎"。对它的应用意义与要点已经有了一定的认识。

一、行为观察"测谎"

国内有学者以"行为观察"为视角,并从言语反应、非言语反应及其激发嫌疑人行为反应的技巧等方面入手,构建行为观察测谎的理论及其应用框架。[1]

采用的行为观察法,即行为特征分析,是指通过对受测人在谈话和测试中表现出来的言语和非言语行为特征的观察、分析,来辅助诊断其是否撒谎欺骗,是否涉案犯罪的方法、技术和活动。

言语反应,包括声音语言和作为替代语言的动作,如用点头表示"是"或用摇头表示"不是"。此外,言语反应的范畴还包括诸如语调、语速、音高和吐字清晰度等语音特征。语言行为的心理学原理表明,一个正常社会化的人不会乐于说谎;欺骗引发的内心冲突会使人焦虑和紧张。细心的侦查人员可以从嫌疑人回答问题时的言语反应特征发现其是否欺骗。根据观察经验,无辜嫌疑人和有罪嫌疑人有如下主要的言语特征区别:①陈述的态度;②对提问的回答;③对犯罪的否认;④对刺激性语言的反应;⑤记忆清晰程度;⑥口齿、声音;⑦对指控的反应;⑧紧张情绪;⑨愤怒情绪,等等。

非言语行为,是指利用非言语交流符号进行交流的行为,包括与说话

---

[1] 陈兴乐主编:《司法心理生理测试技术教程》,中国人民公安大学出版社2008年版,第126~133页。

者言语行为与行为相伴而产生的身体姿势、手和腿的动作、目光接触、脸部表情以及副语言行为。

非言语行为同言语行为相比具有以下特点:第一,在言语与非言语行为结合在一起时,由于言语行为比非言语行为更容易控制,故非言语行为更能准确地反映说话者真正的思想感情。第二,非言语行为要比言语行为传递的信息多得多。国外的一些研究表明,在人们的日常交际中,35%的信息是由言语传递的,其余65%的信息则是由非言语传递的。

非言语行为的内在动机是减轻内心的焦虑和不安。因此,细心观察受测人的非言语行为反应,往往能更准确地把握受测人的真实心理。

观察受测人的非言语行为反应可注意以下几个方面:①目光接触程度;②身体姿势;③身体动作(躲避性动作、掩饰性动作、挑衅性动作);④面部表情;⑤有罪嫌疑人在极度紧张时出现的几种特征(面色苍白,随后变红;出汗异常;口干舌燥;不由自主的运动和肌肉痉挛、抽搐;说话结巴、口吃)等。

激发嫌疑人行为反应的技巧,在于采用一些特殊的发问方式。

评断行为反应应当掌握的原则包括综合评断原则、自己比自己原则、一贯性原则、适时性原则、个性化原则等。

需要强调的是,多道仪测试人员必须注意正确认识行为特征观察法的作用和意义,既不能忽视行为特征观察,完全否定它在谎言识别中的作用,又不能过分夸大它的作用。行为观察绝不能代替生理测试,只能作为生理测试的补充和辅助,做结论仍应以生理反应图谱为主。当行为观察与图谱结果一致时,可以增强结论的信心。当行为观察和图谱表现不一致时,应具体分析,试图找出原因,进一步收集信息解决矛盾,使结论更加可靠。

二、非言语行为"测谎"

还有学者以"非言语行为"为视角,从反应性行为(包括副语言行为、头部反应)和动作(包括无意控制的动作、有意控制的动作)的识别入手,构建"非言语行为""测谎"的理论及其应用框架。①其非言语行为识别线索框架、各部位非言语行为特征及其意义识别概要见本篇第二编第一章第三节"非言语行为"（表2.2.1-9至表2.2.1-13）。

第二节 微表情"测谎"研究

2009年以来，随着以埃克曼为原型的 *Lie to me* 的热播，微表情在国内也广受追捧。在大众粉丝从中获取"读脸神术"聊以自慰的同时，业界同行则更为关注微表情在中国的研究应用意义，并从多角度开始了探索。

一、基础研究

以自动微表情识别系统研发为导向的基础研究，是中国社会科学院心理研究所傅小兰领军的课题组的主要研究领域。

傅小兰课题组有着这样的研究轨迹：2009年9月，开始研究微表情与人的情绪机制、无意识状态之间的关系。2011年3月，启动"面向自动谎言识别的微表情表达研究"项目。2011年3月，从北京招募了24名大学生志愿者，作为微表情实验的受试对象，验证经过强化训练的志愿者，能否提高对于微表情的辨识率。2013年3月8日，发布微表情数据库CASME。

在2011年3月启动"面向自动谎言识别的微表情表达研究"项目时阐述道：②微表情是一种非常快速的表情，持续时间仅为1/25秒至1/5秒，大多数人往往难以觉察到它的存在。利用微表情进行自动谎言识别在众多领域都具有巨大的应用价值。该项目将综合使用计算机视觉技术与认知心理学实验研究方法，研发自动微表情识别系统，探究微表情表达的基本特点及主要影响因素，为微表情的实际应用奠定基础。该项目拟自主研发的微表情自动识别系统，在科研、临床、司法、反恐等领域都将有重要的应用价值；该项目获得的心理学实验研究成果也将深化对微表情

---

① 付有志、刘猜著：《破解测谎的密码——心理生理检测在探案中的应用》，中国人民公安大学出版社2006年版，第253～276页。

② 吴奇、申寻兵，参见 http://www.psych.ac.cn/xwzx/zhxw/201103/t20110321_3091102.html。

本质的认识，为研制基于微表情的自动谎言识别系统提供心理学依据。

在 2013 年 3 月 8 日发布微表情数据库 CASME[2013-03-08] 时阐述道：[1]微表情被认为能够反映个体的真实情绪，它无法控制，是识别谎言的重要线索，同时也是研究人类情绪表达特点的重要窗口。微表情数据库能够为计算机算法提供训练和测试的样本，也能为心理学研究提供素材。目前公开发表的微表情数据库非常少，为了方便学术沟通和交流，我们公开发布自己的数据库。本数据库中的微表情共 195 个，全部是在实验室情境下诱发得到的，视频的频率是每秒 60 帧。我们对这些微表情进行了 AU 编码，并标定了情绪（因为微表情的特殊性，情绪标定仅供参考）。

二、应用研究

以司法实践及人际欺骗为导向的微反应应用研究，是中国政法大学姜振宇领军的心理应激微反应研究小组的主要研究领域。

姜振宇研究小组，有着这样的研究轨迹：

2008 年下半年，搜索到埃克曼其人及其微表情研究成果，"终于找到了一辈子当中第一次的科研生理快感"，开始特别明晰地朝着"微表情和微反应"方向使劲。

2010 年 3 月，姜振宇向社会公开宣布其在研究微表情，并参与一些社会公共事务的讨论，一旦社会上出现伪分析，他便针锋相对地给出一个特别全面的微反应分析报告。

2011 年 3 月，姜振宇研究小组开始与司法实践部门合作，可以稳定地看案件同步录音录像。

2011 年 5 月底，姜振宇成为江苏卫视《非常了得》节目专家嘉宾，参与更多的司法实践协作研究，以专家的身份参与案情分析，成为公众眼里的"微表情专家"。

概要姜振宇的研究成果，有以下几个特点[2]：

---

[1] 中国科学院心理研究所微表情数据库 CASME，http://fu.psych.ac.cn/CASME/casme.php。

[2] 姜振宇著：《微反应、微表情丛书》，凤凰出版社 2011 年版。

(一)首提"微反应"

姜振宇提出了"微反应"的概念。认为"微反应"的全称是心理应激微反应。它指的是人们在受到有效刺激的一刹那,不由自主地表现出来的不受思维控制的瞬间真实反应。[①] 这个瞬间真实反应,如果是身体的小动作,就是肢体微反应,又称微动作,是狭义的微反应;如果是脸部细微表情变化,就是面部微反应,又称微表情;如果是语言信息本身,包括使用的词汇、语法以及声音特征,就是语言微反应,又称微语义。对"微反应"的研究包含面部表情、身体姿态和副语言行为,提出"微反应"而不提"微表情"是为了更强调刺激后的情绪反应。

(二)归整"微线索"

搜寻遍布全身的心理线索,并加以归类整理,是姜振宇微反应研究的一项成果。

将可观察到的脸部变化与微表情类型加以匹配,分惊讶、厌恶、愤怒、恐惧、悲伤、愉悦、复杂情绪七种类型,归整面部微表情线索。相关内容参见本篇第二编第一章第一节"面部微表情"(表2.2.1-1至表2.2.1-7)中"基本情绪类型"与"可观察到的脸部变化"栏目。

将可观察到的小动作与微反应类型加以匹配,以冻结反应、安慰反应、逃离反应、仰视反应、爱恨反应、领地反应、战斗反应、胜败反应八种类型,归整微反应线索。相关内容参见本篇第二编第一章第二节"身体微反应"(表2.2.1-8)。

(三)践行"微理论"

经过多年的探索,姜振宇还摸索、总结出了"以FACS为蓝本的表情形态自主创建性研究"、"测试标准流程和方法"、"设计题目的规范和方法"等原创性的研究成果,并在应用实践中加以检验。

自2011年3月开始与司法实践部门合作以来,姜振宇应邀相继将微反应技术用于公安、检察、安全、纪检等部门协作办案。2012年8月20日,北京

[①] 姜振宇著:《微反应——小动作背后隐藏着什么?》,凤凰出版社2011年版,第4~6页。

市昌平人民检察院发出通报称,该院反贪局与姜振宇团队在经过一年多时间的合作后,在微反应实证研究方面取得"阶段性成果"①,姜振宇以其久经历练的"鹰眼"捕获到涉贪者"慌乱的眼神"及涉贿者"异常的表情"。

姜振宇解释道,他跟司法机关的合作分两大类:一类是与检察系统的合作,主要是谈话方法掌控或者说情绪掌控,目的不在于辨真伪。这项工作刚刚起步,用微反应的理论体系克服预审里面的难题,还没有太多的案例支撑。另一类是与公安系统的合作,主要是跟心理测试仪匹配的工作。工作模式是先谈话,然后他给出分析结果,主要是嫌疑度的排名。目前,这项工作已经达到了稳定的水准。

自2011年5月底成为江苏卫视《非常了得》节目专家嘉宾以来,他参与了数百起主题表述真伪的协助判断。虽然也有错误,也有专家涉足大众娱乐的质疑,但姜振宇说,通过节目,我能直面全国多类人员的微反应表现,这是一个检验微反应理论应用的极好素材。

据了解,自20世纪70年代起,美国就开始将微反应理论应用于办案实践。但并未披露与案情侦查相关的内容。姜振宇参与国内司法办案却有案可查,据此,有人称姜振宇为"微反应研究第一人"。

三、传播研究

以培养人才为导向的微表情技术传播研究,是笔者多年来的研究方向。

笔者自2007年至2008年赴中国人民公安大学访问学习犯罪心理测试技术,接触到观察分析"测谎"技术,随即研修了国内外大量微表情应用研究成果,感觉微表情分析技术不仅能用于多道仪测试、司法实践之询问、讯问等,还能帮助人们通过识别他人的微表情来了解其真实的内心(认知和情绪),以提高情感智慧,增进人际敏感,促进人际关系。于是,向学生及司法实践部门传播微表情技术,成为笔者在微表情技术领域的工作方向。为此,笔者数年来在以下几方面潜心耕作:

---

① 胡庆波、李云虹:《读脸者姜振宇——心理应激微反应试水侦查实践》,载《法律与生活》2012年第11期,第14~22页。

(一)课程建设与教学实践

以应用型人才培养为目标,以学习理论、掌握技能、学以致用为原则,以国内外研究成果为资源,创立"三三五式"实训教学模式,组织实施课程教学。"三三五式"实训教学模式即课程内容组织,包含理论概要、案例教学、操作训练三个部分;教学过程安排,分为前段概要、中段观摩、后段动手三个环节;教学手段采用(教师)讲授演示、(视频)案例观摩、(互动)应用评析、(学生)角色扮演、(学生)网络自习五种方式,凸显参与式实训教学的特色。

2008~2013年,在为上海政法学院学生开设的"犯罪心理测试技术与应用"(全校公共选修课)、"犯罪心理测试技术:理论与实践"(民警班必修课;监狱学及刑事司法专业选修课)等课程中,面向上海政法学院刑事司法、监狱学、社区矫正专业以及其他各类专业,计16期对1500余名学生传授了微表情技术,共30学时,15讲。

2013年,为上海市西南片区19所高校开设暑期辅修课程"心理测试技术(微表情识别)应用",将教学过程设计为四个板块:理论概要(知识点解析)、应用评析(*Lie to me* 案例观摩评析)、情境识别(《非常了得》案例观摩评析)、角色扮演(真真假假——主题表述辨析),以30学时、8讲的授课方式,集中讲授微表情技术。

此外,自2008年以来,还在全国公安、检察、安全、司法等多种类型的在职干部专业培训中,传授微表情技术。

(二)教学资源建设与应用

在2007年多道仪测试实训室建设的基础上,2012~2013年争取到中央财政支持地方高校专项资金支持项目"微表情分析心理测试实训室"项目建设,在学校多方支持下,参照 *Lie to me* 中美国FBI及青岛公安局微表情观察分析室的样式,自行设计建造了包括一套四面单向可视的玻璃操作房、声视频同步传播、可供百人观摩教学的微表情分析实训教室,并及时投入应用。

2009年至2010年年底,在校级重点课程建设过程中,建成了课程网

科学识别"谎言"
——心理测试技术广角

站并投入使用,设有课程全部讲次的电子教案,教案中有每讲知识点PPT、教学案例视频、学生互动与角色扮演录像等多媒体教学资源,均可点击在线播放或下载学习。该课程网站平均每天都有数百名学生点击(即使在假期),点击率居学校课程网站首位。

(三)践行理论以丰富教学

践行微表情理论,验证国内外研究成果,积累微表情识别的应用能力,以丰富教学内容,是传播者当然的责任。

有一则多道仪测试的实战案例,一直以来成为激励笔者传播"读脸术"的动力。那是一位多道仪心理测试的专家谈起的多年前办过的一个不成功的案件。那是一起内盗案,10名嫌疑人,通过测前谈话,锁定了一名重点嫌疑人,经过仪器测试及测后谈话,被测人仍然没有口供,案件也没有结论。之后,因为再度发案,通过监控录像发现了当时10名嫌疑人之中的另一人,随后其也招供了前案的作案事实。回放当时的录像,在近10分钟的视频回放中发现,当时被锁定为重点嫌疑人的微表情是:神情抑郁,面露哀伤,时而抹泪;而真正的作案人的微表情是:石头脸,肢体绷紧,冷眼直视与视线回避交错,屏息与深呼吸交替,嘴唇紧闭。这个案例给笔者的启示是:如果能多一个视角(微表情识别),至少可能不会错过可供辨识言词真实及真实情绪的有用线索。

一次,遇见一位几年前送发新婚喜糖的朋友,一种直觉促使不禁在随意聊天中间歇、偶然地发问:"小俩口过得怎样啊?""你准备丁克到底呀?"眼睛却没放过对方的微表情:在眼球快速外转后说出的"还行!"及猛然站起身、一阵飞快地眨眼之后说出的"就算是吧!"从中判定对方的婚姻出了问题并得到证实。事后回应当事人"你怎么看出来的?"的询问,"是你的眼睛告诉了我!"依据的是"高频次眨眼往往表示内心陷入矛盾中,或处于选择关头。在回答问题前有此反应,说明是在选择回答内容"的微表情理论。

在课余为师生进行心理咨询时,这一技术更是常用。借助"察言"与"观色"之微表情识别技术,能辅助准确判断来访者的真实内心,找准助人自助的切入点,帮助来访者认识并解决了许多心理困扰。

(四)传播效果及学生反馈

微表情识别技术的教学及应用实践,极大地激发了学生的专业兴趣和对专业的热爱,也帮助他们提升了情感智慧。不少公安、检察、安全、司法等系统的在职干部也认为,微表情分析技术在司法实践中极具应用价值。

2013年3月4日,解放日报以《透过微表情,她的目光直指人心——犯罪心理测试专家范海鹰向学生和公检法一线人员传授"读脸术"》为题,报道了该报记者随课采访的纪实;[1]很多学生也在"课程心得"(表2.1.2-1至表2.1.2-2)里讲述了自己微表情学以致用的感悟。

---

[1] 彭德倩:《透过微表情,她的目光直指人心——犯罪心理测试专家范海鹰向学生和公检法一线人员传授"读脸术"》,载《解放日报》2013年3月4日第7版。

科学识别"谎言"
——心理测试技术广角

表 2.1.2-1　学生课程心得(上海政法学院)

> 　　在大一、大二期间就经常听同学说起我校有一门"犯罪心理测试"课程非常受欢迎,然而由于我自己排课的原因,一直到大三才修读了范海鹰老师的犯罪心理测试与应用,当真是百闻不如一见。
> 　　一教二楼心理实验室虽然比不上信教来得宽敞,但是非常有上课的氛围。当第一次在心理实验室看案例时,老师将教室的全部灯光熄灭,瞬间陷入黑暗的我们有不同程度的惊吓与小小的兴奋。在这一刻,我真正体会到范海鹰老师教学方式的特有魅力,能让我感觉到老师与我们的距离非常接近。这里所谓的接近当然不是指物理距离上的接近,而是内心感受上的触碰。范海鹰老师非常具有亲和力,加上她不拘泥于形式的上课风格,让我每一节课都能全身心投入——虽然没勇气做到上课主动发言,但也能做到积极思考。
> 　　这节课最大的特点就是实践性强。第一次进入心理实验室,老师就给了我们一次角色扮演的机会,4个盗窃嫌疑人以及众多的警官。这一次的角色扮演生动地把我们正式引入了犯罪心理测试的殿堂,然而让我感悟最深的并不是心理测试技术,而是盗窃嫌疑人的面部表情以及细微的身体动作,一些有意无意的小动作会出卖当事人的心理——就好像当天唯一的女嫌疑人从头到尾一直在微笑,心理测试仪测出的数据也非常平稳,但我注意到她在被测时一直做一些细微的小动作试图影响测试结果,这一点让我关注到她,结果显示她就是"盗窃者"之一。也因此,我迷上了老师推荐的美剧 *Lie to me*,课后自己观看的同时,经过老师上课时案例分析的训练,我增长了很多此类知识,如真笑时眼角会有皱纹,真正的吃惊应该是转瞬即逝的,说话时单肩耸动,表示对所说的话极不自信,是说谎的表现等。我相信即使犯罪心理测试与应用这门课结课后,我依然会继续对非语言行为的特征及象征意义进行研究的。(12-13秋　夏秋娇)

表 2.1.2-2　学生课程心得节选

> 　　(上海戏剧学院　翟某):非常荣幸也非常开心能够有机会上由范老师主讲的"微表情识别——心理测试技术应用"这门课程。在这短暂的学习中,感觉又给我的世界开了另一扇门,因为让我有兴趣并且敢于用一种独特的角度看待这个世界,看待身边的人和物。
> 　　(上海工程技术大学　万某):神奇,从第一天上课到经过八天的训练,这两

续表

个字依然是我对这门学科的感觉。从罪犯甄别到人际交往,从各国政要疑云重重,到社会名流八卦逸事,无所不包,无处不在。而它的神奇之处不仅在于包罗万象,还在于它的不可控性,如总统、议员之类的关键人物应该也受过这方面的培训,但还是会有破绽被敏感之人发现,可见其神奇有趣之处。

通过这门课的学习,感觉收获颇多。例如,学习到的一些很有效的沟通技巧:即使没有相同经历,但与对方在情感上的通感,在心理干预方面仍然有巨大的作用。又如,课堂上观看的 *Lie to me* 中对那位失去女儿的心理医生在湖边的危急时刻的处理,以及范老师之前列举的,与那名不愿去学校的学生从敌对到乐于沟通的心理咨询案例,都说明了当我们通过微表情识别,从事情表面看到别人真正希望我们理解的事情时,谈话才有可能进行。

还有就是在观看《非常了得》和角色扮演时发现,通常对于个人经历的描写细节越多越能让人信服,但在一些特殊情况下(如突发的、慌乱情况下),细节不会在脑海里存在许多,如大地震(采访时多数反应:剧烈晃动)、韩亚航空事件(采访时:爆炸、巨响、着火,都是大词)中被采访者的描述都是非常感性的对外界刺激源的总体印象。

而在鉴别经历方面,由于现代人注重装扮,人的打扮可以反映一部分的信息。但在看过《非常了得》后发现,在一些情况下,人们可能会在服装上刻意给他人营造假象,但就我个人观察发现(可能跟我的专业是服装设计有关系),或许跟有些选手没有考虑到造型的完整性有关,有些人即使在服装上刻意,但对头发或者说发型的忽略还是会反映一些真实生活状态。

再谈一下我认为能学好这门学科所需要学习和具备的因素,包括微表情掌握的熟练度,敏锐的观察能力,知识面广泛,逻辑能力强,生活经验丰富等。这些因人而异的要素就要靠自己课外培养了。还有一点我印象比较深刻,就是当范老师谈及她和两名新疆学生的师生情义时说的也许是她没有什么好隐藏的性格吸引了学生。我想做一个正直、真挚的人也应该是能够拥有鉴别慧眼的因素之一吧。

(上海戏剧学院 彭某):学习了这门课程后,感觉自己心智又提升了一层。以前从未接受过心理学方面的系统学习,更不知道还有微表情这个概念。通过这次对微表情的学习,我开始学会深入观察,在与人的交往中只听其言是不足以了解他人的,甚至完全被语言所蒙蔽;而当我知道通过对别人微表情的识别

续表

能够透析其内心,我体会到人类的情绪真是复杂,人类最直接、最真实的表达原来并不是后造的语言,而是与生俱来的最本质的生理反应。所以不要以为语言可以掩盖真相,真诚待人、坦诚做人才是真理。

(上海大学　潘某):课程结构很有意思,理论、讨论、实践,尤其是实践这块,真的是很少有课程会把实践这一块放进教学中还占了这么大的比例,而且课上课下师生间的、同学间的互动都很丰富,这真的是国内课堂很稀奇的了。我还第一次体会了"角色扮演",一点一点试着通过对方的表情、动作、语调来探索真相。说来,这招我也私下里对某些人用了,收效不错,至少我想知道的都十有八九弄明白了。再有,同学们很不一样,都来自不同的学校,学习不同的专业,有着各自的所长所精,循着各自的思维方式,在交流的碰撞中让我看到学到了很多新的东西。那天回家激动地发了条微博:上了第一节课好开心,大热天跑一趟值了。

(上海交通大学医学院　曹某):短短几天的上课时间,我对微表情的认识就有了天翻地覆的变化。相同的刺激源,不同的对象,会有不一样的反应。学习过程中,老师提到了一个"基线"的概念,每个人都是在自己行为习惯的基础上有所不同。这就是切切实实地告诉了我们,微表情的运用,是一个需要长期积累才能达到游刃有余的过程。坊间流传的测谎锦囊不一定是正确的。学习微表情是一个轻松愉快的过程,学习的课程虽然结束了,但学习的脚步将不会停歇。未来的学习的大课堂会有更多实践作用在我的身上,微表情的课堂,给我的生命留下了深刻的印记。

(上海中医药大学　戴某):在上课期间,我在校游泳馆打工,遇上了一件事,让我觉得很有意思。我校游泳馆规定学生可凭学生证免费游泳,于是总有那么几个人借来别人的学生证冒充。有一个女生,我们怀疑她冒用他人证件,便询问她姓名、专业、学号、身份证号码等,在此过程中,我发现(以前我从未认真观察过)她很有趣地开始做一些不经意的微动作,如抓肩膀、挠脖子、上眼睑快速眨动几下等,于是再三询问,她便承认此非自己的证件。其实,我觉得当所有反应结合在一起才能真正读懂一个人是否在说谎,而说谎又是一门很大的学问。这短短的几次课,教给我最多的是如何去观察一个人,我了解并学到了一种读懂甚至看穿谎言的技术。

第三章 微表情"测谎"的内涵及其应用

上述国内外的研究应用成果对帮助我们认识微表情"测谎"的基本含义、作用原理、应用领域及其学习运用方法提供了丰富的内容。并告诉我们,解析微表情"测谎"的奥秘,要从了解正常表情及其形态、原理、功能意义入手,因为,微表情指的是正常表情的微观形态,而非独立于正常表情之外的其他东西。

第一节 表情及其意义

一、表情的定义

表情是什么?

《现代汉语词典》(商务印书馆,1993)对表情的定义是:①从面部或姿态的变化上表达内心的思想感情。②表现在面部或姿态上的思想感情。

达尔文著《人类和动物的表情》的汉译者周邦立,在1958年的"汉译者前言"里写道:这本书的书名里的一个译名"表情"(Expression of emotions)也有译做"情绪表达"或者"面目表情"等,但是通常所谓面目表情(或者面部表情)的意义,偏于舞台上的表情,就是英名 mimic;在这本书里所指的表情,则是种种情绪的表达,含有连动物也在内的各种表情动作、姿态和叫声等在内,所以要对它作广义的看法;译者为了简便和依从习惯起见,而把它译成了"表情"。①

据此,表情的内涵是情绪的表达形式;外延则不仅包含面部表情,还包括身体姿态和副语言行为。

二、表情的形态

表情是情绪的表达形式,情绪的内涵则决定了表情的形态。

情绪是什么?表情表达的人类情绪有哪些形态?

---

① [英]达尔文著:《人类和动物的表情》,周邦立译,北京大学出版社2009年版,第2页。

《现代汉语词典》(商务印书馆,1993)对情绪的定义是:①人从事某种活动时产生的兴奋心理状态。②指不愉快的情感。对情感的定义是:对外界刺激肯定或否定的心理反应,如喜欢、愤怒、悲伤、恐惧、爱慕、厌恶等。

现代心理学认为,情绪和情感是人对客观外界事物的态度体验,是人脑对客观外界事物与主体需要之间关系的反映。情绪指的是感情反映的过程,如喜、怒、忧、思、悲、恐、惊;情感则被用来描述具有深刻而稳定的社会意义的感情,如爱、恨、情、仇。二者指的是同一的过程和同一的现象,只是分别强调了同一心理现象的两个不同方面。情绪和情感是以人的需要为中介的一种心理活动,它反映的是客观外界事物与主体需要之间的关系。有两种走向:外界事物符合主体需要,引起积极的情绪体验;外界事物不符合主体需要,引起消极的情绪体验。

达尔文根据表情特征把人类的情绪大致分为:痛苦、悲哀(忧虑)、快乐(爱情、崇拜)、不快(默想)、愤怒(憎恨)、厌恶(鄙视、轻蔑)、惊奇和害羞。当代心理学家认为,人类的情绪分为基本情绪和次级情绪。基本情绪有五种,即快乐、悲伤、愤怒、恐惧和厌恶,它们分别对应于特定的躯体状态。次级情绪是上述五种基本情绪的细微变体,如欣喜和惊喜是快乐的变体;忧郁和惆怅是悲伤的变体;惊慌、害怕与焦虑是恐惧的变体;憎恨是愤怒的变体;鄙视和轻蔑是厌恶的变体。①

三、表情的原理

人类情绪的表达形式是怎样形成的?

达尔文的研究试图以"有用的联合性习惯原理"、"对立原理"、"神经系统直接作用原理"三个原理②来说明人类在各种不同的情绪和感觉的影响下所不随意地使用的大多数表情和姿态。埃克曼的研究,则以"大脑中的自动评估系统群"经由在没有意识状态下的、快速的、复杂的评估过程,

---

① [英]达尔文著:《人类和动物的表情》,周邦立译,北京大学出版社2009年版,第3~4页。

② [英]达尔文著:《人类和动物的表情》,周邦立译,北京大学出版社2009年版,第21~56页。

来启动人们对突如其来的对切身的重大事件作出情绪反应来揭示情绪产生及其表达的机制。① 姜振宇的研究,则以"预期不符"来阐释情绪产生的根源。② 并认为,有情绪就一定有表情;有表情却不一定有相应的情绪作为支撑。③

达尔文的研究告诉我们,人类的情感是天生的,是不习自会的,并且具有共性。例如,当害羞时,各地的人都会脸红,哪怕是黑人,也能观察到他们的脸色因此而更有光泽。向生活在新几内亚巴布亚岛上的土著出示一张板着脸的高加索人照片,前者能毫不费力地指出后者在生气。也许不同的文化在习俗礼节等细节上存在诸多差异,但我们天生具有一套相同的、最为基本的心理构造。

就神经生理学机制而言,大脑由三部分构成:最低等的爬行动物大脑,掌管基本的生理需求;哺乳动物大脑掌管基本的情感;最后就是大脑新皮质,尤其是其中的额叶,掌管各路信息的整合。不用说,灵长类,尤其是人类,具有发达的大脑新皮质,它能对基本情感进行加工整理,使人类的情感世界以丰富多变的面目出现,诸如多愁善感、爱恨交加等。④

今天的神经生理学告诉我们,基本情绪与特定的神经通路有关。人脑组织的"边缘系统"处理和调节情绪、记忆和性兴奋,在人体承压反应过程中作用重要,与内分泌和自主神经系统关联密切。另外,边缘系统还参与人体对气味的反应。其中,"杏仁核"负责处理情绪和恐惧。它连接皮质、下丘脑和脑干,协调处理基于信息认知的生理反应,如战或逃的反应决策。"扣带回皮质"调节情绪和疼痛,使身体保持对不悦经历的敏感,从而回避负面刺激和回忆。"下丘脑"调节大量的行动和生理行为。下丘脑

---

① [美]保罗·埃克曼著:《情绪的解析》,杨旭译,南海出版公司2008年版,第26~42页。
② 姜振宇著:《微表情——如何识别他人脸面真假?》,凤凰出版社2011年版,第45~58页。
③ 姜振宇著:《微表情——如何识别他人脸面真假?》,凤凰出版社2011年版,第65页。
④ [英]达尔文著:《人类和动物的表情》,周邦立译,北京大学出版社2009年版,第4页。

主管很多自主功能,如饥饿、口渴、体温、血压、心跳和性冲动。当这些通路被激发时,我们就感受到了悲伤、快乐、愤怒或恐惧。次级情绪则与经验有关,当基本情绪与个体的认知经验相结合时,我们就会体验到更为复杂的心理感受,如悔恨、尴尬、喜出望外或幸灾乐祸等。

四、情绪的功能

情绪的功能及其意义是什么?

答案是:一有利于生存;二维持恰当的人际关系。[1]

达尔文认为,人类的情绪是一种先天的能力,通过遗传而得到,本质上它就是自然选择的产物。自然选择所以保存的性状,必定是对生物体有利的性状。例如,恐惧的情绪,就能让人类规避危险,以防不测。

人是群居的动物,或者说是社会性动物。维系社会稳定以及人际关系和谐的重要来源之一恰恰是我们的各种情感。通过微笑来表达友好、快乐,通过嫉妒、愤怒来表达不悦。这是人类自两岁半时起的基本情绪表达方式。

总之,情绪是人类在对境遇利害判断的基础上形成的喜恶态度,影响其趋避行为的选择,进而影响其生存状态与人际关系。

情绪是掩藏不住的内心。实现了——轻松、喜悦、快乐;得到了——满足、欣慰、快乐;失去了——失落、悲伤、痛苦;受压了——紧张、不安、焦虑;受挫了——悲观、沮丧、愤怒;遇险了——恐惧。

第二节 微表情及其应用

一、微表情的含义

微表情属于怎样一类的表情?

埃克曼所说的微表情,指的是在不到1/5秒内一闪而过的脸部动作。[2]埃克曼认为,它是揭穿谎言的重要来源,显示出一个人试图掩盖的内心活

---

[1] [英]达尔文著:《人类和动物的表情》,周邦立译,北京大学出版社2009年版,第8~9页。

[2] [美]保罗·埃克曼著:《情绪的解析》,杨旭译,南海出版公司2008年版,第22页。

动。有很多方法可以揭穿虚假的表情:虚假的表情通常是不对称的,它的出现和消失都不会很自然。

国内学者认为:微表情是一种持续时间仅为 1/25 秒至 1/5 秒的非常快速的表情,表达了人试图压抑与隐藏的真正情感。①

显然,上述观点是以时间标准定义微表情的。

姜振宇提出不同看法:"如果仅仅以时间作为定义标准,那么势必会面临两个问题:一是微表情时间为什么短?是因为形态小和不完整,还是因为肌肉收缩的速度快?二是复杂表情中,持续时间长的微小表情形态是否属于微表情范畴。"②并阐明:"我们将这种不受思维控制的,可能由情绪引发的,也可能是习惯使然,持续时间短暂或面部肌肉收缩不充分的表情,命名为微表情。"这种观点下,时间短、幅度小、缺形态是微表情的定义标准。③

并且,姜振宇提出的"微反应"的概念,将"微表情"的研究拓展到包含面部表情、身体姿态和副语言行为的外延,更符合表情的定义。

二、微表情的意义

微表情源于人类本能。研究表明,大部分人体的动作表现都是可以进行主观控制的(极少数例外如瞳孔)。但是,因为人的动物性,在受到刺激的时候所作出的第一反应(各种表现)却不太容易作假。在刺激有效的情况下,被测试人的最初瞬间反应绝大多数都是不受思维控制的,真实可靠。随后,这些反应很快就都被控制和修正了,且动作幅度很小,这也是为什么我们只着重研究微小瞬间反应的原因。④

微表情的表达具有以下待征:①自动连接,即在情绪和非言语行为之间存在着某些自动连接,如当人们感到害怕的时候身体会自动地向后躲,

---

① 吴奇、申寻兵、傅小兰:《微表情研究及其应用》,载《心理科学进展》2010 年第 9 期,第 1359 页。
② 参见 http://meag.cnl.edu.cn/bulletin/443/。
③ 姜振宇著:《微表情——如何识别他人脸面真假?》,凤凰出版社 2011 年版,第 65 页。
④ 姜振宇著:《微反应——小动作背后隐藏着什么?》,凤凰出版社 2011 年版,第 5 页。

脸也变得扭曲,但不会自动地说某些话。②难以控制,即人们控制非言语行为比控制言语行为更困难。③显现真实,即微表情表达的非言语内容较能为意识所控制的言语内容更能显现人的真实内心。

微表情能展现人的真实内心。正常的表情一般持续在 1/2 秒到 5 秒之间,有一个起承转合的过程。而微表情的与众不同在于持续时间较短,一般只有 1/25 秒至 1/5 秒。这种表情往往和欺骗联系在一起,无论是善意还是恶意。当人们试图掩饰、刻意隐瞒某种心理活动时,内心的真实想法反而可能通过微表情表达出来。

三、微表情识别线索

微表情识别的线索,应当涵盖人的所有反应。①

人的所有反应可以大致分为三类:(1)可以用"想"来控制的运动,如各种可被控制的骨骼肌运动。(2)不能用"想"来控制的运动,如心跳、瞳孔缩放、汗液分泌等(这些反应由自主神经系统控制)。(3)一般不用"想"来控制的运动,包括三大类:第一类是身体的一些复杂运动,如打喷嚏、单脚平衡站立时各肌肉的协调等;第二类是习惯动作,长期养成的习惯动作无须思维的参与即可完成,习惯反应是建立判断基线反应的重要标准;第三类是本能反应,这是进化积累起来的反应,在测谎时最有价值,如遇袭时闭眼缩身,意外时短暂静止,焦虑时吞咽口水或者出现尿感、焦急地跺脚,愤怒时肌肉紧绷、鼻孔张大、呼吸加速等。

通过分析人的应激反应,可以逆推人的神经系统状态和变化。例如,分析可以用"想"来控制的动作,可以得知被测试人想要表现出什么内容(A,即表演性);分析不能用"想"来控制的运动,可以得知被测试人的真实心理状态(B,这种反应最真实);分析习惯动作或者本能反应,只要刺激是有效的,它的可信度与 B 几乎相同。但是一般来讲,人会试图掩饰负面的本能反应,所以要特别注意观察其最初的短暂应激反应,以及随后试图掩饰的反应,分析其中的真与假和存在的矛盾(C,最有分析价值)。

---

① 姜振宇著:《微反应——小动作背后隐藏着什么?》,凤凰出版社 2011 年版,第 8~9 页。

因此,微表情识别的对象应当包括受刺激时需要动脑子"想"的反应、本能的反应、习惯的反应,以及不能用"想"来控制的自主反应,综合分析这些反应可以比较准确地得出人的真实心理。

四、微表情应用价值

(一)有利于事件查证

微表情分析,有助于判断查证对象真实情绪与认知。

循着"刺激—微表情表达—情绪反应识别—认知判断"的微表情识别的技术路线,依据对给予刺激后微表情线索的识别,来分析其隐藏的真实情绪情感,进而判断其就刺激相关的事件的认知能有助于对查证对象就相关人事的真实情绪与认知的判断。

以埃克曼为原型的 Lie to me 剧情中展现了无数微表情分析技术在犯罪调查及其人际欺骗检验中应用的经典案例。无论是犯罪嫌疑人涉案情况的排查,还是生活中普通人际欺骗的甄别,都极具适用价值。例如,一个对政府意欲赦免之杀人犯悔改的真实性进行判断的应用案例,羞愧、愤怒的激发等微表情线索都成为极有力的判断依据。

(二)有利于情商提升

微表情识别,有助于提升学习者的情感智慧。

情商:情商是与智商相对的一个名词。至今没有准确的概念。在英语中应该是情感智慧(Emotional, intelligence),一般认为是情绪智力。《情感智力》(1995,戈尔曼)将情智分为5个方面:认识自己的情绪、管理自己的情绪、激励自我;认识他人的情绪、处理人际关系。人的社会性决定了人的社会境遇及其人际交往的多重性。亲情的传递、友情的维系、爱情的表达、职场的沟通、商场的博弈,凡遇人际交往的需要,就会有微表情识别的价值和意义。自己不经意微表情的流露,会否向人披露自己不能悦人的真实内心?他人刻意掩饰的微表情线索,是否揭示了其不可告人的真实内心?面对他人的陈词,通过对面部、姿态、声音等进行的观察和对比,你可以瞬间判定,对方是否讲述内心的真实想法。据此,你就能有效地掌控自己、引导对方、把握人际交往的主动权,实现预期的人际交往目标。

综上所述,微表情的形态及其识别意义的研究,建立在进化论、神经生理学、心理学、社会学等多学科的研究成果基础之上,并经过了国内外学者长期的探索。

第二编　微表情"测谎"要素

第一章　微表情的形态意义

汇聚国内外研究成果,试从面部微表情、身体微反应、非言语行为等角度,来综合概要微表情的形态意义。

第一节　面部微表情

面部微表情的形态意义,以惊讶、厌恶、轻蔑、愤怒、恐惧、悲伤、愉悦七种类型,按照基本情绪类型、可观察到的脸部变化、出现情境及其意义、面部肌肉运动特点、形态模仿等要素,以概要归纳的方式作一简述。惊讶(表2.2.1-1);厌恶(表2.2.1-2);轻蔑(表2.2.1-3);愤怒(表2.2.1-4);恐惧(表2.2.1-5);悲伤(表2.2.1-6);愉悦(表2.2.1-7)。

相关内容主要参照了埃克曼与姜振宇的研究成果,其中有些引文,《情绪的解析》[①]以 A-页码标识;《FACS——AU 教程》以 AU 数码标识;《微表情——如何识别他人脸面真假?》[②]以 J-页码标识。

---

① [美]保罗·埃克曼著、杨旭译,南海出版公司2008年版。
② 姜振宇著,凤凰出版社2011年版。

表 2.2.1-1　惊讶——形态意义

基本情绪类型	惊讶（意外、关注）
可观察到的脸部变化	眉毛上扬；上眼睑提升，睁大眼睛，眼睛警觉；吸气，嘴部自然、松弛
出现情境及其意义	眼睛睁大是为了看得更清楚，获取尽可能多的视觉信息，帮助判断刺激源的性质和潜在危险。惊讶，是所有情绪中最简短的，最多不超过几秒种。惊讶出现在转瞬之间，一旦认清了发生的事情，惊讶就会转变成为恐惧、喜悦、解脱、愤怒、厌恶等，这取决于让人们吃惊的是什么。
面部肌肉运动特点	1. 额肌充分收缩，双眉大幅度提升。 2. 上眼睑提肌收缩，在额肌收缩的共同作用下，使上眼睑大幅提升，眼睛睁大，露出虹膜上缘的眼白部分。（J-84）
形态模仿	拉动中部的眉毛向上，大多数人会产生一个"八"形状的眉毛，导致前额中部的皮肤产生水平的褶皱。（AU1）如果你做不出来，可以试试下面的方法：先向上抬起你的全部眉毛，然后再试着抬起眉毛内侧。

表 2.2.1–2　厌恶——形态意义

基本 情绪类型	厌恶（否定、低级）
可观察到的 脸部变化	眉毛下压，皱眉； 眼睛闭起，眼睑紧张； 上唇提升，鼻唇沟单侧嘴角 上翘
出现情境 及其意义	厌恶，是吃了或想象肮脏或者恶心的东西给人造成的一种口腔综合反应（基本厌恶）。还有人际厌恶（怪异、疾病、不幸的遭遇和精神变态）。 行为人会对所厌恶的刺激源作出两种评价：一是否定；二是认为它低级，这里的低级是指虽然可恶但不够对当事人构成威胁。（J–103）
面部肌肉 运动特点	1. 皱眉肌收缩，双眉皱紧。 2. 眼轮匝肌强烈收缩，紧闭双眼，同时造成双眉下压。 3. 提上唇肌和上唇鼻翼提肌收缩，提升上唇，同时在鼻翼两侧挤压形成鼻唇沟。 4. 颏肌收缩，将下唇向上强力推起，使双唇紧紧闭合；下巴同时向上皱起，表面皮肤产生很多褶皱；下唇与下巴上的肌肉隆起之间形成深沟。 5. 降口角肌收缩，将嘴角向下拉，与提上唇肌的作用形成制衡，在嘴角两侧形成括号形纹路。（J–112）

续表

形态模仿	1. 皱起你的鼻子。尽最大努力做到最强。尽最大努力做到最弱。（AU9） 2. 提升上唇。上唇中间垂直拉向上，上唇的外部被向上拉但没有中间高，导致上唇变成一个有角度的⌒形状。 3. 拉动框下三角区向上，并且可能导致脸颊沟皱起，或者常态脸会有加深。 4. 加深鼻唇沟以及提升鼻唇沟的上部，形状就像⌒一些人的这个形状是永久的折痕，但是会因此而加深。 5. 加宽和提升鼻翼。 6. 当他强烈时会使双唇分离。（AU10）

表 2.2.1-3 轻蔑——形态意义

基本情绪类型	轻蔑（轻视、否定）
可观察到的脸部变化	嘴角绷紧，稍稍上扬（一侧）
出现情境及其意义	可以理解为对强烈厌恶表情的改进，是存在更多克制的版本。通常是来自对丑陋的外形、笨拙的思维或动作，以及没有品位的风格所产生的轻视和否定。（J-115）
面部肌肉运动特点	1. 皱眉肌收缩，形成轻微皱眉纹。 2. 眼轮匝肌轻微收缩，造成眼睑紧张、轻微闭合，同时造成双眉轻微下压。 3. 提上唇肌主导收缩，上唇向上提升；鼻翼被间接向上提升并向两侧拉伸，在鼻翼两侧形成浅沟纹。 4. 下唇没有明显形态变化，双唇可能保持闭合，也可能轻微分开。（J-114）

续表

形态模仿	轻微皱眉,轻微闭眼,轻微微笑,但只上扬一侧嘴角,嘴唇闭合或轻微分开。

表 2.2.1－4　愤怒——形态意义

基本情绪类型	愤怒(威胁、攻击)
可观察到的脸部变化	眉毛下压,皱眉,"10:10 状"眉形;睁大眼,怒视,眼神有力,三角眼;上眼睑提升,下眼睑紧绷、变直;鼻孔喷气,鼻唇沟、鼻翼提升、扩张;脸颊隆起,上唇提升,下唇外凸,咬牙切齿;紧闭嘴、噘嘴、憋气,鼓下巴,嘴角下弯;眼球上翻,缩下巴
出现情境及其意义	愤怒,是当面临威胁和伤害刺激源时,激发出的一种通过攻击来消除危险的情绪状态。愤怒的感觉包括压迫、紧张和热。心跳加快,呼吸也会变得急促;血压升高,脸也可能会变红。假如你不说话,那么就有一种咬紧牙关的倾向,上牙碰下牙,下巴微向前伸出,还有一种向愤怒的目标移动的冲动。(A－129)
面部肌肉运动特点	1. 眼轮匝肌强烈收缩,导致双眉下压;皱眉肌强烈收缩,眉头紧皱。 2. 上睑提肌强烈收缩,将上眼睑提至最高,想要努力露出全部虹膜上缘(如图中虚线所示)。但是,上眼睑的提升和双眉下压形成互相挤压的愤怒形态,会在上眼睑皮肤上形成斜线的皮肤皱褶。 3. 下眼睑绷紧,上眼睑的形态和绷紧的下眼睑匹配,称为怒视。 4. 提上唇肌和上唇鼻翼提肌共同收缩,提升鼻翼的同时也使脸颊隆起,形成鼻翼两侧深沟纹。 5. 下颌向下张开,下唇在降下唇肌的作用下下拉,露出部分下齿,在颈阔肌的收缩作用下向两侧拉伸并变薄,紧紧贴在下颌骨上。(J－136)

续表

形态模仿	1. 眉毛下沉并聚拢，确保眉头要向鼻子的方向下沉。 2. 继续保持眉毛下沉的位置，并且试着睁大眼睛，这样上眼睑就会向下沉的眉毛靠近，使劲注视着前方。 3. 确保眉毛和眼睑已经做到了指定的动作，然后放松脸的上半部分，并且把注意力集中在脸的下半部分。 4. 双唇紧闭，并且保持紧张的状态；不要出现皱纹，但一定要紧张。 5. 确保下半张脸也做出了正确的动作，然后把上半部分的动作也加进来，眉毛下沉并聚拢，抬起上眼睑瞪大眼睛。（A-129）

表 2.2.1-5 恐惧——形态意义

基本情绪类型	恐惧（逃离、放弃）
可观察到的脸部变化	眉毛下压，皱眉，眉间形成倒 U 形皱纹；"8:20 状"眉形，眉头上扬，扭曲；睁大眼，上眼睑提升，褶皱；眼睛警觉，眼神闪烁；深吸气，上唇提升
出现情境及其意义	恐惧，是当面临威胁和伤害刺激源时产生的一种无力面对，不能承受的惧怕和不安的情绪状态。 陷入恐惧情绪时，感觉将要受到威胁的想法可能长时间占据人的思想，持续而强烈的恐慌会使人筋疲力尽，最终还有可能因此力竭而死亡。

续表

面部肌肉运动特点	1. 皱眉肌收缩，双眉向中间皱紧，形成纵向皱眉纹。 2. 额肌中束收缩，向上提升两侧眉头，在额前形成倒 U 形皱纹。 3. 上睑提肌收缩，试图提升上眼睑，但因为眼轮匝肌和皱眉肌的反向运动受到抑制，在上眼睑的皮肤上形成对角线褶皱。如果不受到抑制的话，可以分析出虹膜上缘会全部露出。 4. 提上唇肌和上唇鼻翼提肌共同收缩，提升上唇，露出上齿。 5. 颈阔肌收缩，将嘴角向两侧拉开，使嘴的水平宽度比正常状态更大。 6. 降下唇肌收缩，将下唇向下拉低，露出部分下齿。（J-176）
形态模仿	1. 尽可能地抬高上眼睑。如果可以的话，同时也让你的下眼睑稍稍紧张一些；假如下眼睑的紧张感会影响到你抬高上眼睑，那么只要集中精力抬高上眼睑就可以了。 2. 打开下颌，嘴唇横向展开向双耳的方向靠近。嘴形要像卡车司机的一样。 3. 假如尝试多次后你还是无法做到这些，那么只要打开下颌呈悬挂状就可以了，不必横向拉伸嘴唇。 4. 把上眼睑尽可能地抬到最高，注视前方，同时尽量抬高眉毛。试一试能否在抬高双眉的同时皱紧眉头；假如不能同时完成这两个动作，只要把上眼睑和眉毛都抬到最高就可以了。 5. 注意脸上、腹部、双手和双腿的感觉。留意你的呼吸，以及你的脸和双手是冰冷的还是温暖的。（A-153）

表 2.2.1-6　悲伤——形态意义

基本情绪类型	悲伤（损失、伤害）
可观察到的脸部变化	眉毛下压，皱眉，眉间形成倒U形细纹；"8:20状"眉形，眉头上扬、扭曲；上眼睑轻微褶皱，眼神黯淡；脸颊隆起，鼻唇沟法令纹；呼吸痉挛，上唇提升，下唇外凸，W形下唇；紧闭嘴、噘嘴、瘪嘴，嘴角下垂，鼓下巴
出现情境及其意义	悲伤，是面临具有威胁和伤害的不利结果时激发出来的伤心难过的情绪状态。 在这个过程中注意人的头、脖子、脸颊、喉咙、后背、肩膀、手臂、胃和双腿会产生令人不适的感觉。假如情绪很激烈并且持续时间很长，那么这种感觉就可能非常接近真正的疼痛感。你可能会感到眼皮越来越沉重，脸颊向上提，喉咙底下开始疼，眼睛被泪水润湿。（A-94）
面部肌肉运动特点	1. 眼轮匝肌和皱眉肌共同收缩，造成双眉下压，眉头间出现纵向皱纹。但是，额肌中部收缩，轻微向上提升眉头，整个眉形趋平，在内侧1/3处呈现扭曲向上眉形。特别需要注意，这种扭曲的眉形也会出现在恐惧类表情中，但由于悲伤时眼轮匝肌收缩，眉毛扭曲的程度要比恐惧表情中更严重。 2. 眼轮匝肌收缩，造成眼睑的有力闭合，在眼角内侧挤压形成皱纹，在眼角外侧相互挤压形成鱼尾纹。眼轮匝肌收缩和部分皱眉肌收缩，共同形成紧闭的眼睛。哭得越剧烈，眼球周围的收缩就越紧。 3. 提上唇肌收缩，在提升上唇的同时，与眼轮匝肌共同使脸颊位置提高，隆起的脸颊与下眼睑相互挤压，形成下眼睑下方的凹陷区域，并在鼻翼两侧形成鼻唇沟。 4. 颈阔肌收缩，将嘴角向两侧拉伸，使嘴的水平宽度比平常增加；拉伸的嘴角与脸颊之间挤压形成法令纹。

续表

	5. 降口角肌收缩,向下拉低嘴角;降下唇肌同时收缩,将下唇整体下拉,试图露出下齿。 6. 颏肌收缩,将下嘴唇中部向上推起,并在下巴上形成表面凹凸不平的肌肉隆起。下嘴唇中部的推起将原本可以露出的部分下齿遮住,两侧嘴角处还保留向下,因此能够露出嘴角位置的下齿。下嘴唇曲线呈 W 形。这样的口型,是痛哭表情所特有的。(J‐200)
形态模仿	1. 向下张开嘴。 2. 嘴角下垂。 3. 在嘴角下垂的同时,尽量提起你的面颊,像眯起眼睛看东西一样,朝着与嘴角相反的方向用力。 4. 保持上抬的面颊和下垂的嘴角之间的紧张状态。 5. 眼睛向下看,上眼睑低垂。 6. 眉头向额头中间抬起,只是眉头抬起而双眉皱紧并向中间抬高或许也会有所帮助。 7. 眼睛向下看,上眼睑低垂。(A‐94)

表 2.2.1–7　愉悦——形态意义

基本情绪类型	愉悦(满足、肯定)	
可观察到的脸部变化	眉毛自然、松弛,前额平滑;眼睛眯起,鱼尾纹;下眼睑紧绷、提升、凸起,笑容沟纹;嘴角翘起、拉伸,上唇提升,鼻唇沟;脸颊隆起、提升,苹果肌,酒窝,光泽感;呼吸痉挛,鼓下巴	

续表

出现情境及其意义	愉悦,是刺激源高于主观预期时激发出来的一种自我满足或者超越满足的喜悦的情绪状态。(J-220) 愉悦的情绪有数十种(A-185)(感官之乐、快乐、满意、兴奋、宽慰、惊奇、狂喜、自豪、欣慰、感激和幸灾乐祸)。(A-191) 笑是表示愉悦的一个标志。各种愉悦都会让人展开笑容,但这些笑容在程度、出现速度、持续时间以及消散时间上会有所区别。(A-195)
面部肌肉运动特点	笑容的肌肉动作,无论是普通的微笑还是开怀大笑,都只由两组肌肉主导而成。(Z 220) 第一组是笑容专用肌肉——颧大肌。颧大肌非常"专业",它唯一的作用就是将嘴角向两侧拉伸、向上提起,主导促成了整个下半脸的全部笑容形态,其他肌肉的运动都属于参与演出的配角。 第二组是眼轮匝肌。眼轮匝肌在很多表情中都会动用,如强烈厌恶(上下眼睑同时挤压绷紧)、愤怒(绷紧、变直的下眼睑)、痛哭(眼睑的闭合)。 强烈的愉悦情绪一经产生,就会触发眼轮匝肌的剧烈收缩,眼睑出现明显的变化,而出现眼周的笑容形态。 在笑容中,眼轮匝肌必不可少,如果笑容中仅有嘴部的动作,而没有眼部的动作参与其中,会使整个笑容看起来"皮笑肉不笑"。(J-231)
形态模仿	这个运动很简单,就是"笑",试着做个最强的笑,再做个最弱的笑。观察两次的不同。

第二节 身体微反应

身体微反应的形态意义,主要参照姜振宇的研究成果《微反应——小动作背后隐藏着什么?》,以冻结反应、安慰反应、逃离反应、仰视反应、爱恨反应、领地反应、战斗反应、胜败反应八种类型,按照微反应类型、可观察到的小动作、情绪特征、出现情境及其意义等要素,以概要归纳的方式作一简述(表2.2.1-8)。

表 2.2.1-8 身体微反应的形态意义

微反应类型	可观察到的小动作	情绪特征	出现情境及其意义
冻结反应	深吸气,屏息,放慢呼吸;睁大眼,皱眉,面部僵硬;身体待住不动;双手拉住,背手,插兜,脚并拢	惊讶拘束	是人在受到意外刺激时的第一反应。突如其来的刺激,会让人瞬间出现短暂的停顿,用来看清状况,判断对策。 如果在一个问题后,对方出现瞬间的行为停滞,说明这个问题让对方感到意外了。 意外的刺激是打破对方心理防线的有效手段。
安慰反应	视线转移,频繁眨眼,闭眼;轻哼,吹口哨,呼气,舔嘴唇,磨牙,嚼东西,咽口水,吸烟;挠头皮,玩头发,搓脖子;摸脸、额头、鼻子、耳朵、嘴、下巴;捂住锁骨,拍胸口,按摩腹部;松领带、领口,玩项链、耳环等;搓手,玩手指	不适压抑等	是人受到负面刺激(批评、压力、否定等)后可能出现的反应。 在说谎的时候尤其常见且明显,因为说谎是迫于某种压力而进行的行为。 如果在对话的时候,对方出现安慰反应,说明对话的情境对其存在压力,让其内心不舒适。

续表

微反应类型	可观察到的小动作	情绪特征	出现情境及其意义
逃离反应	深吸气,脸色发白,全身发冷;视线转移;腿发颤,跺脚,后退,头和身体后仰;头、身体、脚转向一边	恐惧厌恶	是人感受到厌恶或恐惧的时候会产生的反应。 如果面对的刺激有威胁性(可能伤害到自己),而自己又没有改变局面的信心,则会出现逃离反应。 远古时代的逃离是跑,现代社会的逃离则多数比较隐晦。 出现逃离反应,可以判断出现行为人内心对刺激源所持的负面态度,厌恶或恐惧。
仰视反应	抬头挺胸,扬下巴,半闭眼;低头,迈小步,动作谨慎;不同的握手和拥抱动作	傲慢服从	是对自己能力高低、地位差异、胜败预测、优劣定位进行判断后的反应。 进化积累的本能,使得人会仰视比自己高大的对象,蔑视比自己矮小的对象;反之,人也会本能地尽量抬高自己的身体以期建立优势,也会在认怂的时候,把自己的身体放低。 所以,观察一个人的体态高低,可以判断其内心的自我定位。
爱恨反应	低头,扭头,脸红,手足无措;身体靠近、触碰或远离;视线转移	喜爱忌恨	是人际心理距离的两个极端——爱和恨所主导产生的反应。 爱的时候会希望对方也能爱,会担心对方不爱;恨的时候会主动拉开距离,咬牙切齿地质问"为什么不爱我",还会干出更疯狂的举动。 身体间的距离,可以体现出人和人之间的心理距离。人的某些行为,也可以体现出其内心的喜爱与厌恶。

续表

微反应类型	可观察到的小动作	情绪特征	出现情境及其意义
领地反应	推、扎膀子，双手交叉抱臂；双脚叉开，跷二郎腿、抖腿、勾脚尖；走路时微晃，身体放松；手势有力，伸食指	掌控权威	是人在自己的"领地"中所表现出来的领导风范。 自己的地盘里，人会表现得放松、自在、威严，还可以丝毫不费力地指挥。 如果有人敢于挑战自己的领地范围，则会引起强烈的警觉和反击。 观察人的姿态和动作，可以判断出其内心是否具有安全感；而挑战对方心中设定的领地范围，可以激起强烈的愤怒。 这些可以帮助建立心理测试中的有效刺激。

第三节 非言语行为

非言语行为（Nonverbal Behaviour），是指与说话者言语行为相伴而生的表情、动作、颜色、姿势以及副语言行为（Paralanguage）等。非言语行为识别线索框架概要见表2.2.1-9；各部分行为特征及其意义识别概要见表2.2.1-10至表2.2.1-16。

表2.2.1-9　非言语行为识别线索框架

1. 反应性行为：指的是反射性的生理反应，难以自主控制的生理反应。
（1）副语言行为：通常被定义为有声而没有固定语义的"语言"，是指说话言语内容之外的语言特征，如反应的快慢、声音的大小、说话的长短等。
（2）头部反应：包括面部颜色、口腔干燥、出汗等。
2. 动作：包括无意控制的动作和有意控制的动作。
（1）无意控制的动作：

续表

头部动作（头部姿势、面部表情、眉毛、眨眼、嘴巴等）
手臂动作（肩膀、肘、手臂、手等）
腿脚动作（腿、脚）
坐姿
（2）有意控制的动作：
脸（戏剧性的脸、"石头脸"）；眼睛（视线转移）
手（忙碌的手）；腿（抖动的腿）；坐姿（控制姿态）

表 2.2.1－10 反应性行为——特征及其意义识别

非言语行为类型	反应部位	反应特征	反应意义
反应性行为	副语言行为	音调更高；口误、口吃增加；语速减慢；反应时间太长或太短	可能说谎
	头部反应	脸和脖子反应——变苍白 ——出现潮红甚至红斑 口腔反应——吞咽动作频繁、口中会发出吧嗒声、不停地舔嘴唇 额头、鼻子反应——额头、鼻子周围尤其是鼻子下面嘴唇上面出汗	紧张 窘迫 紧张（口腔干燥） 紧张

表 2.2.1-11 无意控制的头部动作——特征及其意义识别

非言语行为类型	反应部位	反应特征	反应意义
动作 无意控制的动作 头部动作	头部姿势	头略微倾斜地偏向某一侧 头保持正直,尤其下颌在颤动 头低到了胸前,下巴几乎触到胸骨,同时目光下垂 低下头,眼睛却仍然盯着询问者	—在倾听或者对谈话感兴趣; —在压抑愤怒的情绪; —沮丧或者接受的意思; —意味着挑衅或者愤怒,而非沮丧或接受。
	面部表情	见面部微表情	见面部微表情
	眉毛	眉毛呈 V 形,经常还会伴随着冰冷、生硬的目光 眉毛抬得很高,并伴有嘴巴的微张 眉头紧锁,两眉中间部位的额头上抬,眉毛呈倒 V 形	—愤怒; —很吃惊; —悲哀痛苦。
	眨眼	眨眼转动的速度飞快 眨眼的频率降到很低,甚至停止	—烦恼、挫折感、愤怒、紧张; 有两种可能: 一是陷入巨大的内心矛盾冲突之中,对外界的信息接受能力比较差; 二是表明他处在接受的状态中。
	嘴巴	只是露出上牙和牙龈的笑容 咬嘴唇,抿嘴;捂嘴;咬手指或指甲或其他物品 将嘴唇使劲抿成一条线	—假笑; —阻挡嘴说出"不恰当的话"; —愤怒。

表 2.2.1-12 无意控制的肢体动作——特征及其意义识别

非言语行为类型	反应部位	反应特征	反应意义
动作 无意控制的动作 肢体动作	肩膀	肩膀一高一低,较高的肩膀朝向询问者一侧 耸肩 肩膀下垂、弓背或者肩膀向前耸 一侧或两侧肩膀向后,脖子和后背挺得较直	—愤怒、不准备合作或者欺骗; —有否认、拒绝的含义; —沮丧或是供认前的接受; —愤怒或带攻击性的防御状态中。
	肘	肘部放松地垂在两侧,而且离身体有一定的距离并不紧贴身体 肘部紧贴躯干 双臂交叉胸前	—放松、没有任何压力; —似为保护躯干; —似为保护心肺等生命器官。
	手臂	手臂交叉 交叉双臂,用手臂把自己包围起来,也就是用手臂紧紧地抱住躯干,同时还可见到垂下头、弓背的动作,没有目光接触 社交场合里交叉手臂 在交叉手臂同时又突出自己的大拇指	—防御行为(恐惧、抵触、愤怒); 手臂交叉时在胸前位置的高低可以作为负面情绪的指示器,位置越高,表明被询问者抵触或愤怒的情绪越大。 —沮丧、拒绝合作; —感到底气不足;让自己更舒服并增强信心; —傲慢自大的表现。

续表

非言语行为类型	反应部位	反应特征	反应意义
	手	忙碌的手——紧张 　　修饰外表的行为，如从衣服上弹去灰尘、平整衣服、解开或者扣上纽扣、调整领带等。 　　更多地用手触摸头部或抓耳朵；叩手指节或者用手指轻敲（越紧张这个动作就做得越快、越响）；在桌子上敲笔、将自动圆珠笔的卡簧"咔嗒咔嗒"反复地按，或是其他类似的重复地敲、叩的机械性动作。 　　多次审视自己的手指和珠宝首饰；不停地转项链，让戒指在手指上转动，摸索项链坠或是手镯。 　　男人常爱借此机会抠掉手上的老茧或是清洁指甲，而女人常常抠掉指甲上涂的指甲油。	
	腿	交叉双腿及变换双腿交叉的顺序 不停地晃动膝盖	—设定"身体障碍"，阻挡来自询问人员的"言语攻击"；拖延时间（答问）； —是为了消除紧张情绪。
	脚	双脚放在椅子下面，好像要藏起来不让询问者看见 双脚从椅子下面抽出来 双脚放在椅子下面的时候，脚踝是交叉的 双脚脚尖相对，呈内八字形 双脚向外撇开呈外八字形 用脚敲击地面甚至跺脚 比较温和地敲击 跺脚	—紧张； —感到放松； —更强烈的紧张； —胆小、孤僻； —傲慢、自信。 —说明正在经历一般的恐惧和紧张，或表明他对询问失去耐心，用这种方法传达出希望离开的意思。 —反映了他的高度激动与敌意。

续表

非言语行为类型	反应部位	反应特征	反应意义
	坐姿	向门口或者窗户倾斜身体或向远离询问者的方向倾斜 一条腿径直向前或向门的方向伸出	—紧张和想从当前的不利环境中逃离的欲望； —这种姿势有点儿像赛跑前的预备动作，有逃跑的意思。

表 2.2.1–13 有意控制的全身动作——特征及其意义识别

非言语行为类型	反应部位	反应特征	反应意义
动作 有意控制的动作 全身动作	脸	戏剧性的脸、"石头脸"（stone face）：被询问者试图在脸上一直保持一种表情，就像戴上了面具，想要借一副石头面孔来迷惑或者误导询问者。	在大多数情况下可以认为被询问者此时真正的心理状态与其表达出的意思相反。
	眼睛	视线转移	
	手	忙碌的手	
	腿	抖动的腿	
	坐姿	控制姿态	

第二章 微表情识别要点

在前述的"刺激—微表情表达—情绪反应识别—认知判断"的微表情识别的技术路线中,最关键的技术当属激发情绪与辨析情绪。

第一节 激发情绪

有效刺激才能激发出有效情绪反应。在微表情分析技术的应用中,给予被测人有效刺激的最重要方法就是问对问题。国内外的微表情研究及其多道仪测试中微表情应用研究总结出了关于提问的种种有效方法。

行为观察"测谎"法,开发了一套激发嫌疑人行为反应的技巧,认为关键就在于采用一些特殊的发问方式(表 2.2.2 – 1)。[①]

表 2.2.2 – 1 行为观察"测谎"法激发嫌疑人行为反应的发问方式

在测前谈话中,测试人员可以采用一些特殊的发问,以激发嫌疑人的言语和非言语行为反应,观察发现其有罪或无罪的行为反应特征。 1. 首先讯问与案件无关的嫌疑人背景情况,如他的姓名、年龄、文化、住址、职业、工作地点、家庭情况以及其他一些一般性的问题,其目的是让犯罪嫌疑人适应讯问环境,同时也借此观察掌握嫌疑人正常的语言和非语言反应模式。 2. 然后提出一系列能激发嫌疑人言语和非言语反应模式的刺探性问题,并在其中适当插入一些调查性问题,以了解案件的一些有关情况。以下问题可用来刺探嫌疑人激发反应: (1)"你知道我们为什么找你吗?"或"你知道我们为什么找你到这儿来吗?"观察嫌疑人对此问题的反应,看嫌疑人对谈话的主题、目的是否回避。如果有理由认为嫌疑人对找他谈话的主题和目的应该知道而他却否认,或用猜测的口吻回避性地回答,则表明他可能有问题。 (2)"我们已对此案作了许多调查询问,如果你与此案有什么关联,你应该

---

① 陈兴乐主编:《司法心理生理测试技术教程》,中国人民公安大学出版社 2008 年版,第 131~132 页。

续表

老实告诉我。"进一步刺探嫌疑人与案件的关系。如果嫌疑人有罪,他会否认与该案有任何联系,但在否认时可能会伴随出现如前所述的表明其有罪的言语或非言语反应。

(3)"这个案件是你干的吗?""×××是被你杀害的吗?"与前一问题相比,这是一个强刺激问题,有罪嫌疑人会出现更为明显的言语和非言语行为反应,侦查人员应特别注意观察这一瞬间嫌疑人的反应,它往往能提供非常有效的有罪或无罪的行为特征。

(4)"你知道这个案件是谁干的吗?""你怀疑是谁干的?"这两个问题较第三个问题刺激性小,较为中性,嫌疑人会比较放松。在较为放松的状态下引导嫌疑人谈看法。可进一步提出下面的问题。

(5)"你认为哪些人可能干这事?"让他提出怀疑的人并陈述怀疑理由。有罪嫌疑人可能会借此试图转移侦查人员的注意,将视线引向其他人。但有的嫌疑人可能十分谨慎,不愿提出怀疑对象,这时可换个角度提出问题:"你认为哪些人不可能干这事?"让他提出可以排除的对象。有罪嫌疑人可能会将自己排除在外,或者不愿排除任何人。这些怀疑性的问题看似中性,对无辜嫌疑人来说是没有压力的,其回答也较轻松。但对有罪嫌疑人来说都是让他犯难的问题,他会左右为难,小心谨慎,唯恐回答不慎增大自己的嫌疑或堕入圈套,因此回答问题时往往出现犹疑状态,语言含糊其词。而无辜者则没有此种心理。

(6)"你认为×××是为什么被人杀的?"用来探查嫌疑人对犯罪动机的看法。有罪嫌疑人可能会回避这个问题,或者会直接或暗示性地提出与真实动机不同的另一种可能的动机,企图将侦查方向引向其他方面。无辜嫌疑人则会实事求是地谈他的看法。

(7)"如果查出和抓住这个人,你认为应该怎样处置他?"探查嫌疑人对处理结果的态度。有罪嫌疑人对这个问题的回答会闪烁其词,其内心不愿对案犯作严厉的处罚,但嘴上又不好明说。无辜嫌疑人则不会回避这个问题,他可能毫不犹豫地提出某种严厉的刑罚,如"该枪毙!"有罪嫌疑人即使提出了某种严厉的刑罚,但其行为表征也会显示出其语言不诚恳。

(8)"你脑子里有没有想过要伤害他或有没有过这种念头?"探测嫌疑人对犯罪意图和犯罪行为的关注程度。在犯罪意图和犯罪行为比较中,无辜者会更关注犯罪意图问题,因为在无辜者看来,犯罪意图是实施犯罪行为的必要条件,

续表

> 承认有犯罪意图必然增加了犯罪嫌疑,所以无辜者尽管确曾有过想伤害或报复的念头,他也会坚决否认。而在有罪嫌疑人看来,有犯罪意图不一定就能认定他实施了犯罪,他更关注犯罪行为问题,因此在讯问人员一再询问意图问题时,有罪嫌疑人便会承认曾有过这种念头。
>
> 需要注意的是,对上述探测性的问题,有罪嫌疑人和无辜嫌疑人之间没有绝对的反应区别,侦查人员需要密切观察嫌疑人在讯问中的所有表现,将嫌疑人对所有问题的所有反应综合起来分析评断,才能得出正确的结论。

姜振宇总结了设计题目的规范和方法,包括问题的类型(表 2.2.2-2);提问的框架(表 2.2.2-3)。

表 2.2.2-2 激发微反应的问题类型

问题类型	与事件及情绪关联性	压力有无的情绪反应
有关无压问题	与事件有关,但不会产生压力	不会有激烈情绪反应
有关有压问题	与事件有关,会产生压力	会有激烈情绪反应
无关无压问题	与事件无关,不会产生压力	不会有激烈情绪反应
无关有压问题	与事件无关,但会产生压力	会有激烈情绪反应

表 2.2.2-3 激发微反应的提问框架

时间线阶段	问题例举
动机阶段	你最近缺钱吗?
准备阶段	听说你最近和朋友开了家公司?
实施阶段	你向对方的工商银行一共汇了几次款?多少钱?
结果阶段	合同签给他们,公司里有什么评论?你怎么看?
善后阶段	为什么要提交辞呈?为什么把电脑里的数据删掉?

笔者结合多年实践体会,也归纳出以下发问的原则及方法(表 2.2.2-4)。

表 2.2.2-4　激发微表情提问原则及方法

提问原则	要素	方法
事件查证"几何"线索	何时……	针对实施事件行为的时间发问
	何地……	针对实施事件行为的地点发问
	何人……	针对实施事件行为的人发问
	何事……	针对实施了何种事件行为发问
	何种方式……	针对实施事件的方式方法发问
	何种结果……	针对事件出现的结果发问
情节查证"可能"原则	穷尽可能	即要针对待查证情节的所有可能性都发问
	兜底问题	即当不能设想所有可能的情节时,需要抛出"其他可能"问题

第二节　辨析情绪

对被测人能够产生刺激的任何信息,被称作刺激源。刺激源具有广泛性。可能是提问的人,可能是问题本身,可能是一句话,也可能是一种情境、一幅图、一段音乐或视频。刺激源引起情绪反应具有多重性。可能多种刺激源会激发同一种反应,也可能一种反应由多种刺激源引起。

微表情识别过程中,刺激后激发出了情绪反应,但这种情绪反应与给予的刺激源之间是否具有因果逻辑对应关系?有没有其他干扰因素介入?刺激之后真假情绪的辨析应当从哪里切入?这是情绪辨析要面对的问题,也是一个难题。

行为观察"测谎"法的作者感言:尽管观察受测人的言语和非言语行为反应在辅助侦查人员和心理生理测试人员洞察嫌疑人欺骗与犯罪方面发挥着一定的积极作用,但一般情况下人们利用行为观察识别谎言的准确性并不理想。这是因为,行为特征分析是一项十分复杂的工作,行为反应既与撒谎欺骗有关,也可因一般紧张心理引起,且人的个体差异很大,反应特征因人而异。由于观察者的经验和先验的心理状态不同,对同一对象同一行为表现,不同的观察者可能得出相反的结论。因此,对观察到的受测人的行为反应特征应进行认真的分析评断。评断行为反应须注意掌握以下原则(表 2.2.2 – 5)。①

表 2.2.2 – 5 行为观察"测谎"法评断行为反应的原则

原则项	评断注意
综合评断原则	没有任何一个单一的言语或非言语行为可以作为鉴定撒谎欺骗的标志。为此,应观察受测人的动作群,即一连串相配合的动作,并且应把动作群放在某种情境中进行分析。切忌断章取义,妄下结论。
自己比自己原则	要注意从嫌疑人的正常行为中找出异常动作。讯问人员可以通过背景调查或询问无关问题来掌握嫌疑人的正常行为模式,包括嫌疑人的讲话风格、举止习惯以及对目光接触的反应等,以此作为评断的标准。
一贯性原则	对嫌疑人行为特征的评断应以其出现的时间长短和次数多少为基础。偶尔出现一两次的行为动作不具有一贯性、稳定性特征,因而不具有评断意义。
适时性原则	评断行为特征时应注意那些紧随提问之后和伴随回答同时出现的动作变化,且应注意在每次谈到相同问题时是否一致,前后一致者较为可靠。
个性化原则	评断行为特征,尤其要承认人的个体差异,要充分考虑受测人的智力水平、社会责任感和成熟程度。一般而言,嫌疑人的智力水平越高,社会责任感、道德感越强,其对讯问重要性和后果关注度高,说谎时会体验到更强烈的内心冲突与不安,因而其行为特征越可靠;反之,智力水平越低、越年轻不成熟、越缺乏社会责任感的受测人,在讯问中可能较少表现出有罪或无罪的情感反应和行为特征,因此他们的行为特征往往是不可靠的。

---

① 陈兴乐主编:《司法心理生理测试技术教程》,中国人民公安大学出版社 2008 年版,第 132 ~ 133 页。

科学识别"谎言"
——心理测试技术广角

姜振宇认为,不能将某种行为直接与是否说谎画等号。谎言识别的要点,在于找到认知与表达的矛盾。情绪表现是高效度和高信度的突破点。可以遵循情绪和能量匹配原则来辨析情绪的真假(表 2.2.2-6)。[①]

表 2.2.2-6 情绪真假辨析

> 情绪的作假可从种类和程度两个方面来分析。
> 该愤怒的时候却貌似微笑,该恐惧的时候却貌似愤怒,该高兴的时候却貌似悲伤(惋惜),这种情绪种类错位相对容易分辨。
> 分析情绪的真假,难在对程度的判断。反应程度太小或者太大,都会让人不太容易确定反应是不是真的。
> 可以遵循情绪和能量匹配原则来分析。
> 情绪是需要消耗能量的。与情绪所引发的反应(肌肉运动)需要的能量相比,情绪需要消耗的能量更大。小刺激产生的情绪程度轻。情绪需要的能量小,表现出来的动作幅度就应该小,时间短;大刺激产生的情绪程度重。情绪需要的能量大,动作的幅度就应该大,时间相对长。因此,表现出来的反应如果与刺激的程度不匹配,就是在作假。

此外,姜振宇还总结了进行被测试人行为模式分析,找到违背基线的异动,推导情绪属性和力度,建立情绪和刺激源之间的因果逻辑关联等众多情绪辨析的要点。并强调基线反应在辨析中的重要作用与意义(表 2.2.2-7)[②]。

表 2.2.2-7 基线反应在辨析中的重要作用与意义

> 基线反应是一个人自身的本能反应或者习惯性反应。
> 在每一次测试开始的时候,我们都会设计一些无关痛痒的问题(没有利害关系的问题),观察被测试人在回答这些问题时的反应,如思考时的反应、计算时的反应、轻蔑时的反应、愤怒或者悲伤时的反应、得意时的反应等。由于这些问题与被测试人心里想要隐瞒的事实没什么关系,所以反应相对真实,可以作

---

① 姜振宇著:《微反应——小动作背后隐藏着什么?》,凤凰出版社 2011 年版,第 29~30 页。

② 姜振宇著:《微反应——小动作背后隐藏着什么?》,凤凰出版社 2011 年版,第 31~32 页。

续表

为后面测试分析的判断依据。这些反应就是基线反应。

例如,我们可以先在聊天的时候,问及下面的问题:
- 列举5位最喜欢的公众人物。
- 评价某个以丑态而著名的网络人物。
- 你的眼睛很漂亮,自己怎么看?

或者,也可以让被测试人观看一组南京大屠杀的历史图片……

在接下来测试核心题目时,如果被测试人在遇到可能产生相同情绪的题目时出现了与基线反应不同的异动,可以设置为重点关注的线索。因为,在这个问题上,他很有可能说了谎。

因此,在判断观察对象是否说谎的时候,最重要的是要将观察对象的反应与基线反应进行对比,如果出现了差异,则很可能对方说谎了,他的真实意图并不如其所说。

将各种反应与基线反应进行对比。这是判断观察对象真实心理和情绪的基础。

笔者结合多年实践体会,将情绪辨析的原则与方法归纳如下(表2.2.2-8):

表2.2.2-8 情绪辨析的原则与方法

辨析原则	要素		方法
查找差异点	刺激源对应的异动变化	种类相符性	捕获刺激对应的微表情变化
		程度相符性	确定引起异动变化的刺激源
排除干扰点	行为模式	个人因素	找到基线反应
	干扰因素	情境因素	创设情境,发现经历中类似情境因素
		人为因素	剔除表演因素和先入为主等因素
确立因果关系	有效刺激与情绪反应的因果逻辑对应关系		多向推导,锁定唯一

第三章 微表情识别训练

第一节 基础训练

微表情识别的基础训练,可以借助国内外应用及研究的多种资源,从学习微表情的基本形态、情绪意义、识别要点入手,扎实学习与积累(表2.2.3-1)。

表2.2.3-1 微表情识别基础训练方法

训练内容	训练方法	训练意义
学习掌握微表情基本形态、情绪意义、识别要点	细致、反复地学习与辨析	为微表情识别打好基础
微表情训练工具(METT)应用	间断性、重点性训练	培养瞬时捕获微表情的能力
微表情识别小测试	间断性、重点性训练	培养准确捕获微表情的能力
情境模拟训练	情境案例 *Lie to me*、《非常了得》观摩、评析	训练在模拟人际情境中准确识别微表情线索及其意义
	角色扮演	在置身其中的情境中,积累微表情表达与识别的体验

第二节 情境应用

微表情识别的情境应用,包括在事件查证中检验和在生活情境中观察。

在事件查证中检验,可广泛应用于司法实践、国家安全、医学临床和普通人际。在司法领域,犯罪调查人员或许可以借助犯罪嫌疑人脸上的微表情,判断其是否在撒谎;在安全领域,安全人员或许可以借助微表情判断对方是否有攻击的意图,从而防患于未然;在临床领域,临床心理学家或许可以仔细观察患者,发现其微表情,了解患者对特定事或人的真正态度和想法,从而对症治疗,缩短治疗时间;在普通人际领域,它是人际传播中一种隐藏的传播方式,它看似细微,却传递着重要的信息。

在生活情境中观察,情境具有广泛性和随时性。随处可见的人们,随时可能的情境,都为我们微表情的识别、训练、应用创设了良好的环境。

在学习过程中,随时都应当将所学理论应用于生活实践,一则可强化对理论的认识,二则能学习掌握应用方法,更重要的是能积累应用的经验,为生活实践服务,实现学以致用的目标。许多授课学生的学习心得佐证了这种学习训练方法的效果(表2.2.3-2、表2.2.3-3)。

表2.2.3-2 理论见之于实践的感想

(华东理工大学 卢某)刚刚开始学习微表情的时候,觉得这是一门硬功夫,能不能识别谎言和真相,全靠能不能熟练判断这些持续时间很短的表情。因为开始的时候老师演示的"METT"软件,我就以为这是完全靠机械地训练的。

然而随着课程的推进,我发现其实微表情识别是对一个个动态过程的识别,首先,微表情本身从产生到消逝是个快速变化的过程,在讲话过程中,表情的前后对比要比单纯看到一个表情更有说服力。

"找基线"是一个不可忽略的重要环节。例如,在角色扮演过程中,那天我问潘悦我认为能够引起感情的问题;谈谈字幕组对你影响最深的人物? 我当时认为她反应淡漠,回答迟疑,所以判断为假。老师提醒可能有故意表演的成分,后来同学问了几个无关无压的问题,事后我再琢磨她确实从头到尾都是相似的"淡漠状态",但是我当时在判断时就没有能够去对照,引起判断上的失误。我现在回想起来,其实好几次判断时都有不注意考虑动态变化的问题。

其次,要能结合具体情境,微表情识别才有运用上的意义,就像Foster所说,关键在于"人们为什么要说谎"。

最后,先入为主,或主观感情会大大影响判断力,造成"冤假错案"。这个又

续表

要说到潘悦同学的角色扮演,开始就有的先入为主大大影响了我的判断,潘悦同学说她高中时候加入的字幕组,事实上,作为英语系的学生,我自己考过游戏汉化组翻译,没能通过测试,所以我不相信高中生也能加入。后来有段角色扮演当中,就是和王同学讨论美剧《真爱如雪》时,我搜集到的证据告诉我潘悦似乎在这段放松了表演成分的警惕,很可能是真的,但是我当时就是不愿意相信她似乎很轻松就做到了我觉得很困难的事,所以毅然坚持。可见,没能摆脱自己情绪上和主观上的影响。

(上海中医药大学　茅某)在这堂课上我最喜欢的模块就是同学自己角色扮演"真真假假",因为它不仅为有表演才能的同学提供了舞台,也为其他同学提供了说出自己想法的机会。其中我印象最深的一个是自称为美剧做字幕的同学,因为她在叙述过程中语速慢、反应慢,我误以为她说的是假话。但有一个同学的判断让我记忆深刻:她首先问选手从家到学校要多久,选手考虑了5秒钟才回答了她。她说:由此可以判定这个选手本身的基线就是慢节奏,并不是因为说谎而导致的。结果,她说对了。从这件事中,我学到看问题不能只看一面,要考虑各方面的因素,再加以判断。

表 2.2.3-3　学生学以致用的尝试

上海政法学院法学系学生周某至今记得,有一天跟朋友一起出去玩,半路上朋友电话响了,是妈妈打电话来问在干吗,朋友说了句"我在看书",一边用左手擦了下鼻子,头微微往下低了低,小动作全都落在了小周的眼里,这不就是说了谎话的反应特征吗?事后问朋友,他说自己完全没意识到做过这些动作。在日常生活中找到了这一理论的例证,小周挺兴奋的,学起来也更带劲。

上海政法学院学生吴某找兼职时,更是学以致用,避免受骗。原来假期里他和同学准备找当高尔夫球童的兼职,对方称要先通过面试再培训,还要缴纳服装费才能正式上岗。同学缴费那天,他跟着去面试,却发现工作人员在跟同学讲解缴费事宜时,不时看着自己、每次都不超过两秒钟,自己转头看他时,对方又忙不迭转移视线。他当时心里嘀咕,自己和对方有没有利益关系,这样的反应不正常啊!就是这么一嘀咕,他最终没交钱,过了不久就发现那是个专骗学生交服装费的骗局。

上海中医药大学学生戴某自述:上课期间我在校游泳馆打工,遇上了一件

续表

事,让我觉得很有意思。我校游泳馆规定学生可凭学生证免费游泳,于是总有那么几个人借来别人的学生证冒充。有一个女生,我们怀疑她冒用他人证件,便询问她姓名、专业、学号、身份证号码等,在此过程,我发现(以前我从未认真观察过)她很有趣地开始一些不经意的微动作,如抓肩膀、挠脖子,上眼睑快速眨动几下等,于是再三询问,她便承认此非自己的证件。其实,我觉得当所有反应结合在一起时才能真正读懂一个人是否在说谎,而说谎又是一门很大的学问。

还有不少学生"学以致用"的花絮。例如,有的人以此判断地铁里哪个坐着的人将在短时间内下车,多次成功在拥挤的车厢内"抢"到位子;还有人打工推销产品时,凭着微表情、微反应判断,迅速找到"意志比较薄弱"的那个,锁定目标、成功推销。还有位女同学上课后,辨别真伪能力大增,因为经常看穿揭破男朋友的谎言,最后导致与男朋友分手。

第三篇 走近科学"测谎"人

第三篇
走近科学"测谎"人

引 言

自2007年踏入心理测试技术专业领域,算来已有7个年头。7年来,或因学习调研,或因学术交流,或因受邀讲学,或因专业年会,或因专门引荐,遇到了不少科学"测谎"人。他们中有50后、60后、70后甚至30后,遍及公安、检察、安全等不同战线,在心理测试领域潜行了10年、20年乃至30年,他们的测试理念、测试故事以及人格魅力,曾以不同的亮点打动过我。

很早就有把这些"测谎"人及其"测谎"故事写进教材里,介绍给我的学生们的想法。因为我知道,这些来自一线的鲜活的素材能够极其有效地激励莘莘学子。

也许是好心人的提醒(你写谁不写谁就不怕有人有意见?),让我多思考了一阵子;也许真的因为忙,才耽误了许久。今天,在再版课程所用教科书之际,我终于下定决心,摒弃那些担忧招之非议的杂念,因为我的记述原本就不代表任何官方的评价,只表达个人的一点认识和感受。被写到的人,只因为有过一种相遇相识的机缘。

以下将主要依照相遇时间的先后顺序,简述一些我走近过、结识过的科学"测谎"人及其"测谎"故事。

入门蒙师

人物简介

宋立波,男,1971年5月出生,籍贯辽宁,大学本科学历,理学学士,计算机软件工程师、机械制造工程师,中国科学院自动化研究所心理测试工程中心主任,中国刑事技术协会心理测试专业委员会第一、二届委员。

测试经历与代表性成果

1991年起在中国科学院自动化研究所从事多

参量心理测试仪的研发及培训工作,主要担任软件方面的策划与设计任务,拥有9项心理测试相关专利,作为国家"九五"重点科技攻关项目组成员,获得此项课题的优秀成果奖。获北京市科技成果二等奖、中国科学院科技进步三等奖。2001年科技部中小企业技术创新项目主要研发人员,公安部《GA 544－2005 多道心理测试系统通用技术规范》起草人之一,多参量心理测试仪自动评分系统软件著作权人,PG心理测试系统软件著作权人。

研究专长:①计算机软件方向,PG系列心理测试仪软件的编制,带领团队从事心理测试相关软硬件的研发生产,并且对自动评分系统起到了重大作用。②机械设计方向,心理测试仪的外观及结构设计,传感器及外围部件,接口设计。③心理测试理论的研究,多年从事测试理论的研究与实践,编写了10万余字的《心理测试技术讲义》。

其他研究成果:典型GKT与CQT测试方法的信度评价(《法律与医学杂志》,2004)、浅析适合我国测谎的测试方法模式(《法律与医学杂志》,2004)。

测试感言:在多年的心理测试理论研究和软硬件技术研发过程中,我体会到,这是一门建立在心理生理学基础上、结合电子技术的研究统计规律的学科。这项技术的目标就是要建立一套标准化、可重复的模式。我们有过成功也有过失败,有过欢笑也有过泪水,但今天的心理测试已走过了它的婴儿时代,步入了稳定的发展阶段,新技术的研发工作已经展开,或许不久的将来,它将带给我们所有关心并支持这项事业的人一个惊喜。

接触感言

第一次见到宋老师,是2007年6月间,因为学院建设测谎实训室时购置了中创科技的PG-12型测谎仪,派我去北京学习。当时与我一起学习的还有全国多家公安、检察系统的人员。宋老师作为授课教师,为我们讲授了多道仪心理测试的基本理论与方法,还手把手地指导大家进行猜数测试操作。宋老师亲自为我进行"猜数测试"的情景,现在仍然记忆犹新,

我佩戴着传感器坐在宋老师前侧,当宋老师问我"选的数是7吗?"之时,只听见我背后的那些学员哄堂齐笑,原来,屏幕上的图谱在7这个数字上出现了飙升!那是我第一次亲身体验测谎仪的威力,并由此对它深信不疑。一周的培训结束,听说我将来要给学生开课,宋老师毫无保留地将他的课件、多媒体资料片以及他编写的《心理测试技术讲义》,还有许多他们出版的《测谎通讯》都给了我,这对我后来的学习及开课不无帮助。

从这个意义上说,宋老师是我进入心理测试界遇到的第一位老师,是第一位教我使用仪器测谎的人。他的平实、儒雅、无私的帮助,使我在入门之初,对测谎这个领域,以及测谎领域的人有了信心和好感。

后来,在收集教学用多媒体资源时,还发现了宋老师的许多测试痕迹:中央电视台科技频道拍摄的《走近科学,走进测谎》科教片里,有宋老师介绍测试仪的片段;电影《冬至》里,宋老师出演了测谎员。这些,对心理测试技术的传播与科学推进都起到不小作用。

科学识别"谎言"
——心理测试技术广角

人物简介

付有志，男，1962年10月1日出生，山东龙口人，莱阳农学院园艺系农学学士，南开大学社会学系法学硕士（社会心理学方向），中国政法大学法学博士（犯罪心理学方向）。荷兰莱顿大学社会科学学院访问学者。1992年到中国人民公安大学公安业务基础课教研部从事教学和科研工作，现任中国人民公安大学教授、犯罪心理测试中心主任，应用  心理学专业犯罪心理及测试研究方向研究生导师。中国刑事科学技术协会心理测试技术专业委员会第二届副主任委员。

测试经历与代表性成果

付老师的测试经历，在他出版的《犯罪记忆检测技术——揭示刑事测谎的实质》（中国人民公安大学出版社2004年版）前言里，有着最翔实的记叙①。从儿时就听说过"测谎"，到受教育后认为那是唯心的东西，再到进入中国人民公安大学后开始关注，再到接触国外资料后对polygraph用于"测谎"、"测真"的认识，再到成为应用心理学犯罪心理测试技术方向的研究生导师后，开始更深入地研究。他抱着了解犯罪心理测试的原理，不仅要知其然，还要知其所以然的思路，阅读了大量的外国相关文献后发现，提出犯罪心理测试技术的早期心理学家也认为通过检测生理反应测试的是犯罪记忆。再深入地思考犯罪心理测试的原理，形成了自己的观点："首先，我发现，无论刑事'测谎'也好，刑事'测真'也罢，检测的都是犯罪记忆。其次，犯罪记忆检测本身也是一个心理过程。最后，犯罪记忆检测技术检测的是被测人员是否拥有犯罪记忆，而不是是否实施过犯罪。"他把犯罪记忆检测的这一研究成果编撰成书公布出来，同时相关研究成果还在多种刊物上发表（《犯罪心理测试所测的心理内容》，载《中国人民公安大学学报》2003年第3期；《犯罪记忆检测的涵义》，载《中国人民公

---

① 付有志著：《犯罪记忆检测技术——揭示刑事测谎的实质》，中国人民公安大学出版社2004年版，第2~5页。

安大学学报》2004年第1期；《犯罪记忆检测技术的构成》，载《铁道警官高等专科学校学报》2004年第3期）。为此付老师坦言："做了许多艰苦细致的工作。不仅要阅读国外文献，对心理学问题进行认真的思考，还要结合办案实践验证思考的结果。从实践到理论，从理论到实践，再从实践到理论。这样循环往复，直至形成真理性的认识。"

2005年之后，归类总结系统化测试结构，可视为付老师在心理测试领域的又一代表性研究成果。他对国内形成的几个比较有代表性的系统化心理测试结构版本进行了归类总结，将北京市刑事科学技术研究所心理测试室倡导的总结为"北京版"，将中国人民公安大学公安学研究所心理测试中心倡导、使用的总结为"公大版"。在比较了二者之间的基本测试结构和精细测试结构之异同的基础上，2006年将其分别改成"准绳问题测试主导型"、"隐藏信息测试主导型"（551考试大纲，内部）。

接触感言

跟随付老师访问学习半年，其间有数不清的交往与交流，难以忘记的却是那许多的第一次。

第一次见到付老师，是2007年11月，赴中国人民公安大学访问学习成行后在中国人民公安大学付老师的办公室，那天学校科研处的老师领我去见他，第一印象：这是一位和善、满头白发却有着一张娃娃脸的学者。

第一次与付老师专业交流，也是在他的办公室，访问学习开始，付老师为我开出了一串阅读书单，其内容就

是后来阅读的200多万字的心理测试专著及期刊论文资料。那时留下的印象是：这老师，语言简洁，思路清晰。

第一次参与心理测试实战，是跟随付老师去保定测试的一起杀人案。

亲历了付老师在听取预审公安人员的报告，查阅现场勘验报告、法医尸检报告后，亲临现场，在案件情节中找寻有价值的测试主题、制订测试方案、编写测试问题、正式测试、评图结论、形成报告的全部过程。付老师在测试准备过程中的细致，在正式测试过程中的沉着，在评图结论过程的客观等，都给我留下了深刻的印象，我认识到，这是一位客观、公正、平实的学者。

第一次与付老师探讨科研，是在中国人民公安大学开水房旁的球场边。那是在我访问学习进行了大约两个月的时候，那200多万字的参阅资料基本读过一遍之后，我想约付老师谈谈关于我访学成果形成的想法（中国人民公安大学科研处要求访学要有成果）。为此，我准备了电子版的材料和纸质的材料，等待付老师安排时间。那天傍晚，我刚与一位新疆来的在职研究生在外面共进晚餐，忽然接到付老师电话说："你能来吗？"待我赶到那场地时，只见他刚打完晚场太极拳。他极有兴致地说道："谈谈你的想法吧。"我就在那没有纸质材料、没有电子材料和几乎没有灯光的"三无"条件下，讲述了我那准备作为访学成果的书稿（也就是后来出版的《解析"测谎"的奥秘——心理测试技术导读》）的三级目录体例。我的话语刚落，只见付老师立即取出手机联系了中国人民公安大学出版社的一位编辑，告诉她这里有一位跟随他访学的老师想出一本书，想法挺好，问她能否接洽一下？就这样，第二天一早，我就去见了这位编辑，并顺利地谈好了出版事宜。随后，付老师又将他自己的许多研究成果交给我参考，这使得这本书随后的编撰与出版都十分顺利。这些都让我意识到，我在心理测试领域起步的时候，遇上了一位颇具胸怀的伯乐！

还有许多、许多付老师竭诚相助的难忘记忆，在此无法一一道来，仅以感激相奉。

天作搭档

人物简介

陈云林，男，1963年5月出生，硕士研究生学历，1984年7月毕业于北京大学化学系，曾为北京市公安司法鉴定中心（北京市刑事科学技术研究所）心理测试室第一任主任。高级工程师，一级鉴定官。为中国刑事科学技术协会心理测试技术专业委员会第一届、第二届秘书长。享受国务院政府特殊津贴。2004年荣立个人一等功，2007年入选中华人民共和国人事部"新世纪百千万人才工程"国家级人选，2010年获中共北京市委政法委"第三届首都政法系统优秀人才"

奖。受聘担任中国人民公安大学硕士研究生导师，中国刑警学院客座教授，全国公安机关刑事科学技术高级专业技术资格评审委员会委员。

1997主持北京市公安局心理测试技术工作，为国内司法系统最早具有正式建制的心理测试技术专业机构——北京市公安司法鉴定中心（北京市刑事科学技术研究所）心理测试室的创始人和奠基者。多年来，他不仅先后主测案件逾千起，测试涉案嫌疑人数千名，而且还带出了一支能征善战的办案与科研团队。自2001年以来，该团队曾三次荣立集体三等功。

多年来，他还主持科研项目，发表研究论文，出版学术专著，编撰行业规范性文件，主持行业协会工作，培养测试研究生，培训在职测试人，与时俱进，与世界接轨，被誉为业内的领军人物。

孙力斌，女，1965年6月出生，1985年7月毕业于北京大学物理系。现任北京市刑事科学技术研究所心理测试室高级工程师，二级鉴定官，为中国刑事科学技术协会心理测试技术专业委员会常务委员。是公安部首批评定的8名心理测试术高级工程师中的唯一女性。

1997年以来，先后主测案件千余起，测试涉案嫌疑人数千名，直接利用心理测试技术侦破多起大要案。曾荣立一次个人三等功，三次集体三等功，多次受到个人嘉奖。先后发表技术论文数十篇,出版技术专著5部。自2004年成立中国刑事科学技术协会心理测试技术专业委员会以来,负责组织该委员会年会、技术研讨会及培训工作10余次,编撰出版心理测试技术专业论文集数册。

测试经历与代表性成果

看过2011年发表于北京市公安局主办的《物证技术研究》上的一篇人物报道,作者以《从"析物"到"析人"的人生跨越》[①]为题,从十年苦钻理化检验,几番解决瓶颈难题;精研心理测试技术,提升侦查破案水平;从"测谎"到"拆谎",从"破大案"到"带学科"三个角度,记述了"陈云林从警27年,孜孜以求,开拓创新,谦虚谨慎,潜心探案,职业人生实现了从理化专业("析物")向心理测试专业("析人")的一个大跨度转换,在全国同行业中树立了求真务实的典范"的事例。我也不止一遍地阅读过陈老师与孙老师发表的成果,觉得其中不仅有测试实战的积累,还有测试理念的探索与创新;不仅有个人发展的努力,还有带领团队、引领行业的思路与举措;不仅有与时俱进的精神,更有敢于和世界接轨的自信。由此从测试实战、科研探索、学科建设等角度概要梳理二位老师的测试轨迹与代表性成果(表3.1-1)。

表3.1-1 测试经历与代表性成果

事项	测试经历与代表性成果
测试实战	1997年开始,旁听北师大心理学课程,利用互联网向国内外同人求学,进行模拟测试和实案测试。 1998年6月北京市某纵火案测试,快速识别无辜的巨大效用,得到办案人员的一致认可。 陈云林直接利用技术侦破"福建11·27航空器破坏案",荣立个人一等功。 个人测案情况如前"人物简介"所述。

---

① 张宇:《从"析物"到"析人"的人生跨越——记心理测试技术研究的学科带头人陈云林》,载《物证技术研究》2011年第2期,第44~48页。

续表

事项	测试经历与代表性成果
科研探索 （课题研究）	自1999年到2009年10年间主持研究"心理测试技术在刑事侦查中的应用研究"、"犯罪嫌疑人心理信息反应基础模型的建立与应用"等6项市、部级科研项目。 1998年即在北京市公安局开始试行的《北京市公安局刑侦总队心理测试技术应用规程（试行）》是其成果之一，该规程的试行，一举打破了国内心理测试技术应用较长时期以来无章可循的尴尬局面，为心理测试技术的健康发展奠定了一个基础。 其他每个课题都对实践中的相关问题提出了针对性对策，很多已经成为目前测试过程的日常举措。 《犯罪嫌疑人心理信息反应基础模型的建立与应用》课题成果于2011年10月荣获"公安部科学技术三等奖"，其意义不仅在于提出的"一项功能，两个分布和一套系统"为多道仪测试树立自我开启了通道，还在于能在传统法庭科学领域为多道仪测试斩获了这样一个奖项，是国内首次，极具象征性和突破性意义。
科研探索 （著作论文）	出版专著有：《如何应用心理测试技术》（2001，九洲出版社）、《犯罪心路探微——心理测试技术的理论研究与实践》（2004，中国大百科全书出版社）、《现代心理测试技术导论》（2005，知识出版社）、《心理测试技术——从"测谎"到"拆谎"》（2007，中国人民公安大学出版社）、《测谎仪与测谎》（2008，中国人民公安大学出版社）、《心证之道——心理测试技术新视角》（2012，中国人民公安大学出版社）等。 国内多种期刊发表心理测试方面论文16篇。 2012年，美国多道仪测谎权威期刊 Polygraph 在首篇位置上全文刊载了"Psycho - information and Credibility Assessment"一文（表3-2），展示了中国心理测试技术实践与理论研究与国际接轨的实力。

续表

事项	测试经历与代表性成果
科研探索 （探索轨迹）	2001年：率先在国内建立"准绳问题库"、提出"信息耦合"理论解释测试原理①。 2004年：提出心理测试的目的是要探究特定个体对特定事件的心理信息，首次引入"心理信息"概念来解释心理测试检测的目标。②其他还有：最小测试量的研究讨论、有偏测试与无偏测试的研究、基本测试和精细测试研究，系统测试思想萌发③。 2005年：引入现代认知心理学是最新研究理论，完善"信息耦合"理论④；用"心理信息探查"来解释心理测试技术的功能作用。⑤ 2007年：提出系统调查测试（系统化调查测试、系统测试）概念，明确系统测试结构的基本构成包括"基本测试结构"与"精细测试结构"两个部分。⑥总结被测人的"污染"、"漂白"与有偏测试的研究⑦。 2011年：完成多道仪测试"一项功能，两个分布和一套系统"的内涵研究。 2012年：着手多道仪测试结论的优势证据的"心证之道"研究。⑧

---

① 陈云林、孙力斌著：《如何应用心理测试技术》，九洲出版社2001年版。
② 陈云林、孙力斌等著：《犯罪心路探微——心理测试技术的理论研究与实践》，中国大百科全书出版社2004年版，第3~9页。
③ 陈云林、孙力斌等著：《犯罪心路探微——心理测试技术的理论研究与实践》，中国大百科全书出版社2004年版。
④ 陈云林、孙力斌等著：《现代心理测试技术导论》，知识出版社2005年版。
⑤ 陈云林、孙力斌等著：《现代心理测试技术导论》，知识出版社2005年版，第38页。
⑥ 陈云林、刘歆超著：《心理测试技术——从"测谎"到"拆谎"》，中国人民公安大学出版社2007年版，第54~70页。
⑦ 陈云林、刘歆超著：《心理测试技术——从"测谎"到"拆谎"》，中国人民公安大学出版社2007年版，第155~160页。
⑧ 陈云林、孙力斌著：《心证之道——心理测试技术新视角》，中国人民公安大学出版社2012年版。

续表

事项	测试经历与代表性成果
学科建设（技术规范化）	受公安部委托，先后负责起草了《公安机关心理测试技术应用规程》，《全国"公安机关刑事科学技术专业技术资格——心理测试技术专业"标准》，主笔撰写了《公安机关刑事科学技术专业技术资格考试大纲（心理测试技术篇）》，参与了心理测试技术的国家标准——中华人民共和国公共安全行业标准《多道心理测试系统通用技术规范（GA 544 - 2005）》的制定。 编写并多次修订《多道仪测试技术指南》、《系统（调查）测试手册》，为心理测试技术的规范化建设架桥铺路。
学科建设（学术交流）	作为心理测试技术专业委员会秘书长，陈云林先后组织并主持召开了五次心理测试专业委员会年会，并把每届年会都办成了国内心理测试技术发展的一次展阅，为该技术的不断发展提供了动力。孙力斌则负责组织年会、技术研讨会及培训工作10余次，编撰出版心理测试技术专业论文集5册。
学科建设（人才培养）	作为中国人民公安大学硕士研究生导师，先后培养12名研究生，其中部分学生已在2009年、2010年和2011年完成学业并分别赴北京、江苏、重庆、四川、福建等地参加公安或安全工作。 作为国内心理测试技术的学科带头人，先后为新疆、河南、江西、吉林、山东、广东、福建、天津等省（自治区）、市和总政、海军、空军、二炮、北京军区等众多兄弟单位培养了心理测试技术人员600余人，其中不少学员都已经成为所在单位的心理测试技术业务骨干。

表 3.1−2　美·*Polygraph* 全文刊载
"Psycho – information and Credibility Assessment"

Polygraph

VOLUME 41　　　　2012　　　　NUMBER 3

Contents

Psycho-information and Credibility Assessment 　Chen Yunlin & Sun Libin	136
Monte Carlo Study of Criterion Validity of the Directed Lie Screening Test using the Empirical Scoring System and the Objective Scoring System Version 3 　Raymond Nelson & Mark Handler	145
Does Spot Scoring and Relevant and Comparison Question Order Help or Hurt the Examinee? A Computer Analysis of Ground Truth Verified Army and Air Force MGQT and Federal ZCT Exams 　Keith Hedges & George Deitchman	156
A Primer on Cognitive Dissonance and its Application to Polygraph Testing 　Mark Handler & Raymond Nelson	170
Criterion Validity of the Directed Lie Screening Test and the Empirical Scoring System with Inexperienced Examiners and Non-naive Examinees in a Laboratory Setting 　Raymond Nelson, Mark Handler & Chip Morgan	176
Replication and Extension Study of Directed Lie Screening Tests: Criterion Validity with the Seven and Three Position Models and the Empirical Scoring System 　Raymond Nelson, Mark Handler, Benjamin Blalock & Nayeli Hernández	186
Book Review – *Uncovering Deception* – *Truths You Never Knew About Polygraph* 　Johnnie W. Rodgerson	199
Book Review – *Polygraph, Sex Offenders, and the Courts* 　Raymond Nelson	202

Published Quarterly
© American Polygraph Association, 2012
P.O. Box 8037, Chattanooga, Tennessee 37414-0037

接触感言

第一次见到陈老师,是2007年年底,在中国人民公安大学的课堂。陈老师应邀为中国人民公安大学犯罪心理及测试方向硕士研究生主讲"心理测试技术案例分析"课程,我正好在访学听课。听着他结合测试案例、客观、翔实地讲解、分析着心理测试技术的应用原理及其操作要点的时候,我就感觉到,这是一位平实、温和,很善于思考的人。

第一次见到孙老师,是在2008年初,在北京市公安局刑事侦查总队刑事技术支队心理测试室,那次我去观摩她实测案例,在单向玻璃的外面,看着她那沉着而有节奏地测试操作画面,听着她那平稳而温和地询问被测人的声音,我感觉到,这是一位内秀、干练、很具操作能力的人。

自那以后,与两位老师多有交往,或在行业年会,或在技术培训,或在交流互访之中。专业上的切磋,生活上的交流,使我能从多个角度探寻两位老师的测试理念与人生感悟,感觉他们做事、为人的风格。有几个感觉比较强烈。

其一,执著开拓,智慧前行。

从他们的测试经历与代表性成果可以看到,从基础理论的夯实,到实践经验的探索,到理论创新的思考,再到与时代和世界接轨的努力,我觉得,他们的研究思路具有一定的前瞻性、探索目标踏准科学性,对我极具启示。以用"心理信息"指代多道仪测试检测的心理内容为例,在对心理测试技术的原理的理解过程中,我也思考过,多道仪测试通过检测到的生理反应探查的心理活动内容到底是什么?之前有过众多学说:恐惧反应、反射活动、认知过程、心理痕迹、犯罪记忆等。从心理信息的含义可知:广义的心理信息,包括个体所有心理活动产生的心理现象。狭义来说,心理信息是个体在受到外来特定刺激的作用后对刺激形成的认知、记忆、判断及推理的思维结果。可见,"心理信息"这个概念能涵盖个体所有的心理活动。用"心理信息"指代多道仪测试检测的心理内容,似乎具有上位概念之理。

其二,领军风范,携众同行。

在我参加过的专业协会的年会和技术培训班上,无论是会前对技术交流与培训的主题筛选、交流代表的安排,还是会后对相关论文的汇集刊发,都能看出他们推进行业发展、注重队伍建设的意识。

2008年初,在我撰写访学成果《解析"测谎"的奥秘——心理测试技术导读》书稿的过程中,从思路的启发到参考素材的提供,再到答疑解惑,都曾得到陈老师多方面慷慨的帮助。由此,我感到了陈老师知识的底蕴、人文的气质与师者的胸怀。2011年7月间,我为教学构思《心理测试技术理论与实践》之教材时,又得到两位老师的鼎力相助。陈老师将他们所有出版过的著作倾囊于我,孙老师则给我挑选典型案例资料。我深切感觉到,他们有着为心理测试技术应用与传播强力推进的责任与意识,有着乐于分享、携众同行的宽阔胸怀。

其三,天作搭档,相得益彰。

2008年年底,我赶赴北京大学人民医院,探望被诊断为"非霍氏B型淋巴瘤白血病"的陈老师。当时陈老师躺在病床上,戴着一个只露出眼睛的大口罩,无力说话;陪同陈老师妻子守护在病床旁的还有孙老师,她轻声告诉我们陈老师刚经历过腰穿,需要完全平躺在病床上静卧8个小时。那一幕,让我心酸!心酸的是,平日里目光睿智、壮志满怀的陈老师,会不会就此倒下;那一幕,也让我感动,感动的是,这一时刻亲人和战友的守护,渗透出一股温情而又厚重的浓浓情怀。

后来,我知道,陈老师没有就此倒下,就是在那与病魔抗争的过程中,完成了对2007年公安部立项的"犯罪嫌疑人心理信息基础模型的建立与应用"课题的系统思考,并形成"一项功能(信息探查),两个分布("通过"和"不通过")和一套方法(系统调查测试)"的研究思路。孙老师也以自己敏锐、豁达、慷慨无私之举,对战友情怀作出了最完美的诠释:陈老师发病时及时驱车送他赶赴医院就诊的是她;在陈老师病初处于身心煎熬之时,用"混沌的边缘"理论,使他展现病后第一次舒心之笑而重振信心的是她;当医生确定采用骨髓移植手术,需要供者配对检验的时候,第一个说"验我骨髓"的也是她;在陈老师术后康复治疗的过程中,为"犯罪嫌疑人心理信息基础模型的建立与应用"课题坚持工作,取得了足够的数据材料,并对课题工作报告和实验报告进行最后修正的还是她。

  对孙老师的评价,陈老师在给我的私人信函里曾说过:"如果说我病时'验我骨髓'尚振聋发聩,而且忘我奔波以解我后顾之忧还是友情使然的话,那精妙组织,勤于实践就是一个不可或缺的肱骨之臣。孙老师的专业是实验物理,所以经常能够把我的构思和设计天衣无缝地付诸实施,在这个方面我真的是自叹不如。倘没有她的鼎力相助,今天的所谓成就几无可能。这不禁让我想起一比,即吴健雄缜密的实验设计之于杨振宁和李政道的获诺贝尔物理奖的'宇称不守恒'理论,倘无吴健雄,杨李的理论或仅理论而已,遑论诺奖。"

  其四,历经磨难,命运收获。

  2013年6月底至7月初,在成都举办的中国刑事科学技术协会心理测试技术专业委员会2013年会暨技术研讨会、第二期(2013)心理测试技术培训班即将圆满完成之际,那天晚上,应邀讲学的几位老师和闻讯而来的一些学生回味着白天培训班课堂上活跃的学术交流气氛,畅谈着心理测试技术在新《刑事诉讼法》时代的可能发展机遇,以及对今后的展望……或是酒逢知己,或是旧友再聚,外人看来一向老成持重的陈老师竟然话语哽咽:他说到了病痛中公安系统朱翔等老领导与同志们的鼎立支持,也说到了孙老师等人的深切关怀,更说到了自己命悬一线的人生感悟……我看到了陈老师的又一侧面,恍然明白了,为什么在大难之后,陈老师还能以坚韧的精神继续踏上"心证之道"的研究之路,还能坚持引领业界同人在心理测试学科之途奋力前行。那之后,我希望陈老师能为我的书稿写点什么,以激励我的学生。2013年8月,陈老师给我发来了信函,从中我读到了一位自强不息的测试人的"田园耕作、病魔抗争、命运收获!"的生命乐章与心路历程。遗憾的是,限于本书篇幅及体例,未能发表。

高徒名师

人物简介

万宏伟,男,1968年10月出生,中国人民解放军合肥炮兵学院本科毕业,中共党员,四级高级检察官。中国心理测试技术专业委员会委员,全国检察系统心理测试专家指导小组成员,河南省检察业务专家,洛阳市孟津县人民检察院检察长。历任洛阳市人民检察院检察技术处副处长、处长、检委会专职委员等职务。工作以来,先后荣立一等功一次,二等功二次,三等功六次,荣获"全国检察技术工作

先进个人"、"洛阳市劳动模范"、"洛阳市十佳检察官"、"洛阳市优秀政法干警"等称号。

测试经历与代表性成果

2001年,万宏伟开始接触心理测试技术,拜名师、研书本、反复精读经典案例,逐步熟悉并掌握了该项技术,并为基层检察院培养了一批心理测试领域的专业技术拔尖人才,先后得到最高人民检察院原检察长贾春旺、河南省人民检察院原检察长王尚宇等领导的充分肯定。最高人民检察院分别于2007年、2008年在洛阳举办全国检察机关首期和第二期心理测试培训班,万宏伟为学员讲授心理测试知识和经验,并被推选为全国检察系统心理测试专家指导小组成员。2007年年初,带领洛阳市检察机关心理测试技术人员协助最高人民检察院起草《人民检察院心理测试技术工作程序规则》(试行)、《检察机关心理测试专业技术资格考试大纲》等规范性文件,为心理测试工作在全国检察机关的普及应用做出了较大贡献。

历年来,共测试657宗案1165人次,其中协助检察机关职务犯罪侦查部门、公安机关、纪检部门以及军队保卫部门侦破100多起重大疑难案件,

测试准确率达 98.6%。以万宏伟所办的测谎案例撰写的反腐纪实小说《说谎不是好干部》于 2011 年 2 月出版后一度畅销，并自 2012 年 2 月 17 日到 4 月 28 日在《检察日报》连载。2013 年 6 月，该书又被《中国当代侦探大师破案实录丛书》(共 10 册)收录，这部丛书为国家新闻出版广电总局"经典中国国际出版工程"资助项目，将由国家资助译成英文海外出版。以万宏伟为原型之一、其所办案件为主要内容的 36 集电视连续剧《大侦探》项目已经论证，将于近期开机。先后应邀到陕西省人民检察院、湖北省人民检察院、内蒙古自治区人民检察院、甘肃省检察院、沈阳刑警学院大连基地、安全部等部门讲课；并被国家安全部聘为专家、顾问，被上海政法学院罪犯心理测试研究中心聘为兼职教授。参与拍摄的专题片《测谎仪揭秘》于 2004 年 3 月 25 日晚在中央电视台《走进科学》栏目播出后引起较大反响。有十余篇办案文章被《人民检察》、《人民公安》、《测谎通讯》等杂志刊登。在大量的办案实践中，万宏伟摸索出了一套行之有效的实战经验，为突破自侦、刑检、民事和行政等多项检察业务中的疑难案件提供了新的思路和借鉴(表 3.1-3)。在实战中也形成了自己的测试风格(表 3.1-4)。

表 3.1-3　万宏伟实战经验探索

应用心理测试技术的目的是利用"多参量心理测试技术"的科学性和客观性，在犯罪侦查中甄别有罪和无罪，从而排除无辜，识别犯罪嫌疑人，提高案件侦破率，迅速、准确、有效地打击犯罪。在大量的办案实践中，摸索出一套行之有效的实战经验，为突破自侦、刑检、民事和行政等多项检察业务中的疑难案件提供了新的思路和借鉴。 **一、在突破职务犯罪案件的测试实践和成效** 　　2002 年 4 月，西工区人民检察院反贪局在办理洛阳白马集团有限公司原料供应处处长李某挪用公款一案时，李某百般狡辩，拒不认罪，讯问陷入僵局。西工区人民检察院遂委托洛阳市人民检察院技术处对其进行心理测试。接到任务后，从作案方式、手段、赃款去向等方面设计了 6 个问题，采用了 3 种测试方法，测试过程中李某的心理压力不断增大，对关键问题表现得非常恐惧忙乱，测试未结束李某便说明再难为他了，主动要求交代问题，使此案顺利得到办结，为洛阳白马集团追回了被挪用的 680 万元公款。

续表

随后逐步总结出在职务犯罪侦查中,心理测试技术在发现和调整侦查方向,检验证人证词的真伪,排查多个重点嫌疑人和寻找潜在的知情人等方面有着重要作用,并于 2011 年发表《心理测试技术在反腐领域的应用》一文,受到了业内专家学者的好评。

二、在协办刑事犯罪案件的测试探索和发现

2005 年 9 月,洛宁县人民检察院接到举报,该县邮政局保险柜内 85000 元被盗,由于该案发案时间较长,失去了最好的破案时机。为了缩小嫌疑人范围,使侦查更有针对性,便委托洛阳市人民检察院技术处对涉嫌作案的十余名嫌疑人进行心理测试。万宏伟制订了缜密的测试方案,采用 13 个测试项目和两组"CQT"(准绳问题测试法)、一组"MGQT"(改进的一般问题测试法)以及九组"POT"(紧张峰测试法)测试方法,对相关嫌疑人进行了测试。最终锁定邮政局司机海禾为两年前盗窃 85000 元的作案嫌疑人,使案件得以顺利侦破。

在这类案例中,经过初步侦查,已经确定了几个重点嫌疑人,使用心理测试技术,会对其中的犯罪分子形成强大的心理压力,能迅速、准确地排除无辜、确定犯罪嫌疑人,既节约时间和精力,提高办案效率,又可以使无辜者尽早解脱。这样,甄别嫌疑,排除无辜,认定犯罪嫌疑人或知情人,进一步明确侦查方向,成为心理测试技术运用于办案实践的又一重要发现。

三、在鉴定保险理赔案件中的测试尝试和成果

2004 年四五月,洛阳市嵩县接连发生两起中巴车坠沟报废事件。事发后,两车主先后到县保险公司申请理赔。洛阳市保险公司通过现场勘查发现很多疑点却没有证人,就委托洛阳市人民检察院进行调查。接案后,万宏伟根据案情编好测试题目,对相关当事人进行了心理测试,结果发现在关键问题上他们都有说谎反应。在强大的思想压力下,当事人承认了人为故意伪造事故的事实,均向保险公司撤回了理赔申请。

多年来运用心理测试技术,洛阳市检察机关为全市几家保险公司代理鉴定了数百起保险理赔案件,拒赔数百万元,不仅有效防止了国有资产流失,对提高人们的诚信意识也发挥了积极作用。

表 3.1-4　万宏伟测试风格(节选)①

2002年4月,河阳市龙潭县反贪局办理的一起受贿案件调查受阻。

被举报受贿嫌疑人龙潭县建设局副局长常某拒不承认受贿事实。举报人河阴市市政工程公司负责人梁某则称:在他承包某工程期间,为了工程顺利进展,曾先后多次送给常某财物。近日,常某又以集资买房为借口,向他索要人民币3万元。他一一满足了其要求后,常某却仍然在工程结算上跟他过不去。面对常某的贪婪,梁某敢怒而不敢言,只好投书检察机关举报。

现年46岁的常某,曾任龙潭县纪委常委多年,熟悉检察院办案的程序、特点和工作方式,具有较强的反侦查能力。在被传唤到检察院后,态度十分不好,甚至有恃无恐,大发雷霆。他对检察干警的询问要么置之不理,要么答非所问,总是东拉西扯,没有一句有价值的回答。反而对办案干警夸夸其谈,大谈他的工作成绩如何大、社会关系多么广、为单位和当地作出了多大的贡献等,令检察干警束手无策。

在明知嫌疑人有犯罪事实存在,但就是打不开缺口的情形下,办案检察官在"听说洛阳市检察院新近配置了测谎仪,咱们不妨去试一下"的犹豫、"咱们的侦查人员面对面都攻不下来的案件,靠那玩意儿能行吗?"的质疑、"如果把常某带到洛阳市检察院测试过再攻不下来,咱们就更被动了"的担心中,和"事到如今,只有借助高科技了,测!"的一锤定音下,万宏伟受命进行心理测试。

这是他第一次就领导职务犯罪案件进行测试。机遇与挑战同在。

当办案人员把常某带进测试室后,万宏伟看了一眼常某,发现他也正在虎视眈眈地看着自己,两人眼神相碰撞的一刹那,他知道这是一个难对付的主儿。不过,这下子反倒激发了万宏伟的斗志,因为他天生有一种不服输、越是艰难越向前的性格,他当即抖擞精神坐在了测试台的后面。

"我们先来做个游戏,试一试你符不符合测试的条件,如果符合,咱们就开始测试,如果不符合,就算了。"

"那就试吧。"常某满不在乎地说。

万宏伟交给常某一张纸、一支笔,让他背过身去,随便在1~5这5个数字中写下一个,叠好装在自己的衣袋里。然后让他坐在自己的对面,在他的右手手指、胸部和左手臂上缚上测试仪器的传导器。

---

① 李慧涛、李厚健著:《说谎不是好干部》,中国检察出版社2011年版,第1~7页。

续表

万宏伟开始使用多道心理测试仪,用激励测试法对他进行测试。
"你写的是1吗?"("不是")"你写的是2吗?"("不是")"你写的是3吗?"("不是")"你写的是4吗?"("不是")"你写的是5吗?"("不是")

三组测试结束,万宏伟面带微笑地对常某说:"老兄,刚才你写的数字是3,请拿出来吧。"常某从衣袋中拿出他写好并精心收藏的阿拉伯数字"3"时,脸色顿时变得十分难看。

"现在可以对你的涉案情况开始测试了。"万宏伟不紧不慢地说,而常某则显得心慌意乱,手足无措。

万宏伟通过筛选,选择了案件最核心的部分作为测试题目:
"你说你没收过梁某给你送的3万元钱是实话吗?"
"你是不是为了买房子让梁某送给你3万元钱?"(不是。呼吸、脉搏、血压、皮肤电均明显变化)
"是你让梁某送给你3万元钱吗?"(胡说!脉博加速)
"你是在你的桑塔纳轿车上接受梁某送给你的3万元钱吗?"(不是。额头渗出汗水)
"你说你没要梁某给你的3万元钱是实话吗?"(是的。三项指标一起攀升)

大约半个小时后,测试结束。万宏伟一边慢慢地从常某身上解下测试仪器,一边轻声说道:"老常,要不要我告诉你测试结果?"

常某茫然地点了点头。

"通过三遍测试,你说你没要梁某送给的3万元钱的综合说谎概率为86.9%,说谎概率超过50%为说谎;你三遍测试共得-26分,按照测试评分标准-7分以下为说谎,而且我知道你是在自己的桑塔纳轿车上接受了梁某送给你的3万元钱,你是以集资买房为借口要的钱。"

常某满头大汗,此刻的他大脑中一片空白,语无伦次地喃喃低语:"神了,这玩意儿真是神了!"

回去后的当天晚上,常某如实交代了收受梁某3万元现金的事实,后被法院判处有期徒刑两年。当地媒体对这起案件作了广泛的宣传。

这是万宏伟在心理测试领域自己主办的第一起自侦案件,牛刀初试就获得圆满成功,这既坚定了他的信心,也形成了他测试风格的雏形,拉开了他以心理测试这种高科技手段服务办案的序幕。

接触感言

2007年年底在中国人民公安大学访学翻阅心理测试期刊论文时,看到了不少万宏伟办案情况的介绍,那时留下的印象,这是一个实干的人。

第一次见到万宏伟,是2010年8月,在内蒙古自治区人民检察院,我俩应邀前往为内蒙古全区检察机关心理测试培训班讲课。短暂的交流之后,我告诉他,我打算写一本心理测试理论与实践之类的书,希望收集一些来自实战一线的典型案例和经验。他二话没说,随

即打开电脑,将积存多年的许多宝贵的案例材料及其个人体会一股脑儿地拷给了我。这使我非常感动,这是一个有着宽阔胸怀的人!后来我才知道,他给我的资料里,积攒了他多年测试的数百例实战案例,2011年1月中国检察出版社出版的《说谎不是好干部》(万宏伟测试反腐纪实小说)一书中的素材皆来自这里。

再往后,2011年2月的北京学术年会,2011年7月洛阳调研,我们有了许多直面切磋的机会。听着他讲述自己师承杨承勋教授学技的经历,独立思考操机办案的过程,以及一些重大疑难案件的办案成果;看着他那些案件编题、测试图谱、测试结论,我不禁为之感叹:这是一个敢想、敢为、敢于突破常规而又讲求实效的人!随后不断听到他出版著作了、职位升迁了、成功办案了等佳讯,我就觉得这都是顺理成章的事情,天必将降大任于斯人也。

如今,万宏伟关于贪污贿赂案件的测试模式及其典型案例,已经成了我课堂的教案;他的测试经历及其成长收获,也成了我不时激励莘莘学子的鲜活案例。

科学识别"谎言"
——心理测试技术广角

人物简介

杨承勋,男,1938年出生,教授,1966年清华大学工程化学系硕士研究生毕业,曾于公安部从事刑事化验和物证鉴定、公安科技情报等工作。1989年开始致力于在公安系统应用心理测试技术的工作,最先提出在公安机关犯罪调查中应用心理测试技术,并开展心理测试设备与技术的改进和创新研究。

测试经历与代表性成果

1991年组织并实施了"PG-1型多道心理测试仪的研制"(公安部科技项目,由公安部科技情报研究所、中国科学院自动化研究所二厂和北京市公安局承担),研制出我国第一台心理测试仪,填补了我国的空缺,打破了美国对中国的封锁。1996年又承担了"司法心理测试技术、设备与应用的研究"("九五"国家科技攻关项目)。自1991年起7次邀请美国测谎专家和美国法庭专家来华讲学;举办几十次培训班,培训了各地公检法系统近千名心理测试人员;应聘承办了公检法系统千起案件,协助各地办案机关侦破了许多重大疑难案件。

北京金辉拓展测谎仪研究所研制推出的(JHTZ)AG-7型多道心理生理测试仪,是杨承勋教授结合自身二十多年的办案和心理测试经验,总结改进国内十几年来心理测试技术的弊端,借鉴国外测谎技术的特点,在软件、硬件基础上对现有心理测试技术做出较大改进的最新成果,使整体仪器操作更方便,软件更友好,评分系统更准确。

2007年9月,杨承勋教授将自己多年研修并经过实战检验的心理测试技术的理论与技术编著成《测谎学教程》(包括:基本概念、测谎技术发展史、国内外测谎技术概况、测谎的心理生理学基础、测谎仪、测谎问题与测试方法、测谎图谱分析与评分、测谎程序、测谎环境和测谎室、影响测谎结果的因素、测谎技术在犯罪调查中的作用及应用、反测谎及其对策计十二节,约5万余字),附录《公安机关应用心理测试(测谎)技术文件表格》

(2000余字),编译贝克斯特测谎学校制作的《备用谎言题库》(7000余字)。杨老师的测试理念与经验影响了许多人。万宏伟不止一次地对我说,是杨老师手把手地教会他测试,杨老是他的恩师。大连检察院的毛书贵也有这样的讲述:"我们的启蒙老师是杨承勋老师,杨老师的理论基础课讲得非常到位,他老人家的讲课笔记至今我仍然还保存着。现在翻看一下依然感觉受益匪浅。可以说,杨老师对我们大连检察院的心理测试事业具有不可磨灭的贡献。"

对本土化心理测试技术的发展,杨承勋教授有自己鲜明的观点:第一是从业人员应该允许不同的派别和看法,不要贬低别人,吹嘘自己,这是个职业道德问题;第二是要有高水平的人员培训,要加强人员的管理;第三就是测试程序要标准化和规范化。

接触感言

第一次知道杨承勋教授,是在2007年中国人民公安大学访学翻阅心理测试国内发展资料时,知悉这是一位测试界的开拓者。第一次见到他,是2010年12月10日,在万宏伟的极力引荐下,我得到登门拜访的机会。那天,我们在中国人民公安大学他家会面,在北京金辉拓展测谎仪研究所交流,在西式餐厅共进午餐。半天的时间里,我聆听了他对心理测试的解析,分享了他多年实战与研究积攒下的宝贵的成果(《测谎学教程》),目睹了

根据他的经验改制的(JHTZ)AG-7型多道心理生理测试仪。杨教授给我留下了极其美好的印象。初入眼帘的他:高大、温和、健康。交谈过程中的他:睿智、严谨、敏捷、倔强。我以为,这是一位可以谈测谎,谈世事,谈人生

的智者和前辈。我常把我从万宏伟那儿听到的关于他的故事,描绘给我的学生:一个清华毕业的高材生,一位年逾古稀的心理测试专家,放弃与妻儿团聚美国的生活,常年戴着一顶刑侦帽,穿着或白或黑的刑侦风衣,辗转于南来北往的机场之间,应邀承办一个又一个要案大案,乐此不疲。

记得,那次会晤之前,万宏伟曾对我说过:"这位老人你一定要见一见,值得你见。我是他的关门弟子,我要争取让他把门再打开,让你进去。"会谈结束时,金辉拓展的张总悄悄对我说:"他喜欢和你谈。不是客套,来这里的人多了,我们看得出来他的态度。"惜别之时,我们曾经约定:侍机跟他学习实战。时间一晃,转眼就过去了三年,我非常期待这一愿望能早日实现!

学府心匠

人物简介

刘猜,1970年1月出生,河南省睢县人,1993年毕业于中国人民公安大学侦查系,法学学士学位,现任铁道警察学院教授,专业技术三级警监,成人教育处处长,中国刑事科学技术协会心理测试技术专业委员会常务委员,河南省学术技术带头人。主要从事犯罪心理测试技术的教学、科研和实测办案工作。

测试经历与代表性成果

刘猜是20世纪90年代随着"测谎"技术的引进、运用、研究成长起来的中国本土"测谎人",有一个和"测谎"有不解之缘的名字,在犯罪心理测试技术的教学、科研和实测办案等领域进行了扎实的积累。

1. 教学工作的驱动,奠定了系统扎实的犯罪心理测试技术理论基础

以教学为驱动,系统研究、积累心理测试技术理论、技能及相关知识与技能,是刘老师的立足点。注重学习犯罪心理测试技术国内外学术研究的新成果、新动态,并运用于教学实践,注重研究公安院校专业人才的培养规律,注重研究和运用现代化的教学手段与教学方法,注重优化理论教学和强化实践教学,达到高素质技能专业人才培养的目的。先后承担"犯罪心理测试技术"、"预审学"、"刑事侦查学"、"犯罪心理学"等多门课

程的授课任务,教学效果良好,曾获得学院"教学质量考评优秀奖",被授予学院"教学质量考评十佳教师"。目前,"犯罪心理测试技术"是铁道警察学院刑事科学技术专业的必修课程,侦查学等相关专业的选修课程,具有完善的教学大纲、教学内容和科学规范的教学培训方案。2011年8月,在被选派为公安部"送教西部行"教官团成员,以"犯罪心理测试技术运用"为题和青海警官职业学院的专业教师进行了深入交流,完成了青海省公安机关的送教和调研工作;2008年4月,应南京森林警察学院邀请,为"心理测试新技术研讨会暨首届全国脑电心理测试技术研讨会"就"事件相关脑电位心理测试技术的应用及最新研究进展"作专题学术报告;还曾被河南省公安厅、河南省国家安全厅、河南警察学院等单位邀请讲授犯罪心理测试技术及其运用。曾获得了多项教育教学方面的荣誉和奖励,其主持的"预审"课程被评为公安部精品课程,其主编的《预审学》教材被评为公安部优秀教材("犯罪心理测试技术"是预审课程和预审学教材的主要内容之一)。"犯罪心理测试作为'人机结合'特点明显的一项技术,其主体必须是经过专门技术培训,熟练掌握专业理论知识和基本技能,具备心理学、生理学、刑事侦查、物证技术、法律等相关知识背景,具有良好的职业道德、个性品质和举止衣着等素质的犯罪心理测试技术人员,测试人员的专业化是该技术发展的必然要求。"[①]通过教学实践,促使他系统完整地掌握了犯罪心理测试的基础理论、测试方法、测试操作等测试理论基础和测试基本技能,其专业背景和相关学科教学工作,使其掌握了刑事侦查、犯罪心理、预审、物证技术及相关法律等知识,这为其犯罪心理测试技术的运用和研究提供了强力支撑。

2. 科学研究的深入,促成了系统完整过程测试理念

注重探索与创新研究,是刘老师多年不懈的努力。2007年,主持申报的公安部应用创新计划项目"事件相关电位心理测试系统"获批立项。经过近三年的攻关,成功研制了一套适合中国国情的在国内处于领先地位

[①] 刘猜:《犯罪心理测试人员素质要求分析》,载《政法学刊》2003年第1期。

的基于事件相关电位的脑电波心理测试系统。经过多起案件和多个实战单位的试用,满足了办理案件的需要,弥补了传统多道心理测试的一些不足,使得犯罪心理测试技术在国内运用提升了一个新的高度。刘老师2011年出版的专著《犯罪心理测试》,重技术运用,弱理论说教,在保证基本理论体系完整的前提下,重点介绍核心阶段性技术——测试编题、测前访谈、实测操作、图谱评读。各阶段既相对独立,又相互衔接,相互融合,构成了犯罪心理测试技术具体活动过程,充分展现系统化测试思想和完整性测试过程理念。该书最后一章对基于事件相关电位的脑电波心理测试技术进行了概述,主要内容是其主持的公安部应用创新计划项目"事件相关电位心理测试系统"的研究成果。"多道技术"和"脑电技术"测试基本理论相通相容,采集生理指标突破自主神经系统转向中枢神经系统,体现技术的发展方向。在继承中创新,创新中继承,互为一体,相得益彰。这本书充分反映了刘老师在犯罪心理测试技术上的扎实功底,测试理论体系完整,关键技术阐述规范到位,核心操作指导具体,图谱评读全部取自其亲手办理的案件,该书对于初学者和长期从事心理测试技术的人员均具有现实意义。系统化测试思想和完整性过程测试理念要求把犯罪心理测试看成一个整体、一个系统,切忌分段来看。完整测试是一个过程,过程中的诸多细节必须严谨,过程产生结论。在实际测试中,对于每一个被测试人建议准备的所有测试结构都实施完成,杜绝测试一部分就轻易下结论,以便提高测试效度。系统化测试和完整性过程测试涵盖犯罪的发动、持续及其影响,致使犯罪心理测试成为系统完整过程测试。这样,测试方案是系统、完整的,测试方案的执行是可操作的,不仅避免了单主题或非系统化多主题检测的弊端,而且提高了心理测试的效度。系统完整过程测试,可以有效确定被测人与正在调查的刑事案件之间是否存在关系及其与正在调查的刑事案件之间的真实关系。

刘老师还主编校编教材《预审学》,合著《破解测谎的密码——心理生理检测在探案中的运用》和《预审理论和实务》等著作,在公开出版刊物上发表30多篇论文(其中中文核心期刊6篇,专业权威期刊4篇),论文中均能提出新颖的见解;主持完成省部级科研项目3项,地厅级项目3项,校级项目2项,其中,3个项目获厅级一等奖,2个项目获校级优秀等级。这些论著、论文和科研项目在教学和实践办案中发挥了重要作用。

3. 实测办案的锤炼,凸显特色的犯罪心理测试模式

坚持实测办案与教学、科研相结合,是刘老师始终不离的方向。系统的理论教学使得技术基础理论更为扎实,科学研究使得实际办案技术逐步提升,教学科研助推实测办案工作,实践的营养滋养反哺教学科研工作,实测办案与教学科研形成良性互动。

从1996年开始,刘老师便运用犯罪心理测试技术服务司法实践,不间断地利用其技术优势为法院系统、检察系统、公安系统、单位保卫部门等进行刑事、民事案件的心理测试工作。近20年来,他测试的案件涉及河南、河北、山西、陕西、山东、辽宁、贵州、安徽、浙江等地方和军队保卫、铁路公安部门,破获了一批案件,解决了许多其他技术手段无法解决的实际困难,创造了良好的社会效益。在《破解测谎的密码——心理生理检测在探案中的运用》一书中,总结了其办理的几个成功案件——"屋漏偏遭连阴雨,测谎协助破疑案"、"挖潜址抓命案逃犯,测谎技术显神威"、"解密'安阳版黄静案'"、"'测谎'揪出合伙中的贪心人"、"面对测谎仪,付出生命的代价也枉然"。实测办案在为办案单位案件办理提供决策咨询,有效发挥专业知识和专业技能服务于实践的同时,也充实提高了自己,增加了接触实践的机会,掌握获取了大量的一线资料,动态掌握了司法部门办理案件的状况,充实了教学,把最新的东西带到课堂上,不断加深理论与实践的融合和相互促进。刘老师在对学生讲解犯罪心理测试案例时,经常讲其运用犯罪心理测试技术参与破获的河南省某县的一起长途客车特大纵火杀人案件。该案死亡人员较多,社会影响极大,公安部首席特邀刑侦专家邬国庆老先生带领技术人员对现场进行了细致的勘查,确定着火事件是人为制造的放火案件。经过侦查,确定了重点嫌疑人何某,但无直接证据证明。犯罪心理测试技术"对事不对人",根据现场勘查和技术鉴定提供的素材编制了测试题目,构建了系统完整的测试结构,对何某进行了所有

科学识别"谎言"
——心理测试技术广角

测试结构的测试。准绳问题测试显示何某没有通过测试,隐蔽信息测试中目标问题特异反应率达80%以上。在犯罪心理测试基础上,何某的心理防线被很快突破,供述了其为了害死妻子先行制造好纵火装置,后指使社会闲散人员梁某放置在客车门口,最后杀死梁某并将其沉入井中的犯罪事实。

刘老师接受委托进行了大量案(事)件的心理测试,对于每一起测试案件,都根据案件的实际情况,根据测试目的和具体的测试任务来系统构建完整的测试结构;每个待测案件的测试结构都首先采用准绳问题测试结构,包括单主题准绳问题测试结构和多主题准绳问题测试结构。通常情况下采用单主题准绳问题测试结构。当被测人在案件中的涉嫌地位不清需要探索时,则采用多主题准绳问题测试结构进行探索。凡是有情节可用的案件,都尽量寻找有效情节采用隐蔽信息测试结构。对于每一个测试对象,都规范完整地进行完所有测试结构的测试,对于每一个测试结论的做出,都充分考察整个测试过程的每一个细节,逐步形成了规范的办理案件的系统完整过程测试模式。

接触感言

第一次听说刘老师,是2007年11月,付有志老师向我介绍:"他是在你之前跟我做访问学者的人,你应该见见他。"随后拜读了他与付老师的合著《破解测谎的密码——心理生理检测在探案中的运用》。第一次见到他,是在2008年4月,在郑州铁道警官高等专科学校,有了直面交流并走进了他的"犯罪心理测试技术"课堂。较为深入的交流是2011年7月郑州警院的再次会晤,他说是我冒雨前行感动了他,访谈中流露出些许肺腑之语,并赠我新近出版的专著《犯罪心理测试》。回

来后，我仔细阅读了这本书，并回味着郑州交流时不时听到的点滴心声：从 1996 年涉足心理测试技术以来，追随国内前辈王补先生、武伯欣教授；师从国外知名专家戴维·拉斯金教授和约翰·帕尔玛特先生；广纳先验的宝贵经验，钻研、思考应用型、本土化、系统化、科学化的发展之路。我对刘老师构建出这样一个基本认识：这是一个睿智、厚积薄发的 70 后才俊，在心理测试技术领域他一定会大有作为！

人物简介

陈兴乐，男，1958 年出生，广东警官学院预审学教授，二级警监。首届中国心理测试技术专业委员会委员，第二届专业委员会常务委员。曾荣立个人三等功一次，嘉奖一次，集体二等功一次，2005 年被公安部评为全国公安刑事科学技术工作先进个人。多年来，将"秉直，客观，严谨，求实"的理念贯穿于心理测试的实战、教学、科研工作之中。

测试经历与代表性成果

自 1980 年起一直从事预审学、侦查讯问学教学凡三十三年，1996 年开始从事心理测试技术研究、应用与教学，参与国家"九五"科技攻关项目——"司法心理测试技术、设备及应用研究"科技攻关，为该项目子专题"司法心理测试技术应用研究"课题组主要负责人，先后在《刑事技术》、《警察技术》、《中国人民公安大学学报》等学术刊物发表心理测试技术研究论文十余篇，主编出版国内第一本心理测试技术教材《司法心理生理测试技术教程》（中国人民公安大学出版社 2008 年版）。测试办理各类刑事、民事案件数百宗，协助公安司法机关破获和认定了一批疑难案件。2000 年在广东警官学院率先开设"司法心理测试"课程，2000 年和 2006 年两次举办全国性心理测试技术培训班为主讲教师，先后应邀在解放军总政保卫部、内蒙古自治区公安厅、福建省公安厅、陕西省高级人民检察院、国家安全部、中国刑科协心理测试专业委员会、黑龙江省人民检察院等举办的心理测试技术培训班授课，受到学员好评。

科学识别"谎言"
——心理测试技术广角

接触感言

第一次知道陈老师,是在 2007 年底,在中国人民公安大学访学翻阅心理测试期刊论文时,看到了不少他发表的论文,那时留下的印象,这是一个教学、科研加实战的全方位测试人。再次对他有认识,是在 2008 年 12 月,为组织学生进行模拟心理测试试验,我反复阅读了他在 2001 年至 2002 年间进行的关于心理测试技术的实验研究资料,我感觉,这是一个严谨、扎实的科学工作者。2011 年 12 月,陈老师来到我的实训室,参观交流,我觉得,这是一个谦和、平实的人。2013 年 6 月,在成都举办的中国刑事科学技术协会心理测试技术专业委员会 2013 年会暨技术研讨会、第二期心理测试技术培训班上,我聆听了陈老师的"新刑事诉讼法视野下测试结论证据属性再认识"、"心理测试技术之 CQT 与 CIT 测试法"主题发言,我更感到他那扎实的理论与实践功底,以及与时俱进的探索精神。我觉得,这是一位身在校园、传授应用技术的测试人的极其宝贵的精神财富,值得学习。

人物简介

姜振宇,男,博士,1979年出生,天津人,2000年中国人民大学计算机应用专业本科毕业,2006年获信息技术硕士学位,2010年获北京师范大学艺术与传媒学院(数字媒体方向)博士学位。现任中国政法大学法律信息中心主任,心理应激微反应研究小组负责人,创建国内首家依据心理应激微反应进行"测谎"的研究团队,被称为"国内研究微反应第一人"。

测试经历与代表性成果

姜振宇的测试经历与代表性成果,本书第二篇第一编第二章第二节"微表情'测谎'研究"有所描述。有关心理应激微反应介入侦查实践的案例,在"读脸者姜振宇"①(表3.1-5)里可见一斑。

表3.1-5 读脸者姜振宇(节选)

细节击垮嫌疑人——案件中的微反应应用
在昌平区人民检察院反贪局办理的一起涉贪案中,姜振宇应用微反应技术为案件侦查提供了有力依据。 2004年7月,黑龙江一家煤矿集团分公司拖欠了北京市昌平区一家钢厂高达65万余元借款。 钢厂经销科催款员王振国承担追要欠款的工作。在一次去东北追要欠款的过程中,认识了一位自称是"东北方面专家"名叫韩中华的人,并请求其帮忙追要欠款。 两人达成一致后,合谋了一个采用"抹账"的方式,将欠款额度"缩水"的贪污方案。 韩中华和王振国使用伪造的钢厂介绍信,将这笔65万余元债权缩减至30%后,擅自转移了沈阳市某金属炉料有限公司和黑龙江某经贸公司。在拿到出让债权的款项后,两人瞒着钢厂将这笔款项私吞了。

---

① 胡庆波、李云虹:《法律与生活》,2012年11月 下,第19~21页。

续表

2007年11月27日,经这家钢厂举报,王振国和韩中华相继被公安部门抓获。

当昌平区人民检察院反贪局的工作人员介入案件后,王振国主动承认了贪污这笔钱的行为,但韩中华始终矢口否认同王振国合谋犯罪。

随后,这起案件的监控录像被送到了中国政法大学中国法律信息中心负责人姜振宇的手中。据姜振宇回忆,当时,在监控录像中,韩中华的常态是"示弱"、垂头丧气。有很多次,侦查员说了近30分钟的话,他却一句话也不回答。

有一个细节没有逃过姜振宇的眼睛。当侦查人员提到几个人名时,韩中华眼睛的注意力忽然加强,面孔抬高,注视了一眼侦查员。在姜振宇看来,这一细节说明这些人名对他是有"意义"的。

当侦查员问到邮政储蓄卡时,韩中华的面部出现了一个明显的慌乱眼神,快速的眼神闪烁同时配以言语迟滞、吞吞吐吐。这一瞬间的表现,同样没有逃过姜振宇的眼睛。

姜振宇坦言,这一细节说明他"怕了","储蓄卡"可能会让他利益损失或东窗事发。

随后,经过一番缜密的思考,姜振宇出具一份报告。报告指出,在被问到邮政储蓄卡是否在自己手中时,被测者(嫌疑人)出现明显的冻结反应,原本正在进行的摩擦双手动作停止,身体僵直,目光直视。2秒钟后,被测者面部出现明显的惊讶表情,同时进行了视觉阻断和头部偏离,可理解为标准的惊讶表情后接逃避反应。

拿到这份报告后,办案人员说,实际侦破结果和姜振宇的分析完全一致。侦查员经过调查后发现,韩中华和王振国的两张储蓄卡是同时办理的,储蓄卡的号码都是连号。同时,办理储蓄卡的银行业务员也是同一个人。

这一切足以证明,韩中华和王振国共同参与了办理储蓄卡和进行转账的行为,两人构成共同犯罪。在这起案件中,邮政储蓄卡的出入账目成了该案的一个关键证据。

在这组证据面前,韩中华不得不承认了全部犯罪事实。

2012年9月,北京市昌平区人民法院一审认定,韩中华与受国有企业委托从事公务的工作人员相勾结,利用受委托从事公务人员职务之便骗取国有财产,其行为应以贪污共犯论。

续表

> 北京市昌平区人民检察院指控被告人韩中华犯贪污罪的事实清楚、证据充分，指控罪名成立。
> 最终，法院依法判处韩中华有期徒刑9年，继续追缴韩中华违法所得的财物并发还给该钢厂。
> 姜振宇事后坦言："我做的工作是有依据地推理，得出的结论也不是证据，只是可以帮助侦查员梳理侦破方向。"（本文中涉案当事人均为化名）

接触感言

第一次知道姜老师，是因为我在讲授"犯罪心理测试技术与应用"课程时，介绍到观察分析测谎，有学生给我找来了他出版的新作《微表情、微反应》系列丛书，从书中的字里行间，我看到了他的研究轨迹与成果，我感觉，这是一位有独立见智的年轻学者。

第一次看到他的画面，是在江苏卫视的《非常了得》节目，在那里他出任微反应专家嘉宾，帮助选手判断表述的真假，我感觉他是在借助难得的本土现实情境，积累微表情人际欺骗识别研究的宝贵资源。

第一次得到他的帮助，是在我们还未曾面遇的时候，那次得到学校给予的中央财政支持项目——微表情实训室建设，我没有成熟的经验，通过友人牵线，经由电话沟通，很快他就帮助我拟订了一份具体的预算方案。那时，我感觉到，这是一个有胸怀并乐于助人的人。

第一次见到他真人，是在2012年8月，在中国人民政法大学他的办公室里，我们进行了三个多小时的直面交流，我知悉了他更为详细的研究思路与方法。

再次深入交流,是在2013年4月的北京,我带去了一份多道仪测试有7名嫌疑人的测前谈话视频,请他通过微表情分析识别重点嫌疑人,目睹他观看视频的过程,听到他排除及锁定嫌疑人的依据分析,我不由感到,这是一个逻辑思维清晰、富有经验、敢对敢错的人。那次,为支持我教学,他将自己一份近70页的《心理应激微反应标准课程》课件全部拷贝给我,对我深入研修微表情并丰富教学内容有很大的帮助。2013年7月,我们同时受邀给中国刑事科学技术协会心理测试技术专业委员会第二期(2013)心理测试技术培训班授课,我上午、他下午的课程安排,使我得以有机会听到他3小时的微表情课程,而授课大纲就是他给我的那些课件。我不由得从心底里感叹,这是一个无私的、胸怀坦荡的人。我相信,睿智和胸怀,一定能让他走得更远!

公安群星

人物简介

"803"团队,即隶属于上海"803"刑科所理化室的犯罪心理测试团队,被誉为"803"的"心灵捕手"[①]。

蔺彬涛,男,1952年2月出生,上海科学技术大学毕业,刑事技术高级工程师,一级警督,处级侦查员。中国物理学会会员、公安部专家库成员、公安部高级职称评审委员会委员、公安部课题评审委员会委员、公安部心理测试高级工程师、中国刑科协心理测试委员会名誉委员、上海市公安局物证鉴定中心特聘专家、上海刑事侦查学会会员、上海犯罪学学会会员、上海市刑事科学技术协会副秘书长。

自1998年从事犯罪心理测试技术以来,以其丰富的实战经验,带领上海刑警"803"的心理测试团队,在全市展开了犯罪心理测试实战应用。十

---

① 方舍:《心灵捕手——"803"犯罪心理测试实验室侧记》,上海市公安局政治部书刊社2007年版。

多年以来，配合公安系统、检察院及各级人民法院实测各类对象3800余人次，协破各类大案、要案、民事案件300余起，取得了明显的战绩，被誉为"803"团队的"心灵捕头"。

沈靖，1977年12月出生，2000年7月毕业于华东师范大学心理系，本科学历，硕士学位，心理测试高级工程师，就职于上海市公安局物证鉴定中心，公安部青年人才，中国刑事科学技术协会心理测试专业委员会委员，华东师范大学行为与认知科学学院校外辅导老师，上海市心理学会会员，上海警务谈判小组成员。

2002年8月开始专业心理测试工作，累计测试各类案件1500余起，实测对象3000余人次。由于能通俗易懂，又富有科学性地解释心理测试知识，被誉为"803"团队的"知道分子"。

王振宇，1973年8月出生，1993年7月毕业于上海市公安高等专科学校，大学本科。心理测试高级工程师，就职于上海市公安局物证鉴定中心，中国刑事科学技术协会心理测试专业委员会委员。

2003年1月开始专业心理测试工作，累计测试各类案件1500余起，实测对象3000余人次。因为果敢而细腻的测试风格，被誉为"803"团队的"铿锵玫瑰"。

测试经历与代表性成果

"803"团队，因三位成员的各具特色而成为"铁三角"团队。多年来，他们以卓有成效的实战测试成果，赢得了社会的认可与好评。仅在国家媒体公开报道的案例就多达30余起，蔺彬涛对上海"海澜澜婚纱摄影店"持枪上门抢劫案的测试结论确定为"内外勾结的盗窃案"；沈靖对上海闵行区某妻被人劫财灭口案的测试结论确认为"丈夫泄愤杀人"；王振宇在上海奉贤兴桥北区农贸市场的一起人为纵火案中，成功甄别出真正作案人等测试案例成为心理测试技术用于犯罪调查的经典案例。他们还为心理测试技术在民事案件的应用做出了有益的贡献。

上海"803"测试团队,在敢于实战的同时,还不断向心理测试技术的理论研究与仪器研发挑战。

多年来,先后发表《犯罪心理测试 PFC 判定方法》《犯罪心理测试中应激现象初探》、《平衡测试称重判定法》、《人为因素对心理测试的影响》、《民事案件中平衡测试的运用及研究》、《心理测试中的心率受激后变异性研究》、《刺激测试在 MGQT 中准绳的研究》等心理测试技术应用研究论文 20 余篇,对团队的实战经验进行不断的探索和总结。其中《刺激测试在 MGQT 中准绳的研究》就是对在近年来 1500 多起案子中,以刺激测试作为直接准绳问题来测试,有效地降低了假阳性的出现,取得了良好的测试效果的分析与总结(表 3.1 – 6)。

1998 年完成立项的"多道心理测试(测谎)仪"课题。研究成果 SLZ – 1A 型多道心理测试仪已在全国 20 余家公检法单位推广应用。其研究成果被公安部列为 2002 年全国公安系统推广项目。2008 年与上海市公安局物证鉴定中心合作立项"声纹测谎仪"、"多功能工具痕迹检验系统",其中声纹测谎仪已通过专家验收。近年来,还成功研制了"全智能便携测谎仪"、"超声波三合一测谎仪传感器"、"瞳孔测谎仪"、"无线多道测谎仪"等,已获国家专利六项。

近年来,正着力构建具有上海特色的专业化、整体信息化心理测试工作模式,以与现代刑侦工作模式相衔接与契合。

表 3.1 – 6　直接准绳的概念(直接谎言) MGQT

传统的准绳方法是用假想的谎言来做准绳,如被测人被怀疑盗窃,那么我们假想每个人都在小的时候干过类似偷之类的事情,所以设置准绳时,问被测人:"你以前偷过东西吗?"由于被测人知道我们在调查的这个案件是盗窃案,所以会很害怕回答:"是。"他的回答"没有"就是一个谎言,可以用来与相关问题比较。 　　直接准绳是相对于假想谎言准绳而言的。就是说在应用准绳时,我们不做假设,而是直接让被测人对我们所提的问题撒谎。让他回答"不是"或"没有"。

续表

在应用直接准绳的测前谈话中，要有一套解释直接准绳的言辞。这是很重要的。准绳设置的好坏直接取决于谈话的技巧。心理测试实际上是一个非常复杂的心理反应过程。心理学上有一个现象叫作"社交需要"，就是说，一些人很在乎别人怎么看自己。因此，当一个人，比如说他对某一件具体的事撒谎时，就会在撒谎时很担心自己给对方的是什么形象，因此就会故意地作出一种姿态，努力表现得像一个无辜的人。知道这一点后，我们把心理测试仪引入测谎程序中去。通过测谎仪可以看到你的大脑的思维活动，可以看到或观察到你大脑思维活动时引起的一系列生理变化，而发生的这一切都是你无法控制的。这些因素在这里由于一个简单的事实而显得更为重要，那就是人在说实话时思维活动简单，在说谎时思维活动复杂，因为说谎时我们的大脑要考虑几件事情，首先要考虑的是什么是事实。

例如，我现在问你：我口袋里有多少钱？我要你对我撒谎，你做不到。因为你不知道正确答案，所以你无法撒谎。你的任何回答都只是猜测。所以人在撒谎的时候要知道事实。

因此，当我们说谎时，我们所用的辨别力，我们所用的思维活动要大大超过我们说实话时所用的辨别力和思维活动。

比如说，我现在问你：这个屋子的灯亮着吗？你用不着有意识地去想，你的答案已经在那儿了。但是如果我问你：这张桌子有几个抽屉？就会立即迫使你去思考。因为你必须首先想想实际情况是什么，然后你才能给出一个比较恰当的回答。

在我们的测谎过程中，这个原理是非常有用的。因为我可以问你一些你知道答案是什么，我也知道答案是什么的简单问题，我可以通过心理测试仪观察到你在说实话时的思维活动是什么样的。然后我还可以问你一些你知道答案是什么，我也知道答案是什么，但是我要你在回答我时，对我故意说谎的问题。这样，通过心理测试仪观察到你在说谎话时的思维活动反应是什么样的。最后，我就可以问你一些你知道答案的问题（相关问题）。因为你在回答这些相关问题时无法控制你的思想，所以如果你给出诚实的回答，你的反应应该是和诚实的回答是一样的；但是如果你说谎的话，你对那些问题的反应就应该和我让你对我说谎的那些问题的反应是相似的。

改良后的 MGQT 是利用了一般正常人的记忆特性，C6 为人的远期记忆，而 C10 则为近期记忆，这二者的结合经过实践，效果比较理想。

续表

准绳的设置
C1:你以前曾经说过谎或干过其他违法的事情吗(远期记忆)
C2:你刚才在纸上写的是"×"吗(近期记忆)
MGQT试题结构,采用"单目标渐进编题"方法
(1)你叫××吗
(2)你今年××岁吗
(3)这起案子你知道是谁干的吗(R1)
(4)你是××人吗
(5)是你干的吗(R2)
(6)你以前曾经说过谎(或干过其他违法的事情)吗(C1)
(7)你是××人吗
(8)是你把××拿走的吗(R3)
(9)是你把××偷走的吗(R4)
(10)刚才你在纸上写的是"×"吗(C2)
(11)是你把保险箱里的××偷走的吗(R5)

接触感言

知道"803"团队,是从认识蔺彬涛老师开始的。

第一次见到蔺老师,大约是在2008年年底,蔺老师的声纹测谎仪通过专家验收的晚宴上,那时,我就暗叹,这位刑侦专家还能自己发明心理测试仪。

与蔺老师真正有深入的交流,是在2011年7月间。2011年2月北京年会相遇,蔺老师对我说,我们距离最近,应该能有更多的合作。后来,蔺老师给我分享了他们测试团队的测试理念(多主题准绳测试法)、办案经验(激励测试作为直接准绳应用等)、实

战案例与研究论文，演示了他们研发的测谎仪操作界面及评图方法，还非常坦诚地分享了他的一些实战教训。我感觉到，这是一位集测试实战、理论研究、仪器研发于一身的"测谎"专家，敢想、敢干、有原创精神。如今，他给我的多主题准绳测试法(MGQT)模板及其典型案例，已经成了我课堂的教案；他的测谎界发明家的故事及他们团队的测谎故事，也成了我不时激励莘莘学子的鲜活案例。

人物简介

于得洋，男，1964年2月生于辽宁省朝阳市。1981年10月入伍参军到沈阳军区驻内蒙古赤峰市某部队，1999年10月转业到内蒙古赤峰市公安局刑事警察支队，2000年至今为专职心理测试员。

在部队期间，当过战士、排长、副连长、连长、政治指导员。得到过嘉奖、三等功、优秀党员、优秀排长、模范副连长、标兵连长、优秀指导员等荣誉。通过自学，相继获得中专、大专、本科学历，2012年参加全国司法考试取得律师资格。

测试经历与代表性成果

2000年3月在广州司法干部管理学院首次参加心理测试培训，2000年6月开始专业测试工作，至今已14个年头。先后利用心理测试技术参与侦破赤峰市内外公检法司部门的各种各类疑难重大复杂案件543起，认定的案件132起，在测试认定的案件中，有56起案件事件的嫌疑人在测试认定后，通过测后谈话就使嫌疑人进行了有罪的供述，通过口供找到并固定了案件中刑事诉讼法要求的证据，使嫌疑人得到了有罪的判决，案件告破，有7起杀人案的嫌疑人被法院判处了极刑，使测谎功能最大化。曾参与破获某市在八年前发生的"3·28杀人案"，内蒙古自治区高级人民检察院侦查的"王某渎职案"，内蒙古四监狱发生的"王某死亡案"，某中国银行四年前发生的"10·8盗窃案"等疑难案件。有3起被检察院批捕的刑事案件，心理测试推翻了前期的侦查结论和检察院的批捕，重新认定嫌疑人,使案件找到证据得以告破,打击了犯罪,震慑了罪犯,还了个别无辜者的清白。心理测试这种侦查手段的作用和价值得到了办案单位的极大认可,赞誉极佳。

他先后得到过"全国五一劳动奖章"、"内蒙古自治区劳动模范"、"内蒙自治区我最喜爱的十大北疆卫士"、"内蒙自治区优秀人民警察"、"内蒙古自治区刑事技术先进个人"称号,获一等功、二等功、三等功,"内蒙古自治区司法战线先进个人"、"赤峰市优秀人民警察"、"赤峰市司法战线先进个人"等众多荣誉,2008年被评为"奥运火炬传递手",参加了百年奥运火炬传递。

测谎成功的案件在中央电视台12频道法制栏目,内蒙古电视台、电台,《内蒙古日报》、《内蒙古晨报》、《赤峰日报》、《红山晚报》、《北方警察》等先后进行过报道。2010年《当代中国》画报,以《于得洋:测谎是我的毕生事业》为题进行了专版报道。从2010年始,参与为全国测谎培训班的专业授课,并将自己十多年来的"怎样进行激励测试"、"怎样使被测试认定的嫌疑人直接供述"的测试经验进行总结与推介(表3.1-7)。

表3.1-7 于得洋心理测试经验体会(节选)

我是怎样进行"激励测试"的
"激励测试"的时机。放在案件测试前,能充分发挥和体现激励测试效能,达到使激励测试在整个案件的测试中顺理成章,震撼被测试人心理,以利于实现测试的最终破案目的。否则,容易造成被测试人的误解,产生是在故弄玄虚,用现代高科技实施魔术、骗术,有的还会反问你"这个测试是啥意思?"等使你非常尴尬的情况。 如何使被测试人接受测试? 把它解释为"说谎的基准参数测试"。并解释为,"我们现在进行的是说谎参数的基准测试,目的是调整仪器,测试出你说谎时的具体参数值,说谎如同每个人的肺呼吸量一样,正常情况下是基本一致的,但不可能绝对一致,是要有微量差别的,说谎的基准参数值也是一样,必须把每个人的说谎值测试出来,匹配到电脑和测谎仪中,以该参数为基准,进行有关的说谎测试",这种逻辑易于被被测试人理解和接受。 激励测试的内容。用书写阿拉伯数字的方法测试,被测试人在瞬间书写的数字,痕迹在大脑中的烙印不深刻,记忆痕迹太浅,而测试反应不明显,信息探

续表

查时易于失败。但在测试室让嫌疑人书写那些代表一定含义的字或词,效果可能会大有改观。例如,农民被测试者,可让他写"鸡、鸭、猪、狗",市民可让他写"广场、商厦、街道、车站"等,这些字或词,被测试者在书写时要动脑认真思考,大脑还要指挥手用笔一笔一画地书写,这些字的信息烙印在大脑中的痕迹肯定会深于其他,在大脑中的信息探查时就易于成功。

如何使测试内容反应更明显呢?测试内容确定后,要不断地有意强化该内容在被测试人头脑中的痕迹。问其:"你还记得刚才写的那个内容吗?"让其再默背几遍再开始测试,这样反应效果大多很明显,极易成功。

如果通过以上的工作后,图谱反应仍不很理想,可停机,解下传感器,给他一张纸让他在纸上继续书写刚才写过的字数遍,再测试,如果仍不理想,可再给其一页纸让他重写刚才写过的字,直到反应确实明显为止。可重复以上程序,最终肯定会达到理想效果。

测试时皮电值不正常反应怎么办呢?皮电值是整个心理测试图谱判读的主要参数,在判读参数值时起到决定的作用。皮电值的反应不正常通常有两种情况:反应平淡或过于敏感。反应平淡多数通过给被测试人补充能量就可以解决。例如,给其喝热水,增加衣服,升高测试室温度,把拖鞋变成普通鞋,还有就是被测试人测试时上身不要裸体或只穿背心、半袖衬衫。这样皮电反应平淡就可改变。皮电反应过于灵敏,无论中性还是相关,都"冲顶"反应,可采取降低测试室的温度,减少穿的衣服,或用调整皮电两个探头中间间隔手指的多少来决定,这样就可使皮电反应在正常的阈值范围内。

激励测试要注意的几点:

进行激励测试时,测试人员一定要表现出严肃、认真,会使被测人员产生科学结论之感。

激励测试的全过程要在"阳光下作业"。被测试人在写测试内容时,测试人员要真正回避,测试参数值的采集和计算,要在停机后在被测试人眼睛注视的范围内进行,书写结论"你刚才写的是——"要在被测试人看着的情况下书写。这样的测试被测试人会发自内心地心服口服。

要注意被测试者的形体反应,有助于辅助测试结论。激励测试的成功,对被测试者的震撼力是非常大的,此时的无辜者、有罪者的形体语言会有不同的表现,这些形体语言可辅助我们得出测试结论。

续表

要防止个别被测试人员在激励测试时故意捣乱。十多年的测试曾遇到过几次被测人在前后几次测试的过程中,书写的被测物不一致,而出现在多点反应的情景。因此,测试时一定要时刻慎防被测试人不管出于何种目的的测试捣乱,及时识破,正确给出结论。

对于同事不要轻易进行激励测试。同事间有的好奇心特强,有的对心理测试原理不懂,对其科学性、准确性有疑虑,特别是一些"自恋情结"强的人,总想用他的切身体会来检验心理测试的准确性和科学性,让测试人员对其进行激励测试,这样的要求应尽量杜绝。心理测试是人机结合的产物,它的科学性、准确性毋庸置疑,但它是对人的大脑信息的探查,是对变量的探查,嫌疑人被测试时的心态和同事间如同玩笑的测试心态肯定是不一样的,况且同事间的测试不可能严格测前谈话程序,使身体的所有生理指标都达到"原始"状态,这样的激励测试就易失败,一旦失败,影响太坏,使那些半信半疑者否定测试,排斥测试,不利于该技术在侦查破案中应用和推广。

怎样使被测试认定的嫌疑人直接供述

怎样才能在心理测试中使被测试认定的嫌疑人在测试谈话中直接供述呢?

全面了解掌握案情。听取报告,仔细阅卷,亲临现场,会见相关人,分析被测人。

重视和被测试人的谈话。测前谈话,测中谈话,测后谈话。

测试谈话的作用。

测前谈话,是全方位了解探查被测试人的综合素质、性格秉性和对案件的知情情况,通过平易近人、和蔼可亲的谈话,拉近与被测试人的心与心的距离,使其真正在内心接受你,进而接受测试。

测中谈话,随着成功的"基准参数测试"后,会使被测试人在内心深处产生极大的震撼。无辜者和有罪者通常都会在语言上有所表达,要注意分析其在语言上所表露出的内涵。随着测试题把案件的时间和空间逐步向深度引导,测试内容信息会在被测试人的内心中产生一定的思考、认识,甚至语言反应,要有意识地在测试间隙或在测试休息时诱导被测试人的言谈,使其真正从生理和心理上适应测试,并还可以从谈话中分析被测试人的语言含义,更好地验证我们的测试结论和进行测试认定后的攻心战。

测后谈话,对于被排除的测试人测试意义不是很大,主要是让被测试人能够正确理解和对待让其测试的目的就可以了,而对于测试被认定的案件嫌疑人

续表

意义是极其大的,是一个使心理测试功能最大化的过程,是一个攻心战,和嫌疑人斗智过招,达到"不战而屈人之兵"的过程。需要的是测试人在全面了解掌握案情、被测试人的全面素质、测试结论认定的基础上,充分发挥测试人员的大智慧,打败对手的过程。到底测后谈话谈什么,怎么谈,如何让谈话和结论深入被测试人内心深处,向测试人员及法律和正义投降,无统一定式。这就要看测试人员的综合能力和素质。有一点是肯定的,测后谈话发挥得好,会使测试事半功倍,就能使测试功能发挥到最大化,达到办案单位所期盼的直接破案的极佳效果。我在测试认定告破的132起案件中有42起案件都是通过测试认定后,通过测后谈话就使被测试人进行了有罪供述,通过口供找到证据,告破案件,其中还有7起是杀人案的嫌疑人。测后谈话就破案,是办案单位的领导和侦查员们最希望的,也是我们心理测试有市场的一个原因所在,"有用就有价值",应该是我们心理测试追求的目标,当然有的同行不赞成这种观点,甚至反对,认为测试只要产生结论就行了,不要"越俎代庖"去干审讯的事,但测试认定的案件,审讯不下来,案件不能告破,我们测试的价值不就大打折扣了吗?心理测试追求的是破案这一终极目标。我的众多荣誉的取得,都是与我淋漓尽致地发挥了测试认定后的谈话,使嫌疑人供述而破案分不开的。

测试谈话不要假、大、空,要注意以下问题:

测试谈话要真心。谈话人一定要让案件触动你,让谈话对象"感动"你,自己流露出的一定是真情实感。

要给"台阶"。所谓"台阶",就是挖掘出嫌疑人为什么这样做的、可理解的、常人在此情况下都有可能这样做的理由、借口。

以上的测试工作做好、做到位了,就能在测试认定后通过测试谈话使嫌疑人直接进行有罪供述而破案。

接触感言

第一次知道这个名字,是在一条短信里。那是在2011年2月,北京中国刑事科学技术协会第二届心理测试技术专业委员会成立大会暨学术研讨会之后的一天,我收到一条署名于得洋的短信,很长,内容大意是:听了你的报告,很是感动,测试界有你这样潜心钻研并乐于分享的人感到就很有希望。对我在年会上介绍的2007年以来上海政法学院心理测试技术学

科学识别"谎言"
——心理测试技术广角

科建设进程以及将心理测试技术课程中心提供给全体会员分享给予高度的赞赏。当时,我就想,这一定是一位把事业看得很重的人。第一次直面交流,是2012年8月在南戴河公安部的培训基地。他和我都应邀去给公安部物证鉴定中心主办的心理测试技术培训班讲课,那时,我听说,他因为测谎,获得了全国劳动模范称号。其后,就间断地得知他的一些消息:"范老师:我去年已通过律师资格。"(2013-02-14 09:

28)"范老师:我又测试认定并通过测后谈话使嫌疑人供述,在指认现场处挖出了尸体,是四年前发生的命案。分享兴奋。"(2013-05-23 10:22)。

我觉得,这是一位朴实、执著、勤恳的测试人。没有很高的专业学历学位和理论研究基础,凭着一股对心理测试技术的热爱和对犯罪调查的敬业精神,一步一个脚印地踏实耕耘,一步一个台阶地潜心钻研。他的测试经历与成长收获,能很好地激励那些默默实战在一线的测试人。

人物简介

刁松龄,1969年11月出生,山东胶州人,1990年8月毕业于浙江公安专科学校,大学学历,心理测试高级工程师,浙江省公安厅刑侦总队预审办案指导科科长。中国刑事科学技术协会心理测试技术专业委员会第一、第二届常务委员。公安部刑侦局审讯办案专家组成员。浙江省公安厅火灾事故调查专家。浙江省政法系统百佳办案能手。

测试经历与代表性成果

自 20 世纪 90 年代初参加工作以来,刁松龄长期置身于公安预审办案工作。1997 年起从事心理测试工作,负责全省公安机关心理测试技术的应用、指导及推广工作。十几年来,以科学理论指导实践,组织、指挥、实施了一大批重特大刑事案件的心理测试工作,认定犯罪、排除无辜,取得良好成效,本人多次立功受奖。2007 年 2 月 4 日凌晨,浙江省台州市黄岩区发生一起造成死亡 17 人、受伤 6 人严重后果的特大纵火案件,在案件侦查过程中通过心理测试,成功地甄别出重大作案嫌疑人,案件成功告破。

多年来,积极做好心理测试技术的推广工作,强化实战应用,认真总结实战经验并加以推介,为基层公安机关培养了一批心理测试技术能手,在心理测试应用领域得到领导和基层同事的充分肯定和信任。"心理测试技术在刑事案件侦查工作中的实战应用"、"心理测试技战法研究之——天平秤重法"(表 3.1 - 8)等即为实战总结理论的范例。

多年测试,始终坚守这样的理念:科学技术的生命力在于实践应用,心理测试技术人机结合的特性、以"人"为测试对象的特点要求我们在执法实践中必须认真分析"人",研究"人",判断"人",对待"人",科学、规范、严谨、踏实的作风是取得成功的关键所在!

表 3.1 - 8 天平称重法应用概要

心理测试技术的技战法应用是执法规范化条件下,提高审讯能力,获取有效证据,解决疑难案件的重要途径。在基层执法实践中,遇到某些案件,由于时空条件一致,基本情节公开,没有情节(知情度)测试价值,案(事)件双方当事人各执一词,真伪难辨,仅凭现有证据无法得出结论。使用天平称重法,效果显著,准确率、成功率相当高。

一、天平称重法基本原理

心理测试中的天平称重法就是将两名矛盾对象(受测人)置于心理测试的"天平"之上,就其对某一特定事件或特定情节的心理信息探查结果进行比较,利用矛盾对象对同一测试问题心理反应的不同发展趋势,加大测试数据的反差,推断真实与谎言。利用心理测试的"天平"来对矛盾对象进行称重,前提是要找出特定事件中可供比较的特定情节,就像质量是物体的基本属性一样,具

续表

有客观性、可比性。

二、天平称重法适用范围

天平称重法适用的主要情形是测试对象一对一的案(事)件,即在同一案(事)件中的两名对象,相互推卸责任,或对同一情节的说法完全矛盾,其中必有一正一反。另外,对于犯罪嫌疑人已被框定在多名测试对象中的案件,也可以使用天平称重法。基层实践中常用的案件主要是强奸案件、交通肇事案件(驾驶员认定)、内盗案件、经济纠纷案件(债务认定)、贪污受贿案件等,从实战效果来看,准确率、成功率都是相当高的。

三、天平称重法的操作

1. 天平称重法基本要求

由于缺乏情节问题测试的条件,利用天平称重法进行测试甄别,实践中多选择准绳问题测试,有条件的辅助以紧张峰测试。这一战法的基本要求是针对双方受测人进行的测试必须置于同一测试条件之下,要保证客观条件的公平性,以确保测试结果的可比性。从测试角度来说,保持编题内容和测试过程一致性,就像天平称重之前要将天平秤调平一样,非常重要。

根据天平称重法应用的特点,对于侦查人员来说,要求在调查过程中事先理清案(事)件的脉络,针对影响案(事)件性质的关键点、分歧点,通过询(讯)问工作准确固定双方当事人的说法,并使之保持稳定。

2. 天平称重法具体做法

首先是准确掌握案情,寻找分歧点,确定可测点。与一般案件心理测试相同,接受案件后,测试人员应从测试的角度出发,认真阅卷,做好阅卷记录,可能的情况下应亲自到案发现场,掌握第一手材料。对于涉案的时间、地点、名称,必须准确了解。要同具体办案人员沟通,对案件进行复分析,对整个作案过程进行恢复重建,从中寻找测试点。对于一些重要环节,应了解清楚被测对象的知情程度,了解在前期工作过程中,测试双方在哪些重要环节上说法有分歧。

其次是合理选择编题方法,确保目标问题的一致性。为取得良好效果,在编题内容上,如果是选择单目标问题测试,那么针对两名测试对象测试的主题应当是相同的,问题可以通过时间、空间条件加以限定;如果是多目标问题测试,那么多个主题问题的选择也应当基本相同。天平称重法中运用准绳问题测试,对于单目标问题测试一般可用 CQT 测试方法,多目标问题测试可用 MGQT

续表

测试方法。虽然目前对 MGQT 测试方法有不同的认识,但本人在实战中长期使用 MGQT 测试方法作多目标测试,效果还是十分理想的。MGQT 问题测试中,利用具体情节作主题问题,可以有效防止假阳性结果。在特定情况下,也可将多目标问题视作单目标进行处理。

最后是充分开展测前谈话,固定分歧点,强化认知度。测前谈话的重点在于稳定测试对象的陈述,将测试双方关于案件事实陈述中涉及的关键情节予以确定,避免出现歧义,防止正式测试回答问题时犹豫不决。与被测人进行测前谈话后,如有必要应对测试问题进行适当的调整。在一对一案件情形中,当事人双方处于同一时空条件下,关于事实经过的陈述大同小异,说谎的人只是在关键情节上未作如实回答,这也是其有力想要掩盖的事实情节。测前谈话时固定分歧点,有助于唤起测试对象的记忆,形成较强的心理刺激,触发其心理反应。

四、天平称重法的实战应用

【案例之一】某市王某、刘某借款纠纷案。当事人王某与刘某系借贷关系,王某持借条向刘某索要 100 万元借款未果,继而向法院提起诉讼。而当事人刘某则称借款期间曾因王某的要求重复写过借条,事实上所欠借款已用宝马轿车折价归还,并且在办理宝马轿车过户手续之前双方曾签订汽车过户协议,其中写明刘某用宝马轿车折价抵债,王某再补给刘某 30 万元差价,双方以前所写借条一律作废,但该协议在过户手续办妥后被刘某带人强行夺走销毁。

该案没有找到旁证,双方所述内容相互矛盾,而王某手中持有借条,在证据上更有证明力、说服力。为查明事实真相,承办单位提出对双方当事人进行心理测试的请求。

此案编题围绕汽车过户协议,选择了以下五个分歧点:1. 王某有无从刘某身上抢走汽车过户协议? 2. 汽车过户后王某是否要给刘某 30 万元钱? 3. 刘某身上的伤是否系王某造成的? 4. 王某是否曾经叫刘某重复写过借条? 5. 汽车过户是否为了抵 100 万元的借款?

运用天平称重法,使用 MGQT 测试方法作多目标测试,使用 7 分法对图谱进行打分,主题问题得分情况如下:各主题问题得分,王某均为负分,刘某倾向正分,测试结果一目了然,支持刘某的说法。测试后,王某承认自己说谎。

科学识别"谎言"
——心理测试技术广角

接触感言

刁松龄,其姓名第一次跃入我的眼帘及与真人第一次直面,是在中国刑事科学技术协会心理测试技术专业委员会2013年会暨技术研讨会上,他成为我的同桌之时。而真正让我们不禁相视会心一笑的,是在交流会上聆听完多位演讲者观点后不约而同地提出同一个问题之时。那一刻,我感到,这是一位可以交流的同行。随后,我知道了他曾是全国著名"毒饺子案"从全国抽调的三名测试专家之一,年轻的中国刑事科学技术协会心理测试技术专业委员会两届常务委员。我认为他的测试经历与经验能给我的学生以积极影响,他也极为认真地给予了支持。我感觉,这是一个胸怀坦荡、乐于分享、富含正能量的测试界的推手。

人物简介

张帆团队,即成都市公安局刑警支队技术处图像室心理测试团队。

团队主任:张帆,男,1972年1月出生,本科文化,二级警督,中共党员。1992年参加公安工作,现任成都市公安局刑警支队技术处图像室主任。自1997年学习运用心理测试技术以来,共计测试或指导新入行的学员测试案件900余起,嫌疑人1400多名。

团队其他成员：

张飞霞，女，1976 年 5 月出生，本科文化，三级警督，中共党员。1996 年参加公安工作，目前从事心理测试工作十一年，共计测试并指导新入行的学员测试案件 600 余起，嫌疑人 1040 多名。

罗蓉，女，1982 年 10 月出生，犯罪心理学硕士，二级警司，中共党员。2009 年参加公安工作，并直接从事心理测试工作，在针对犯罪嫌疑人心理状态和犯罪动机方面，具有自己独到的见解。

张云，男，1986 年 4 月出生，应用心理学本科学历，三级警司。2010 年参加公安工作，目前从事心理测试工作三年，共计测试案件 130 余起，嫌疑人 240 多名。

毛远毅，男，1981 年 6 月出生，法律心理学硕士，二级警司，中共预备党员。2009 年参加公安工作，目前从事心理测试工作两年，共计测试案件 90 余起，嫌疑人 190 多名。

测试经历与代表性成果

张帆团队，以其领军人物为代表，测试实战经历丰富（表 3.1 - 9），并具有自己的测试实战特征（表 3.1 - 10），积累了大量从不同角度与环节通过测试协助破案的经典案例（表 3.1 - 11）。

表 3.1 - 9　张帆测试经历简介

张帆参加公安工作之初是在侦查部门工作，1997 年被选派学习心理测试技术，经过努力学习，不断摸索，认真实践，迅速掌握了这一技术的基本理论与操作方法，并较好地辅助了案件侦查工作。 　　1999 年 10 月 15 日，金堂县竹篙镇新华小学发生一起投毒案，致使该校校长罗启胜中毒身亡，其子罗迪洋中毒后经抢救脱险。张帆接受金堂县局的委托，对嫌疑人进行心理测试工作，大胆地认定了被测试人就是该案的嫌疑人。通过心理测试，嫌疑人的侥幸心理被彻底摧毁，同时侦查员的审讯信心得到增强，最终迫使嫌疑人交代了整个作案过程。 　　此后，张帆多次应用心理测试技术辅助案件侦查，包括新都"三谊桥头投毒案"、龙泉"朱永木系列投毒案"、"应成、张强敲诈勒索案"、新都"2·8 龙安乡史栋良被杀案"及都江堰"9·20 陈志良被杀案"等。在这些案件中，张帆通过

续表

心理测试否定了当时的案件嫌疑人,重新认定新的嫌疑人,为案侦工作节约了大量的人力、物力,还为最终破案赢得了宝贵的机会和时间。

张帆连续在多起重特大刑事案件侦破中发挥重要作用,或直接破案,或突出重点嫌疑人,或提供侦查方向。影响力从大成都地区,辐射至整个四川省,甚至周边省份自治区。例如,2003年2月,破获简阳毒鼠强投毒案;2008年3月,破获崇州市张勋投毒案;2009年2月,协助简阳交警大队破获晋华平交通肇事逃逸案;2009年11月,协助宁夏自治区石嘴山市公安局破获宁夏石嘴山市大武口区"2009·02·17"白光燕被杀案;2010年10月,协助兰州市公安局刑警大队破获兰州市红古区"2010·07·27"鲁国福被杀案等等。

多年来,已在十区十县市及市局各业务处、友邻单位广泛应用,为350余起案件提供侦查方向,直接破获影响深、危害大的案件60余起,在案侦工作中发挥了重要而独特的作用,取得突出的成绩,得到一致好评。此外,还将心理测试技术运用于成都市公安局特警的招警工作之中,保证了特警人员的政治素质和心理素质。

扎实实战的同时,还利用自己英语好的优势,通过各种渠道获取大量国外先进的心理测试技术资料,翻译、学习,不断总结心理测试技术在实际工作中的应用,并在省级刊物《刑警纵横》中发表《开展测谎技术辅助案侦工作》,翻译《测谎的法则及条例》,在《预审探索》等杂志上发表《测前准备工作的重要性》等14篇专业技术类文章。其成功案例也常刊载在报纸、杂志上,电台、互联网上也常宣传他所取得的成绩,使得心理测试工作在省内乃至整个西南地区都有了一定的知名度,许多外地公安局以及其他相关单位也常邀请张帆帮助测谎,诸如雅安市公安局、什邡市公安局、绵阳市公安局、成都铁路公安局、武警部队、保险公司等,都曾委托张帆应用心理测试技术侦查案件,查明事实真相,并且取得了良好的成绩。

边实战、边学习、边总结、边推广,使自己及同人技术精益求精,是张帆努力追求的目标。为成都市及仁寿、什邡、甘孜、西昌,甚至绍兴、湖南等地民警开设短期心理测试技术培训,自己多次寻机参加心理测试技术的高级培训,其测谎水平得到了美国测谎专家约翰·帕尔马特博士的首肯,并将张帆的成功案例刊载至美国的 *Polygraph Reports*。

从警以来,张帆多次荣获省厅、市局嘉奖,两次被评为"优秀团员",还被省教委评为"四川省青年自学成才先进个人"。被市委、市政府评为"严打先进个人",被团省委评为"四川省青年技术能手"。

续表

四川省公安厅为了表彰张帆一直以来在心理测试专业技术领域的突出贡献,以及对于各类刑事案件中起到的重要影响,特在2010年授予"刑事科学技术专家"的光荣称号。

表 3.1-10　张帆团队测试实战特征概要

经过14年侦查办案的实践磨砺和总结,成都市公安局心理测试团队形成了一套行之有效的测试方法。即针对每一起测试案件,通常采用单目标准绳问题测试为主,多目标的犯罪情节测试为辅的测试问题结构;以测前结构性谈话入手开始案件测试。

1. 采用单目标准绳问题测试为主,多目标的犯罪情节测试为辅的测试问题结构:

(1) 采用单目标准绳问题测试为主的理由:

有一部分案件能够提炼出犯罪的细节问题。

仍然有相当一部分案件,仅有很少甚至不够提炼出细节问题。

即便是对于那些有丰富犯罪情节的案件,如何筛选出准确无误的细节,并最终形成犯罪情节问题,也不简单。

(2) 单目标准绳问题测试的操作

① 单目标 CQT 题目结构:

I_{r1}(不相关问题一)—S_1(牺牲相关)—I_{r2}(不相关问题二)—C_1(准绳问题一)—R_1(相关问题一)—I_{r3}(不相关问题三)—C_2(准绳问题二)—R_2(相关问题二)—I_{r4}(不相关问题四)—C_3(准绳问题三)—R_3(相关问题三)

每个准绳问题之前所设置的"不相关问题",是消除对于准绳问题的首题效应,即受测人被询问到的第一个问题,会产生有别于该问题正常反应的其他反应情况。在准绳之前设置缓冲带,有效地吸收首题效应。对于同一名受测人,通常会进行三遍测试,上述的每个问题的内容是相同的,但是顺序会有改变。这种顺序的改变主要体现在准绳问题和相关问题之间。在每一遍不同的测试当中,我们会让同一个准绳问题分别和不同的三个相关问题进行搭配,同样地,同一个相关问题也会分别和不同的三个准绳问题进行搭配。其目的是比较不同的准绳问题和相关问题在受测人身上的心理和生理反应强度会有什么区别,最大限度地做出更为准确有效的结论。

续表

②测试操作环节

首先,我们会详细地询问案件的起始结果,包括从技术部门反馈而来的各类犯罪细节情况。

其次,我们会关心该案件中犯罪嫌疑人的口供是如何陈述的,陈述中有什么样的疑点,每一次的陈述是否出现了偏差;他的教育程度如何,性格上是否有什么特征,外向或是内向;以往是否有犯罪经历,接受过什么样的刑事处罚。

最后,我们会和委托单位就他们最关心的案件点,形成最终测试的相关问题。

(3)应用效果

使用准绳问题进行测试,能相应地规避一些风险和意外。并且对于一些难以找到细节问题或者细节问题不明朗的案件,同样能够顺利测试。因此,在14年的工作实践中,我们发现,单目标准绳问题测试的使用面更为广泛,准确率也非常高,在我们所测试的1900人次中,就所破获的案件来看,还没有出现最终的破案结果和测试结果出现差错的情况。

2. 测前结构性谈话:

(1)测前谈话的目的:让紧张的受测人逐渐平静下来。让轻视的受测人收敛而重视起来。

(2)测前谈话的结构与操作

测前结构性谈话第一部分:了解受测人的一般资料。

测前结构性谈话第二部分:案件基本情况的描述。

测前结构性谈话第三部分:解释测试原理。

测前结构性谈话第四部分:提出相关问题,开发准绳问题。

表 3.1-11　张帆团队测试经典案例选录

1. 通过直接认定嫌疑人破案	1.6 2006 年金雁盗窃案
1.1 1999 年校长中毒案	1.7 2009 年简阳交通肇事案
1.2 2001 年良机盗窃案	1.8 2009 年宁夏谋杀案
1.3 2003 年简阳投毒案	1.9 2000 年龙泉投毒案
1.4 2003 年雅安投毒案	1.10 2000 年新都杀人案
1.5 2005 年青白弑母案	1.11 2001 年四川联大强奸案

续表

1.12 2008年崇州幼儿淹死案	3.4 2005年纵火案
1.13 2001年红岩纵火案	3.5 2000年龙泉盗窃案
1.14 2010年兰州谋杀案	3.6 2001年金牛纵火案
2. 通过排除受测人，另外找到新的嫌疑人破案	3.7 2001年持枪抢劫案
	4. 通过测前谈话，嫌疑人直接交代破案
2.1 1999年枪支被盗案	2001年龙泉合同诈骗案
2.2 2002年入室抢劫案	5. 心理测试后，通过测后谈话，认定嫌疑人破案
3. 从一案多名嫌疑人中，通过排除无罪嫌疑人，认定有罪嫌疑人破案	5.1 2004年崇州抢劫杀人案
	5.2 2004年破坏生产经营案
	5.3 2004年什邡杀人案
3.1 2002年公款被盗案	5.4 2004年雅安抢劫杀人案
3.2 2005年天全女尸案	6. 运用"心理测试"，招收特警取得良好效果
3.3 2002年持枪抢劫案	2002年市局招警监察

接触感言

第一次见到张帆，是在2011年11月的中国刑科协心理测试技术专业委员会(2011)青岛培训班，那次我应邀作《"信息探查"心理测试技术功能定位的理解和认识》主题发言，课后，张帆主动前来与我交流，他说：你那声音、你那语速、你那信息量，很吸引人。他告诉我，他应该算是比较早期从事测试的那一批人，现在仍然很是热爱，仍有潜心钻研，并允诺给一些他办案的资料及其研究成果与我分享。那时我的感觉是，这是一位年轻气盛、聪敏、执著的测试人。其后，就时常能收到一些张帆发来的他及其他的团队的有关信息和资料。

再次见到张帆，是在2013年的6月，在成都举办的中国刑事科学技术协会心理测试技术专业委员会2013年会暨技术研讨会之余，他把他的团队带到了我的面前。一天的接触与交流，我听他们谈心理测试的实战案例与测试理念，也不断地抛出我对心理测试的原理、编题方法等问题的思考，年轻、富有朝气的队员们争相表达自己的体会和看法。我感

科学识别"谎言"
—— 心理测试技术广角

觉到,这是一个充满智慧的团队,一个充满活力的团队。他们热爱着自己从事的测试事业,并对将来的发展充满了信心。更瞄准了争做"西部一流,全国前茅"的心理测试技术队伍的宏伟目标。我相信,他们一定能做到。

检察群星

人物简介

陈黎,男,1971年10月出生,籍贯上海,1993年2月毕业于上海工程技术大学专科,2003年7月上海电大法学本科,就职于上海市人民检察院技术处,副处级科员。负责上海市检察系统心理测试工作的技术指导与管理工作。

测试经历与代表性成果

陈黎以其平实的语言,记述了自己的测试经历与感悟(表3.1-12)。

表 3.1-12 测试感言

　　我 1993 年进入上海市人民检察院检察技术处工作,自 2000 年参加由中国人民公安大学举办的为期 10 天的犯罪心理测试技术研习班至今已经有 13 年了,而上海检察机关正式开展心理测试工作是从 2007 年开始的,具体由我负责。当初学习期间,一直认为检察部门开展心理测试工作有点儿难度,因为公安机关最常用的 POT 测试方法作用比较小,不管是已知的或者未知的 POT,都是最简单最直接的测试方法。甚至曾一度认为检察机关就不适合开展这一工作。2007 年测试的案件数几乎为零,2008 年只有 5 件。这一情况从 2009 年开始有所转变,同时,最高人民检察院也下发了《人民检察院心理测试技术工作程序规则》的文件,明确了全国检察技术部门开展心理测试工作,作为技术部门五大类专业之一,并按照规则由检察技术部门和专业人员实施。自此,心理测试技术真正开始走进检察机关的各种案件。

　　反贪的侦查员大都是由一些具有丰富审讯经验的人组成的,他们对自己的审讯策略和技巧都很有信心,而比较忽视现代科学技术的运用。心理测试在反贪部门引起重视是从一个受贿案开始的,2009 年 3 月,上海市某区反贪局在初查该区公证处有关人员在单位房屋装潢业务过程中涉嫌受贿犯罪线索时,具有重大行贿嫌疑的个体装潢老板王某始终不予配合,拒不交代行贿事实。为有效攻克这一难关,反贪局派我对李某进行了心理测试,经过数小时的测试,仪器明确地反映了李某在撒谎,当我将测试结论及有关数据告知李某时,李当即放弃了继续抵抗的心理,交代了向公证处主任蒋某行贿 50 万元、市场部经理李某行贿 5 万余元的犯罪事实。一起久攻不破的难案,在科技手段面前随即迎刃而解。在这个案件中,我运用了 POT 和 CQT 相结合,互相印证的测试方法,当我非常自信地告诉嫌疑人他的具体行贿数额时,他脆弱的防卫心理瞬间被瓦解。随着测谎案件数量的增长,这一新兴技术逐步得到反贪工作的认可。

　　其实,在查办职务犯罪中,传统的侦查模式注重对犯罪嫌疑人口供的获取,由供到证,侦查工作中的重点主要放在审讯上。随着对执法文明、执法规范要求的逐渐提高,加上受到社会环境、工作环境等诸多因素的影响,犯罪主体的作案手段日趋呈现隐蔽性、反侦查性等特点,给检察机关职务犯罪侦查工作带来了一些新情况、新问题,侦查难、取证难,不供、翻供现象较为普遍,造成了反贪办案周期长、难度大,牵扯大量的人力、物力。随着将心理生理测试技术引入职务犯罪侦查工作后,心理生理测试技术在查办职务犯罪案件中起到了非常重要的辅助作用。

续表

上海心理测试技术的运用大部分是在公诉部门,主要是一些翻供的和没有第三人的案件,相对于反贪来说,公诉部门做测谎可以有更充分的时间让你跟嫌疑人交流,以及事后分析判断结果。现在全市大约三分之二的测谎案件都是来源于公诉。

一般情况下,我受理一个案件后,会事先跟承办人员沟通,了解他们想测试的有关内容,决定这个案子是否适合心理测试,如意愿性的东西、醉酒后的行为、吸毒后的行为等就不适合测试。还包括要知道哪些信息是可以跟嫌疑人交流的,而哪些是需要保密的。了解被测人的背景资料以便测前谈话时可以运用。那么如果还有时间的话仔细翻看案卷,了解一些案发经过以及细节,特别是细节部分往往是我们做心理测试的非常好的测试题目。在测前谈话时,我现在都会用摄像机拍下被测人,以便事后运用微表情来印证测试结果。在谈话时也会很注意被测人对于问题的反应。对于公诉的案件,我一般都是用单目标测试方法,一套题目一个问题。这样有利于对结果的分析判断。由于在看守所里的被测人已经被提审了无数次,POT已经不适合这样的人。所以我都是用CQT来测。

另外,关于数字测试,我不主张测试完成后直接告诉他你写的数字是几,因为太冒险,也没有必要。因为数字测试本来就是一个过渡和让他了解测试的过程,使他不至于那么紧张。不要想在数字测试阶段就能直接攻破被测人的心理防线。我一般在第三遍的时候把最可能的数字放在第一个,然后让他诚实回答,如果对了就结束数字测试。然后给他分析他的说谎生理反应。

最后在测后谈话时,如果需要立即出结果的,而此人的测试没通过的,我会结合他的微表情语言,给他分析测试过程中他的一些不自觉的反应(如果有必要的话调出录像给他看),以及他的生理反应结果,明确告诉他这次测试没通过。

微表情的观察其实贯穿整个测试过程,在测前谈话时会有所表现,而在正式测试时在相关问题的回答时他会更明显,并结合一轮测试结束时他的放松姿态都会有一个很好的反差。这就要求我时刻关注被测人的一举一动。

接触感言

第一次见到陈黎,是在2010年1月,在上海市人民检察院技术处的胡亚文检察官引荐下来我处访问交流,高大的身躯、谦和的态度是我对他的第一印象。

那以后的几年中,我应邀几次赴他们市检察院举办的系统技术培训班讲课,我们交流多道仪心理测试技术,也交流微表情心理测试技术。

记得是在 2011 年的培训中,他给我分享了他关于 Lie to me 中微表情的学习整理资料,上万字的识别线索,融汇了他孜孜不倦的学习心得。而在课程中我播放的多道仪测试中涉及 7 名嫌疑人的测前谈话视频时,他一眼就判断出真正的作案人。这是他多年潜心研修的成果。我以为,这是一位平实、扎实的测试人及领军人。

人物简介

毛书贵,男,1964 年 3 月 19 日出生,籍贯山东,1989 年 7 月毕业于辽宁省卫生职工医学院精神医疗系,本科学历,具有主治医师、中级心理治疗师及执业医师资格,被最高人民检察院授予法医临床鉴定、法医精神鉴定及心理测试资格。现为大连市人民检察院技术处副处级调研员、检察员、四级高级检察官,目前专职从事心理测试及精神病检验鉴定工作,现兼任大连市人民检察院卫生所主要负责
人,为中国刑事科学技术协会第二届心理测试技术专业委员会委员,大连市医学会医疗事故技术鉴定专家库成员。2008 年至 2010 年连续三年被评为优秀公务员,先后两次获得个人嘉奖,先后三次荣立个人三等功,2013 年 2 月,被辽宁省人民检察院评为"科技强检推进年(2012)"专项活动先进个人。曾被聘为大连医科大学兼职讲师及某心理测试专刊执行编委。为全国检察系统唯一一位具有心理治疗师资格并从事过精神病临床医疗的工作者。

测试经历与代表性成果

具有10年的精神病临床医疗工作经历。2000年5月开始专职从事心理测试(测谎)工作,师从杨承勋、帕尔玛特等多位国内、外著名教授和心理测试专家,迄今已进行各类心理测试检验1600余人次,无一例重大差错发生。目前平均一周测试约2~3人次,擅长反贪等自侦案件测试工作,协助反贪等部门破获多起大案、要案,相关业绩被电台、网络、报刊等多家媒体报道。2012年至今,先后多次受到最高人民检察院反贪总局、国家检察官学院及有关省市反贪部门邀请,专题介绍"心理测试工作在反贪工作中的运用"经验,2013年7月应邀为全市纪检监察局全体侦查人员作"职务犯罪侦查心理解读"专题讲座。先后三次因心理测试工作成绩突出被荣记个人三等功。撰写的《应用心理测试技术成功突破醉酒后实施犯罪因记忆模糊拒不认罪案件一例》、《心理测试技术让举报人、证人转变为嫌疑人的启示》论文分别在2010年和2013年中国刑事科学技术协会心理测试技术专业委员会技术研讨会上被评为优秀论文并在大会上交流。许多测试案例获得极好的测试结果及社会评价(表3.1-13)。

表3.1-13 测试案例

锁定真贼
案例:甘井子反贪局侦破李某某、张某贪污案。
特点:提供关键线索,改变整个案件侦办方向,举报人、证人被认定有罪,反响巨大。
2012年2月6日,大连市某自来水公司会计李某某,携带45万元现金和律师刘某一起来到大连甘井子区人民检察院,声称要揭发公司总经理王某贪污罪行。李某称该公司的一笔账外资金500余万元,自2011年9月至2012年2月间,被总经理王某以各种名义占有使用。并称公司出纳张某可以证实其二人曾多次一起给王某提款、送钱的事实。表示要将该账户剩余的45万元现金上交给检察机关,并强烈要求检察机关依法查清王某的犯罪事实,依法追究王某的刑事责任。

续表

2012年2月22日，王某被传唤至甘井子区人民检察院。王某除了承认自己曾私自决定给单位职工分发过奖金外，矢口否认自己动用过这笔账外资金，并坚称自己并不知晓该账外资金的存在。于是办案部门提请毛书贵介入此案，运用心理测试技术协助辨别事实真相。通过测试，毛书贵发现王某否认自己动用了该账外资金的陈述，其真实性在"不确定"范围内，但并不排除王某对该账户的开户银行知情，建议扩大测试范围，查明事实真相。

经过研究，决定先对证人张某实施心理测试。起初，张某显得非常坦然，声称自己陪同李某某给王某送钱的事情确实存在。但是随着测试的逐步深入，张某的心理防线逐渐瓦解，改称自己确实曾陪同李某某给王某送过东西，但是自己每次都是待在李某某的车内，看着李某某将东西交给王某，自己只是通过李某某口中得知给王某送的是钱，并未亲眼所见。接着又在毛书贵的心理疏导下，承认了自己曾动用过该账外资金中的4万元用于个人花销的事实，但表示自己很快就将4万元还入账户之中。

由于张某的证词出现了明显的变化，且其自身存在挪用公款的嫌疑，毛书贵提议对举报人李某某也进行心理测试检验，以确定其举报事实是否存在，同时辨别其在掌管该账外资金期间是否存在不法行为。

起初，李某对自己也要接受测试显得非常不满，声称：自己明明是来检举他人犯罪的，反过来自己倒像是有罪的人被予以测谎检验。于是，毛书贵对其进行了耐心的解释，告知其心理测试技术并非针对犯罪嫌疑人而为，它的作用是帮助查明相关事实真相。最终李某某表示愿意接受心理测试检验。根据案情毛书贵对李某某编制了："你说你多次从账外资金账户中提取现金给王某，是实话吗？""你个人曾使用过这个账户中的钱吗？"两组问题。测试结果显示，李某某坚持自己曾多次从账外资金账户中提取现金给王某的陈述，说谎概率为99.74%，并对"你大约使用了其中300多万元吗？"问题反应强度明显。

测试结束后，毛书贵立即向办案人员进行了通报，指出：依据测试结果，李某某举报的事实可能与现实不符，该账外资金中的300多万元可能被李某某占有使用，建议办案人员详查。然而李某某面对办案人却显得极其冤枉，声称自己没有想到会是这种结果。

根据心理测试提供的线索，办案人员前往有关部门调取了李某某、张某的通信、信息往来，获取了李某某与张某等人相互约定彼此一定要守口如瓶，坚决

科学识别"谎言"
——心理测试技术广角

续表

咬定钱全部给了王某,千万不要让检察院查出李某某动用了300多万元的信息显示。面对办案人员展示的李某某、张某等相互发送的信息内容,李某某最终承认了自己占有使用该账外资金账户中300多万元的事实。

据李某某交代,由于该账外资金账户是以其男朋友滕某某名字开的户,账外资金基本处于其个人掌控之下,因为一时贪财起意,自己通过注册公司、购买汽车等方式累计占有使用了其中300余万元资金。由于王某因经济问题被当地纪委等有关部门进行调查,李某某担心王某将单位的这笔账外资金一事坦白,最终导致自己占有使用公款的问题暴露,决定主动出击检举王某,企图将该账外资金问题与王某的其他经济问题混为一谈,让王某承担。为了做得真实可信,故意拿出45万元邀请律师刘某陪同上交检察院,同时为了确保万无一失,事先与出纳张某沟通,在检察院调查此事时,让张某出面作证。

与此同时,张某也向办案部门承认了李某某让其作假证,证明其二人共同给王某送钱的虚假事实。

至此,一起精心谋划、贼喊捉贼的贪污公款案件,在毛书贵和办案人员的协作配合下得以成功突破。

随着案件的进一步侦查,办案人员相继又发现了李某某、张某一些新的犯罪事实。2012年12月25日,大连市中级人民法院以贪污罪判处李某某有期徒刑14年,以贪污罪判处张某有期徒刑10年,以私分国有资产罪判处王某有期徒刑2年缓刑3年。(毛书贵)

接触感言

第一次也是唯一的一次见到小毛,是在2011年11月的中国刑科协心理测试技术专业委员会(2011)青岛培训班,那次我应邀作"'信息探查'心理测试技术功能定位的理解和认识"主题发言,课后,小毛也像张帆一样,主动前来与我交流,

说的也和张帆差不多。那时我感觉他与张帆一样,是一位年轻气盛、聪敏、执著的测试人。回来后,我仔细阅读了小毛给我的资料:在反腐领域应用心理测试技术的经验和体会、精品案例等,从中,我看到一位经历了从"依赖图谱,好奇、探索",到"注重'体态语',渐入角色",再到"图谱、'体态语'并举,自信"三个阶段而成长起来的测试人。2013年8月19日,小毛在给我传递最新资料时写道:"目前,我们的心理工作测试量非常多,上周几乎每天都有测试,有时一天要进行两起案件2~3人次的测试,为此还出现了推脱受理案件现象,这在全国检察系统是很少见的。谢谢范老师鼓励,我将努力学习,刻苦钻研业务,不辜负您的期望,力争在心理测试领域做出一番成绩。"我深信,这是一位厚积薄发的测试人。

传奇人物

人物简介

武伯欣,1952年出生,中国人民公安大学教授,甘肃政法学院特聘教授,犯罪心理学和犯罪心理测试技术的著名学者和专家,公安部全国公安科技先进个人。

中国人民公安大学获批购置第一台PG—I型心理测试仪研究应用者(1991),中国人民公安大学批准设立的全国第一个心理测试中心首任主任(1992~1994),中国人民公安大学给研究生开设心理测试技术理论与实践课程第一人(1995),中国人民公安大学犯罪心理测试技术研究生首任导师组组长(1998)。①

测试经历与代表性成果

20多年来,武伯欣教授在心理测试技术应用的实践领域走过一条模仿、借鉴、探索、创新的踏勘之路,为我国公安、检察、法院、军保、安全等部门成功测试并突破了上千起疑难案件,为我国的司法实践做出了突出贡献,受到充分肯定和普遍赞誉。

---

① 武伯欣主编:《中国心理测试技术实践与理论》,中国人民公安大学出版社2010年版,第1页。

科学识别"谎言"
——心理测试技术广角

20多年来,武伯欣教授在心理测试技术应用的理论研究领域,历经学习、突破、创新之履,实现了从模仿美国"测谎"之路,到自主研创中国心理测试技术之路的艰难转身。检测心理痕迹有或无理论、犯罪心理痕迹动态分析理论、实案测试六大阶段理论、"四轮驱动"侦破疑难案件理论等系统理论;自我认知检测法、违法过程检测法、现时心态检测法等中国测试方法技巧的形成,首先具有当代心理科学根基,其次具有中国司法实践基础,再次经过实测案件大样本检验,最后有侦办案件结果的追踪反馈。[①]

武伯欣教授的研究成果,特别是其创立的中国犯罪心理测试技术理论、方法和大量实践应用案例,已多次被中国中央电视台等国内外主流媒体予以公开报道。他在2010年主编出版的《中国心理测试技术实践与理论》(中国人民公安大学出版社2010年版)一书,即是他多年来的实践与理论成果的汇聚。

接触感言

第一次知道武伯欣教授,是2007年年底,在中国人民公安大学访学翻阅心理测试期刊论文时,看到了大量关于他测试办案的媒体报道及其他理论研究刊发的论文资料,那时留下的印象是,这是一位敢想、敢干的人。对武伯欣教授有了更深点的认识,是在我读了介绍他测试经历的《心证》这本书,从那儿,我似乎看到了一位对心理测试技术充满热爱、负有责任感的学者、智者及个性鲜明、敢于第一个吃螃蟹的开拓者。但遗憾的是,一直没能得到向武伯欣教授直面请教的机缘。写这本书的时候,一遍遍翻阅手头有关武老师的资料,欣然发现一篇《走近武伯欣》[②]的报道,与我走近"测试"人的主题非常贴近,在此转刊(表3.1-14),借以弥补没能亲历的遗憾,并真心期待来日再见的机缘。

---

① 武伯欣主编:《中国心理测试技术实践与理论》,中国人民公安大学出版社2010年版,第2页。
② 武伯欣主编:《中国心理测试技术实践与理论》,中国人民公安大学出版社2010年版,第20~22页。

表 3.1－14　走近武伯欣

有了责任心，生活就有了真正的含义和灵魂。——穆尼尔·纳素夫

武伯欣，公安部全国公安科技先进个人，心理分析、测试专家，中国人民公安大学犯罪心理学教授，我眼中一个类似福尔摩斯的人物，他所创立的中国犯罪心理测试（"测谎"）技术理论方法已多次被中央电视台等媒体报道。

由于"测谎"的神秘性和不确定性，在很多公众眼里，武教授充满了神秘色彩。2006年7月，武教授接受甘肃省金昌市龙首公安分局邀请，来到金昌，为一起投毒案的犯罪嫌疑人进行心理测试。

7月2日下午，他坐汽车从酒泉市赶到金昌，稍事休息，便来到案发现场进行实地勘查，熟悉、感受发案环境。尽管此时距发案已过去一个多月，但他还是不放过任何一个细节，以掌握、占有更多、更翔实的材料。之后，他进一步听取了案情介绍，晚饭也不去酒店餐厅，只让炒两个素菜送到房间。饭后，他不顾旅途劳顿，伏案编制了几十道心理测试题，还和办案单位领导同侦查人员讨论分析案情到晚上10点。7月3日，他又整整做了17人次的心理测试，忙到晚上10点多钟才休息。

短短一天半的接触，这个58岁左右年纪、操着一口夹杂东北口音普通话的男子，以他平淡中无尽的细致和敬业，将我脑海中关于他的神秘光环一点点褪去，对他的敬佩之心也油然而生。

更让人难以想象的是，这个整天风尘仆仆、四处奔波的老人，竟然是一个做了肝脏移植手术不到两年的病人。事后，武教授的助手告诉我们，肝脏移植手术能不能成功，3年过后才能最后定论。因此，医生要求3年内必须注意休息，不能劳累。而面对各地一些久侦不破的大、要案件，武教授在术后3个多月，就开始了工作，他拖着虚弱的身体，奔波于大江南北，用丰富的经验为许多案件问症号脉，将不少凶残狡诈的犯罪分子"测"入了法网。这样的做法，无疑在拿自己的生命做赌注，一头儿是舒舒服服地躺着、养着，生存的概率就大；一头儿是忙忙碌碌地操心着、累着，或许死神就会突然降临。而武伯欣选择了后者，选择了透支生命和对事业的热爱同行。

一位哲人说过："人一旦受到责任感的驱使，就能创造出奇迹来。"武伯欣用勤奋、智慧、责任创造了奇迹，他在长期的理论研究和大量的实案测试中，创立形成了符合中国国情和具有国际先进水平的犯罪心理测试技术理论、方法和技巧等系统科学体系。15年来，在我国公、检、法等部门各类疑难案件的侦查审理中，成功测试并突破了大批疑难案件。

续表

  写这篇稿子时,我正好翻到了 2005 年 9 月 9 日《人民公安报》登载的《谁点燃了死亡之火》一文,讲的是山西省晋城市一个当地最大的粮食流通集散地,当年 3 月 3 日凌晨 3 时许,住于 57 号院的粮食批发商、河南沈丘人李子勇家突然燃起冲天大火,李子勇和他的妻子、儿子侥幸逃生,而其母、女儿及外甥女则被无情的火焰吞噬。我注意到文章结尾有这样一段描述:4 月 29 日,晋城市公安局城北分局请武伯欣到晋城,根据对案件心理行为特点和分析出来的涉案人的心理痕迹,武教授准备了 56 个问题进行心理测试,虽然李某某除了姓名以外,全部问题沉默避而不答,可慌乱的内心活动还是通过"颤抖的双手和嘴唇清晰地反映出来……"测试结束后,武教授同专案组进行了交流,确认犯罪嫌疑人就是李某某。

  这就是武伯欣,走近他,你会感受到他身上的一种强烈的责任意识。此次分局通过他的助手邀请他时,他正好要到酒泉去测试一起爆炸案。在酒泉他测出了犯罪嫌疑人后,又顺便测试了一起杀人积案,酒泉工作结束后,他则马不停蹄地赶到金昌,然后回兰州再飞往新疆,那里有一起特大杀人案等着他去测试。一位已经退休的老人,对待工作的这种极端热爱、极端负责的态度,无疑为我们这些在职人员树立了楷模。

  这就是武伯欣,走近他,你会感受到他身上有着一种浓浓的精益求精的作风。这次局里请他来测试的是一起小案,但这个赫赫有名的公安科技专家没有丝毫轻视之意,对案发现场、摸排情况等方方面面的情况都不厌其烦,问得详详细细,对测试中不好确定的情节,他再三斟酌、反复推敲研究后再下结论。

  这就是武伯欣,走近他,你会感受到他身上有着一种对人生真谛美好追求的高尚境界。用有限的生命追问无限的价值,这不是每个人都能做到的,人生苦短,生活与事业、享受与奋斗、激越与平淡……武伯欣选择了事业、奋斗和勤奋,他用忠诚于公安事业的信念和对党、对人民、对自己的无限热爱盛放着生命之花。①

---

① 杨惠国:《走近武伯欣》,载《甘肃法制报》2007 年 3 月 9 日。

主要参考文献

1. 陈云林、孙力斌等著:《现代心理测试技术导论》,知识出版社 2005 年版。

2. 王补编译:《犯罪情景测试》,中国人民公安大学出版社 1997 年版。

3. 武伯欣、张泽民著:《心理学家武教授疑案测真纪实》,群众出版社 2004 年版。

4. 陈云林、孙力斌等著:《心理测试技术——从"测谎"到"拆谎"》,中国人民公安大学出版社 2007 年版。

5. 付有志、刘猜著:《破解"测谎"的密码——心理生理检测在探案中的应用》,中国人民公安大学出版社 2006 年版。

6. 李新旺编著:《生理心理学》,科学出版社 2001 年版。

7. 付有志著:《犯罪记忆检测技术——揭示刑事测谎技术的实质》,中国人民公安大学出版社 2004 年版。

8. 陈云林、孙力斌著:《如何运用心理测试技术》,九州出版社 2001 年版。

9. 陈云林、孙力斌等著:《犯罪心路探微——心理测试技术的理论、研究与实践》,中国大百科全书出版社 2004 年版。

10. [英]达尔文著:《人类和动物的表情》,周邦立译,北京大学出版社 2009 年版。

11. [美]保罗·埃克曼著:《情绪的解析》,杨旭译,南海出版公司 2008 年版。

12. 陈兴乐主编:《司法心理生理测试技术教程》,中国人民公安大学出版社 2008 年版。

13. 姜振宇著:《微反应——小动作背后隐藏着什么?》,凤凰出版社 2011 年版。

14. 姜振宇著:《微表情——如何识别他人脸面真假?》,凤凰出版社2011年版。

15. 陈云林、孙力斌著:《心证之道——心理测试技术新视角》,中国人民公安大学出版社2012年版。

16. 武伯欣主编:《中国心理测试技术实践与理论》,中国人民公安大学出版社2010年版。

后 记

2007年11月,我丢下高考在即的儿子,奔赴中国人民公安大学,师从时任该校心理测试中心主任、犯罪心理及测试专业硕士研究生导师的付有志教授,开始了为期半年的心理测试技术访问学习。在阅读了200多万字的心理测试专著及期刊论文资料,听取了犯罪心理测试及犯罪心理学等多门相关课程,参与了多起刑事及民事案件的测试实践之后,开始逐步整理自己的研究思路,相继在国内一些重要期刊上发表了《从"测谎"称谓的变化看我国心理测试技术的发展》、《心理测试技术的法律问题》等数篇论文,并为给学生开课需要,于2009年5月编著出版了《解析"测谎"的奥秘——心理测试技术导读》一书。

对"怎么能在这么短的时间里有此收获?"的询问,我的回答是"幸运!"

幸运之一,是我遇上了中国人民公安大学及测试界一批好的老师和同人。付有志老师的大度和点拨、陈云林老师的认真治学与无私奉献的精神、宋立波老师的启迪、刘猜老师的扶持……中国人民公安大学犯罪心理及测试专业硕士研究生王学博的鼎力协助,丁福的积极参与,张孝利和安冉冉的积极响应,中国人民公安大学王孟老师和李记松老师的帮助,还有同住在中国人民公安大学30号宿舍楼里的研究生们的友情互动……至今我都记忆犹新。

幸运之二,是我拥有倾心支持我的家人。自身事务繁忙的丈夫,给我以全方位的资助,从书稿体例的斟酌、样稿的审阅,到留守期间料理全部家务,得空就与我网聊;处在高考前关键时期的儿子,告诉我放心地走,说他自己能管好自己的学习和择校;年逾七十的母亲,为我洗晒、收拾那些顾不上整理的换季衣衫,在家楼上楼下地来回奔波;还有从小身影相随的姐姐在我最需要的时候为我的访学成行给予最关键的帮助;还有……至今我都铭心难忘。

幸运之三,是我拥有比较坚强的体魄、毅力和对体育及艺术的爱好。回想已近知天命之年的我,在中国人民公安大学访学期间住在研究生楼里,经历吃食堂、跑水房的艰辛及爬上铺睡觉半夜跌下的惊险;躺在低矮的钢丝床上,一天看14~15个小时的资料,忽睡忽醒地煎熬;惦记家里儿子高考事宜而又力所不能及的心焦,以及每到身心疲惫之际就和研究生们同去唱歌、打球而换回的欢愉……至今我倍觉美好。

有了这些幸运,访学之路虽然不时地会有艰辛疲惫、心酸难耐,但终能坚持下来。

有了这些幸运,我得以以《解析"测谎"的奥秘——心理测试技术导读》作为授课教材,开始了心理测试技术的传播之旅,一晃就是五六个年头。

2008年9月以来的教学实践,开设的心理测试技术类课程涉及"犯罪心理测试技术与应用"(公共选修课)、"犯罪心理测试技术:理论与实践"(专业必修课、专业选修课)、"微表情识别——心理测试技术应用"(上海市西南片区高校联合办学跨校选修课)等类。授课对象涉及:高校范围计16个班次、1500余名学生;国内公安、检察、司法、安全系统岗职专业培训计16期次,3600余人次。

以系统研究和培养人才为导向的心理测试技术研究与传播,是近年来给自己的专业定位及研究方向。

作为一名传播者,在多年的教学过程中逐步形成自己的传播理念:以传播科学、博采众长、学以致用为导向。

为此,多年来,博采国内外心理测试技术之应用及研究成果,汇集公安、检察、司法、安全等系统心理测试实战经验与经典案例,建设国内一流、与国际接轨的实训教室,动态调整并完善教学内容与教学方法,激发学习者专业兴趣、培养他们对专业的热爱,向他们传授专业理论与应用技能,就成为我始终不渝的工作内容。

令人欣慰的是,历经多年耕作,又有了许多幸运之收获。

后 记

收获之一,很多学生愿意选修心理测试技术类课程。虽然以当时学校最大的教室容量150人为课程人数上限,但学校三轮选课制度的第一轮,却总会有超量的学生爆选。在第二轮、第三轮被踢掉的学生中,不少人为了下一学期能够选上课,还得努力积攒"学分绩点"与"好人品"(学生原话)。从学生课程结束时的课程心得里得知,他们喜欢这门课的理由包括:喜欢它的教学内容(包括理论知识点框架、实战应用案例、互动操作训练);喜欢它的授课方式(包括听讲知识点、观摩评析案例、参与式操作训练、网络电子教程自习与分享);喜欢它的教学环境与条件(富有个性特点的、令人震撼的实训教室)。更有许多学生表示,课程结束后,他们还会继续研修,甚至决意以此为业。为此,我甚感欣慰。

收获之二,建设了颇具特色的心理测试实训教室。2007年得到上海市高校重点学科建设项目资助,建成多道仪测试实训室(约60平方米,25人建制);2011~2012年,得到中央财政支持地方高校专项资金支持项目资助,建成微表情测试实训室(约60平方米,50人建制)。多道仪测试实训室包括一间一面单向可视的测试房、观摩教室及三套操作训练终端。一面单向可视的测试房基本上是按照多道仪测试标准要求建设的;操作训练终端配置有多道测试仪及其声视频传输设施。微表情测试实训室包括一间四面单向可视的玻璃测试房、声视频采集、转输等设施。玻璃测试房参照Lie to me中美国FBI及青岛公安局微表情观察分析室的样式,自行设计而成。测试室内的声视频信息均可同步传输到观摩教室的投影屏幕上播放。实训室建成后很快就投入了实训教学应用。课堂上,观摩座位上的学生透过单向玻璃能直接看到测试房内的被测人的表现;凝视屏幕,能清晰看到及听到测试房内同步视觉及其听觉信息;借助操作终端,能亲身体验科学测谎的感觉;加上教室环境的隔光、隔音效果及课堂参与式互动教学形式,许多学生深为震撼,并为能置身于这样的教学环境上课而感到骄傲。

2013年下半年,也即在本书稿编撰的同时,在学校多方支持下,对上述实训室进行了整合重建,在学校新建法学楼一间约140平方米、层高近

4米的教室里，四面单向可视的玻璃测试房与一面单向可视的测试房易地而立，加上百人建制的阶梯观摩教室、四音箱播放设备、四话筒互动条件，一间较大建制的新型实训教室就要落成。为此，我倍感欣喜。

收获之三，积累了丰实的课程内涵及教学资源。

经过多年教学实践的摸索，形成"三三五式"实训教学模式（参见本书第二篇第一编第一章第一节"微表情'测谎'研究"），使教学内容、教学环节、教学手段充分体现实训教学的特色，实现应用能力培养的教学目标；应用于课堂教学，让学生能在直观、生动、参与式的教学过程中学习并掌握科学技术的应用，收到极好的教学效果。这也是学生们喜欢这门课程的重要原因之一。

2013年6月间，"犯罪心理测试技术：理论与实践"课程经过学校推荐，参评《2013年度上海市教委本科重点课程建设项目》，专家评审小组一致认为，这门课程基础建设扎实，学生受众面大，具有专业特色，被列在推荐课程首位。

回想多年来心理测试技术课程建设过程中的点滴积累，简明扼要的理论框架与应用要点梳理，来自测试一线的经典案例收集，受众广泛的网络教学平台（详见第二篇第一编第二章第二节微表情测谎"传播研究"部分）建设，与全国公安、检察、安全、司法界良好协作关系的建立，这些极为宝贵的教学资源，是多年积攒的收获，更是那"人在做，天在看！""人也在看！"的见证。为此，我深感自豪。

有了这些收获，传播之路虽然艰辛，却倍感鼓舞。

此书稿完成后，我也将要到法定的退休年龄。能在自己无比热爱的专业领域终极职业生涯，这是我聊以自慰的最大念想与人生回忆。

我快乐！我感激！

付有志为本书第一篇内容的编撰付出大量心血，王学博参与第一篇内容的编撰，并承担文字整理工作。

本书得以编写并出版，得到多方支持与帮助。测试界许多同人为我提供反映他们测试经历与代表性成果的翔实而丰富的素材辅助形成本书

后 记

的主要内容,大量国内外研究者的学术成果和资料佐我参考引用,上海政法学院的学生施乐鸣、戴效意、张常钰、李孟胤等先后为多道仪及微表情心理测试技术类课程的教学搜集整理国内外多媒体资源与辅助教学,张常钰、顾秀红为本书稿的校对付出了辛勤的劳动,在此向他们表示感谢。

最后,在本书付梓之际,我再次衷心地感谢所有帮助过我、支持过我的领导、老师、同人、学生、朋友和亲人!

谨以此为后记。

范海鹰

2013 年 9 月 1 日于上海康桥